KB233271

이것이 예배다

Worship Evangelism

by

Sally Morgaenthaler

이것이 예배다

샐리 모겐쌀러 지음
임 하 나 옮김

비전북출판사

 **예배와 삶의 일치**

복음에는 하나님의 의가 나타나서

믿음으로 믿음에 이르게 하나니; 기록된바,

"**오직** 의인은 **믿음**으로 말미암아 살리라" 함과 같으니라.

로마서 1 : 17

이것이예배다

2판 1쇄 인쇄 : 2006년 4월 15일
2판 1쇄 발행 : 2006년 4월 30일

저 자 : 샐리 모겐쌀러
역 자 : 임하나
발행인 : 이원우 / 발행처 : **비전북출판사**
주 소 : (413-832) 경기도 파주시 교하읍 문발리 535-13호
전 화 : (031)955-4421 / 팩 스 : (031)955-4432
E-mail : vsbook@hanmail.net
등록번호 : 제10-1452호

공급처 : **미스바출판유통**
전 화 : (031)955-4433 / 팩 스 : (080)300-9191

Copyright ⓒ 2006 **비전북출판사** Printed in Korea
값 17,000원

ISBN 89-5750-020-0 03230

| 차례 |

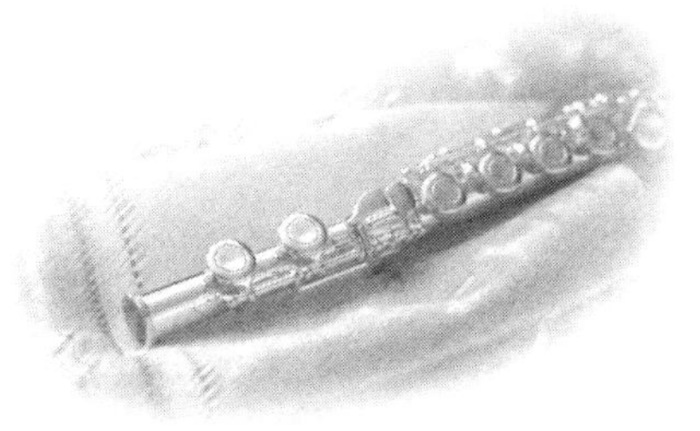

서문

본서는 예배에 대한 패러다임을 다루고 있으며, 연합 예배에 관하여 어떻게 생각하며, 이에 대한 생각이 성전이나 경배 드리는 장소에서 뿐만이 아니라 한 주간을 살아가는 우리에게 어떤 영향을 끼치는 가에 대한 것을 고찰해 보고자 한다. 그리스도인으로서 우주를 지으신 하나님을 직접 뵙고, 그 분과 친밀해지는 기회를 갖는 것만큼 위대한 일은 없다. 슬프게도 우리 가운데 다수의 사람들이 연합 예배를 당연한 것으로 여긴다. 심지어는 예배를 인간사(事)의 한 품목으로 끼워 놓고는, 하나님을 만나고 그를 공경하는 신령한 일과는 무관한 것으로 생각한다.

본서의 중요한 패러다임은 하나님에 대한(Of God) 우리의 예배가 하나님에 관한(About God) 메시지를 확실하게 하느냐 아니면 그와는 정반대로 하느냐에 관한 것이다. 불신자들은 (교회 출석하는 자 가운데도 있음) 매주일 교회에서 우리가 드리는 예배 가운데서 나타나는 현상을 보는 것에 기초하여 하나님의 진실성과 유일하심에 대한 결론을 내리게 될 것이다. 불신자들이 초자연적인 삶의 변화를 보고 있는가? 그들이 하나님의 현존하심과 우리 가운데 역사 하심을 느낄 수 있겠는가? 그들이 전에 보지 못한 뭔가를 우리 가운데서 경험하는가?

내가 믿기로는 리더로서 혹은 평신도로서 우리들 대다수는 효과적으로 경배 드리는 방법을 알고 싶어한다는 것이다. 우리는 단지 기술적인 부분의 경배세미나, 자료, 서적, 테이프 제작을 위해서 매년 수천만 원의 비용을 지불하고 있다.

"어떻게 할까에 대한 해답은 왜냐고 묻는 것에서 출발한다"라는 옛 격언이 지금도 사실이라면, 먼저 왜 우리가 예배를 드려야 하는지 또한 지금 우리가 드리는 예배가 얼마나 복음 전도에 부정적인 영향을 끼치고 있는지 알게 되면 우리가 실제로 모아 둔 이 모든 정보가 아무런 가치를 가지지 못한다는 사실을 깨닫게 될 것이다. 사실상 역효과를 가져다 줄 수도 있다.

이 책의 1, 2 부를 대충 훑어보는 것으로 끝내지 말라고 권하고 싶다. 왜냐하면 이 두 부분은 "어떻게(how-to)"의 방법론에 대한 신학적이고도 문화적인 기초를 다지는 역할을 하기 때문이다.

간단히 말해서, "1부 - 예배: 실체에 대한 갈망", "2부 - 워십 에반젤리즘 패러다임"에서 다음의 사항들을 발견하게 될 것이다:

- 교회에서 드리는 예배의 대상이 누구인가?
- 우리가 예배의 출애굽(Worship Exodus) 가운데 있는 이유는 무엇인가?
- 세속적인 문화를 초월하는 영적 개혁과 "점진적이고(progressive)"도 가장 복음적인 예배가 경시해 온 것들은 무엇인가?
- 진정한 예배의 본질은 무엇인가?
- 진정한 예배가 복음주의적인(Evangelism) 이유는 무엇인가?
- 문화적 적용을 위해 필요한 요건은 무엇인가?

"3부 -워십 에반젤리즘의 적용"에서는 다음과 같은 것들을 알게 될 것이다.

- 베이비 붐머(Baby boomers)를 위한 복음주의적 예배의 포괄적인 지침
- 베이비 버스터(Baby busters)를 위한 복음주의적 예배와 대표적인 3교

　회의 경배 사역의 현황
- ◆ 진정으로 예배드리는 자를 위한 초문화적인 곡을 선별
- ◆ 예배 사역으로 복음화된(Evangelizing) 4교회의 실례
- ◆ 상세한 음악자료 부록과 예배를 위한 자료 및 교육을 위한 지침 수록
 (새로운 용어는 본인이 그 뜻을 명확하게 하였다).

　대다수의 사람들과 기관, 단체들은 거듭남을 "복음적인(Evangelicals)" 것으로 여기지만, 실제적인 정의에 비추어 본다면, 이 정의를 꼭 만족시키는 것도 아니다. 그러나 대다수가 가지고 있는 선입견 때문에 본인도 "복음적인 것(Evangelical)"을 "거듭남(Born-again)"과 동일한 것으로 간주한다. 그래서 본서에서 언급되는 "복음적인 것"은 십자가에서 대속하신 예수 그리스도의 사역의 결과로써 천국에 가는 것을 믿고, 예수 그리스도를 자신의 주인으로 모시고 따르기로 헌신하는 자(기관, 단체)를 의미한다.

　불신자(몰려다니는 교인, Seekers 포함)는 예수 그리스도를 자신의 구세주로 인정하지 않고 주님으로 삼고 따르지 않는 자를 의미한다. 교회에 출석하지 않는(Unchurched)자는 특별행사(결혼식, 장례식, 성탄절, 부활절)를 제외하고는 교회에 오지 않거나 6개월 이상 교회에 나오지 않는 자를 의미한다. 주의할 점! 교회에 출석하지 않는 자 모두가 반드시 불신자라는 뜻은 아니다. 교회 출석하지 않는 사람 가운데 20%가 신자임이 최근에 보고되었다.

　한 가지 염두에 둘 사실은 본서가 어떤 특정 교회와 예배의 모델을 칭찬하려고 쓰여진 것이 아님을 명백히 밝혀 둔다. 오히려 다양한 유형의 교회와 예배 사역자들의 경험과 확신을 초점으로 하여, 이제 싹트는 워십 에반젤리즘 운동에 일조하려는 것뿐이다. 또한 80-90년대에 인기 있었던 예배찬양의 진부한 방법론에 대하여 유연성을 가지고 원리 중심의 대안을 제공하려고 한다. 우리는 "성공적인"교회의 예배 전략을 연구함으로써 많은 것을 배울 수가 있지만, 그와 유사한 교회가 생겨나려면 진정으로 그들이 있

는 곳에 찾아가 그들을 만나는 일이 있어야 함이 당연한 것이다.

본서를 쓴다는 것이 내 생애에 있어서 그 어떤 수고보다 더욱 내게 믿음을 요구하는 작업이었다. 이것 때문에 하나님의 음성에 더욱 더 열심히 귀기울였고, 음성을 듣고는 주저함 없이 즉각 순종했었다. 지난 3년 동안 해왔던 기도는 "주여, 제가 쓰는 모든 단어까지도 주께서 쓰시고자 하는 것을 쓰게 하소서. 그리하여 오직 주께서 받으시기에 합당한 것으로 열납되기를 원하나이다"였다.

이제 본서를 마치며, 덧붙이고 싶은 말은, "주께서만 영광 받으시고, 주의 교회가 잃은 영혼을 위해 마음을 열어 예배할 때, 신선한 비전과 헌신과 능력으로 복을 받게 하소서"이다.

콜로라도 주 리틀톤에서
샐리 모겐쌀러

감사의 글

많은 분들과 교회 성도와 직접, 간접적으로 이 일에 공헌하신 분들께 빚졌고 또한 감사를 표한다.

10장에 나오는 목사님과 예배 사역자 -에르 드 영(Grace Fellowship), 라파엘 그린 (새인트 루이스의 Metro Christian), 탐 부쓰(애리조나 주 Mesa의 St. Timothy), 탐 워커, 마크 피커일(LA의 Christian Assembly)께 감사드리며, 특히 인터뷰와 설문 조사에 참여해 주신 것에 감사드린다. 이 분들의 헌신적인 사역의 결과가 뒤따라가는 우리들에게 위십 에반젤리즘의 포장된 대로를 열어 가는 데 일조하게 됨은 사실이다.

8장에 나오는 버스터(Buster)교회의 목사님과 예배 사역자 -스티븐스 쪼런 (Cincinnati의 Vineyard Community Church), 에릭 헤론과 디에터 잔더 (캘리포니아주, Walnut의 New Song), 부르스 테드(일리노이드 주, Bloomington의 Eastview Christian)께도 감사드리며, 이 분들의 공헌은 본인의 기대 이상 이였음을 밝혀 둔다. 진심에서 우러나오는 그들의 간증에 감사드린다.

예배음악의 제작자들과 대표자들 특히 본인에게 부록의 자료를 제공해 준 것에 대한 심심한 사의를 표하며, 그들의 협조와 시간 할애, 노고에 감사드린다. 펜실바니아 주, Indiana의 Lord of Life의 마크 알트로지(Mark

Atrogge)에게 현대 (예배)음악에 관한 신선한 통찰력을 기꺼이 내게 준 것에 대해서도 감사드린다.

전 Worship Leader지의 편집자였던 데이비드 질라스페이와 People of Destiny International의 책임자였던 로버트 로틴스키, 마라나타의 마샤 스키드모어와 모든 단원들에게 감사드린다. 특히 Praise Band가 보내준 격려의 글과 이 일에 확신을 가지고 평가해 준 것에 감사드린다.

마라나타 음반의 프로듀서 탐미 쿰스에게 특별한 감사를 표한다. 충심 어린 헌신, 특별히 문화적인 것을 초월한 예배 음악을 선정함에 있어서 본서에 전초적인 영향을 끼친 것에 사의를 표한다. 시련과 힘든 기간에도 힘이 되어 준 것에 심심한 사의를 표하며, 주안에서 진정한 종이요 형제임을 느낀다.

도리 에린 콜린스에게(일리노이드 주, Naperville Goods Shepherd Lutheran Church) 감사드린다. 이 일을 함에 있어서 많은 것들을 명확하게 함에 있어서 받은 도움, 충고, 서신, 밤늦게까지도 전화로 "깊은 생각"들을 나누어 준 것에 대하여 사의를 표한다.

바바라 그리고 래리 아우리치와 미셸 쿤에게 본서가 나오기까지 계속 중보기도 해 준 것에 경의를 표한다.

누구보다 더 개인적으로 많은 생각들을 정리하여 독자들에게 더욱 쉽게 전달할 것인가를 연구하여 가르쳐 준, 재능 있고 헌신적인 엘베다 룬드에게 늦게나마 감사의 뜻을 전하며, 인정받기보다는 최선을 다해 준 것에 더욱 감사를 드린다. 이일을 위해 값진 교훈과 완전한 자신감을 불어넣어 주신 조더반 출판사 편집장이신 짐 루아크에게도 감사드리고 싶다. 함께 한 시간들이 즐거웠음을 비로소 고하며, 특별히 따스한 마음으로 자극도 주고 다듬어 주셨던 것에 더욱 감사 드린다. 그리고 세밀하게 편집을 맡아 준 로라 웨러에게도 감사드린다. 본서 디자인을 위해 각 페이지마다 최선을 다하여 도와준 조 브라이언트에게도 감사드린다.

끝으로 나의 가족에게도 감사드린다. 내가 이 일을 시작하고 마칠 수 있는 능력이 있다고 끝까지 믿어 주신 부모님, 그렌 콤벨릭과 베르니 콤벨릭의 사랑은 헤아릴 수 없을 정도로 커다란 공헌을 하였다. 실제로 이 글을 씀에 있어서 많은 도움을 주었던 아리조나에서의 위로 파티를 결코 잊지 못하는 것은, 너무나도 멋진 것이었기 때문이리라.

자매 린다 콤벨릭에게도 감사드린다. 내가 미처 깨닫지 못해도 늘 나의 필요를 위해 곁에 있어 주었고, 매번 내게 긍정적이고도 새로운 동기를 부여해 주었음에 감사드린다. 존경하는 나의 가족 중 한 사람 리디아 스트리브의 이따금씩 먹을 것을 챙겨 주었던 3개월간의 따스한 보살핌을 잊을 수가 없다.

끝이 보이지 않는 이 일에 인내와 이해를 보여 주었던 나의 두 자녀 페너 클레어와 아나 클레어에게도 고마움을 표한다. 페더의 세심함은 버스터(Buster)를 위해 예배의 개념과 예배 음악에 관해 글을 쓰는 내게 많은 도움이 되었고, 아나의 포옹과 사랑한다는 말은 매일 내게 빛나는 태양이 되어 주었다.

끝으로 나의 남편이요, 친구요, 영혼의 반려자요, 협력자이요, 지난 2년 동안 집에서 늘 편집자가 되어 준 에릭에게도 감사드린다. 본서를 당신과 우리 아이들에게 바친다. 당신 없이는 이 책이 쓰여질 수 없었을 것이요, 당신의 돌봄과 하나님께서 나를 통해 이 일을 마치시기를 원하신다고 끊임없이 확신준 것에 대하여 고마움을 표한다. 주님 다음으로 당신은 내 생애에 있어서 가장 큰 축복입니다.

1부

예배 • 진실해지려는 갈망

1

실체를 얻는 시간

오히려 제가 하고 싶은 것이 무엇이냐고요? 잠자는 것, 일요 신문을 읽는 것이지요. 저는 일요일 아침에 신문 읽는 것을 좋아합니다. 그래서 그것을 방해하는 모든 것을 싫어하죠. 그리고 말씀드리자면....교회에서는 그런 흥미를 주지 못하기에 일요일 아침에 제가 신문을 읽는 것보다 흥미가 없지요.[1] - Exit Interviews의 인터뷰 중에서 빈스의 말

우리가 생각해야 할 것은 교회를 사람들로 꽉 채우는 것보다 사람들로 하여금 그들 속에 하나님으로 꽉 채워지게 하는 것입니다.[2] - C. 커크 하다웨이, 데이비드 A. 루젠

위험스러운 비즈니스

예배는 교회 안에서 상당한 논쟁의 주제이다. 역사적으로 모든 운동과 교파분열은 매주일 아침 어떤 일이 벌어질 것인지에 대한 기대를 초월하여 발생해 왔다. 우리가 예배하는 방법은 때때로 그리스도인의 정체성(Identity)의 일부로서 누구를 예배하는 가에 대한 주체 -때로는 그 이상으로-로서의

역할을 감당하고 있다. 결국, 예배는 강력하고도 개인적인 감정들을 일어나게 하여 우리는 그것에 반대하는 성향을 갖게 되었다.

본서를 쓰면서도 그런 위험 요소를 잘 인식하게 되었다. 그러나 또한 미국의 복음적인 교회가 이런 진실을 직면해야 할 때임을 절실하게 느끼면서, 본서를 쓰게 되었음도 사실이다. 미국에서 우리는 진정으로 예배하는 자를 생산해내지 못하고 있기 때문이다. 오히려 방관자, 대다수의 경우에는 하나님을 진실로 만나는 것에 대한 어떤 것도 기억조차 하지 못하는 구경꾼들, 또한 하나님 앞에 나아가는 것과 자신들의 영적 가장 깊은 곳에서 우러나는 초자연적인 관계성을 갖는 것과는 거리가 먼 그런 자들의 시대를 만들어 가고 있다. 공허함의 깊은 골이 90년대에 이르러 거듭남의 체험들을 잠식시켰고, 거룩한 예식이 매주마다 점점 더 예배찬양에서 멀어지고 있음은 그것을 여실히 증명하고 있는 것이다.

90년대에 있어서 예배의 정의: 무슨 수를 써서라도...

90년대의 복음적인 교회에 있어서 예배는 무엇을 뜻하는가? 아주 극소수만이 예배란 살아 계신 하나님과의 만남을 절대적이며, 신선하고도, 활기 있게 하는 것으로 정의한다. 어떤 이들은 90년대의 예배를 "같은 음악, 972번째 절"로 여길 만큼 지난 20년 동안 변함없는 (답답한) 것으로 정의한다. 어떤 이들은 "거의 진보가 없는 것"으로써, 20세기를 살고 있는 우리들이 옛날 방식 그대로 예배하고 있다고 비꼬아 말한다. 한 마디로 말해서 상투적인 모양새에서 벗어나지 못하고 있는 것이다. 그것은 그렇다 치더라도 아예 일상적인 비즈니스처럼, 설교가 여전히 예배의 중심 요소가 되어 하나님을 만난다는 생각은 겨우 머리 한 구석에 쳐박아 둘 뿐이다.

그러나 오늘날 복음주의의 커다란 성장으로 인해 90년대의 예배의 정의는 앞서 언급한 것과는 전혀 다른 것이 되었다. 하나님과의 초자연적인 만남도 아니며, 이로 인해 자동적으로 이어지는 반응의 결과도 아니며, 현 시대의 주일 학교 시간도 아니다. 시장성을 따라 활발해지는 것처럼 교회 다니는 소비자들의 욕구에 따라 각색되고 정의 내려진다. 이런 교회에서는

90년대의 예배의 의미가 무슨 수를 써서라도 주일 혹은 수요일 저녁에 자리 메움을 하면 된다는 식으로 정의되어 버린다. 누가 자리를 메우는가에 대한 것은 크게 문제가 되지 않는다. (많은 사람이 잃은 영혼으로 이 자리를 메우게 되었다고 상상하는 것을 즐겨한다.) 결국, 모두가 생각하는 것은 누구든지 이 좌석을 따스하게 데워지는 것으로 자신의 일을 다 한 것으로 생각한다.

마틴 마티는 이런 현상을 "하나님, 종교, 영성, 진리, 진정한 미, 선함, 믿음, 소망, 사랑, 공의와 자비는 없고, 오직 교회를 채우는 게임의 승부에만 관심 있다"고 표현한다.[3] 이것이 소위 말하는 "행위 예배(Doing worship)"로서, 전국에 걸쳐서 점진적이고도 복음적인 교회에서 매주마다 진을 다 빼는 일반적인 현상으로 되어 버렸다. 즉 원래의 의도된 목적이 지나쳐서 그것의 노예가 되어버릴 때, 진실로 하나님과 살아 있고 친밀한 관계를 표현하고 경험하는 것과는 무관해져 버린다. 실제로 전혀 하나님과 무관해져 버린다. 오히려 거대한 독과점 -따뜻한 인정은 이해 관계로 대체되고, 목사나 예배 사역자에 대한 가격결정은 재정적인 계산에 따라 오르내리게 되는 - 관계로 타락해 버렸다.

뭐든지 빨리 이루어지는 세대

많은 인물들은 이런 '성공=숫자'라는 개념은 교회성장 운동이 비대해져 왜곡된 것이라고 비난한다. 시장 조사로 유명한 조오지 바아나는 양보다는 질의 중요성을 다음과 같이 거듭 주장한다. "우리는 하나님의 성품과 그분의 기대에 관해 전혀 모르는 4,000명의 교인들보다 조용하게 그러나 중요한 곳에서 깊이 헌신하는 성도 100명으로 인해 더욱 감격한다."[4] "수적 성장이 제일 중요한 것이 아니다. 성경에서 말하는 성공적인 교회는 사람들의 삶이 변화를 받아 더욱 예수님을 닮아 가는 것에 있다. 양적인 것에 초점을 먼저 맞추는 한 질적인 사역을 할 수가 없다. 질이 반드시 양적인 것에 우선해야만 한다."[5]

불행하게도 교회 운동에 참여하는 모두가 마음을 다해 성경적인 요소들

(Parameters)에 충실하지 않다. 그래서 방법론만이 오용 -극단적인 것을 위해 시장성만 추구하는 접근법-되어 가는 경향이 두드러지고 있다. 뭐든지 빨리 이루려고 하는 세대에서, 이런 것은 기초 없이 빨리 이룰 수 있는 손쉽고도 간단한 것이기 때문이다. 복음주의 목사, 예배 사역자들 가운데서도 많은 이들이 그렇게 하고 있음은 놀랄 것이 못 되는 것이, 올해의 경향도 오랫동안 이어 온 모델로 그대로 이어지는 것을 보면 더욱 그러함을 알 수 있다.

이런 옛 모델 가운데 사라져야 할 모델이 있음도 사실이다. 하나님께 대한 신실한 믿음과 사모함을 표현하더라도, 미국에서 포스트 크리스천(Post-Christian)의 대다수에게 있어서 이런 스타일이 무기력하고, 무의미하게 전달되고 있는 지경이다. 그 중 더러는 쓰레기로 버려지고 있지만, 문제는 예배 실체의 많은 부분도 함께 버려지고 있다는 점이다.

진정으로 예배하는 자들이 소원하는 것

우리 가운데 많은 이들이 '이것이다'라고 외치는 많은 목소리 가운데 제대로 된 하나의 모델에만 관심을 갖는다. 엘머 타운스는 90년대의 교회를 찾아다니는 고객이 바라는 것이 무엇인지에 관하여 "전문자적인" 관점에서 다음과 같이 요약하고 있다:

> 우리 개신교도들은 확신을 주고, 환대해 주며, 만족을 채워 주며, 하나님과 우리 자신에 대하여 기분 좋게 해 주는 교회를 선택한다. 만약 교회가 예배드리는 자를 고객으로 여긴다면, 교회 프로그램을 식당의 메뉴 판으로, 예배 형태를 주요리쯤으로 여기고 … 고객들은 자신들의 입맛에 맞는 메뉴를 찾아간다…. 우리들이 찾아 즐기는 교회 메뉴는 교리로 채워지는 것이 아닌 다양한 예배 형태에 있다. 우리 자신들의 성향과 기질을 최대한 잘 반영해주는 예배 스타일에 편안함을 느끼는 곳으로 찾아간다.[6]

즉 교회 프로그램을 즐기기를 원하는 자들은 본질적인 것이 아닌 스타일에 따라 가게 되는 것이다.

그러나 여기에 모순이 있다. 바아나가 말하는 것처럼 교회에 출석하지 않는 사람들이 가고자 하는 교회는 예배스타일에 좌우되지 않는다는 것은 참으로 흥미 있는 사실이다. 오히려 교회가 지닌 특별한 신조와 교리에 있다고 한다.[7] 유사하게도, 조오지 갤럽이 던진 질문 가운데, "우리가 교회로부터 원하는 것이 무엇인가?"라는 질문에서 얻은 교훈은 "우리가 성경과 그 의미에 관한 것을 알고자 하는 강한 욕구에 있다"는 것이다.[8]

분명한 것은, 90년대에 들어서서 사람들은 자신들의 일상 생활과는 무관한 메마르고 지식적인 신앙 체계로 멀어져가고 있다. 자신들의 목구멍이 교리로 채워지는 것을 원하지 않는다는 것은 확실하다. 그러나 어떤 스타일이 교리를 대신한다는 것은 우리 문화가 전달하는 메시지를 잘못 해석하는 것에서 오는 오류이다. 진정으로 우리가 교회 출석하지 않는 자들의 필요를 드러내고 교회를 다듬고자 한다면, 바아나의 말처럼, "교회의 핵심되는 믿음의 신조 가운데 하나가 비판적인 요소들을 분명하게 의사 소통하는 것"임을 알아야 한다.[9]

불행하게도, 지엽적인 사역을 하느라 애쓰는 우리들은 우리에 대한 실체를 이렇게 해석하는 일군의 무리들에 의해 크게 좌우된다. 이렇게 우리들이 과녁이 되어 버리는 것과는 무관하게, 그에 따른 치명적인 상처는 마치 우리들 가운데 많은 이들이 믿음의 근본이 되는 핵심에는 근원적으로 흥미가 없는 것처럼 전형적인 고객(교인)들을 구경하러 교회에 나온다는 사실이다. 만약 우리가 어느 정도 성공하리라 기대하여 이런 스테레오 타입의 시장(Stereotyped market)으로 들어가기를 원한다거나, 어떤 종류이든 최고의 평판을 유지하기 원한다면, 선택의 폭은 꽤나 제한된다. 확증하고, 환대하고, 사람들의 기분을 좋게 하라 그렇지 않으면 사람들이 발에서 먼지를 떨어버리게 될 것이다.

결국, Anywhere Community Church (ACC)와 같이 회중들은 사회가 "자기 지향적" 취향에 호소하는 예배 스타일을 동경하는데 급급하게 된다. 예배는 그분을 기억하는 것이어야 하지만 (예수님께서 신령과 진정으로 예배할 것을 요한복음 4:24에서 언급하듯이) 오히려 패키지(Package) -영상, 음향 전달 매체-가 전부인 것처럼 되어 버렸다. 이러한 가운데, ACC에 참석하는 사람들은 예배가 무엇이며, 누구를 예배하며, 예배해야 하는 이유에 대하여 혼란스럽다. 그러나 환대와 자조(Self-help)의 이중적인 마취는 이들을 계속해서 안식하지 못하게 만든다. 지금 글을 쓰는 이 순간까지도.

실체 1: 모든 사람들이 어디로 가 버렸는가?

실체를 점검해 보자. 만족하지 못하는 고객들이 자신들의 발이 닿는 대로 결정하는 경향이 전국에 걸쳐 교회마다 발생하고 있다. 교회출석은 점차 궤변적으로 되어가고 있고 (반수 이상의 사람들이 한 달에 한 번도 교회에 출석을 못하는 지경이다),[10] 겨우 한 지역을 제외한 거의 모든 지역에서 출석률이 하향 추세이다. 실제로 1994년 전체 성인 출석률은 지난 십여 년을 통틀어 가장 최저인 42%를 기록하고 있다.[11] 1991년 49%에서 감소된 것이다.[12] 20세기 후반에 들어서 지역교회 사역자들은 진정으로 사람들이 무엇을 원해서 하나님께 그리고 교회에 나오는지 알고 있는 것인가?

그 명성 높던 베이비 붐머(Baby Boomer) 세대는 어떻게 된 것인가? 1993년 타임즈 표지기사에 의하면, 그들이 교회로 되돌아오고 있다고 보고되었다.[13] 정말 그것이 사실인가? 80년대 대형교회로 떼지어 오던 이 무리들이 (대략 베이비 붐머 전체 인구의 25%로 추정) 교회를 떠나가려고 하거나 아예 떠나가 버렸다는 증거는 너무나도 많다. 실제로 바아나는 교회출석에 있어서 가장 큰 이중성을 지닌 그룹으로서 이 붐머 세대를 꼽는다.[14]

그의 평가가 정확하다고 본다. 3년간의 통계를 보면, 이 붐머들이 매주 교회에 출석하는 비율이 11%로 하락하였다.[15] 여전히 출석하고 있는 붐머들 가운데 겨우 33%만이 한 달에 4번 출석할 뿐이다. 28%는 두 번도 채 못되는 출석을 하고 있다.[16] 놀랍게도 자신이 그리스도인이라 생각하는 붐머의 24%가 아예 예배드리는 일을 거르고 있으며, 겨우 30%만이 한 달에 한 두어 번 참석하고 있다.[17] 이런 추세는 특별히 많은 대형교회들이 지난 10년간 붐머들에게 전적으로 초점을 맞추고, 그들로 하여금 교회에 되돌아오게 하려고 더 많은 재원과 에너지를 쏟아 온 것에 대한 각성을 촉구한다.

붐머를 목표로 하여 재정과 노력을 투자하여 이룬 것이 무엇인가? 거의 전무한 상태이다. 붐머들의 출석률이 전혀 엉뚱하게 흘러갔을 뿐만 아니라 교회에 대한 그들의 태도에서도 향상된 것이라고는 없다. 최근의 한 연구 조사에 의하면, 이들 붐머들에게는 우리가 변형시켜온 온갖 형태의 예배 스타일도 그들에게 적합하지 않는 것으로 보고되었다.[18] 붐머들이 몰려다니는 것은 확실하게 끝났다고 본다. 와서 보고는 많은 이들이 떠나가 버렸다.

A Generation of Seekers: The Spiritual Journeys of the Baby Boom Generation의 저자 와드 클락 루프는 말하기를, "대다수의 붐머들이 교회의 잃어버린 세대로 내버려져 있으나, 그들은 여전히 의미 있고, 영적인 생활을 갈망하고 있다"고 하였다.[19]

> 보수적인 사람의 대다수는 회중의 주된 그룹을 환멸의 상태로 방치해 버렸다.... 이 환멸 상태가 여전히 널리 팽배해져서 그런 엄청난 (개혁) 운동이 회중들 가운데서 일어날 기미도 보이지 않는 것이 그런 이유에서 일 것이다. 이리저리로 돌아다니다가 그 가운데 어떤 이들은 교회 안에서 자신이 찾고자 하는 것을 찾았으나 많은 사람들이 찾지 못하고 낙심해서 떨어져 나간다.... 단지 얼굴만 내밀기 위해 들락거리는 행동으로 인해 많은 붐머들이 교회에 나가는 것을 혐오하게 되었는지도 모르겠다.... 이런 것은 쉽게 사회와 거리감을 느끼는 세대에게는 위선으로 여겨지기 쉽고, 헌신을 위해 우선적으로 요구되는 진실함과 신실함이 필요한 것이다.[20]

'투자비용-이익'의 원리에 따른 분석

혹 최첨단의 강당과 예배찬양센터에서 "최신형"이라 할 수 있는 예배 몸동작을 따라해 본 적이 있는가? Exit Interviews에서 윌리암 헨드릭스는 최첨단의 예배에 실망을 느낀 한 붐머에 대하여 이렇게 말하고 있다:

> '투자비용-이익'에 따른 분석의 비유는 빈스(Vince)경우에게 있어서 적절하다고 본다. 사업가로서 그는 이 원리에 근거해서 자신의 시간을 평가하는 데 익숙해져 있다. 불행하게도, 이것이 교회에 와서도 그대로 적용되어, 자신이 투자한 것에 대한 좋은 결과를 얻지 못하고 있는 것처럼 생각한다. 왜 그런지에

관해 그에게 물어 보았다. 그는 자신에게 있어서 가장 유용한 행사로서 주일 아침 예배를 들었다.

"그것은 작품이었지요. 믿어지지 않을 정도로 잘 조직화되어 이루어진 작품이지만, 전 그렇게 조직화된 것을 좋아하지 않습니다. 모든 것이 1초의 1/10까지도 정확하게 세분화되어 있었지요. 우리가 늘 TV에서 보듯이, 이 교회는 TV에서 보는 것과 별다를 바가 없더군요.... 설교자는 그 쇼 프로의 일부를 담당하고 있을 뿐이지요.

"쇼 프로의 일부라뇨?" 아니 설교자가 주인공이었지요! 그는 기본적으로 20분 혹은 25분을 할당받거든요. 그래요 그가 주인공이었지요. 저는 그가 20분을 다 사용하려고 일어나기 전까지 그 앞의 펼쳐지는 것을 위해 아침 8시에 일어나 교회에 가는 것입니다. 저는 그런 일에 질려 버렸어요. 왜냐하면, 사람들을 소개하는 그런 시간을 지루한 것으로 생각하기 때문이지요.... 저는 그 일에 넌더리가 났어요! 저도 동참하고 싶거든요! 설교의 60% 내지 65%만 제대로 따라갈 수 있거든요. 이것 때문에 내가 교회에 가는 것일까? 더 좋은 일도 있는데 말이야. 내가 원하는 것이 무엇이냐고요? 오히려 내가 하고 싶은 것이 무엇이냐고요? 잠자는 것, 일요 신문을 읽는 것이지요. 저는 일요일 아침에 신문 읽는 것을 좋아합니다. 그래서 그것을 방해하는 모든 것을 싫어하죠. 그리고 말씀드리자면 교회는 주일날 아침 읽는 신문처럼 그런 흥미로는 것들을 제게 주지 못했거든요.

우습게도 빈스가 다니는 교회의 예배는 특별히 빈스와 같은 사람들이 신문 읽는 것을 멀리하고 성전에 나오도록 유도하는 것으로 디자인되어 있는 교회이다.... 그러나 이런 세밀하고도 잘 계획되어 값비싼 비용을 투자했을지라도 그의 반응은 간단하면서도 직선적이었다. "지루합니다. 지루해서 눈물이 다 날 지경입니다.... 단지 몸동작하는 것으로 1시간 15분씩이나 매주 일요일마다 보내야 한다니 어떤 말을 할 수 있겠습니까 ... 몸동작하는 것 말입니다...." 나는 왜 그가 지역에 있는 다른 많은 교회를 찾아보지 않았는지 의문이 갔다. "다른 교회를 찾아보았지요. 그러나 제가 찾고 있는 것이 무엇인지 빌(Bill) 당신은 알지 않습니까? 더 많은 교회들을 찾아가 보았으나 모두가 경쟁하는 것에 기를 쓰고 있더군요. 이 사실은 저보다 더 잘 아시겠지요. 저는 그들 스스로 그들 자신에게 이렇게 말하는구나 하고 생각했습니다. '만약 우리가 이것도 하고 저것도 하였으면, 아마 더 많은 사람들을 모을 수 있었을 텐데'라고 말입니다"[21]

빈스가 붐머세대 가운데서 유별난 사람이라고 생각하면 위로가 될는지도 모르나, 사실 그렇지 않다는 것은 우리가 필수적인 것을 세워나가는 것에 있어서도 도움이 되지 못한다.

붐머세대는 잠자고, 신문만 읽는 그런 자들이 아니다. 1928-46년 사이에 출생한 세대(빌더, Builders) 가운데 예외가 있으며, 그 부류의 연령층 그룹이 교회출석에 더욱 큰 감소를 보이고 있다. 3년간의 통계에 의하면 1965-1983년에 출생한 버스터(Busters)의 매주일 출석률이 17%로 떨어졌고, 1927년 이전에 출생한 노년층(Seniors)은 믿어지기 힘들 정도인 24%나 감소하였다.[22] 신기하게도 이런 감소가 매년 도표화되거나 인식되지 못하지만, 교회 성장 주기에 크게 영향을 미치고 있다. 붐머세대의 출석률의 근본적인 하락은 단지 단편적인 인식에 불과할 뿐이다. 갤럽조사에 의하면, 미국에서 교회 출석하는 사람들은 전 인구의 38%에 불가하며 5년 전보다 참석하는 빈도수가 낮아지고 있다고 결론 내린다.[23]

예배와 효과

앞서 말한 하락의 이유를 예배에만 국한할 수 없다. 윌리암 헨드릭스는 왜 사람들이 오늘날 교회를 떠나가는 가에 대한 20가지 이유를 나열하고 있다.[24] 예배와 연유된 것이 많으므로 매우 중요하기에 2장에서는 그것에 관해 따로 다루기로 하자. 더구나 열매 맺는 효과적인 사역을 필수적으로 기대한다면, 예배는 반드시 고려되어야 할 필수 요소이다. 효과적으로 예배를 드리게 하려면, 더욱 더 예배를 드리고 싶은 감동을 주어야 한다. 그러나 이 진리가 이상하리만큼 무시되어지고 있다. 그것은 마치 예배, 특별히 재구상되어진 예배(유형) 가운데 책임감이 면역화 되어 버린 것 같다.

불행하게도, 목사나 교회 지도자들 가운데서 많은 이들이 특별히 수천

명이 출석하고 있는 교회에서 사람들이 점점 실망하고 있다는 사실을 인식하지 못하고 있는 사실이다. 경배 센터는 매주일 꽉 채워진 것같이 보이며, 숫자가 증가하거나 또는 현상유지를 하고 있지만, 주일날 보면 50%의 사람만이 지난 주일에 참석했던 사람들이다.[25] 심지어 우리는 우리 앞의 출입구가 회전문처럼 되어 들어오는 숫자가 나가는 숫자보다 더 많은 것처럼 보이기에 이런 사실들을 묵과해 버린다.

대형 교회에서는 극히 소수만이 사람들이 떠나는 수가 들어오는 수를 초과하고 있다는 사실에 관심을 두고 있다. 문제는 예배가 놀랍게도 조사의 대상에서 제외되고 있다는 것이다, 우리가 사람들이 떠나는 것을 보면서, "그것은 문화적인 결과이며, 늘 바쁜 일정과 지도력의 부재, 거침이 되는 교회 구조, 부적절한 자산 분배, 소그룹의 결점…"등으로 무엇으로든 평계를 댄다. 예배 밴드가 있고, 예배드릴 때에 대형 스크린만 있으면, 예배에 대하여 의문을 갖지 않는다.

손익계산

최종적으로 근원적인 문제들을 다루어야 할 것이다. 빈스와 같은 부류의 사람들은 예배의 체험을 통하여 자신들이 얻을 수 없는 그 무엇을 얻으려고 한다. 마케팅 전문가들은 이것에 관해 잘 알 것이다. "사람들은 중요한 일에 시간을 투자하게 된다. 사람들은 가치 중심의 성향을 가지고 있다"는 것이다. 만약 현재의 추세가 계속된다면, 교회는 점차적으로 예배의 황무지, 무관심과 불만족의 예배를 드리게 되는 바싹 메마른 불모지가 되어버릴 수 있다. 심지어 향후 2-3년간 현상 유지에 머무른다면, 예배의 가뭄은 말할 것도 없다.

현재의 빠져나가는 비율이 증가된다면, 악몽 같은 현상을 -교회의 빈 의자를 보게 되는- 곧 직면하게 될 것이다. 우리가 재구상하였던 1980년대의 예배 유형도 능력을 발휘하지 못할 것이다. 결점들을 감추려고 온갖 힘을 쓰는 가운데, 아마도 예배의 문화적 적합성이 아닌 예배의 실체를 갖고자 하는 사람들을 이끌어갈 수 있는 것들이 무엇인지를 잊어버리게 된다. 진정한 예배(예배의 실체)는 이번 주에 만들어 놓은 작품 그 이상의 것이다.

즉, 성경에서 보여지는 초자연적인 하나님께서 나타나셔서 그의 백성과 상호 관계를 맺는 것이어야 한다.

실체 2: 하나님은 어디 계신가?

교회 출석률이 하락하는 이유는 무엇인가? 헨드릭스는 예배 드리는 사람의 숫자가 많이 떨어져 나가는 것에 대하여 다음과 같은 견해로 요약한다. "아마도 가장 보편적인 불만 사항은 예배가 지루하다는 것이다. 단지 이렇게 모이는 것에 흥미가 없고, 예배다운 예배가 없다는 것이다. 하나님의 백성들이 그 분을 만나도록 함에 있어서 도움이 되지 못하고 있다. 그러나 내가 들어온 바로는 더 많이 참여함에 관심이 있고, 더욱 그를 환대하고 모셔드리자는 소리를 들어보지 못했다.26)

예배가 예배답지 못하고, 그의 백성이 하나님을 만나지 못하고, 그 분과의 관계성을 갖는 예배를 드리지 못하는 것은 마치 예배의 본질이 완전히 빠져 버린 것과 같다. 예배의 본질이 빠진 결과를 이제 경험하게 되었는데, 그것은 사람들이 80년대에 하나님을 환영하고 모시는 그런 경향에서 깨어나, "그것이 전부입니까?"라고 묻게 된 것이다. 예배의 가장 중요한 유익은 하나님과 관계를 맺는 것에 있다. 달변과 흥미를 주는 유명 인사의 인터뷰나, 매력적인 드라마나, 깜짝 놀랄만한 독주나, 멋진 메시지와는 별개의 문제이다. 개별적으로는 하나님과의 관계성이 결여될 때에, 교회는 호소력을 상실하게 된다. 헨드릭스는, "하나님은 어디에 계신가?": 하나님의 긴박성(God's imminence)에 관한 교리는 교회에 나오는 사람들의 중심에서부터 질문하게 되는 중요한 문제이다. 사람들은 이곳에서 하나님을 만날 것을 기대한다. 그런데, 그렇지 못한 이유는 무엇인가? 우리가 교회 안에서 하나님을 만날 수 없다면 … 도대체 어디서 그를 만난 수 있겠는가? 라고 경고한다.27) 척 로피 또한 이에 동의를 하며, "교회가 더 이상 성스러운 곳이 못되고, 신령한 것에 솔직하지 못하고, 사람들이 하나님의 임재를 더 이상 느끼지 못할 때, 자신들이 원하는 것이 보호받기 전까지는 표류하며 떠돌아다니게 될 것이다"라고 하였다.28)

하나님은 어디에 계신가? 심지어 예배 출석하는 이들 가운데서도 많은 사람들이 이것을 알고 싶어한다. 최근 바아나의 여론 조사에 의하면, 정기적으로 교회 출석하는 이들 가운데 얼마나 자주 하나님의 존전(尊前)으로 나가고 있음을 느끼는지에 관해 질문하였고, 27%는 항상 느끼는 것으로 응답하였지만, 12%는 "때때로"라고 응답하였다. 그러나 34%는 "결코 느껴 본 적이 없다"고 대답하였고, 27%는 "이따금씩", "드물게" 혹은 "모르겠다"고 응답하였다.29) 이와 연관된 연구 조사에 의하면 거듭난 그리스도인 6명 중 1명 꼴로 경배 센터에서이든 혹은 밖에서이든 하나님의 존전에 나아가는 경험을 결코 체험해 본 적이 없다고 말했다.30)

이것은 기록으로 남겨질 만한 것이 못 되지 않는가! 비록 숫자상으로 보면 비참하지만, 사실상 숫자상으로 나타나는 것보다는 상태가 더 나을지도 모르겠다. 하나님의 임재와 예배에 관한 질문이 정기적으로 교회에 출석하는 사람들에게 물어졌다는 사실은 중요하다.

영적 감각이 둔함

문화적으로 영적 필요에 둔감해지는 것이 가능한가? 최근에 한 대형 교회로 인해 어느 정도인지를 실제로 파악하게 되었다. 크리스마스 이브에 그리스도의 탄생이 관심의 중심이 되는 대신에, 예배의 초점이 "성탄절이 끝난 후 기분을 어떻게 극복하는가"에 맞추어 있었다. 더러는 휴일 뒤에 침울한 기분을 경험하기에 이 문제에 관해 다룰 만한 가치를 지닌 것 같았다. 그러나 불행하게도 예배의 많은 시간들이 이 문제에 관해 소모되었으나 이렇다 할 해답은 없었다. 게다가 목사 자신의 설교 분위기를 고조시키기 위해 (완전히 퇴색한 농담조의) 코미디를 하는 것처럼 강당에 서 있었다.

이 교회로부터 얻은 교훈은 가슴아픈 것이지만 엄청나게 중요하다. 즉, 최신식으로 맞추어 보려고 애를 쓰는 것이 맞지 않을 수 있다는 것이다. 사람들은 크리스마스 이브에 인기 끌 것 같은 방법론이나 저속한 TV내용 같은 것을 원하지 않는다. 예배를 마치고 나오기 전에 한 남자가 웃으며 그의 여자 친구에게 빈정거리면서, "이곳이 바로 네가 다니는 교회라는 말이지?"라고 말했다. 정기적으로 출석하는 교인들 가운데 한 명은 깊이 사색을 하더니 후에 이렇게 말했다. "저는 뭔가 좀 더 나은 말씀을 들으려고 왔지요. 특별히 크리스마스 이브에 말입니다. 아시다시피 거룩한 휴일 아닙니까…. 저는 정말 실망했습니다. 지금 저는 딴 교회를 물색중입니다."

이런 반응은 실제로 우리 사회를 진단해 보는 사람들에게 있어서는 놀랄 만한 사실이 못 된다. 80년대에는 교회 변화주의(Sensationalism)가 유행했었다. 많은 사람들이 질려버릴 정도로 이것을 즐겼다. 더러는 여전히 코미디 같은 것을 듣기 위하여 교회에 와서는 쇼를 지켜보지만, 많은 숫자가 그것을 더 이상 바라지 않는 추세가 고조되고 있으며, 오히려 그들은 하나님을 만나기 위해 교회로 나오고 있다. 감사하게도 크리스마스 이브에 교회에서 볼 수 있는 사건으로는 수천 명의 교인들이 사과의 편지를 주고받는 진실한 본래의 모습을 보여 주는 것이다. 더욱 중요한 것은 그것 자체가 보기에는 어렵게 느껴질지 모르나 이것이야말로 예배의 참 뜻이다.

만족스러운 예배: 실제 예화

지금 추세로는 충성스러운 교인 가운데서도 예배 드리는 현 상태에 꽤나 만족하고 안주하는 것 같다. 바아나의 최근 조사에 따르면, 정기적인 교회 출석자 가운데서 66%가 자신들의 교회에서 하나님께 예배 드리는 것에 "매우 만족"하는 것으로 나타났다.

지금 현재 표면적으로는 66%가 "매우 만족"한다고 응답한 것이 경이로운 것처럼 여겨질는지도 모른다. 그러나 (미국교회 출석자 모두의) 42%의 66%는 겨우 28%에 해당하는 것이다. 이 말은 겨우 그들 가운데 28%만이 매주일 성전에 나아가는 것에 매우 만족을 한다는 것이다. 이런 수학적 계산의 결과는 우리가 교회 예배에 관한 한 선택된 그룹에게만 그들이 원하는 바를 정확하게 채워 주고 있음을 말한다. 그러나 이 과정에서 교회에 등록되지 않은 사람과 교회에 출석하지 않는 신자(The unchurched)는 통계에 넣지 않은 것 같다.

바아나는 이 조사에서는 Red flags의 숫자도 포함된 것임을 밝혀두었다.

첫째, "귀하가 출석하는 교회는 하나님께 예배 드리는 것을 잘 수행하고 있다고 생각하십니까?"의 질문을 정기적으로 예배에 출석하는 사람들에게 하였다. 바아나는 이에 대하여 이렇게 말한다. "대다수의 사람들이 이것에 대해 불만스러운 점을 숨기려는 것 같으므로 표본에서 제외해야 했으며(적어도 부분적으로), 예배 드리고자 하는 자신들의 필요가 적절하게 충족되지 않기 때문에 교회 출석을 중지하려고 하는 사람들이 있다."[31] 바아나가 지적한 점은 중요한데, 만일 우리가 진정으로 "만족"하는지를 알기 원한다면, 성가대원들에게 물어보면 더 나을 것이며, 특별히 연습 때 나타나지 않는 사람들에게 물어 보는 것이 좋을 것이다.

둘째, 진정으로 그리스도인의 예배가 무엇인지에 관해서는 교회 출석자들 사이에서는 보편적으로 무시되어지는 것 같다. 앞서 연관된 조사에서 "만족함"으로 반응한 정기적으로 출석하는 자들 가운데서 예배에 대한 그들의 이해와 성서적인 이해와는 일치되지 않음을 발견하였다고 바아나는 말한다.*

> 앞서 응답했던 교회 출석자들은 예배의 의미에 관해 정의해 보라는 질문에 36%만이 예배의 의미를 제대로 알고 있었고, 25%는 포괄적으로 알고 있었고, 39%는 잘못 알고 있는 것으로 밝혀졌다. 그래서, 예배하는 숫자의 비율을 따지자면 아마 대다수가 매주 그들이 교회에서 제대로 해야 할 일이 무엇인지에 관해서 분명히 알고 있는 것 같지 않다고 본다. 결국 예배에 관해서 만족하는 사람들의 기대치에 대한 가치 평가와 신뢰성에 의심이 간다. [32]

셋째, "매우 만족함"이라고 응답하지 않았던 교회 출석자들에 대해서도 살펴볼 필요가 있다. 30%는 단지 "다소 만족함"으로 표현하였다.[33] 만약 우리가 헨드릭의 연구 (그의 Exit Interviews에서) 기간 동안 발견한 것을 신뢰한다면, 이들 그룹 가운데 잠재적인 불만족이 결국 제외되는 것으로 해

---

* 교회출석자들의 대다수가 성서적인 예배의 정의에 관한 추가적인 질문들로써, 예배에 대한 만족과 관련되어진 여러 문항의 질문에 대답해야했다. 특별히 이 연구에서 쓰여진 형용사들은 정기적으로 출석하는 자들 가운데서 예배에 관한 성서적인 이해에 대해 자연스럽게 표현하기 위해 사용되어졌다. 기억컨대, 이 사례는 확실한 것이 못된다고 본다. (바아나의 저서 330-43쪽을 참조하라).

석된다. "....어떤 이들은 떠났다. 수백만의 사람들이 -본인이 믿기로는 그들의 숫자가 수백만 명을 넘는 것으로 본다- 기관 단체에 남아 있지만 불만족이라는 옅은 농도의 바이러스를 견디고 있는 셈이다.... 결론적으로, 그들은 영적 체험에 만족하지 못하는 것이다."[34]

말을 바꾸어 보자면, 이 사람들의 만족도는 영적 문제와 결부된다. 헨드릭스의 "옅은 농도의 바이러스"라는 비유를 들자면, 이 시기는 "영적 감기"에 해당할 정도라고 본다 -옅은 기침, 약간의 콧물, 혹은 한두 주일 건너뛰는 정도이다. 만약 불만족의 증세를 무시한다면, 영적 폐렴과 장기적인 결석이 먼 이야기는 아닐 것이다.

실체 3: 복음주의는 어디에 있는가?

지난 10년간 몰려다니는 교인들은 복음적인 것을 위해 투쟁해 왔다. 그러나 최근 슬럼프 기간 전의 교회 출석률 곡선은 평평한 정체 상태로 (미국 기독교인 전체의) 45%를 기록하였다.[35] 그렇다면, 대형 교회의 현상은 어떻게 설명할 수 있는가? 간단히 말해서, 의자 바꾸기 게임의 결과로써 빨리 성장한 것이라 하겠다. 지난 10년간 80%이상의 사람들이 이런 식으로 교회에 나온 것으로 보인다.[36] 이것이 바로 흠이라고 본다. 미래의 시나리오로 볼 때에는 더 큰 흠이 될 것이라고 빌훌은 다음과 같이 말한다. "대형 교회의 양육 체계는 소규모 교회의 불만을 품은 자들이 자신들의 교회에 다니는 것을 중단하게 만든다. 이런 양육 체계가 고갈되어질 때, 어떤 일이 일어나겠는가?"[37] 실제로 어떤 일이 발생하겠는가? 바아나는 1만개의 소규모 교회가 90년대에 문을 닫게 될 것이라고 예측한다.[38]

다음 세기를 바라보는 미국 복음주의 전 영역에서 살펴보자. 바아나의 견지에서 내다보면 다음과 같다:

> 325,000개의 개신 교회, 1,200개의 기독교 방송, 300개의 방송 관계 기관, 300개의 신학교 ....지난 8년간, 기독교 단체는 무려 2천5백억 달러가 넘는 재정을 이 사역(국내 사역만)을 위해 소모했지만, 이런 상태에 대한 어떤 책임감을 느끼는가? 혹은 계속해서 이와 똑같은 게임을 해야 하는가?[39]

최근의 통계는 더욱 가망 없는 것으로 나타났는데, 1991-94년 사이에 5,000개의 신생교회들이 나타났고, 이를 위해 3년 동안 100억 달러의 비용을 쓰는 극치를 보여 주었다.[40] 그러나 자신들이 거듭난 신자라 자칭하는 비율은 1992년 40%에서 1994년 35%로 떨어졌다.[41] 또다시 -비용투자- 이익의 원리에 입각해서 볼 때에 가치 절하라고 보지 않겠는가!

미국의 복음전도에 대한 시나리오와 경이로울 정도의 이익을 거두고 있는 나라들과 -아프리카, 남미, 동유럽- 회심자들의 비율을 비교해 보라. U. S. Center for World Mission에 따르면, 성경을 진리로 믿는 그리스도인-신실한 그리스도인-의 숫자가 1980년 이후로는 겨우 전 인구의 6.2%에서 9.9%로 증가했다.[42] 동일한 기간에 남미의 복음주의 교회의 교인 수는 1천 8백 6십만 명에서 5천 9백만 이상 증가하였다.[43]

거룩한 군중들

미국 교회가 성장하지 못하는 이유는 무엇인가? 우리는 이미 예배의 결함에 있음을 인지해 왔다. 그러나 우리 가운데 다수가 먼저 교회 출석하지 않는 사람들에게 결코 복음을 전하려고 하지 않는 일이 가능한지를 묻고 싶다. 바아나는 그렇다고 주장한다. "만약 그들에 관해 잘 안다면, 우리가 그들에게 가지 못하는 이유는 무엇인가? 라고 질문한다. 이에 대한 대답은 무엇인가? 우리들의 '성장에 대한 욕구의 결핍'과 '거룩한 군중'을 형성함에 있다고 본다.[44]

우리 자신을 속이지 말자. 우리는 우리 자신들이 만들어 놓은 배타적인 요새에 안주하는 것에 편안함을 느낀다. 미국에서 거듭난 신자의 10명 중 3명 꼴로 일정한 기간 동안 직접 믿음의 복음 증거를 하고 있다는 것을 생각해 보라.[45] Christian Today가 연구한 바로는 더욱 비참해지는 것이 확실하다 -최근에 독자들의 1%만이 겨우 복음을 나눈 것으로 밝히고 있다.[46] 아무튼 우리가 복음을 전함에 있어서 행동이 말로 전하는 것에 미치지 못하고 있다.

최근에 또 다른 연구 조사를 보면, 거듭난 신자들이 교회를 선택할 때에 복음 전도보다는 교인들 숫자에 초점을 맞추어 결정하는 것으로 나타났다.47) 실제로 보면, 미국에 있는 복음주의적인 교회에서 예배에 참석하는 100명당 1.7명 꼴로 매년 (불신자들에게) 그리스도를 소개하는 것으로 나타난 사실은 놀라운 일이 아니다.48) 슬프게도, 거듭난 신자들 가운데 소수만이 교회 밖의 사람들과 관련되고, 거의가 본질적으로 고립되어 자기 도취적인 문화를 이루고 있다.49) 이런 상황에 맞는 사람들을 우리가 찾지 못한다면, 어떤 식으로 잃은 영혼에게 복음을 증거할 수 있겠는가?

몰려다니는 교인들은 내면 중심으로부터 분리되려는 태도가 있다. 그들이 어떤 식으로 말하는지 살펴보라. 91%가 말하기를 우리는 그들의 필요에 민감하지 않다고 한다.50) (그것은 마치 우리 등 뒤에서 상처 입은 자들을 바라보는 것이 힘든 것과 같지 않겠는가!) 그러나 기본적으로 용납할 수 있는 문제들은 어떠한가? 바아나는 다음과 같이 말한다. "미국에서 교회 출석하지 않는 자의 37%가 말하기를 교회가 관대하지 못하다고 한다. 더욱 이것에 대하여 실망스러운 점은 교회가 관대하지 못하다는 사실보다는 이런 생각을 가지고 있는 사람들에게 관대하지 못하다는 것이다."51) 바아나는 다음과 같이 비그리스도인과 그리스도인을 구별하여, 불신자들에 대하여 이렇게 지적한다. "그리스도인들은 자주 교회에 출석하고, 더욱 비판적이다"라는 말은 꽤 의미심장하다.52)

교인들의 분리주의 (Separatism)

분리주의가 매일의 삶에서 영향을 미칠 정도라면 아주 나쁘다고 본다. 그런데, 분리주의의 질병이 또한 성전, 경배 센터, 최신식의 예배장소를 포함해서 널리 퍼지고 있다. 2-3년 전에 몰려다니는 교인들에게 성공적으로 사역하여 잘 알려져 있는 교회 수련회에 참석한 경험이 있다. 점심시간에 대형 교회에서 온 스탭들 바로 옆자리에 앉게 되었다. 아침에 기조 연설은 "윈-윈(Win-win)" (역주 스티븐 코비의 "성공하는 사람의 7가지 비결"(김영사 출판)에 나오는 원리)의 관점에 입각하여, "우리가 먼저 그리고 우리만을 위하는 것(Us-first, us-only)"에 대한 생각을 버리도록 회중들에게 도전하는 설교를 매주일 아침마다, 몰려다니는 교인들이나 신자들 모두에게 주는 중심 메시지가 되어야 한다는 것이었다. 참으로 감동적이고도 확신에 찬

말씀이었다.

그런데 본인과 식탁을 함께 하였던 스탭진들은 마치 그 메시지와는 무관한 듯한 이야기를 서로 주고받았다. 대신에 그들은 전날의 실제적인 부분에 초점을 맞추어 리듬, 체육관의 육성, 멀티 미디어 프로덕션, 드라마 등의 세심한 부분을 토론하였다. 최신형의 전략을 이리저리 쏟아 보려고 하였다. 이것을 들으면서 우리가 방금 들었던 감동적이었던 메시지에 대한 한 마디의 말이라도 들을 것을 바라며 기다리고 있었다. 결국 그런 말은 나오지 않았다. 본인이 생각하건대, 그들은 단지 "자동적으로 창안하는 모드(Mode)" -수천 가지의 새로운 정보를 쏟아낸 후에 때때로 히트치는 그런 유형-로 생각되어졌다.

계속 그들의 대화를 듣고 있었다. 알지 못했던 비밀들을 수 없이 말했다. 그러나 더러는 옳지 않은 것도 있었다. 정말로 흥미로운 것은 없었다. 그들의 대화는 더 큰 목적을 위해서 거의 수명이 끝나 버린 기술들은 떼어버리고 운영해 나갈 방법에 관한 것이었다. 대화는 계속 이어졌으나 여전히 복음 전도에 관한 것은 일체 언급이 없었고, 그리스도의 사랑을 가지고 공동체를 감동시킬 만한 열정적인 비전에 관한 것도 없었다. 온통 제작 및 방법론에 관한 것뿐이었다. 본인이 조금 관심을 표시하였다. 그들은 눈에 보이는 현란한 것을 위해 왔으며 진정한 목표를 위해서 온 것이 아니라고 여기게 되었다. 아마 그들이 원하는 것은 후에 경쟁에 앞서 나가기 위한 것들뿐이었다.

마침내, 본인이 아침 시간의 주제였던, 주일 아침 시간을 불신자나 신자 모두를 위해서 최대한 도전을 줄 수 있는 시간으로 만들기에 관한 화제를 끄집어 내었다. 짧고도 어색한 침묵이 흘렀다. 그 때 그 가운데 한 명이, "정기적으로 출석하는 사람 옆자리에 앉은 몰려다니는 교인들의 생각을 어떻게 알 수 있습니까. 그들은 단지 … **다르지 않습니까**"라고 응수했다. 다른 스탭들도 이 말에 동의했고, 자신들의 기술적인 계획에 관하여 대화를 계속 이어갔다.

본인은 소리를 내지 않았으나 소스라치게 놀랐고 정말로 마비되는 것 같았다. 그러나 후에 그들의 교회 사역 가운데서 발견한 몇 가지에 관해 화제를 꺼내었을 때에도 그들의 의견은 가히 놀랄 것도 못 되었다. 이 교회는 이 지역에서 최대의 쇼를 보여줌으로써 지금 보여지는 규모로 성장하게 되었다는 것이다. 다른 교회로부터 교인을 빼내어 가는 기술은 완벽했다. 숫자나 평판이나 명성이 최고조에 도달해 있는 상황이다. 문제는 그 중심 밑바닥에 있었다. 결국 교회 성장은 눈부실 정도이며, 이 교회는 마치 대 위임령(지상 명령)에 대하여 전혀 들어 본적이 없는 것같이 예배를 드리고 있었다. 이것은 값비싼 교회 성장이라는 포장지 속에 들어 있는 분리주의의 재방송에 지나지 않는 것이었다.

천국 문을 닫는 것

예수님은 이와 같이 배타적인 종교에 관해 이렇게 말씀하신다: 화 있을진저 외식하는 서기관들과 바리새인들이여 너희는 천국 문을 사람들 앞에서 닫고 너희도 들어가지 않고 들어가려 하는 자도 들어가지 못하게 하는도다 (마 23:13). 우리는 사람들의 면전에서 천국 문을 닫고 있지는 않는가? 수백만 달러의 호화 성전에서 우리는 실체에 대항하는 공허하고 거짓된 마음의 찬양을 드리는 태도를 퍼뜨리고 있지는 않는가?

잭 헤이포드는 우리들의 예배 습관 속에서 형성된 분리주의에 대하여 다음과 같이 도전하고 있다:

> 당신은 누가 교회에 오기를 원하며, 하나님께서는 어떤 자들을 원하신다고 생각하는가? 이에 대한 대답은 당신이 하나님께 예배를 어떻게 드리는가에 따라 결정될 것이다. 만약 예배가 단지 인준된 교인에게만 부여된 특권이라면, 그 외에 사람들은 출석할 수 있으나, 본질적으로 '제외된 부류'로 남게 되는 것이다. "모두를 환영합니다"라는 환영의 분위기가 허용되지 않는다면 -비록 의도적인 것이 아닐지라도- 잘 먹혀들지 않을 것이다. 그러나 예배가 소망과 기쁨의 분위기 가운데서 이루어진다면, 예배는 열린 예배가 되며, 갇혀진 요새처럼 되지 않을 것이다.[53]

다음의 통계 수치는 그리스도의 몸된 교회에 실제로 가 보았던 사람들의 말이다. 1985년 교회에 나오지 않는 성인 40%가 친구나 가족에 의해 초청을 받아 예배 시간에 참석해 보았다고 한다. 최근에는 20%로 떨어졌다.[54] 그들이 교회로 되돌아 올 만한 가능성이 (심지어 개인적인 초대를 한다고 해도) 단지 7년만에 2/5에서 1/5로 떨어졌다.[55] 그러나 비록 1/5로 보여진다 해도 상황에 대한 심각성이 뚜렷하게 나타나지는 않는 것 같다. 가장 이해하기 좋은 것은 바아나의 주장대로 20%가 최대이며, 이 가운데 겨우 10%만이 돌아오는 숫자이고, 다른 10%는 애매모호하다.[56]

분리주의 예배: 뿌린 대로 거둠

우리가 너그러움을 혹은 선입견을 갖게 됨에 있어서 예배의 체험 그 자체가 영향을 끼치게 됨은 피할 수 없는 것이다. 그리고 이것이 예배가 다른 사역과 명확히 구별되는 점이다. 연합 예배 행사는 개개인과 연합된 그리스도인들의 정체성의 핵심이다. 예배는 하나님과 우리 주변 세상에 대한 개념들을 접합시키는 역할을 한다. 한 마디로 말해서 예배는 세계관을 신성하게(Sancramentalize) 만든다. 채색된 유리창 혹은 회벽으로 연합된 성전처럼 하나님과 우리 자신, 타인에 대한 태도와 관념이 더 좋게 혹은 더 나쁘게 형성되어 지는 것이다.

분리주의적 예배를 드리면서 하나님 혹은 하나님의 교회를 바르게 드러낼 수가 없다. 얼마나 많은 세미나와 믿음의 기술을 가졌다고 소문이 나는 것과는 상관없이 신령한 것이 못 된다고 하겠다. 그것은 인간이 창안한 것으로 완전히 치명적이라 하겠다. 만약 우리 자신과 우리를 위로하시는 하나님을 어쨌든 경험한다면, 우리는 하나님의 은총을 입었고, 추하거나 더러운 세상(물론 완전히 추하고 더러운 것만은 아닐는지도 모른다)으로부터 구별되어져서, 세상에 대하여 진정으로 미련을 갖지 않게 될 것이다. 예배는 경건하고 겸손한 예배의 모판(Seedbed)으로서 교만과 자기 본위의 바윗덩어리가 아니다. 바리새인주의(Phariseesm)는 죽이는 것이다. 공허한 예배를 드리면서 우리의 믿음이 성장하기를 기대할 수는 없는 것과 같이 우리의 예배가 배타심과 이기적이고, 헛된 것이라면, 잃은 영혼에 대한 진실한 사랑을 가질 수가 없는 것이다.

그리스도를 위해 잃은 영혼들을 찾아가는 일에 실패하는 이유는 그들 영혼이 산산이 부셔버렸기 때문이 아니라 바로 우리 자신들에게 있다. 현시대 문화 사조에 영향을 끼치지 못하는 것이 우리가 요령이 부족해서가 아니라 진실이 결여되었기 때문이다. 진실한 믿음을 가지고서야 복음증거가 되는 것이다. 참되신 하나님과 진실한 관계를 갖도록 사람들을 진정으로 돌아보는 것이다. "잃은 영혼을 하나님께로"라는 문구를 앵무새처럼 반복하여 읊조리지만 많은 교회들이 잃은 영혼에 대해 그만큼 생각하지 않는 것 같다. 신자가 부유하게 살 것을 종종 언급하는 예배는 내면에서부터 독이 된다. 이로 인해 복음주의라는 제자도에 완전히 극단적으로 반대되는 배타주의 태도로 자라나게 된다. 분리주의라는 질병으로 인해 영적 건강을 증진할 수 없게 되는 예배는 진리가 의례적이거나 기능적인 것으로 되어 버린다.

응급 조치를 위한 시간마저도

이 모든 것을 어떻게 조처하겠는가? 우리 교회는 지금까지 열거된 그 어느 것에도 해당되지 않는 것처럼 하겠는가? 이전과 마찬가지로 이대로 나아갈 것인가? 그렇다고 한다면, 지금 당장 결론 내릴 준비를 하는 것이 더 나을게다. 우리가 배타적인 예배 형태로 그룹을 만드는 동안, 수백만 명의 몰려다니는 교인들은 가능한 우리에게로부터 멀어지려고 할 것이다. 우리가 음향 시설, 신디사이저, 군중 동원에 관심을 쏟고 하나님과 진실로 만나는 일에 배타적이게 되면, 시간이 흐름에 따라 겨우 소수의 몰려다니는 교인들만이 하나님을 만나게 되는 날이 멀지 않았다. 우리가 우리 이웃 교회에서 신자들을 빼내 오기에 바쁜 동안, 사탄도 우리 영혼을 빼내 가기에 바쁘게 된다. 우리가 그리스도와 무관한 프로그램을 돌려 문화적인 것에 맞추어 가는 동안 우리가 모아들인 영혼들은 왔던 길로 빠져 나가게 될지도 모른다. 우리가 할 수 있는 일은 골방으로 들어가 영혼을 구원하는 일에 힘쓰는 것이다. 마틴 마티의 말을 빌자면, "순순한 종교는 정확한 것을 요구하며, 속임수가 없어야 한다. 우리 스스로 이 한 가지가 아닌 다른 어떤 것을 요구해서는 안 된다."[57]

예배하는 자의 (몰려다니는 교인이든 구원받은 자이든 간에) 숫자가 이번 주 발표에 의하면 감소하고 있다. 우리가 드리는 예배가 제대로 되어 몰려다니는 교인들에게 덜 위협적인 것으로 돌아가야 하지 않겠는가? 그렇지 않다. 그들은 우리가 생각하는 것보다 훨씬 영적이다. 그렇다면, 파이프 오르간, 단선율의 성가를 불러 전통주의 원형의 모태로 기어 들어가야 하겠는가? 만약 지상 대 위임령(지상 명령)을 심각하게 받아들인다면 그렇게 해서는 안 된다. 10명 가운데 3명도 못 되는 사람들이 교회가 적절한 것으로 간주할 때에,[58] 이 시대에 있어서 부적절하다고 표현하기란 어렵다. 어떤 일이든 우리 시대에 맞는 말을 할 수 있는 능력을 증대시킬 필요가 있다.

시간은 흘러 응급 조치와 생명 구조를 위한 시기가 되었다. 세상에 있는 모든 기술을 갖고서도 진정으로 예배하는 자를 만들 수가 없다. 진정한 예배를 창출할 수 없다. 신령과 진리의 종을 만드는 (요 4:23-24) 기술이 필요한 때가 왔다. 오직 이것은 신자들은 가슴으로부터 느끼는 살아 계신 하나님께 반응하도록 하게 할 수 있다. 이렇게 할 때에 비로소 우리의 예배가 하나님 닮기 위해 초자연적인(Supernatural) 관계성을 가지려고 몰려다니는 교인들의 마음을 끄는 진정한 예배가 될 것이다. 이렇게 할 때에 우리의 예배가 하나님께서 의도하는 바 대로 -그리스도를 증거 하는 것- 이루어질 것이다.

워십 에반젤리즘! 가진 것이 없이는 줄 수도 없다. 이것이 최대의 핵심이다. 핵심을 우리가 바꿀 수는 없다. Uelveteen Rabbit[59]에서 말하는 바와 같이 우리도 진실할 수 있다. 다행히도, 우리가 변화를 받는 것이 어떤 마술처럼 되는 것이 아니라, 영원토록 사랑하시고, 용서해 주시고, 힘을 공급해 주시는 하나님을 예배함에 달려있다. 하나님은 신령과 진정으로 예배하는 자를 찾으신다. 그러나 하나님께서는 그런 사람을 찾으실 뿐만이 아니라 그런 자들을 만들어 가신다. 위선과 배타의 비늘과 세속주의 파편과 자기이익추구의 찌꺼기를 버릴 때에, 우주의 주인이신 하나님께서 거룩하고 받으실 만한 산 제사를 우리 안에 조성하실 수 있다 (롬 12:1). 하나님께서 요구하시는 것은 우리의 순종하고자 하는 마음이다. 이제 진실해질 시간이다!

2

하나님에 대한 갈망:
성경적 예배에로의 회복

우리 내면적인 체험이 얕고, 우리의 예배가 공허하고, 우리가 추구하는 방법들이 세상의 비굴한 것의 모방이라면, 이 모든 것은 오늘날 우리가 하나님을 불완전하게 알고 그분의 평화를 거의 알지 못함을 증명하는 것이다.[1]
 - A. W. 토저

우리는 순식간에 모든 것을 잊어버린다. 우리는 교회 성장을 위한 예배의 전략을 세울 수 있으나 그가 찬양 받으시기에 합당하기 때문에 하는 일이 아닐 수도 있다. 그러나 우리가 이 모든 것을 할 수 있는 것은 하나님은 찬양 받으시기에 합당한 분이시며, 우리는 그분을 예배하기 때문이다.[2] - 타미 워커

예배가 상품화되었다.... 우리가 어디서부터 시작했는지 기억이나 할 수 있을까? ... 중요한 것이 빠져 버린 사람들로부터 "올바른" 반응을 얻기 위해서 "올바른" 것을 하는 일에 관심을 가지는 방법은 하나님을 예배하는 일이다.[3]
 - 탐 크라취

1 단계: 우리 자신이 아닌 하나님을 예배

소년 다윗은 어디에 있는가?

"21세기를 바라보는 교회가 나아갈 길은 창조, 혁신, 용기를 많이 갖는 것이다." 이 시대에 가장 영향력 있는 교회의 대변인 가운데 누군가가 한 말이다. 전통적인 평가로서는 문제를 충분히 평가하고, 올바른 해결법을 알고, 이 해결법들을 수행할 만큼의 재능과 용기가 있다면, 사역은 성공할 것이라는 위닝 어프로치(Winning approach)식의 사역 때문이라고 보는 견해이다. 또는 (미국) 기독교의 실패, 성공의 여부는 교회의 지식과 능력과 허장성세(Bravado)에 달려 있다고 보는 이도 있다.

앞서 이들 특성이 잘못된 것은 아니다. 분명한 것은 소년 다윗도 한 번만에 해낼 수 있을 것으로 알고 있었던 이유는 골리앗을 대면하기 전에 오랫동안 용감하고도 효과적으로 이런 일들을 해냈던 것이다. 그러므로, 우리가 잊어서는 안 될 점은 다윗이 과녁명중의 실력을 갖춘 그 이상의 능력으로 전쟁터로 나갔다는 사실이다. 하나님과 관계성 속에 뿌리박은 영적 능력을 가지고 나갔던 것이다. 왜냐하면 그것은 구속받지 않는 경건의 관계성으로 하나님께서 다윗의 중심에 빚어 놓으신 것이며, 하나님의 지식과 힘에 겸손히 준비된 마음으로 의존하여 조그마한 영광이라도 하나님께 드리려는 끊임없는 갈망이 있었기 때문이다.

불행하게도 3,000년이 지난 복음주의 교회는 거의 골리앗을 만날 만한 영적 준비가 되어 있지 않으며, 수백만의 불신자들이 교회 문 밖에 있고, 매주 수동적 자세로 교회 좌석을 채우는 수백만의 교인들이 증가하든지 줄어드는 것에 상관없이 준비가 되어 있지 않다. 90년대에 들어서 우리는 -특별한 사람들의 생활 양식, 습관, 갈망, 욕구라는 숫돌에 갈아- 목표에 잘 명중하고 있다. 그러나 과녁의 한 가운데를 명중하려는 우리의 열정이 때로는 영적 능력을 통해 교회를 성장시키려는 하나님을 잊게 만든다. 심지어 이것이 빠져서 최고의 목적이 무용지물이 되고 만다. 최고의 목적은 바로 예수님께서 베드로에게 "내가 이 반석 위에 내 교회를 세우리니, 음부의 권세가 이기지 못하리라"(마 16:8)고 하신 말씀이다.

  슬프게도, 하나님과 열정적인 (예배의) 관계성을 갖고 있던 다윗의 능력의 근원은 현시대의 거듭난 신자에게도 거의 낯선 것 같다. 많은 사람들이 사슴이 시냇물을 찾아 헤매는 심정의 의미를 모르는 것 같다 (시42:1). 우리가 경이적인 숫자 성장과 5,000석이 넘는 성전을 바랄지라도, 솔직히 말해서, 우리 가운데 진정으로 하나님을 갈망하는 사람은 많지 않다. 오히려 하나님과 좀 거리를 두고 편안하게 지내려는 경향이 있다. 좀더 꼬집어 말하자면, 우리가 잃은 영혼들을 초대하여 하나님과의 발육부진의 관계를 맺도록 만드는 꼴이 아닌가!

  창조, 혁신, 용기는 하나님께로부터 온 선물이다. 이것은 상당히 엄청난 능력이 있어서 21세기까지 지속될 것이다. 그러나 하나님께서 다윗의 능력보다는 그 중심에 더 관심을 보이셨던 것처럼, 우리에게 있어서도 마찬가지이다. 하나님께서, "얼마나 나를 위해 할 수 있으며, **너는 누구에게** 속하며, **누구를 위해** 이 좋은 것들을 할 것이며, 또 **누구를** 의지할 것이냐?"고 물으신다. 한 마디로 말해서, 하나님께서는 우리들의 진정한 예배를 요구하신다.

  진정한 예배에 대하여 말하기는 쉬우나 교회 성장이 자력으로 이루어진 (Self-made) 세상에서는 진정한 예배를 드리기란 어렵다. 우리는 가장(Feign)으로 포장된 예배를 하나님께 드리는 반면에, 우리의 방법론을 예배하는 경우가 종종 있다. 이렇게 할 때, 우리의 교만과 자기 의존은 더욱 세속화되고 우리가 세상에서 혐오하는 그 어느 것보다 더 더욱 괴이한 (Grotesque) 상태의 인본중심주의자가 되어 버린다. 현재 복음주의적 예배의 공허함 가운데, 우리 스스로가 물어 볼 질문은 다음과 같다. 우리 자신을 의지하고, 우리가 알고 있는 바에 전적으로 사로잡혀 있는 우리가 하나님의 더 큰 뜻을 이룰 수 있겠는가? 예배, 영예와 찬양을 받으실 분이 그 한 분뿐인 것으로 여기고 이것에 목표를 맞추는 오랜 연습을 할 수 있겠는가? 최종적인 분석을 할 것 같으면, 우리는 다윗도 아니며, 명중 잘하는 물맷돌 전문가도 아니지만, 받으시기에 경건한 예배를 드릴 수 있는 예배자도 못 된다. 그러나 이런 예배를 하나님께서 원하심은 의심할 여지도 없다.

2 단계: 예배를 최고의 것으로 여김

다윗의 예배

시편을 쭉 읽어보면, 다윗의 예배에 있어서 4가지 특성들이 금방 눈에 띈다. 첫째로, **다윗의 예배는 생애 그 자체이다**. 그의 생애는 하나님을 공경하고, 하나님과 그 분의 목적에 온전히 맞는 것이었다. 이것은 소위 "예배"라고 부를 수 있는 연합된 사건에 의해 매주일 기능을 하는 것이긴 하지만, 다윗의 예배는 하나님과 매일 동행이라는 상황 속에서 성전 밖에서 시작되는 것이다. 다윗은 "즐거운 소리를 아는 백성은 유복한 자라 여호와여 저희가 주의 얼굴빛에 다니며"(시 89:15)라고 외쳤다.

바울은 이것을 "동행하는 예배(Worship-as-walk)"의 원리로서 로마서 12:1에서 확증하고 있다. "그러므로, 형제들아 내가 하나님의 모든 자비하심으로 너희를 권하노니 너희 몸을 하나님이 기뻐하시는 산 제사로 드리라, 이는 너희의 드릴 영적 예배니라." 만약 우리의 예배가 다윗과 같다면, 이것은 우리의 생활양식이 될 것이며, 우리 자신과 우리가 가진 것, 우리가 살아 계신 여호와를 위해 할 수 있는 모든 것을 자발적으로 매일매일 산제사 드릴 수 있게 된다.

둘째, **다윗의 예배는 타협이 없다**. 전심으로 아낌없이 드리는 것으로 우리가 종종 경험하듯 인색함이나 온전하지 못한 것이 아니다. 시편 27:4에서 다윗은 진정으로 예배하는 자의 심정과 갈망을 이렇게 표현한다:

> 내가 여호와께 청하였던 한 가지 일
> 곧 그것을 구하리니 곧 나로 내 생전에
> 여호와의 집에 거하며 여호와의 아름다움을
> 앙망하며 그 전에서 사모하게 하실 것이다.

성경구절마다 다윗이 "하나님의 마음에 합한 사람" (삼상 13:14)으로 칭하고 있음도 놀랄 것이 못된다. 그는 전적으로 하나님께 초점을 맞추고, 전적으로 헌신하고, 타협하지 않는 경건을 가졌던 것이다! 그러나 우리 모두는 다윗에게서 볼 수 있는 예배를 극단적이고 굉장한 것처럼 이야기한다. 예수님께서도 "네 마음을 다하고 목숨을 다하고 뜻을 다하여 주 너희 하나님을 사랑하라"(마 22:37)고 말씀하셨다. 우리의 예배도 우주의 창조자이신 그 분을 공경하는 관계를 가짐에 있어서 제한을 받지 않는 (No-holds-barned) 것이어야 한다.

셋째, **다윗의 예배는 증거 하는 것이다.** 하나님의 백성이 "다윗"처럼 예배를 드릴 때, 세상은 워십 에반젤리즘의 유일하고도 가장 중요한 원리를 알게 되고, 올바로 서게 된다. 시편 57:9에서 다윗은, "주여 내가 만민 중에서 주께 감사하오며 열방 중에서 주를 찬송하리이다"라고 말한다. 그러나 더욱 중요한 점은 다윗이 하나님을 믿음으로 자신의 진정한 예배의 체험을 통해 불신자들에게 나아갔다는 것이다.

> 새노래 곧 우리 하나님께 올릴 찬송을
> 내 입에 두셨으니 많은 사람이
> 보고 두려워하여 여호와를 의지하리로다
> -시편 40:3-

앞의 3가지 특성은 90년대 건전한 예배의 중요한 원리로서 예배와 복음 전도의 전체 문제에 해당되는 것이라 하겠고, 네번째 다윗의 예배의 가장 중요한 특성은 오늘날 교회에 있어서 가장 심각하게 받아들여져야 할 것이다. 그것은 예배가 다윗의 생애에 있어서 최고 우선 순위에 있었음이 분명하다는 것이다.

우리의 생활 속에서 혹은 교회 안에서. "글쎄, 예배는 단지 그 누군가의 일이지요" 혹은 "그는 분명히 예배의 은사가 있어"라고 말하면서, 이런 우선 순위의 결핍에 대한 변명을 할는지도 모른다. 그러나 다윗은 어떤 변명도 하지 않았다. 무엇보다 더 예배를 우선 순위에 둠으로써, 하나님의 마음을 보여 주었다.

하나님을 예배하는 것이 얼마나 중요한가? 신구약을 통해, 예배는 가장 중요한 일이라는 것이 확실하다. 이것은 하나님의 백성의 첫째가는 그리고 궁극적인 소명이다. 아벨도 그가 자기 양떼 중 가장 먼저 난 양새끼를 번제로 드릴 때 예배의 중요성을 알고 있었다 (창 4:4). 후에도 하나님께서는 모세에게 그를 예배하기 위하여 (역주: 한글 개역성경에는 섬기는 것으로 되어있으나 영어 성경은 예배 또는 경배의 의미로 되어 있음), 그의 백성을 놓아 줄 것을 바로에게 요구하라고 지시하셨다 (출 4:22-23). 이스라엘 자손에게 하나님께서 정하신 첫 계명이 예배에 관한 것임은 놀랄 것도 못 된다. "나는 너를 애굽 땅에서 종 되었던 집에서 인도하여 낸 너희 하나님 여호와로다. 나 외에는 위하는 신들을 내게 있게 말지니라" (신 5:6-7). 넷째 계명도 첫번째 계명과 연관되어져, "안식일을 지켜 거룩하게 하라"(12절)는 것이다.

신약에서는 "마르다야, 마르다야 네가 많은 일로 염려하고 근심하나 그러나 몇 가지만 하든지 혹 한가지만이라도 족하니라. 마리아는 이 좋은 편을 택하였으니 빼앗기지 아니하리라" (눅 10:41-42)라고 말씀하신 예수님께서는 마르다의 분주한 준비 작업보다 마리아의 예배에 우선 순위를 두셨다. 다른 곳에서는 예수님께서, 값비싼 향유를 그의 머리에 부어 사모함의 극치를 보여 준 여인을 변호하셨다. 제자들은 향유를 팔아서 그 돈을 가난한 자들에게 나누어 줄 수 있었다고 불평하였다. 예수님께서는 "너희가 어찌하여 이 여자를 괴롭게 하느냐 저가 내게 좋을 일을 하였느니라 가난한 자들은 항상 너희와 함께 있거니와 나는 항상 함께 있지 아니하리라"(마 26:10-11)고 말씀하셨다. 또 다른 사건에서는 한 사두개인 사람이 가장 중요한 계명이 무엇인지 예수님께 묻는다. 예수님께서는, "마음을 다하고 목숨을 다하고, 뜻을 다하고 힘을 다하여 주 너희 하나님을 사랑하라 하신 것이요"(막1 2:30)라고 대답하셨다. 예수님께서는 하나님께서 무엇보다 더 우리의 예배를 원하시고 계심을 아셨고 그렇게 가르치셨다. 예배는 우리 각자에게 있어서 최고 우선의 과제가 되어야만 한다.

예배: 교회에게 주어진 최고 우선 순위

예배는 단지 우리가 하나님의 구별된 자녀이기에 중요한 것이 아니다. 교회가 세워진 이후로 교회의 궁극적인 목적은 예배이다. 사도행전의 교회가 오순절의 대 회개 사건을 되풀이하려는 노력을 할 수 있었으나 그렇게 하지는 않았다. 대신에 교회의 첫번째 관심인 하나님께 드려야 하는 가장 주된 의무인 예배를 드렸다. 게다가 교회는 의무에서가 아니라 중요한 행사를 위해서 앞서 드려지는 또는 그 결과를 바라는 것 때문에서가 아닌 기쁨에 가득 차서 예배를 드렸다. 초대 교회에 있어서 예배는 주된 관심사가 아니었던가! 성경에서는 사도들과 새롭게 믿는 자들이 전심으로 힘써 예배하였음을 보여 준다.

> 저희가 사도의 가르침을 받아 서로 교제하며, 떡을 떼며
> 기도하기를 전혀 힘쓰니라.
> 사람마다 두려워하는데 사도들로 인하여
> 기사와 표적이 많이 나타나니 믿는 사람이 다 함께 있어 모든
> 물건을 서로 통용하고 또 재산과 소유를 팔아 각 사람의 필요를
> 따라 나눠주고 날마다 마음을 같이하여 성전에 모이기를 힘쓰고
> 집에서 떡을 떼며, 기쁨과 순전한 마음으로 음식을 먹고 하나님을
> 찬미하며 또 온 백성에게 칭송을 받으시니 주께서 구원받는
> 사람을 날마다 더하게 하시니라 (행 2:42-47).

베드로전서 2:4-5에서는 교회의 목적으로서 예배를 첫번째 우선 순위 그 이상의 것으로 말하고 있다. "사람에게는 버린 자가 되었으나 하나님께는 택하심을 입은 보배로운 산 돌이신 예수에게 나아와 너희도 산 돌같이 신령한 집으로 세워지고...." "그렇게 해야 할 목적은 무엇인가?" 예수 그리스도로 말미암아 하나님이 받으실 만한 영적 제사를 드릴 거룩한 제사장이 되도록 하기 위해서"이다. 베드로전서 2:9에서는 더욱 강하게 말하고 있다. "오직 너희는 택하신 족속이요 왕같은 제사장들이요, 거룩한 나라요 그의 소유된 백성이니...." 또 다시 말해서, 무슨 목적 때문에서인가? "이는 너희를 어두운데서 불러내어 그의 기이한 빛에 들어가게 하신 자의 아름다운 덕을 선전하게 하려 하심이다." 이상의 두 구절에서 보면 교회의 주된 기능은 예배에 있다. 예수 그리스도로 말미암아 하나님께 영광 돌리는 것이다.

복음전도(Evangelism) : 더 나은 예배자를 생산하는 것

예배가 교회의 최우선 과제라는 복음주의자들의 생각이 우리가 늘 배워 온 것과 일치되지 않는 것처럼 보일지도 모른다. 교회의 주된 기능과 목적이 복음 전도(Evangelism)가 아닌가? 마태복음 28:18에서 예수님께서 "가서 모든 족속으로 제자를 삼으라"고 무리에게 명하신 지상 대 위임령(명령)은 어떻게 할 것인가? 우리가 예수님의 말씀을 신중하게 받아 들이는 것이 옳다 -복음 전도는 제안이 아니라 명령이다. 그러나 요한복음 4:23처럼 하나님께서는 전도자들을(Evangelists)찾고 계신다고 말씀하시지 않았다는 점은 중요하다. 그리고 하나님께서는 그런 자들을 모든 족속 온 땅 구석구석에서까지 찾고 계신다.

복음 전도의 진정한 목표는 더 나은 예배자들을 더 많이 만드는 것이다. 사도바울은 로마 교회에 이 문제에 관해서 더욱 명확하게 말할 수밖에 없었다. 그리스도께서는 "이방인으로 그 긍휼하심을 인하여 하나님께 영광을 돌리게 하시려고 죽으셨다" (롬 15:8-9). 그 이하 구절에서는 "이 은혜는 곧 나로 이방인을 위하여 그리스도 예수의 일꾼이 되어 하나님의 복음의 제사장 직무를 하게 하사 이방인을 제물로 드리는 그것이 성령 안에서 거룩하게 되어 받으심직하게 하려 하심이라"고 말한다(16절). 복음전도의 성서적인 목표는 단지 잃은 영혼을 지옥불에서 건져 내거나 더 많은 숫자를 등록시키는 일에 있는 것이 아니라 진정으로 예배하는 자들을 만드는 것이다. 마틴 로이드 존스 목사는, "복음 전도 사역의 최고 목적은 하나님께 영광을 돌리는 것이며, 영혼 구원에 있지 않다"고 하였다.[4]

우리가 앞서 읽었던 사도행전 2:42-47의 마지막 부분인, "주께서 구원받는 사람을 날마다 더하게 하시더라"(47절 하반절)를 대개는 건너뛰어 버린다. 그러나 초대 교회의 예배에 대한 철저한 헌신의 결과 중 하나가 복음 전도였고, 때때로 예배드리는 가운데서 복음 전파는 일어났다. Hippolytus[5]에 기록되었듯이 고리도전서 14:24로부터 불신자들이 정규적으로 초대 교인들의 예배에 초대받게 되었음을 알 수 있다. (우리가 생각하듯 모욕적이고 배타적인 일들은 그들 사에에서는 거의 보기가 힘들었던 것이다!) 다른 시대에는 불신자들이 신자들의 삶 가운데서 예배의 결과들을 체험하였다(행 2:46-47).

예배로 말미암아 복음 전도가 간접적으로, 직접적으로 전해져서, 신약시대의 예배와 복음 전도의 "원인과 결과"의 관계는 부인할 수 없는 것이 되었다. 제릿 구스탭손은, "눈에 두드러지는 한 가지 사실은 … 초대 교인들이 거의 우연히 복음화되었다는 것이다. 복음 전도는 왕의 보좌에 나아가 알현하는 것에서부터 솟아 나온다. 그들은 복음 전도보다 하나님 그 분을 더욱 의식하고 생각하였고, 그 결과 복음은 전파되었다."[6]

예배는 복음 전도를 하게 만든다

하나님을 전심으로 예배할 때에 하나님께로부터 진정한 사랑이 전해지는 관계를 맺는 그리스도인에게는 '자연스럽게 복음 전도'가 이루어졌다. 이것을 역으로 말하자면, 하나님에 관해서 우리의 내면에서부터 사랑하고 알지 못하면서 설득력 있게 증거하기가 어렵다는 것이다. 이것을 예배에 적용할 때, 우리는 앞서 몰려다니는 교인들이 '몸짓 동작하는 우리'들을 지켜보는 것에는 조금의 관심도 없다는 것을 살펴보았다. 그들은 우리 중심에 역사 하시는 하나님의 증거를 보고 싶어한다. 오하이오 주, The Chapel of Akron의 음악가이며 예배 사역자인 밀러 커닝헴은 먼저 진정한 예배자가 되지 않고 복음 전도자가 되기를 원하는 이런 경향에 대하여 다음과 같이 도전한다. "우리가 그분을 예배하지도 않으면서 그분을 잘 안다고 말하는 것은 모순이다. 그를 진정으로 찬양하지도 않으면서 그를 볼 수 있겠는가? 그분을 온전히 영화롭게 하지도 않으면서 예수 그리스도가 인류를 위한 구세주이며 구속자라고 세상에 선포할 수 있겠는가?"[7] 진정한 예배자들은 "그리스도를 아는 냄새"를 효과적으로 퍼뜨릴 수 있다는 것은 분명하다 (고후 2:14).

How to Worship Jesus Christ의 저자인 조셉 캐롤은 빌립보서 3:8-10을 인용하면서, 사도바울의 열정에 대해서 이렇게 말한다. "그리스도는 그의 목표였고, 그리스도를 모시고, 알고, 사랑하고, 긴밀한 관계를 맺는 것이 그의 지배적인 열정이었다." 그리고 예수 그리스도를 이런 정열을 가지고 예배하지 않고 복음 전도하는 것에 대하여 다음과 같이 묘사하고 있다:

우리가 기술 개발을 해야 할 매우 적절한 때이며, 사람들로 하여금 복음 증거할 것을 권해야 할 때임에도 불구하고, 대개 어떤 일이 일어나고 있는가? 잠시 동안은 복음 증거 하지만 중지하게 된다. 그 때 다시 복음 증거 하도록 권고를 받고는 좀 더 나아가 보지만 또다시 중지하게 된다. 그러나 중지하게 되는 이유는 무엇인가? 사도바울이 서신에서 그리스도인에게 해외 선교에 (복음 전도) 대하여 강권하는 문구를 본 적이 있는가? 어느 곳에도 없다. 흥미롭지 않은가! 만약 끊임없이 사람들에게 복음 증거 할 것을 말해야 한다면, 뭔가 그들에게 잘못이 있다고 본다. 만약 당신이 사람들로 하여금 해외선교에 관심을 갖도록 늘 종용해야 한다면 뭔가 그들에게 잘못이 있다고 본다. 늘 바울이 취한 행동은 무엇인가? 그는 끊임없이 사람들을 그리스도에게로 데려가 그 앞에 내버려 두었다. 그리스도가 사람의 마음 중심에 계실 때, 이 사람이 원하는 것이 무엇이겠는가? 아마 다른 사람들에게 예수님에 관하여 말하기를 원하고 그것을 효과적으로 해내게 될 것이다. 예수 그리스도께서 사람들의 마음 중심에 있게 하자. 그리하면 그리스도에 관하여 들어 보지도 못한 수백만의 영혼을 위한 부담감을 가지게 된다. 이것이 그 사람을 주장하여 행동으로 옮기게 할 것이다. 이 사람에게 필요한 것은 더 많은 권고의 말보다는 그리스도다.[8]

우리가 생각해야 할 점은 바로 이것이다: 비록 복음 전도는 교회가 감당할 중심 되는 사역 가운데 하나이고, 예배는 복음 전도를 하게 만들지만, 그 반대로는 복음 전도로 예배하게 하는 일은 일어나지 않는다.* 구스탭손은 이 원리가 성경에서 거듭 반복해서 나타난다고 말한다. 복음 전도자로서(선지자) 이사야의 성결식(Consecration)은 하나님과 심오하게 만나는 상황에서 잘 나타나있다(사 6:1-8). 예수님께서도 제자들이 예배 드렸던 언덕 위에서 지상 대 위임령(명령)을 내리셨다 (마 28:17). 사도바울도 예배와 금식

---

* 이점은 분명하게 밝혀야할 중요한 문제인데, 그것은 예배가 복음 전도를 도와주는 촉매제의 역할을 하여 복음 전도를 완성해 가는 것이므로 복음 전도와 분리되어 지는 것은 아니기 때문이다. 예배와 복음 전도는 오늘날 교회에서 또한 성경구절 전체에서 볼 때, 늘 동시에 일어났다. 일부에서는 이렇게 나란히 놓여지는 관계는(Juxtaposition) 적합하지 않다거나 불가능하다고 주장을 한다. 이것에 관한 논쟁은 4장 "워십 에반젤리즘을 해야 하는 이유"를 참조하라.

기도를 드릴 때에 성령에 의해 선택되어 복음 전도자로서 위임을 받았다 (행 13:1-3).[9] 교회 역사상 가장 감동적인 예배 사건으로서 -오순절 사건- 3,000명의 영혼들이 회개하고 돌아오기 시작했다(행 2:11).

우리의 목표는 성장이 아닌 하나님께서 하나님 되게 하는 것이다.

구스탭손은, "만약 하나님 자신이 우리의 목표가 된다면 -심지어 복음 전도 보다 더- 우리는 더 나은 복음 전도자가 될 것이다"라고 말한다.[10] 그가 옳은 것이라면, 해야 할 질문은 90년대에 들어서 우리의 목표가 하나님, 그분 자신이었나? 하는 것이다. 혹은 하나님을 교회 성장으로 대치해 버리지는 않았는가? 성전이나 경배 센터에서 우리가 행하는 일이 바울과 같이 "그리스도를 아는 것"이었는가 아니면 더 많은 군중을 모으길 원하는 것이었는가? 우리 가운데 어떤 이들의 동기를 점검할 필요도 있을 것이다. LA에서 급성장 중인 Christian Assembly Foursquare Church의 작곡가이며, 연주자이며, 예배 담당 책임자인 탐미 워커는, "사람들이 끊임없이 내게 찾아와 묻기를, '이것은 Hip music아닙니까?' 본인은 그들이 그릇된 동기를 가지고 이렇게 질문하였음을 간파할 수 있었다. 본인은 그것이 Hip 음악이기 때문에 Hip worship이라고는 보지 않는다. 이것은 내가 하나님을 예배하는 방법이기 때문에 그렇게 하는 것이다. 내가 작곡한 음악은 그의 존전에 나아가기 위한 도구에 불과하다"라고 말한다.[11]

하나님과 그분을 예배하는 것이 교회 성장의 첫째가 될 때, 성장은 반드시 따라올 것이다. 물론 이렇게 하지 않고서도 교회가 성장한 예들은 물론 있다. 그러나 척 크래프트는, "사람들로 하여금 교회에 매력을 끌게 만드는 것이라고 해서 성서적으로 맞는 것이라고 생각해서는 안 된다"고 지적한다.[12] 만약 우리의 (교회) 성장이 표면적으로 나타나는 그 이상의 것이 되고, 하나님을 기쁘시게 하며, 그것을 지속시킬 수 있게 하려면, 하나님께 예배 드리는 일이 우선되어야 한다. 브루스 립블래드의 말을 빌자면, "하나님은 교회의 최고 우선 순위를 차지해야 하며, 사람도, 사역도, (교회) 성장도, 성공도 우선 순위에 올 수 없다. 하나님과 그분만이 유일하게 교회에서 궁극적이고 절대적인 위치에 있는 것이다."[13]

예배는 교회의 중추(中樞)

리더로서 우리는 가르치고 전파하는 것에만 책임이 있는 것이 아니라 (약 3:1), 하나님의 백성 가운데 예배에 대하여 우선 순위를 갖도록 하거나 그렇게 하지 못한 것에 대해서도 하나님께 책임이 있는 것이다. 교회 일정을 짜고, 봉사 시간을 배정하고, 헌금을 관리하는 일들은 어떤가? 우리의 예배가 하나님을 공경하고, 참신하면서도 문화적으로 용납되고 훌륭한 것이 되고 있는가? 그렇지 않으면 계속해서 시대 착오의 구습을 따르고 있는가?

"저는 주일날 4번 드리는 예배 모두 다 1시간 10분 이상 시간을 들여 힘을 다 쏟아 붓고 있다고 믿습니다"고 자랑스럽게 말하던 목사님을 기억한다. 이것이 과연 자랑스러워해야 할 일이겠는가? 이 시대에는 복음화를 위해서는 하는 모든 일에 최고의 수준을 요하는 것만은 분명하다. 그러나 이것이 우리의 예배가 찌꺼기와 같이 보잘것없다는 의미인가? 모든 사역에 있어서 최고의 수준으로 할 것으로 부르심을 입지 않았는가? 만약 예배가 교회에서 두번째 혹은 다섯번째 또는 맨 마지막 순위에 있다면, 사람들이 나타나지 않는다고 해서 고함쳐서도 안 된다. 우리 자신들의 삶에서 예배를 우선 순위에 두지 못하거나 우리 행동으로 인해, 같은 교인들에게 "예배는 주요한 것이 아니다"라는 메시지를 전달하게 됨은 의심할 여지도 없다. 단지 예배가 그리스도인의 삶에 한 장식품에 지나지 않을 뿐이다.

한트 한손은 미네소타 주, 베스빌에 있는 가장 급성장하고 있는 교회 가운데 하나인 Prince of Peace Lutheran Church의 예배 사역 책임자이다. 그는 항상 예배는 "교회의 중추"라고 믿고 있다. 그의 말에 따르면, "예배는 모든 일을 회전시키는 중추임은 변명할 여지도 없다. 예배는 우리가 하는 모든 일들 다듬고 또 다듬는 일을 해 준다."[14] 한손은 개인 또는 연합 예배사역을 수십 년 해 오면서, 이 일만이 그리스도의 몸에 영양을 주며, 유지시켜주는 가장 좋은 길임을 경험을 통해서 알게 되었다고 한다. Prince of peace교회가 복음주의 세계에 있어서, 복음 전파 영역에 있어서 흔히 볼 수 없는 영적인 활력소, 성숙도, 열정을 보여 준다.

독자의 교회는 하나님께 예배 드리는 일을 몇 번째 순위에 두는가? 좀 더 하나님을 갈망하고 있는가 아니면 대형 교회로 성장하기 위한 하나의 수단으로 예배를 드리는가? 예배를 기쁨으로 전심으로 하나님 마음에 합한 사역으로 드리는가 아니면 기술적으로 잘 진행되어 나가는 일로 여기는가? "먼저 그의 나라와 그의 의를 구하라. 그리하면, 이 모든 것을 너희에게 더하시리라"(마 6:33)고 하신 예수님의 말씀을 상기할 필요가 있다. 그리스도의 신부로서 우리는 무엇보다 더 주인을 먼저 구해야 한다. 그렇게 할 때, 추수하는 일꾼의 주인은 풍성함을 약속하신다.

3 단계: 예배의 정의

무지를 보임

비록 교인들의 대다수가 예배가 무엇인지 모르지만(1장 참조), 목사나 예배 사역자로서 우리는 그들이 이것을 잘 알고 있다고 가정해 버리고 싶은 유혹이 있다. 무엇보다 더 우리는 성공적인 주일날 행사를 수백 번 인도하였고, 심지어는 한두 번 예배 수련회에 참석도 한다. 이미 마음속으로 예배의 정의는 주제를 잘 융합되고 기름이 잘 쳐진 프로그램으로서 단지 정의해 버린 채

이렇게 내리는 정의는 진리에서 멀어질 수도 있다. 성경에서는 한 번도 "프로그램"으로서 예배를 묘사한 적이 없다. "잘 구성된 발표회"로서 예배를 표현한 적도 없다. 어떻게 이렇게 정의를 내리게 되었는가? 히튼 대학의 신학교수인 로버트 웨버는 훈련을 제대로 못 시켜서 그렇다고 지적한다:

> 신학 교육과정에서는 목사가 예배를 이끌어 갈 수 있도록 양육하지는 않는다. 신학 과정에서 예배 강좌나 훈련이 필수적으로 요구되는 것도 아니다. 목사가 받을 수 있는 훈련은 설교 기술이다....불행하게도, 이런 설교 훈련 및 자신들의 은사 때문에 대부분의 목사는 설교가 예배의 필수라고 생각한다. 소수의 탁월하고 은사가 있는 설교자만이 설교로 교회를 세워 나가므로 꽤 성공적이라고 느껴질 수도 있으나 결국, 이것은 성서적인 것도 아니며, 좋은 예배를 위한 수단도 아니다.[15]

실제로, 자신의 스타일을 개발시키고 혹은 그것을 고수하는 많은 복음주의 목사들은 여전히 설교를 예배의 "필수 메뉴"로 생각한다. 그러나 척 크라프가 지적하듯이, "성경 구절에서 80번 이상이나 언급된 예배의 단어를 포함하고 있는 성경 구절 가운데 설교와 예배를 동등한 것으로 묘사한 구절을 어디에도 없다…. 우리는 성경 말씀을 따른다고 말은 하지만, 과연 그러한가?"16) 폴 안델슨은, "설교 고착증(Sermon fixation)"을 이렇게 묘사한다. "우리가 좋은 설교 노트를 가진다면, 예배를 제대로 드렸다고 생각하는 목이 곧은 백성들을 생산하는 성직자들을 때때로 20피트가 넘는 후기 개혁 성전만큼이나 높이 치켜 올려주었다."17)

예배와 설교를 동일시하는 경향은 오랫동안 지켜 내려오는 것이다. 그러나 이제는 설교만으로 예배를 다 장식하지 않는다. 최근 들어서 설교만큼이나 널리 통념으로 받아들여지는 또 다른 것(Substitute)도 있으나, 이 둘 사이에 "다윗과 같이(Would-be David)" 하나님께 경건하고자 하는 뜻은 거의 없는 듯하다. 한 젊은 목사는 금요일 밤마다 그가 후원하는 아주 잘 짜여진 프로그램의 복음 전도 행사가 예배라고 할 수 있는지에 대해 의문을 제기하였다. 불행하게도 그는 자신이 한 일에 대하여 친구에게 의견을 묻고자 했다. "금요일 밤에 무엇을 계획했는가?"하고 친구가 되물었고, "드라마, 음악, 성경 봉독 (단상에서 읽기), 짤막한 기도 (교역자 가운데서), 간증(인터뷰식으로), 말씀과 질의 응답 시간"을 가질 것이라고 대답하였다. 그의 친구는, "꼭 예배 드리는 것 같은데"라고 응수했다. 그 목사님도 그 말에 동의했고, 그것으로 대화는 끝났다. 금요일 밤 행사는 예배로 정의되어 버렸다. 성경 말씀에 의해서가 아니다 두 사람의 무지에 따라 결론지어졌다.

윌로우 크릭(Willow Creek)식의 '몰려다니는 교인'들을 위한 예배

성전이나 경배 센터에서 하는 모든 것이 예배 드리는 것이라고 생각하지 않는다. 많은 교회들이 일리노이드 주, South Barrington에 있는 Willow Creek Community Church와 같은 예배는 아니나 몰려다니는 교인들을 위한 행사를 복음 전도의 도구로 사용하여 모방하고 있다. (후에 그 이유를 설명하겠지만, 이 장에서는 이것을 **몰려다니는 이를 위한 예배** (Seeker

Service)를 몰려다니는 교인을 위한 행사 (Seeker event)와 구분하여 사용하겠다).

월로우 크릭의 몰려다니는 교인을 위한 행사의 탁월한 점은 무엇인가? 본질적으로 그것은 복음 전도의 전 단계 행사로서 대단히 매력적인 60분간의 기독교에 대한 "정보 광고(informercial)"이다. 생각을 고무시키고, 감동을 줌으로써 기독교의 믿음에 대하여 훨씬 잘 알 수 있도록 만드는 촉매제 역할을 한다. 언어나 음반의 뛰어난 수준과 매일의 삶 속에서 접하는 문제들을 가지고 흥미를 자아내는 교회의 노력으로 말미암아 호기심 어린 수천 명의 몰려다니는 교인들이 매주 월로우 크릭 교정으로 빨려 들어가고 있다. 특히 기독교에 반대하는 이들에게는 이 행사가 지적이면서도 변증론적인 것에 주로 초점을 맞추었기 때문에 특히 매력적이다.

월로우 크릭의 이런 행사는 인격적인 하나님에 대한 기초적인 개념을 보여 주고 그들이 교회에 대한 패러다임을 바꾸기 위한 훌륭한 기회가 되고 있음을 입증한다. 월로우 크릭의 교육을 담당하는 디에터 잔터목사는 이런 행사가 기독교에 대하여 회의적이며, 불신하는 사람들에게 신뢰감을 주는 일에 도움이 된다고 말한다.[18]

몰려다니는 교인을 위한 행사의 단점도 인지하라

최근 이렇게 몰려다니는 교인을 위한 행사의 흐름이 다음의 두 가지 형태로 발전해 가지 않는다면, 꽤 긍정적인 것이라고 볼 수 있겠다. 첫째, (몰려다니는 교인을 위한 행사를 도입하는)교회가 예배를 최고 우선 순위로 유지하고 정립해 나가는 것이 어려운 일로 되어 가는 것이다. 둘째, 복음주의 내에서 몰려다니는 교인을 위한 행사와 예배를 동일하게 여기는 경향이 널리 성행해 가는 것이다.

단점 #1:

예배의 우선 순위 결여(Worship Deprioritization)

연합 예배 참석 현황이 몰려다니는 교인 지향적인 교회에 있어서 위험

상태에 있다. 신자들이 이렇게 몰려다니는 교인을 위한 행사를 예배로 생각하고 "교회에 왔다"고 정당화시키기 쉽다는 것이다. 게다가 초신자들은 마치 온실에 심겨진 식물처럼, 이런 분위기(Nonworship setting)에 치우치는 경향이 있다. 몰려다니는 교인 지향적인 교회의 한 지도자는 그것을 인정하면서 다음과 같이 말한다. "불행하게도, 교회 내 초신자반에서 소개된 모든 것이 자신들의 교회 생활에 지침이 되지요. 이처럼 몰려다니는 교인을 위한 행사를 통해 그리스도에게로 돌아오는 신자들은 이런 행사를 주된 것으로 삼으려는 경향이 있습니다."[19]

윌로우 크릭(교회)은 최근에 부적절한 예배 참석 현황을 인식하였다. 프로그램 책임자인 낸시 비치의 보고에 따르면, 예배 참석자 수가 매주 50,000명에 달하고 있지만, 교회 지도자들은 예배(주일)와 몰려다니는 교인을 위한 예배의 출석 비율에(약 1:3비율) 마음이 편하지 않다고 말한다.[20]

몰려다니는 교인 중심의 사역을 주중에 하게 됨으로써, 숫자가 감소 될 것을 특별히 염두에 두는 것 같다. 비치의 말을 빌자면, 그것은 마치 "고지를 탈환"하는 것과 같이, "저녁 시간을 너무나 경쟁적으로 확보하려고 하기 때문에 … 다른 많은 시간대가 여전히 남아 있음에도 불구하고 소그룹, 전도 훈련, 성경 공부에 대개 균등하게 출석할 수가 없다"고 한다. 윌로우 크릭의 지도자들을 증가하는 예배 참석자 수의 "기록을 깨고자 여전히 부지런히 사역한다"고 비치는 강조한다. 현재 약간의 문화적 문제의 해결을 위해서는 계절마다 '강습회'를 가져 다른 사역에 연이어 예배 시간을 주 중 저녁에 배치함으로써 좀 더 쉽게 운영하고자 한다.

윌로우 크릭은 원래부터 계획이 분명히 훌륭한 것으로 -몰려다니는 교인의 가장 최고의 시간에 진행함-알고 있다. 그러나 윌로우 크릭과 같이 많은 몰려다니는 교인 지향적인 사역을 하는 교회는 실제로 이 문제에 대한 고전을 면치 못하는 것 같다. 왜냐하면 주말은 여전히 대다수의 (기존)신자들을 위한 최고의 시간으로 할애되고 있기 때문이다.

이렇게 몰려다니는 교인 중심으로 몰아가는 체계 속에서 예배의 우선순위 결여의 이유가 무엇이든 간에 상당한 비율의 교인이 제대로 예배 드리지 못할 때, "더 많은, 더 나은 예배자"를 생산해 낸다는 것은 어려운 일이다. 잘 알다시피, 복음 전파에 대한 그리스도인의 성숙과 장기적인 헌신은 전적으로 교회의 예배의 수명을 좌우한다. 짧은 기간 내에 얻어진 것들은 예배가 두번째 혹은 낮은 순위로 밀려나게 되면 완전히 다 없어지게 될는지도 모른다.

이것은 몰려다니는 교인 중심으로 몰아가는 교회가 안고 있는 어려운 문제로서 더 많은 기도와 창조적인 해결 방법이 요구된다. 그러나 본인은 만약 몰려다니는 교인 중심의 교회가 "예배하는 것"을 최우선으로 여긴다면, 다음 시대를 향해 들어가는 우리에게 힘을 부여해 주고, 복음 전도에 대한 새로운 모양새를 다듬어감에 있어서 엄청나게 활기찬 역할을 할 것이라고 굳게 확신한다. 몰려다니는 교인을 위한 행사와 역동성 있는 예배의 모체는 불신자에게 워십 에반젤리즘에 대하여, 마음을 열도록 만들 수 있다. (적용 가능한 모델을 위해서 10장: 워십 에반젤리즘과 대표적인 교회 사례"를 참조하라.) 그러나 이 일 혹은 다른 본질적인 것들이 성경적으로 되기 위해서는 예배가 교회의 최고 활동(사역)으로 복귀되어야만 한다.

단점 #2:

몰려다니는 교인을 위한 행사가 예배와 동일한 것으로 여긴다

윌로우 크릭 교회의 리더들은 몰려다니는 교인을 위한 행사는 예배가 아님을 분명하게 하려고 무척 애를 쓰고 있다. 사실, 이들은 예배가 "몰려다니는 교인이 이해하거나 인지할 수 있는 것이 아니며 예배와 몰려다니는 교인을 위한 행사는 혼합될 수도 없다"고 강조한다.[21]

그리하여 윌로우 크릭의 몰려다니는 교인을 위한 행사는 상당히 통제, 프로그램화된 분위기에서 일어나 몰려다니는 교인들이 교묘하게도 그들이 이해할 수도, 견디어 낼 수도 없는 영적인 것으로 모욕을 당하고 있다. 한 곡 정도는 따라해 보거나 박수를 보낼 수도 있겠지만, 어쨌든 공연 좌석에 있는 청중에게 여러 방면으로 그리스도를 선포하지만, 예배는 어쩌면 그 어느 것에도 나타나지 않게 된다.

상당히 많은 목사님들, 예배 사역자들, 평신도들이 윌로우 크릭의 일년에 두 차례 열리는 예배 훈련 수련회에 참석한 뒤 교회에 돌아가 몰려다니는 교인을 위한 행사의 개념을 적용하지만 어설픈, 변형된 것에 불과하다. 혼란스러운 이유가 무엇인가? 윌로우 크릭의 계획에 따르면 이런 행사를 주일 아침에 한다는 사실 때문에 예배와 몰려다니는 교인을 위한 행사 사이에 모호함이 있기 때문이라고 말한다. 윌로우 크릭의 "예배"의 의미는 도움이 되지 않는 것이 분명하다. 예배에 해당하는 헬라어는 lateria이며, 구약 시대이후로 예배의 의미가 내포되어 사용되었고, 오늘날에 와서는 예배에 관련된 여러 가지 활동도 의미하는 것으로 이어지고 있다. 그 이유 때문에 본인은 행사(Event)라는 단어를 대신 사용하였다.

불행하게도, 우리는 윌로우 크릭 수련회에 참석하는 꽤 많은 사람들 가운데서 "예배에 대한 무지(Worship ignorant)"의 가능성을 배제하지 않을 수 없다. 만약 성경적 예배가 무엇인지 모른다면, 비교할 만한 표준도 없게 된다. 몰려다니는 교인을 위한 행사와 예배가 경배 센터에서 같이 진행된다면, 시설이 똑같아서 비슷하게 보이는 것이 당연하기 때문이다. 그러나 조오지 바아나는 최근에, "'교회 예배'를 언제나 '예배 드리는 때(A time of worship)'라고 칭할 수 있는 것은 아니다"라고 경고한다.[22]

예배의 정의

윌로우 크릭이 주장하는 몰려다니는 교인을 위한 행사와 예배는 혼합되지 않는다는 것에 전적으로 동의한다. 만약 우리가 진정으로 예배의 의미를 이해한다면, 예배가 하나님 나라를 이루어 가기 위해 사람들을 이끌어 옴에 있어서 하나님의 전략이 필수적인 것임을 인식하게 될 것이다. 이것에 관해서는 다음 몇 장에 걸쳐 살펴보게 될 것이다.

그런데, 지금으로서는 다소 도전이 되는 시기라고 본다. 윌로우 크릭의 몰려다니는 교인을 위한 행사가 앞서 언급된 제프 목사의 교회의 금요 저녁 프로그램과 같이 공적인 그리스도인 모임으로부터 연합된 그리스도인의 예배와 어떻게 구별지을 수 있을 것인가? 분명한 것은 성서에서 말하는 예배의 의미를 다루어 볼 필요가 있다는 것이다. 예배를 드림에 있어서 기본적으로 양보할 수 없는 것들은 무엇인가?

영어 단어 예배(Worship)의 문자적 의미는 누군가 혹은 무엇인가를 "가치 있다고 여긴다”는 것이다. 그러나 이것도 실제로 성경 전체가 말하는 예배의 의미의 작은 부분에 불과하다. 만약 다른 언어로 “예배”에 해당하는 단어를 살펴보면, 더욱 더 포괄적인 그림을 그릴 수 있게 된다. 예를 들면, 독어 Goflesdienst는 “우리를 향한 하나님의 봉사와 하나님께 향한 우리의 섬김”을 의미한다. 불어 leculte와 이태리어 ilculto 모두가 “주고받는 관계에 있어서 오랫동안 사귐”을 뜻한다.[23]

우리가 사용하는 용어에서 보다시피, 예배는 이렇게 그 뜻이 풍부하며, 창세기에서부터 계시록까지 풍성하고 다양한 활동으로 나타난다. 결과적으로, 예배의 의미를 정의한다는 과제가 쉬운 것이 아님을 알 수 있을 것이다. 그러나 교회 역사를 타고 내려가면, 하나님의 사람들이 예배의 여러 가지 면들을 손쉽고도 또한 하나님이 기쁘시게 받으실 만한 것으로 요약하여 정의하였다. 이 모든 것을 다 인용할 수 없겠지만, 우리 시대에 맞는 한두 가지 예를 가지고 출발해 보자.

거룩하신 하나님에 대한 “가치를 인정하는 것”외에, 예배는 무엇이라고 할 수 있는가? 제럿 구스탭슨은 말하기를, “전인격으로 하나님께 전심으로 우리 자신을 드리는 행위와 태도이다. 예배는 하나님께 대한 우리의 사랑을 단순하게 표현하는 것으로 예수님께서 말씀하셨듯이, 우리의 마음과 뜻과 육체의 힘까지 연관되어져야 한다(막 12:30)”고 한다.[24] 예배란 무엇인가? 로버트 웨버의 말을 빌자면, “예배는 예수 그리스도 안에서 하나님의 구속 행위를 즐거워하는 것이다.”[25]

이 두 가지 정의는 서로 다른 것같이 보이지만, 요한복음 4:24에서 예수님께서 주신 두 가지 예배의 자질에 정확하게 상응한다: 우리는 신령(Spirit)과 진정(진리/Truth)으로 하나님께 예배 드려야 한다. 구스탭슨이 정의하듯 우리가 “전심으로 우리 자신을 드릴 때”에 올바른 마음가짐과 올바른 영(Spirit)으로 하나님을 예배하게 되는 것이다. 웨버가 묘사한 그리스도의 “구속 행위”에 따라서 진정(Truth)으로 예배드리게 되는 것이다.

앞서 살펴본 전통적인 예배 구절인 로마서 12:1은 구스탭슨과 웨버의 예배에 대한 의미를 이해함에 있어서 도움이 될 것은 의심할 여지도 없다.

“그러므로, 형제들아 내가 하나님의 모든 자비하심으로 (이것은 하나님께서 그리스도 안에서 우리를 위해 행하신 자비) 너희를 권하노니 너희 몸을 하나님이 기뻐하시는 거룩한 산 제사로 드리라 이는 너희의 드릴 영적 예배니라.”

그러나 구스탭슨과 웨버는 각기 전체의 절반씩을 나타내고 있다. 구스탭슨은 사도바울이 우리 자신을 “드리라”고 한 절반에 초점을 맞추고 있지만 웨버는 바울의 필수 불가결한 서두의 “하나님의 자비하심”에 중점을 두고 있다. 이것은 하나님께 우리 자신을 드리는 것을 대신하여 그리스도께서 하신 일 때문이다.

그래서 그리스도인의 예배는 거룩하신 하나님께 모든 것을 드리는 것만이 아니라 (신령한 측면) 여호와의 말씀이 유일하게 나타난 예수 그리스도 안에서 그를 알고 가까이 갈 수 있게 하시고, 성령으로 말미암아 우리 가운데 증거 하셨던 그 분을 찬양하고, 감사하고, 공경하는 의도적인 반응이다 (진정/진리Truth의 측면).

관계성, 반응, 상호 관계(Relationship,Response,andInteraction)

진실한 예배를 경험할 수 있는 근본적이고도 기초되는 요소는 신령(Spirit)과 진정(Truth)일 것이다. 그러나 이런 것이 하나님과의 관계 속에 늘 발견되어지는 것이 더 중요하다. 주고받는 관계가 없고, 하나님과 그의 백성 사이에 상호 관계를 가지지 않고서는 신령과 진정으로 드릴 수 없는 것이다. 그리고 만약 신령과 진정으로 드리지 못한다면, 예배는 일어나지 않는다. 근본적으로 그리스도인의 예배는 하나님과 하나님 백성간에 신령과 진정한 상호 관계를 맺는 것이다. 즉 주고받는 관계이다.

모든 관계성은 반응이 있어야 이루어지는 것이다. 아기가 배고파 울 때, 부모가 반응하는 것은 신뢰의 관계성에서 이루어진다. 여자 친구의 슬픔에 반응하는 한 친구의 태도는 돌봄의 관계성이다. 아버지가 아들이 농구 경기에서 이긴 것에 대해 반응하는 것은 확증(Affirmation)의 관계성을 깊어지게 하는 것이다.

성서에서 예배에 해당하는 3개의 단어 shachah (절하다, 경의를 표하다), prostune (누구에게 입맞춤하다), latreuo (섬기다, 사역자), 모두가 예배하는 자에 관한 구절에서 쓰여졌다는 것이 상당히 중요하다. 헬라어 가운데 자주 쓰이지 않던 "반응"에 해당하는 단어는 thusia와 phosphora (제사 혹은 예물), 그리고 homologein (죄를 고백하거나 하나님에 대한 믿음을 고백)이다. 시편 95편, 96편에는 앞서 말한 '반응'에 관해서, 찬송하다, 외치다, 감사하다, 절하다, 꿇다, 기도하다, 선포하다, 선전하다, 송축하다, 영광 돌리다, 제사를 드리는 것으로 많이 표현되어져 있다.

그러나 예배는 일방 통행로가 아니다. 예배는 하나님과 그의 백성사이에 이루어지는 쌍방의 의사소통으로서, 행동과 말이 관련되는 "반응"의 대화이다. 하나님의 현존하심을 드러내고, 그분과 긴밀해지고자 하는 우리의 욕구가 채워지면, 우리의 "반응"은 감사와 찬양으로 나타난다. 하나님께서는 예수 그리스도를 통하여 자비를 펼치시고, 우리는 그분을 공경함으로써 그에게 "반응"한다. 환언하자면, 진정한 예배는 하나님과 하나님의 백성이 서로 자신의 사랑을 표현하기 위한 기회를 제공해 준다. 단지 감동 받은 생각들을 하는 사람들로 가득 찬 (예배)공간이 아니다. 마치 하나님께서는 대답하실 수 없는 것처럼 인간이 말하고 행동하는 것도 아니다. 진정한 예배 속에서, 현재도 존재하시고, 우리에게 말씀하시고 기이한 일들을 행하셨고 그리고 지금도 행하시는 그분과 사랑을 주고받는 것이다. 이렇게 초자연적인 것을 주고받음은 -성경 말씀의 하나님과 그분의 백성 사이의 상호 관계- 공적인 기독교 행사와 그리스도의 예배에 있어서 기본적인 차이점이라 하겠다.

하나님께서 쏟아 부어 주신 것들이 흘러 나오게 하라

제프 목사의 교회의 금요 저녁 "예배"를 분석하는 일은 잠시 후 다시 하기로 하자. 목사님이 열거한 형식(Format)들을 좀더 자세히 살펴보면, 기도는 있으나 예배자와 하나님사이에 중요한 상호 관계는 빠져있음을 알게 된다. 저녁 집회 내용은 다소 역사적인 사건과 하나님의 속성을 다루게 되는 것이 사실이라고 생각한다. 그러나 제프 목사의 형식에서는 예배 드릴 때 일어나는 필수적인 상호 관계성에 대한 기회가 주어지지 않았다는 것이다.

실제로, 거대한 음악 연주, 생각을 던져주는 드라마, 감동적인 간증, 적절한 메시지, 하나님과 믿음에 관한 변증들은 하나님께서 몰려다니는 교인들의 마음과 생각을 두드릴 수 있도록 사용되어지는 훌륭한 도구들이다. 그러나 이러한 것들이 참석하는 사람들에게 있어서 어떤 움직임이나 반응을 일으킬 수 있도록 제대로 작동을 못하고 있는 예들이라고 하겠다. 예배의 표현 중 어느 것도 -진심으로 찬양, 공경, 진실함, 감사, 회개, 고백, 헌신-듣는 자나 구경꾼이 직접 관여하지 못한다.

때때로 하나님에 관하여 그리고 자신에 대하여 새롭게 생각해 보도록 사람들을 감동시키기도 한다. 이것은 매우 좋다고 본다. 그러나 조심할 필요가 있다. 감동과 예배는 동의어가 아니다. 웹스터 사전을 보면 감동시키는 것은 -"활동을 자극"하는 것을 의미한다. 이 본질에 따르면, 예배는 활동(Activity)이다. 감동하여 예배 드릴 수도 있다. 사람들로 하여금 예배하도록 자극을 줄 수 있으나, 특별한 기회가 주어지지 않는다면, 반드시 필요한 것도 아니다.

예배의 표현 중 어떤 것은 제프 목사의 행사 중에 사람들을 감동시켜 내적으로 하나님을 예배하고 반응할 수 있게 하는 것은 분명하다. 그러나 연합 예배는 잠재적인 어떤 반응으로 특성지어지지 않는다. 만약 그렇다면, 일몰의 장관을 체험하거나, 그랜드 캐논을 바라보는 것과 주일날 아침 교회에 가는 것과 실제로 별 차이가 없어지게 될 것이다. 연합 예배는 사람들의 뇌 세포를 활성화시켜서 그 이상의 것을 바라고 감동을 주는 것만은 아니다. 반응할 수 있도록 확실한 기회를 부여해 준다. 로버트 웨버의 말을 빌자면, "예배는 우리의 전 인격이 관여할 것을 요구한다. 예배는 예배하는 자들을 자각해서 온전하고도 신중하게 참여하는 것을 최대한 요구한다"고 하겠다.26) 연합 예배에서는 신중하게 반응하는 것이 특성이다.

제프 목사의 감동적이고도 적절한 행사는 불신자로 하여금 자신의 상태를 좀 더 긴밀하게 깨닫게 함에 있어서는 좋은 것 같다. (이런 깨달음은 불신자들이 예배하는 자가 되기 전에 주로 일어난다.) 이에 대한 변명의 여지는 없다. 이것은 복음의 전 단계 사역으로서, 복음전파 전체의 일부로서 원래 의도한 대로 제대로 역할을 담당하고 있는 것이다.

그러나 이것을 예배라고 칭하거나 예배로 생각한다면 실수를 범하는 것이다. 예배의 표현들이 사람들로 하여금 예배하도록 동기를 유발시키는 연합 예배를 경험하는 상황이 포함될지도 모르나 그 자체로서는 예배가 아니다. 웨버의 말대로 "예배하는 것 그 말 자체가 동사형이고, 뭔가 우리에게 혹은 우리를 위해서 이루어지는 것이 아니라 우리들에 의해서 이루어지는 것이다."[27]

문제는 우리가 살고 있는 문화자체가 구경꾼이 되는 것에 길들여져 있다는 것이다. TV스크린 속의 인물과 더불어 사는 것같이 (미국인들의 경우) 매일 평균 7시간 이상을 TV보는 것으로 나타났다.[28] 그러나 하나님께서는 예배를 받으실 때 마음속에 바라시는 것이 있다. 단지 우리가 우리의 영적 스크린만 지켜보는 것을 원치 않으신다. 우리와 관계성을 맺기 원하신다. 탐미 쿰스는 마라나타의 예배 사역자이며 책임 감독이다. "하나님이 가장 바라시는 것은 동참하는 것에 있다. 하나님께서 그의 백성에게 쏟아 부어 주신 것이 흘러나올 수 있도록 도와 줄 필요가 있다"고 하면서 음악을 강조한다.[29] 구경꾼 식의 예배는 언제나 모순(Oxymoron)된다고 할 수 있을 것이다.

신학적 방법론

예배에 관한 우리의 "흐리멍덩함(Fuzziness)"의 결과로 우리 가운데 많은 이들이 경배 센터에서 하고 있는 것이 예배인지 그렇지 않은지에 대한 판단을 위한 절대적인 표준을 갖지 못하게 된 것이다. 하나님은 우리가 상상할 수 있는 어떤 분이 -예를 들면, 하나님은 미워하시거나, 호색하거나, 불화를 일으키거나, 욕심을 내거나 고통을 겪거나, 시기하지 않는다- 아니듯이, 그리스도인의 예배도 우리가 원하는 어떤 것이 아니다. 예배가 내포하고 있는 성서적인 요소는 우리가 원하는 어떤 것을 바램이 아니다. 예배가 내포하고 있는 성서적인 요소는 우리가 잘 알아 둘 필요가 있다. 그러므로 이것을 알기 전까지는 계속해서 진정한 예배가 아닌 대체물을 가지고 드리게 되는 셈일 것이다. 목사와 예배 사역자들이 의도적으로 그리고 헌신적으로 예배를 연구하여 '구멍난 지식을 채우는 일'에 열중할 때까지는, 교회가 우리의 무지에 볼모로 잡혀 있게 될 것이다. 우리가 예배를 교회 활동의 최고 순위에 올바르게 둘 때까지 교회는 하나님의 일을 함에 있어서 필수적인 영적 능력의 영양 실조와 결핍 상태가 될 것이다.

Nonworship 이라는 전염병

예배 코디네이터로서 본인은 "하나님께서 매년, 52주 동안 엄청난 일을 하는 평범한 사람들을 만나고 계신다는 것"을 아주 가까이에서 그것도 예배를 드리는 상황에서 체험하게 되는 특권을 누리게 되었다. 그러나 어떤 점에서는 하나님께서는 본인이 이 영역을 넓혀서 타교회의 예배를 위해 도울 것을 바라고 계신다고 느꼈다. 이 때부터 하나님께서는 넓은 지역으로 여행할 기회들을 주셨고, 여러 가지 다양한 환경에서 예배 드리고, 목사님, 예배 사역자, 평신도들과 이야기할 기회도 많이 가지게 되었다.

본인이 헤아릴 수 없을 정도로 많은 교인들과 예배를 드렸다. 때때로 본인이 생각할 수 있는 그 이상으로 하나님의 임재를 경험하였다. 어떤 때에는 한없이 찬양할 수 있는 엄청난 힘과 기쁨에 사로잡히기도 하였다. 때때로 하나님께서 마음이 깨어진 자를 감동시키셔서, 눈물이 흘러내리는 얼굴들을 바라보게 하시고, 마음이 녹아지게도 하셨다.

그러나 진정 말하고 싶은 점은 이것이다. 본인 역시 많은 교회 주차장들이 비어져가고 있으며, 마땅히 해야 할 일들을 제대로 하지 못하고 있는 것으로 인해 슬퍼한다는 것이다. 폴 앤더슨은, "종종 하나님을 최악의 방법으로 예배 드리기 원하는 우리"라고 표현한다.30) 복음주의 교회에서 진정으로 예배 드리는 것과 매주 프로그램을 단지 운영하는 것에 대한 비중이 그다지 높은 것은 아닌 것 같다. 본인이 방문했던 Nonworshipping교회들은 보수주의 스타일에서부터 문화적인 것들을 초월한 스타일까지 폭넓게 운영되고 있었다. 그러나 모두 다 한결같이 예배 표현에 대한 한 가지는 강조되어 나타났었다. 전형적으로는 "강대상 고착증(Platform fixation)"이 두드러질 만큼 진리의 결여와 더불어 나타났다 (진리는 성서의 내용을 의미하며, 특히 복음을 뜻한다).

다음의 3가지 유형은 본인이 관찰한 Nonworship예배의 본보기로서, 스타일로는 가장 보수적인 것부터 시작하여 가장 급진적인 변화를 보이는 것까지 모두를 포함한다. 앞의 3가지 유형(Formats)은 많은 Nonworship예배의 대표적인 요소들이며, 수십 가지도 넘는 Nonworship예배 형태가 이 범주에 속한다는 것을 염두에 두기 바란다.

전통적인 공동체 중심의 교회

◆ 한두 곡의 기계적으로 부르는 찬송
◆ 5-10분간의 광고
◆ 15초간의 기도
◆ (간혹) 성경 봉독
◆ 특송 혹은 성가대 영창
◆ 간증이나 교회 프로젝트에 관한 특별 보고
◆ 헌금(독주)
◆ 설교*
◆ 해산

편안한 현대 교회

◆ 설교 중심의 전통적 공동체
◆ 오르간이나 피아노 대신 경배 밴드를 대개 사용
◆ 찬송가 대신 "Sing-Song"을 부름
◆ 미니 드라마 포함 (3-5분)

최신식 공동체 교회

◆ 경배 밴드에 의해 선별된 곡들을 연주
◆ 밴드나 찬양 팀과 구별된 보컬의 연주
◆ 회중 찬양
◆ 멀티미디어 상연을 통한 주제 도입

- ◆ 성경 봉독과 해설
- ◆ 독주
- ◆ 설교
- ◆ 해산

최신식 공동체 교회는 비록 몰려다니는 교인을 위한 행사가 단순히 가면을 쓴 것이라 할지라도, "몰려다니는 교인에 민감하여 드리는"예배의 변형이라고 칭할 수 있다 (주의: 몰려다니는 교인에 민감한 예배의 모두가 몰려다니는 교인을 위한 행사의 공식에 따르는 것은 아니나, 예배가 실제로 지배적인 경우를 발견하는 것은 드물다.)

위의 세 가지 유형의 (교회)예배는 겉치례적인 것이라 하겠다. 그 이유는 무엇인가? 하나님과의 상호 관계가 존재하지도 않고 있으며, 있다고 하더라도 너무 미미하여 재어볼 수도 없기 때문이다. 대신에, 하나님께 개인적으로 반응하기 위해서 거의 모든 기회를 발휘하고 있음도 사실이다. 불행하게도 이와 같이 동참하게 될 때, 때때로 온전하지 못함으로 인하여 다른 문제를 동반하게 된다. 많은 경우에 있어서, 이런 유형의 예배는 하나님의 현존하심에 대한 면역이 생기게 하고, 예수 그리스도에 대한 왜곡과 죄에 대한 왜곡과 죄에 대한 개념을 삭제해 버려, 결국(죄의)고백, 회개, 헌신과는 거리가 먼 것이 되어 버린다.

최종 리트머스 시험지 테스트: 변화(Transformation)

이런 유형의 예배로 보내는 시간들은 세련된 진행과 분위기로 채워져 있는 것 같다. 잘 계획된 음악 순서에 따라 연주, 문화에 맞는 유머, 함축성

---

* 전통적인 공동체 중심교회에서 주된 것은 설교에 있다. 예배에서 그 외 모든 것은 준비 단계로 간주되어진다.

** "Song-sing"은 지난 10년간 정상을 차지했던 5개의 찬양/합창곡으로 구성되어, 현악기를 동반하여, 특별한 순서가 없고 빠른 속도로 찬양한다. 필자의 친구 중 한 명은 이렇게 불편한 경험을 빗대어 '머리에 총을 겨누고 예배하는 것'이라 말한다.

있는 예화, 잘 연습된 겸손에 의해 우리의 감정들은 잘 흘러 나오게 된다. 삶을 어떻게 성취해 나가며, 어떻게 더욱 열심히 노력해야 하는지에 관한 정보들로 머리를 채우게 될 것이다. 대다수가 자신에 대해 흡족함을 느끼면서 자리를 뜨게 된다. 그러나 한 가지 하지 못한 일은 하나님을 만나지 못한 일이다. 하나님을 전적으로 만난다는 것은 흡족한 감정 그 이상의 것이 요구된다. 그것은 변화된 마음과 변화된 삶을 요구한다. 아주 간단히 말하자면, 하나님의 현존하심을 체험하는 것은 내면에서부터 변화가 일어나야 하는 것이다.

하나님의 현존하심에 대한 반응을 보인 인물들에 관해서 -아브라함, 사라, 야곱, 모세, 이사야, 마리아, 바울, 베드로- 잠시 생각해 보자. 이들 모두가 살아 계시는 하나님과의 만남을 자신의 핵심으로 하여 끊임없이 자신을 좀더 거룩함에 이르도록 노력하였다.

우리가 이들과 다른 이유는 무엇인가? 하나님의 영광 앞에서 드러날 것이 드러나고 재형성되는 이런 진정한 예배 속에서 하나님을 체험하는 것을 기대할 수 있을까? 사도 바울은 고린도 교회에 일어난 이런 놀라운 과정을 이렇게 묘사한다. "우리가 다 수건을 벗은 얼굴로 거울을 보는 것같이 주의 영광을 보매 저와 같은 형상으로 화하여 영광으로 영광에 이르니 곧 주의 영으로 말미암음이니라"(고후 3:18).

오늘날 어디에서 이런 변화를 찾아볼 수 있겠는가? 우리 가운데서 점점 더 많은 사람들이 흠없이 아주 멋지게 예배를 끝낼지라도 경배 센터와 성전을 떠나고 있다. 들어왔던 길로 도로 나가고 있다.

초대 고착증(Entertainment fix), 자존감 고착증(Self-esteem fix), 자기의 고착증(Self-righteousness fix), 자조 고착증(Self-help fix)을 가지고 있어서 변하지 않는다. 왜 그런가? 데이비드 웰스는, "우리가 의를 구하기보다는 행복을 구하고 있으며, 채우기보다는 뭔가 성취해 가기를 원하며, 그릇된 것에 만족할 수 없는 거룩함보다는 자기 만족에 더 많은 관심을 갖고 있다"고 결론 짓고 있다.[31]

잭 헤이포드는 예배에 있어서 "아픔의 고통"(A bite)이 늘 있어야 한다고 믿고 있다. 우리의 예배가 대가를 요구해야 하는 것이라면, 그렇지 못할 때에 무의미한 것이 되고 만다. 진정한 예배는 늘 희생과 연관된다. 물론 예수님만이 단번에 죄를 위해 드려진 유일한 희생 제물이다.[32] 희생(Sacrifice)의 단어는 단지 구속(Redemption)과 관련된 것이 아니다. 문자적인 단어의 의미는, "의미 있고 가치 있는 무엇을 드리는 행위"를 말한다.

하나님께서 우리를 위해 하신 일과 하고 계신 일에 반응하는 하는 것으로써, 우리가 예배 드릴 때, "영적 제사(Spiritual Sacrifice)"의 다양한 형태를 취할 수가 있다: 즉, 찬양하는 것(히 13:15), 감사드리는 것(시 107:22), 기뻐하는 것(시 27:5-6), 특히 회개하는 것(하나님의 구하시는 제사는 상한 심령이라. 시편 51:17)이다. 그러나 우리가 하나님께 드릴 수 있는 가장 중요한 제사는 우리 자신이다(롬 12:1-1). 이것은 매우 중요하여, 바울이 "우리의 영적 예배"라 이름하였다.

마지막 예배에 대한 분석으로, 예배는 변화(Change)를 뜻한다. 그것은 우리가 값진 것에 대해서도 작별을 고할 수 있어야 함을 의미하지만, 너무 이것에 집착할 필요는 없다. 하나님께 우리로 하여금 고물 잡동사니를 내버릴 수 있게 해 달라고 고하라. 예수님께서 이 문제에 관하여 더욱 더 분명하게 말하셨다. "너희가 나를 사랑하면 나의 계명을 지키라"(요 14:15)고 강조하신다. 하나님을 사랑하는 것은 그를 예배하는 것이다. 결국, 하나님을 예배하는 것이 또한 그분께 순종하는 것이다. 하와이 코나에 있는 The University of the Nations의 예배 코디네이터, 밥 피츠는, "진정한 예배를 드리는 자는 순종의 첫발을 내딛게 되고 ... 진정한 예배를 드리는 자는 말한 대로 행한다"고 했다.[33]

행동보다 존재가 우선한다

하나님은 (진정으로) 예배하는 자를 찾고 계신다. 그분은 교회가 본래의 목적대로 더 많은 그리고 더 나은 예배자를 만드는 일을 잘 감당할 것을 바라신다, 그러나 (1)신령과 진정으로 예배하고, (2)다윗과 같이 예배를 최우선 순위로 삼고, (3)영예를 받으시기에 합당한 그분께 우리 자신을 드리는 예배를 중단하지 않는 한 이 일을 잘 감당할 수 있을 것이다. Nonworshipers

는 결코 다른 사람들로 하여금 예배 드리도록 감명을 줄 수가 없다. 찰스 콜슨은, "행동보다 존재가 우선함(Being Precedes Doing)"을 우리에게 상기시킨다.[34)]

"하나님이여 사슴이 시냇물을 찾기에 갈급함같이 내 영혼이 주를 찾기에 갈급하나이다"(시 42:1). 다윗의 생애는 예배의 삶이었다. 우리들의 생애는 어떠한가? 하나님의 양떼를 목양하고 돌보는 우리는 진정으로 하나님을 갈망하는가? 개인적으로 또한 연합적으로도 하나님을 선포하고, 찬양하고, 공경하고, 높여 드리고, 찬미하는 법을 알고 있는가? 하나님의 빛 가운데서 동행하며, 하나님의 백성들이 보좌 앞에 나아가도록 이끄는가? 헨리 누웬의 통찰력은 이에 대하여 시기적으로 적절하다고 본다:

> 시대마다 제사장이나 성직자들이 애태우던 문제를 창조적으로 해결하려고 하고 사람들을 도와주려는 갈망을 가지고, 잘 훈련되어, 도덕적으로 깨끗한 사람이 되는 것이나, 미래의 제사장이나 성직자가 되기에는 충분하지 못하다. 이 모든 것이 매우 가치 있고 중요하지만, 기독교 리더십의 핵심은 아니다. 중요한 질문은, '미래의 리더들이 진정으로 하나님의 사람들인가?'하는 것이고, 하나님의 존전에 거하면서, 하나님의 음성을 청종하고, 하나님의 아름다움을 보면서, 성육화된 말씀에 대하여, 온전히 하나님의 무한한 선하심을 맛보려는 열망이 끓어오르는 사람이 미래의 리더인 것이다.[35)]

전례 드물게 오늘날은 혼란과 타협이 성행하며, 인간의 지식과 예배와 허장성세를 중시하는 사회에서, 하나님의 작은 목소리는 우리를 부르시고, 창조의 원래 목적대로, 예배하도록 그리고 지극히 높으신 자의 자녀로서, 리더로서, 우리를 부르시고 계신다. 하나님께 신령과 진정으로 반응하라. 변하라. 전 윌로우 크릭 교회의 교육 담당 목사였던 진 데쓰머의 말을 빌자면, "하나님께서는 뭔가 원하시고, 누군가를 원하시는데 그들이 바로 우리들이다." 실체를 깨달을 시간이다.

3

____

옛것은 지나가고

지난 반세기 동안 많은 것이 변했고 우리 선조들이 심었던 본질 -종교와 가족의 중요성-을 잃어버렸다.... 사람들은 잃어버린 것을 되돌려 받기 원하나 진정 잃어버린 것이 무엇인지를 기억하지 못한다. 어처구니없는 구멍만 남긴 채로 있다.[1]- 찰스 눅콜스

오늘날 사람들 사이에 전 세계인 동요가 일고 있다. 삶의 체험에 싫증이 났고, 하나님이 우리와 함께 하신다는 느낌을 갈망하고 있다.[2]- 탐미 쿰스

가설의 힘

하나님이 원래 의도하신 대로 진정으로 예배 드리는 자가 되기로 결단 내릴 수 있을 것이다. 예배를 프로그램에서 초월하여 직접 동참하는 것으로 만들 수 있을 것이다. 그러나 복음 전도라는 측면에서 볼 때에는 어떠한가? 우리 가운데 많은 이들이 예배를 통해서 하나님을 만나는 일에 몰려다니는 교인들도 관심을 꽤 갖고 있다고 생각한다. 그리고, 워십 에반젤리즘에 두 부류의 사람이 -예배하는 자와 구경꾼-관여되므로, 불신자들을 하나

님의 존전으로 초대한다는 개념은 처음부터 예정된 것처럼 본다. 몰려다니는 교인들, 영성, 예배에 관한 우리의 가설이 사실이 아니라면, 지금 본서를 쓰는 것을 중단할 수밖에 없다.

종교를 초월함: 영성을 위한 탐색

"오늘날은 10년 전보다 교회에 출석하지 않는 자 가운데 더 종교적인(경건한) 경우가 많다." 조오지 갈렙경은 1988년에 이렇게 규정하였다.[3] 그 이후로 삶의 영적 부분이 더욱 더 중요하게 되었다. 문화적으로 우리는 영성의 재발견을 위해 열광적으로 탐색하는 것처럼 보인다. "믿는다는 점"에서도 그렇다.

그러나 갈렙의 말에 의하면, "믿는다는 것(Believing)"과 "속하는 것(Belonging)"사이에는 넓고도 큰 차이가 있다고 한다. 미국에서 성인 83%가 일상 생활 가운데 어느 정도는 교회에 출석한다고 주장할지라도,[4] 출석하는 이들 가운데 자신들의 기독교 정체성과는 별로 무관하게 보이는 이들이 있다. 갈렙은, "교회나 회당에 출석하는 것이 자신의 종교적 정체성의 질적인 부분에 영향을 미친다고 믿는 이는 상대적으로 소수에 지나지 않는다. 원래 종교적인 집단에서 떠나, 자신이 그리스도인이나 유대교인이라고 생각하기를 좋아하는 사람은 전국에 걸쳐 66%에 해당한다고" 기록하고 있다.[5]

한 마디로 말해서, 90년대에 자신의 믿음을 규정하는 방법과 (교회) 건물 안으로 들어가는 것과는 별로 관계가 없다고 하겠다. 오히려, 자신의 머리와 마음 속에 있는 것으로 믿음을 규정하게 된다. 결국, 미국인의 종교관과 영성 사이에는 꽤 커다란 격차가 있다고 하겠다. A Generation of Seekers의 저자인 와드클락 루프의 연구 관찰에 따르면:

우리가 대화해 본 거의 대다수의 사람들이 "종교적"인 것과 "영적"인 것이 다르다는 의견을 갖고 있었다. 설문조사 응답자의 다수에 따르면, 이 두 영역이 뒤죽박죽 되어 있다. 종교적으로 되는 것은 기관(단체)의 의미를 담고 있고 … 영적인 것은 이와 대조적으로 더욱 개인적으로, 능력을 입어 삶의 가장 깊은 동기(유발)와 관계되어진다고 생각한다. 붐머 중 한 명이 이런 말을 했다. "제게 있어서, 종교적인 것이 교회에 나아가는 것이고 ... 성찬식에 참여하는 것이죠.... 영적인 것이라 하면, 단지 높으신 권세와 연합되는 것이죠."[6]

"믿는 자와 속한 자"의 차이는 이렇게 서로 다른 정의를 내리는 상황 속에서 제대로 이해하게 된다. 종교와 영성이 지금 본질에서 서로 분리되기 때문에, 교회와 회당은 개인이 하나님과의 관계성을 맺음에 있어서 여분의 (Superfluous) 것으로 되어버렸다. 포스트-크리스천(Post-Christian)시대의 영성은 개인적으로 추구하는 내면의 상태와 연관되어져 왔다.

종교적인 것과 영적인 것 사이에 엄청난 틈이 생기게 된 원인은 무엇인가? 어떤 자료는 60년대까지 거슬려 올라간다. 워싱톤, 커크랜드에 있는 Eastside Foursquare Church의 붐머 사역담당 목사인 도우 뮤렌은, "우리(베이비 붐머세대)에게 있어서, 우드스톡의 종교적인 요새와 채색된 유리(건물)는 상상을 넘어서는 '종교적 체험'을 함에 있어서 필수적인 것은 아니었음을 증명해 주었다. 그러나 우드스톡에서는 법률도, 제사장도, 성경도 없고, 단지 많은 곡의 음악 연주, 아편, 마약, 성 그리고 사람들만 있었다."[7] 우드스톡은 실제로 60년대 전체(10년간)를 통틀어 삶에 있어서 문화적인 관점에 영향을 끼친 것이 분명하다. 록 스타 산타나는 최근에 들어서, "우드스톡은 나의 마음이다. 내가 어느 곳에 가든지 나와 함께 하였다"고 말하고 있다.[8]

나중에 60년대에 들어서 어떤 영향을 끼쳤는가에 관해 좀더 살펴보기로 하자. 지금 여기서는 이렇게 요약하는 것으로 충분하다고 본다: 10년간의 야단법석은 원인에 비해 더 많은 증상을 보여주었다. 루프는, "1960년대에는 사회 옹호와 증대 그 이상의 시기로서 ... 영적 위기의 시대로 ... 옛 문화적, 종교적, 목소리는 그들(베이비 붐머)의 종교적 영적 견해를 다시금 새롭게 생각해 보게 만드는 그런 힘을 상실해 버렸다."[9]고 말한다.

놀랍게도, 이런 "위기"의 충격적인 물결이 종교와 영성의 갈라진 틈을 더욱 넓고 깊게 만들면서 서구 세계에 여전히 넘실거리고 있다. 오늘날 사람들은 열심히 자기 나름대로의 방법을 가지고 하나님을 찾고 있다. 이전

보다 훨씬, 사람들은 직접적으로 "자신들의 높은 권세와 화합"하기를 원한다. 교회 안에서 일어날 것이라는 확신은 거의 갖지 않는다.

영적인 문제: 공적인 신뢰를 상실함

교회가 오늘날 별로 인기가 없음은 사실이다. 성직자에 대한 공적 신뢰도가 1985년 이후로 15%가 낮아졌고, 계속해서 낮아지고 있다(현재 52%).[10] 교회에 대한 공적 신뢰도는 1985년 이후로 역시 15% 낮아져서 거의 같은 수준에 (53%) 있음은 놀랄 것도 못된다.[11] 문제가 무엇인가? 갈렙은 "방송 설교자들의 스캔달, 정치적 극단주의, 이단에 관련된 종교적 인물에 관한 탐탁지 않은 공신력과 뉴스"에 있다고 본다.[12]

도덕적으로 정직함이 상실된 것은 단지 교회가 은혜를 상실하게 된 이유는 아니다. 이 점에 대한 존 큐와 제인 큐의 생각에 대하여 의문이 간다. 하나님과 관계를 맺는 교회의 기본 능력이 공적으로는 "중단되어 버린" 상태라는 사실이다. 59%에 해당하는 미국인들이 생각하기로는 교회가 너무나 "조직화되어 신학적 혹은 영적인 문제와 대립되며," 52%는 교회가 "종교의 진정한 영적인 본질에 대한 분명한 생각을 갖고 있다"는 것에 의문을 제시하거나, 노골적으로 동의하지 않는다.[13]

흥미로운 것은 복음 전도가 하나님 중심의 관계(God-connectedness)에 있어서 가장 나쁜 평판을 받고 있는 것 같다. 최근에 본인은 잘 알려져 있는 대형 교회의 목사님과 인터뷰를 하였다. 근래에 들어 붐머(세대)들의 교회 출석률이 저하되어 있는 사실에 대하여 어떻게 설명하겠는가 하고 질문하였다. 그는 교회를 "무의미하고, 지루한 종교"로 보는 것에 기인한다고 생각했다. "붐머세대가 또다시 떠나는 이유는 아무것도 변한 것이 없기 때문이지요. 전통적이면서 부적절하며 지루한 예배를 드리러 오기 전의 상황을 어느 날 갑자기 생각하게 된 것입니다"라고 말한다.

그러나 이렇게 분석할 때, 문제는 대다수의 되돌아가는 붐머들이 본 교회가 아닌 대형 교회를 자신의 교회처럼 여기고 돌아가는 것에 있다.[14] 게다가 최근의 붐머 대다수가 불만스럽게 여기는 점은 영성에 중점을 두기 때문이다. 루프의 보고에 따르면 복음주의 교회를 나가는 이런 붐머(세대)의 76%가 교회가 영성을 잃었다고 믿으며, 겨우 48%만이 이것에 동의하여 본 교회로 돌아간다.[15] 윌리암 헨드릭은 "만약 교회에 출석하지 않는 자들이 대개 우리가 생각하는 것보다 더 '영적'일지도 모른다고 한다면, 그 반대로 교회에 출석하는 사람들도 우리가 종종 생각하는 것보다 덜 영적일 수도 있음도 사실이 아니겠는가?"[16]

1945-63년에 출생한 미국인들의 견해는 이 질문에 "예"라고 응답하는 일이 복음주의 교회 안에서 더 그러하다고 한다.

대형 교회 지부 만들기를 중단하고 CEO를 유지하라

오늘날 누군가 교회와 하나님 사이에 인기 대회를 개최한다면, 추세는 교회로 흘러가지 않을 것이다. 다음의 통계 수치를 고려해 보자: 교회 출석하지 않는 사람 가운데 65%가 자신의 믿음은 오늘날 자신들이 살아가는 방식에 있어서 적합하며, 겨우 27%만이 교회는 이 세대에 적절한 것으로 본다. 또한 49%는 하나님과 가까이 지내는 관계를 갖는 것이 바람직한 것으로, 겨우 13%만이 지역 교회에 속하는 것이 바람직한 것으로 말한다.[17] 물론, 종교 변절자로부터 무엇을 기대하겠는가? 변화 받지 못한 자들이 교회에 대하여 높이 평가한다는 것도 무리일 것이다.

우리가 교회 출석하지 않는 자들에 관하여 알고 있다고 생각하는 그만큼 잘 알지 못할 수도 있다. 이들 가운데 80%가 불신자들이며,[18] 이들은 우리가 손쉽게 변증할 수 있을 정도의 "얕은 깊이의 불신자"들로 생각하는 것이 보통이다. 실제로는 단지 8%의 불신자들만이 교회 출석을 하지 않는 이유로써, 하나님과 예수 그리스도를 믿지 않기 때문으로 나타났다.[19] (어떤 연구에서 4%로 보기도 한다.)[20]

사실상, 전형적인 불신자 가운데서도 영적인 것에 아주 마음이 열려진 자도 있다. 바아나는. "불신자들은 하나님의 기독교 연쇄점-교회-과 문제를 갖고 있지만, 하나님과는 그다지 문제를 갖지 않는다"고 주장한다.[21] 환언하자면, 문제는 우리 하나님을 대표하는 자로서 몰려다니는 교인의 교회 출석에 있어서 주요 장애 요인으로 되는 것이 바로 우리 자신들이다. 우리가 문제이지 하나님이 아니며, 하나님의 아이디어도 아니다.

이것은 최근에 우리가 상상해 온 몰려다니는 교인의 모습과는 전혀 다른 양상이다. 몰려다니는 교인에게 나아가려고 애쓰는 우리들에게 의미하는 바가 무엇이며, 특별히, 경배 센터에서 우리가 그들을 위해 베풂에 있어서 어떤 영향을 끼칠 것인가? 겨우 소수의 몰려다니는 교인들만이 기독교에 대하여 지적인 방법으로 반응할 것이다. 그들은 "그리스도가 주장하는 바를 탐색"하고 싶어할 것이다.

그러나 대다수는 단지 "그리스도가 주장하는 바를 탐색"하는 그 이상을 바라며, 우리 안에 계시는 그리스도를 그리고 예배 드리는 중에 그리스도를 만나기를 원한다. 이것은 우리가 소중히 여기는 패러다임에 겁을 주는 것일 수도 있을 것이다. 그러나 마치 만델린 머레이 오헤어즈(문화 사조)를 이루어 가는 것처럼 우리가 살고 있는 문화에 따라 계속 접근해 갈 수는 없다.

오늘날 미국 사회에 있어서, 영적인 것을 받아들이는 것이 점차 유행되어 가고 있다. 이것을 분명히 부흥이라고 볼 수는 없지만, 교회에 큰 도전과 위험과 함께 유일한 복음 전도의 기회임을 암시한다.

무신론은 끝났다.

20세기를 마감하면서, 우습게도 하나님의 존재하심에 대한 개념은 거의 알고 있는 상태이다. 미국인의 95% 이상이 하나님이 계신 것을 믿거나 우주적인 힘의 능력을 믿고 있다.[22] 84%가 하나님을 "성경에서 우리의 기도를 들으시는 하늘 아버지"로 특징짓는다.[23] 80%가 오늘날에도 하나님께서는 기적을 일으키시는 분으로,[24] 거의 한결같이 이렇게 말한다. "우리가 볼 수는 없으나 우리가 살고 있는 물질 세계에 영향을 끼치는 영적인 힘(Force)이 존재한다." 중요한 것은, 베이비 붐머(세대)들이 다른 어느 세대보다 더 이 믿음에 앞서 나가고 있다.[25]

그러나 이들은 단지 믿음에 안주하지 않는다. 88%가 기도 생활을 한다고 보고한다.[26]보고에 의하면 "과학적으로 알 수 없는(Paranormal)" 체험을 포함한, 영적 체험을 하는 숫자가 증가하고 있다고 한다. 33%가 "특별히 강력한 종교적 통찰력과 영적 각성으로 자신들의 삶의 방향이 전환되었다"고 보고한다.[27] 1985년 갤럽(Gallup) 여론 조사에 따르면, 미국인의 43%가 일상적인 자신과 다른 신령한 힘에 의해 영향을 받거나 적어도 그런 힘이 위로부터 내려옴을 느낀다고 말한다.[28] 1991년까지 그 비율이 54%로 증가하였다.[29]

우리 문화에서는 어떤 영적 실체와 관련되어지고자 하는 욕구가 점차 가속화되어 가고 있다. 최근 Newsweek지가 여론 조사한 것에 의하면, 다수의 미국인 (58%)들이 영적 성장을 체험할 필요를 느낀다고 말한다. 게다가 종교적인 수련회에 참석하는 것은 "급히 증가되는 일(Skyrocketing)"로 보고 있다.[30] 존 나이스빗과 패트리시라 어버던스는, 자신들의 저서 Megatrends 2000에서 이렇게 분석한다:

> 종교적인 믿음이 서기 2,000년에 집중하여 전 세계적으로 증가하고 있다.... 우리가 지금 과거 수천 년 전의 사람들과 연결되어 이어온 끈은 커다란 변화의 시대에 살고 있다는 느낌을 갖게 한다.... 사람들이 변화에 시달리게 될 때, 영적인 믿음에 대한 욕구는 증가하게 되고 ... 과학과 이상을 대단히 신봉하던 것을 져버리고, 감정과 비이성적인 것에 특별한 가치를 두는 종교적 부흥이 일어난다. 믿음으로 되돌아가는 바람직한 추세를 지켜본다. 상징적인 해(年)인 2000년에 접근하면서, 인간의 속성은 과학을 내어 버리지 않으면서도, 종교적인 부흥을 통하여, 현재 우리 자신과 이웃의 더 나은 삶을 위해 더욱 더 균형을 잡고 탐색하는 것으로, 영적인 것을 다시금 인정하게 되는 것이다.[31]

탐색하게 되는 이유가 무엇이든 간에, 영적인 분위기는 10여 년 전보다 변한 것은 분명하다. 보이지 않는 것을 믿고 말하는 것이 퇴보한 것으로 여기던 시대는 지나갔다. 로버트 우쓰노우는 그의 저서, Rediscovering the Scared에서 말하기를, "사실상, 다른 시대에도 종교적 의식의 엄청난 부패도 있었지만 그럼에도 불구하고, 놀랍게도 현저하게 존재하는 영적 존재와 교통하려는 시도는 있었다는 증거는 많이 있다."[32]

미국에 있는 성인의 다수가 귀신의 존재를 믿을 뿐만이 아니라 신접하려고 노력도 한다. 무신론자들은 어디로 갔는가? 간단히 말해서, 그들은 변절해 버렸다. 그들은 영적 오디세이(역주: Troy 전쟁 후 오디세우스의 방랑을 노래한 호머의 서사시로 파란만장한 방랑 이야기가 펼쳐져 있다.)의 일부가 되어, 다가오는 새로운 천년을 향하여 질주하며, 이동하여 가고 있다. 최근에 레이쓰 안델슨은 41개항의 미국 무신론자 운동 조문을 인용하여 결론적인 선언을 한다: "무신론은 끝났다."[33] 그가 전적으로 옳으며, 복음 전도자로서 우리가 무신론자의 유언을 보면서 해야 할 사역이 무엇인지를 알려는 노력을 시작할 때이다.

90년대의 영성

최근 영적 "대각성"은 큰 뉴스거리 같으나, 현대 영성과 성경적 영성이 동일한 것은 결코 아님은 한 번쯤 고려해야 할 것이다. 라이터 스티브 터너는, "세속적으로 말하자면, '영적'이라는 것은 실험실에서 시험해 보거나 세밀하게 조사할 수 있는 것은 아니다"라고 말한다.[34] 오늘날 이 정의가 충분한 것이라고 확신하지 않는다. TV광고에 나오는 카우보이가, "트럭은 내게 있어서 영적인 존재"라고 말할 때, 이때 "영적"이라는 말은 다소 넓게 봐야할 것이다. 실제로, 우리가 좋게 여기는 모든 것이 영적 능력을 가진 것처럼 보인다. 유대교-크리스천들은 이렇게 정의 내린다.

"제멋대로식"의 영성은 사람들이 개인적인 입맛에 따라 종교를 맞추어 가는 것이므로, 우리가 고려해 봐야 하는 이유가 충분히 있는 것이다. 조오지 바아나는, "미국에서 사는 삶의 특색은 변화 무쌍하다. 심지어 믿음의 영역에 있어서도 사람들을 꼬집어 내어 하나를 선택하고 그것을 잘라서 잘게 다지기까지 한다"고 말한다.[35]

마치 점심시간에 피자집 상황과 같지 않겠는가! 오늘은 영적 샐러드 바에 몇 가지 종류가 진열되어 있는가? 우리가 생각할 수 있는 많은 견해들이 있다. 그러나 영적 대안의 대다수는 하나의 거대한 초록 빛깔의 스모거스보오드(Smogersboard)로 -뉴에이지- (역주: 스모거스보오드는 스칸디나비아 식의 전채 요리가 끼인 음식점으로서 잡다한 것들을 취급한다.) 다같이 한 그룹에 속한다. 동양의 신비주의, 자연과학, 이단, 자기 멋대로의 식의 심리학, (십자가, 부활이 없는) "하나님은 사랑이시다"라는 기독교와 같은 접시들을 쌓아갈 수 있을 법하다.

짐 피터슨은 이런 종류의 축제가, "특별히 미국에서 교회에 출석하지 않는 세대에게 매력적인 것"이라고 말한다. "많은 사람들이 자신들이 세속화되어 살 수 없다는 것을 알고는 어떤 종교도 과학도, 주지 못한 종교적 체험을 갈망하기 시작했다."[36]

이유가 무엇이든 간에, 뉴에이지는 증가해 가고 있는 미국인들에게 해답을 제시하게 된 셈이다. 또한 큰 비즈니스가 되어 버렸다. 80년대 후반까지, IBM, AT & T, Proctor, Gam ble, Ford Motor Company, General Motors와 같은 합작 회사가 뉴에이지 컨설트 전문가와 유능한 연사들을 위해 매년 40억 달러를 소모했다.[37] 90년대 초까지, 뉴에이지 서적 판매는 매년 10억 달러로 추정되고, "방송 채널" 강좌로부터 매년 4억 달러의 수익을 거둬들이고 있다.[38]

이런 셀프 서어비스 뉴에이지 뷔페식당에서 어떤 가설(Assumptions)을 섭취할 것인가? 러셀 첸들러는 이렇게 요약한다. "뉴에이지 세계관에서 하나님은 비인격적인 힘, 모든 것을 함께 쥐고 있는 에너지 (자기)장이다…. 본질적으로 하나님은 만유이시며, 만유의 주이시며, 인간은 이것의 일부이기 때문에 결국 우리도 신이다. 우리는 우리 자신의 진리와 실체를 창조한다."[39] 만약 어떤 종교든 권위 무시, 자기 중심, 고객 창출을 위한 것이 있다면, 이것이 바로 뉴에이지에 속하지 않겠는가! 첸들러의 분석은 염두에 둘 가치가 있는데, "뉴에이지 운동은 '즉시 해결(Quick fix)'의 영성, 지구 전체의 조화, '신이 내재함'으로부터 오는 자기 능력 -개인의 도덕적 책임감을 요구하지 않는- 들을 약속한다."[40] 대단하지 않는가!

젊고, 부유하고, 고학력 교육을 받은 자

초자연적인 체험은 우리 사회에서 학력 수준이 낮은 사람들에게 더 널리 퍼져 있다고 잘못 생각하는 사람이 많다. 얼마 전에 본인은 미국 전역에서 영적인 것에 관심이 증대하고 있음에 관해 중소 도시에 있는 교회의 지도자와 대화를 나누었다. 그는 점잖게 듣고 있었지만 그의 교회 사역자들이 거침없이 추진해 나가는 붐머 단체를 위한 일들이 그런 것에 영향(Trend)을 받고 있지는 않은지에 대하여 의심하였다.

그가 특별히 관심을 갖고 있는 단체의 영적인 "호기심"을 측정할 길이 없었지만, 다음의 연구에서는 고학력의 붐머들이 더 많이 영적 체험을 하기 위한 대상을 찾아다니게 된다는 것을 보여 준다. 웨이드 클락루프의 보고에 따르면:

> 과학적으로도 알 수 없는 심령 체험에 대한 관심이 널리 퍼지고 있고, 1980년대에는 증가해 가는 추세를 보이고 있다. Clairvoyance, ESP, 사전 인식(Procognition), deja uv, "초자연적인 것"과 관련된 체험이 10-20년 전보다 더욱더 보편적인 것으로 보고되고 있고, 저학력자보다 대학교 수준에서 더 많은 것으로 알려졌다... (붐머의) 고등학교 졸업자 52%가 (믿음의 탐색을) 승인하는 반면, 대졸자는 66%, 대학원 수준은 69%에 이른다.[41]

(겨우 붐머의 5%가 무신론자로 주장한다.)[42]

나이스빗과 에버던스는 전형적인 뉴에이지 운동가들은 고학력 출신이면서, 젊고, 유복한 자들이라고 강조한다. "New Age Journal 구독자의 95%가 대졸자이며, 평균 수입이 47,500 달러(1990년 통계)이다.... 뉴에이지 운동가들은 승승장구하여 나가는, 잘 교육된, 성공한 베이비 붐머를 대표할 정도이다."[43]

협력체들이 뉴에이지 컨설팅을 운영하기 위해 그만한 예산을 들이는 것도 까닭이 있는 것이다. 젊고, 상향 지향적인 마음을 가진 이들 속에서 직접적인 영적 체험에 대한 시장성을 발견함이 당연하지 않겠는가! 그들의 비즈니스는 이 시대의 최고이며, 이 시대 복음주의의 가장 점진적인 사람들을 보다 앞서 나아간다. 이제 어떤 일이 일어나고 있는지 각성할 때가 아니겠는가? 머렌은 이렇게 기술하고 있다:

> 만약, 메디슨 가에서 붐머들이 영적 체험을 갈망하고 있다는 사실을 안다면,

교회 또한 그럴 필요가 있다. 중년기에 접어든 붐머들에게 영향을 미치는 세계관을 과소평가 하지 말라. 만약 당신이 종교에 관해 우리에게 말한다면, 우리는 살아 계신 하나님을 영적으로 체험할 것을 기대한다. 우리 세대는 우리 삶에 있어서 종교가 갖고 있는 철학을 논하는 것에서 벗어나 실제로 하나님을 체험하길 원한다.[44]

루프와 머렌은 붐머들이 찾고 있는 것에 관해 전적으로 동의하는 것 같다. Generation of Seekers의 저자 루프는, "붐머의 세계관"*을 이렇게 요약한다:

많은 붐머들이 "직접 체험"을 했다고 주장할 수 있는 종교적인 체험을 깊이 열망한다. 이렇게 직접 체험하려는 갈망은 전통적, 비전통적 언어 속에 여러 모양으로 표현된다. 예를 들면, 삶의 중심 내면에 초점을 맞춤, 하나님을 앎, 자아를 찾아서, 더 나은 나 자신, "그것"을 찾으라 등등을 들 수 있다. 이런 관심은 (유업으로 내려오는 믿음, 생각, 개념이 배제된 채로) 직접적으로 생명을 체험하는 것, 하나님, 초자연적인 존재와 만나는 것, 단순히 자연, 사람을 만나는 것으로 나타난다.[45]

옛것은 지나가고

체험 중심, 반지성적인 세계관은 60년대의 붐머들의 마음과 생각을 사로잡았고, 현대 사회에 최고 영향을 미치게 되었으며, 이것이 90년대에 들어 대다수의 미국인들이 생명에 대하여 바라보는 하나의 방법으로 되어 버렸다. 60년대에 플리트우드 맥의 히트 곡 "옛것은 지나가고(Yesterday's gone)"가

---

* 대다수의 붐머들이 유업으로 내려오는 믿음의 체계를 혐오하지만 교회(메뉴)로부터 믿음의 체계를 제거하자는 것을 옹호하는 것은 아니다라는 사실은 주목할 만하다. 루프에 따르면, 대다수의 붐머들의 특색은 기독교를 포함한 여러 가지 믿음에 대한 가르침을 "탐색"하고 있다는 것이다. 이들은 단지 어떤 체계이든 그들이 받아들이기 전에 자신의 고유한 체험이라는 "채"에 걸러서, 자신 스스로가 뽑아 선택해야만 한다. (루프의 Generation of Seeker의 122-26쪽을 보라).

꼭 들어맞는다.46)

학자적인 말을 빌자면, 구시대, 이성주의적 사고의 붕괴는 완전히 끝났다. Christian Belief in a Postmodern World의 저자인 다이오저니스 알렌은 과학자와 철학가들이 오랫동안 이 사실을 인식해 왔다고 주장한다.47) 우리 가운데 대다수는 단지 전-의식(Subconscious)수준에서 작용할 따름이다.

그러나 의식적이든 전-의식적이든 간에, 새로운 반-이성주의는 반역한 세대의 반문화적인(Countculture) 표현만은 아니다. 사회 모든 수준에 널리 퍼져있다. 1960년대 생명을 바라보는 방법과 오늘날 우리가 인지하고 있는 방법은 별개의 세계인 것 같다. 루프는 이렇게 말한다:

> 1960년대는 문화적 변화를 초래하여 지속되었고, 이제 새로운 세대로 이동하고 있다. 과거에 문화의 하찮은 것이 이제 문화의 주류로 스며들고 있다. 우리 부모님들 (붐머)세대가 갈망하던 것이 후손(버스터)에게 내려가 우리가 살아가는 가치관으로 받아들여졌다.48)

새로운 세계관

이 새로운 세계관이 어떻게 성숙되었는지 살펴보자. 붐머들이 주장하는 것과는 다를지도 모르나 분명한 한 가지는 별안간 우드스톡에 나타나지는 않는다는 것이다. 실제로 이 사건은 1960년대 전체의 변동으로 인한 사상체계의 변질된 증세들이라 하겠다. 젊은 존 F. 케네디가 1961년에 대통령으로 취임하였을 때, 서구 사회는 이미 거의 300년 동안 지배하던 지성적, 이성적, 계몽사상으로부터 결별을 시작했다. 10년 동안 단지 더 가속화되어 붐머세대가 커지고 또한 반권위주의 경향으로 치닫게 되었다.

새로운 세계관의 정확한 기원은 논쟁의 여지가 있으나 어떤 이들은 "우리는 세계를 물질적인 수단을 통해 이해한다"는 과학적 전제(Premiss)의 패배로 지적한다. 아인슈타인의 상대성 이론과 양자 물리학은 이런 패러다임을 뒤집는 주된 역할을 하였으며, 특별히 원자의 기능을 발견한 것을 일반적, 기계적으로 주어진 것이라기 보다는 예측할 수 없는 수수께끼 같은 것이다.

이것저것 최근의 발견된 것들의 결과로써, 과학 세계에서는 과학적 절대 오류의 개념을 버리게 되었고, 그것과 더불어 하나님과 종교는 무지한 자들의 버팀벽이라는 개념도 버리게 되었다. 최근 Newsweek지에 보고한 바로는:

> 우습게도 지난 천년을 내려오면서 믿음은 과학에 의해 권리 침해를 받았다. 일반인과 마찬가지로 연구 학자들 사이에는 물리학, 생물학, 천문학에서의 발견한 것들이 우주의 경이감과 잔잔한 전체론(역주: 복잡한 체계의 전체는, 단지 각 부분의 기능의 총합이 아니라 각 부분을 결정하는 통일체라는 입장)과 도덕적 규율에 영향을 끼치고 있다.... 심지어는 종교를 갖고 있지 않는 과학자들도 그것을 느낀다. "과학과 과학의 발견은 성취와 엄청난 존경심을 가져다 주었다"고 Fermi National Accelerator Laboratory의 물리학자 에드워드 코브는 말한다. 또한 이것으로 인해 겸손하게 되었다. 왜냐하면 과학으로서는 결코 생성 법칙이 왜 일어나며, 어떻게 창조되는지에 대하여 대답할 수 없기 때문이다.[49]

실제로, 꽤 널리 알려진 소수의 학자와 연구가들은 자기 자신들의 영적 오디세이를 시작하였고, 생명의 기원과 의미는 전적으로 인간이 보고, 만지고, 양적으로 재고, 분석할 수 없는 그 이상의 것임을 확신한다. 로버트 웨버는 다음과 같이 말한다:

> 간단히 말해서, 우주에 대한 우리의 관점은 혁명적이다. 변함없이 정체되었던 우주에 대한 옛 생각들이 역동적으로 팽창하는 우주의 개념으로 대체되었고, 이 우주는 시작과 끝이 있으며, 무엇보다 더 창조자가 있다는 것이다.... 결국, 이제 사람들은 초자연적인 것에 마음이 열려져 있고, 신비로운 체험을 갈망한다.... 오늘날 서구세계는 커다란 이변이 일어나고 있으며 -기계주의 합리주의적 뉴우톤 세계관에서 생명의 본질은 역동적인 움직임과 신비로운 것을 인식하는 것이라는 새로운 세계관으로 이동하고 있다.[50]

우리 자신에 대한 환멸감

우리의 새로운 우주론은 (Cosmology) -우주의 기원과 역할을 믿는 것- 실험적 발견과 철학의 결과에서 나온 것이다. 그러나 우리는 과학적 가설을 불신하기 시작했고, 또한 인간의 선함과 진화에 대한 개념에 환멸을 느끼게 되었고, 이 환멸감은 삶에 대한 우리의 생각에 크게 영향을 끼치게 되었다.

솔직히, 천년을 지나가는 이 세상은 살기에 좋은 곳은 아니다. 매일 우리는 마이클 잭슨의 팝 유토피아로부터 점점 멀어져 가고, "세상을 고치고, 너와 나와 온 인류 족속을 위해 더 나은 곳으로 만들라"고 외치고 있다.51) 도시의 폭력, 고위층의 범죄, 민족 순수성 유지, 핵 확산, 열대 다우림의 화재, 기아로 허덕이는 사람들에 대한 것이 늘 머릿기사를 독차지하고 있다. 분명한 것은, 계몽주의는 우리가 요구하는 "금발의 구세주"는 못된다는 것이다. 다이오거니스 알렌이 묘사한 것과 같이, "악은 실제로 있으며, 단지 교육이나 사회적 개혁으로 제거되어질 수 없다는 인식이 증가하고 있다."52) 헨리 누웬은 이렇게 동의하고 있다:

> 우리 시대에 가장 위대한 업적에도 불구하고 절망의 깊은 조류가 흐르고 있다. 능력과 통제가 우리 사회의 가장 큰 열망이긴 하지만 고독감, 고립감, 우정과 친화력의 결핍, 관계성의 깨어짐, 지루함, 공허함, 좌절감, 무용지론의 깊은 감정이 성공 지향주의 세계에 사는 수백만 명의 사람들 마음 속을 채우고 있다.53)

우리는 더 이상 캔사스에 있지 않다

인본주의적, 반-초자연적인 관점의 계몽주의 사상도 우리 시대에 직면한 커다란 곤경에 대한 해답을 제시하지 않았다. 1,900년 전 서구 문화를 특징 짓던 "하나님의 부재"의 구세계관도 (오늘날도 여전히 교회 안에 존재) 우리에게 더 이상 위로를 주지 못한다. 또한 더 이상 과학의 실체, 사회의 실체, 개인의 실체에 부합되지 않고 있다.

이것이 교회에 바라는 바가 무엇인가? 하나님을 개념적으로 혹은 기독교 변증론으로서 더 이상 토막내서는 안된다는 것을 의미한다. 90년대의 Brads와 Brends는 지적인 질문들을 늘 갖고 있지만, 대뇌 좌반구를 정보로 채우는 것보다는 체험적인 증거를 -능력 있고, 살아 계신 하나님과 초자연적인 관계성을 갖는 것- 원한다. 하나님에 관한 혹은 그리스도의 삶에 대한 정보만으로는 충분하지 않다. 레이쓰 안델슨은 이렇게 말한다:

> 소수의 사람들이 조심스럽게 철학적, 변증학적 논쟁을 바라고 있다. 그들은 초자연적인 체험을 갈망하고 있다.... 사람들이 내게 말하기를 그들은 하나님을 만날 수 있고, 성령의 능력이 있고, 자신들의 삶이 완전히 바뀔 수 있는 교회를 찾고 있다고 한다. 우리 세대는 머리를 써서 하는 논쟁, 일련의 사고, 신학적 체계에 관심이 덜하며, 초자연적인 것을 체험하는 일에 더 관심을 가지고 있다.[54]

교회는 이 말에 귀기울이고 있는가? 실제 벌어지고 있는 이 상황에 동조하는가? 바아나는, "전형적으로 우리(교회)는 사회가 변화를 시작한 뒤 한참 후에 반응할 정도로 5-10년은 뒤져 있다"고 말한다.[55] 새로운 세계관에 반응하려면 얼마나 더 오랫동안 기다려야 할 것인가? 단지 "우리는 더 이상 캔사스에 있지 않다"는 것을 인식하는 것은 우리 가운데 많은 사람들이 또한 최첨단의 사람들을 포함해서 우리가 취할 수 있는 더 큰 발걸음을 떼는 것이다.

하나님과의 만남을 즐김

Capistrano Beach Calvary Chapel의 척 스미쓰 목사는 한 번은 예배 중에 참석자에게 인터뷰를 하였다 (스미쓰목사 교회는 몰려다니는 교인이 수백 명이 있는 것으로 안다.) 그가 물은 질문은 "오늘밤 어떤 일이 일어날 것을 기대합니까?"였다. 경배 센터를 돌아다니면서 사람들의 반응을 들었다. "대다수의 사람들이 기대하는 한 가지는 하나님을 만나고 싶어하는 것이었다. 프로그램과 상호 관계성, 음악, 설교를 초월하여 그들은 하나님을 느끼고 싶어하였다.... 이 욕구는 필요에서 나온 것이며, 이 필요는 하나님 한 분만 채우실 수 있는 것으로,[56] 교회의 일차적인 과제임에 틀림없다. 불행하게도, 이것을 교회는 제대로 수행하지 못하였다. 바아나는 이렇게 말하고 있다:

> 미국인들은 실체를 원한다. 어떤 상황에 관해 듣는 것보다는 그 상황을 몸소 체험하는 것을 더 좋아한다.... 교회는 수백만 명의 몰려다니는 교인이라는 표적을 놓치고 있는데, 그것은 이들의 엉직 방황이 하나님을 체험하는 것 대신에 하나님에 관해 배우는 것으로 끝나기 때문이다.... 셀 수도 없는 많은 미국인들이 기독교를 거절하고 있는데, 그것은 이들이 영적으로 성장하기를 원하나, 영성에 관해서만 배우기 때문이다.[57]

우리를 둘러싸고 있는 문화 사조에서 탈피할 수 있는 것은 대단한 일이 아니겠는가! 그러나 그것도 그렇게 나쁜 것은 아니다. 단지 몰려다니는 교인들이 바라는 하나님과의 만남을 박탈하고 있을 뿐만 아니라 믿는 신자들에게도 마찬가지로 만남을 박탈하고 있다는 것이 염려될 뿐이다. 웨버는, "불행하게도 많은 기독교 단체가 믿음과 예배를 계몽주의적 세계관에 맞도록 발전시켜왔다. 생명에 대한 낡은 뉴우튼의 관점은 하나님을 하늘에 계신 것으로 격하시기고, 예배 중에 임하시는 왕성한 하나님의 존재를 거절한다"[58]고 말한다. 웨버는 뉴우톤식 예배 모델을 미래의 새로운 세계를 준비하는 우리에게 적합한 것으로 여기지 않는다. 그는 다음과 같이 예측한다:

> 뉴우튼 식의 종말과 함께 세계를 보면서, 예배에 수동적으로 참여하고, 지적으로 꽉차서 하나님은 이미 사라져 버린 그런 예배와 믿음의 종말을 목격하게 된다.... 이제 생명의 체험과 함께 역동적인 움직임과 더 많은 참여를 비롯한 변화가 일어나고 있고, 우리의 예배가 우리가 살고 있는 세상 사람들에게서부터 벗어나, 따분한 것으로 여겨지는 그런 동향으로 흘러가지 않는다.[59]

만약 우리가 이 시대에 우리 문화 사조에 영향을 끼치기를 바란다면, 변

화시켜야 할 필요가 있다. 우리가 드리는 예배가 하나님과 직접적으로 초
자연적인 관계를 맺는 것이 되어야 할 것이다. 이것은 단지 때맞추어 우연
히 일어난 것이 아니다. 전적으로 성서적이다. 우습게도, 이것은 교회 출석
하지 않는 이들이 교회로부터 기대하는 바이다. 레이스 안델슨은, "교회는
사람들로 구성되며, 하나님이 현존하심을 기대하는 장소이며, 그의 말씀(성
경)은 당연한 것이다. 21세기의 교회는 초자연적인 것이 주된 화제가 되며,
진실로 초자연적인 체험을 갈망하는 자들 가운데 번성하게 될 것이다"고
하였다.[60]

최근 한 잡지의 글에서, 척 스미쓰 목사는 독자들에게 자신들이 전화 번
호부에 나오는 교회 광고를 보고 교회에 참석하려고 하는 불신자라고 상상
해 볼 것을 요구했다. 교회 이름이 짧고도 함축성 있는 문구, 가령 "전 가
족을 위한 교회", "사람을 돌보는 교회"로 나와 있다고 가정하자. 아래의
글을 묵상해 보라:

> 실망하면서 당신은 전화 번호부를 덮어 버린다. 어느 것 하나도 당신에게 하나
> 님을 만나게 해 주거나 그럴 가능성이 있음을 제시하지 않는다. 그리고 교회가
> 당신에게 약속하는 것은 당신에게 별로 호소력이 없다. 얼마 전에 나 스스로에
> 게 자문하기 시작했다. 왜 우리는 지역사회에 유일하게 공헌할 수 있는 것을
> 홍보 -사람들로 하여금 하나님을 발견하도록 도와주는 것- 하지 못하는가? 이
> 런 약속을 하는 것을 두려워하지는 않는가? 교회란 실체의 자연적이고, 초자연
> 적인 부분 모두를 다 가지고 있으며, 하나님과의 만남을 예배할 수 있음을 눈
> 으로 보기 시작하는 곳이다.... 우리는 공동체가 이것을 필요로 하고 있음을 인
> 식해야만 한다. 북미에서는 영성에 관한 문제에 부딪히게 될 때, 커다란 구멍
> 이 뚫려 있음을 본다.... 사람들은 "뭔가 생명에 관한 것이 더 있음에 틀림없다"
> 는 것을 깨닫고 있다. "안전하고도 건전한 영성"을 갈망하고 있고, 이 영성으
> 로 자신들의 체험을 인식하고, 이것을 자신의 삶과 결부시키게 된다.[61]

제 1 도전: 가던 길에서 벗어남

사람들에게 성전에서 하나님을 만나고 상호 관계를 맺을 기회를 진정으로 주고자 한다면, 우리들 가운데 두 가지의 커다란 장애물을 극복할 수 있도록 도와주는 예배를 조성해야 할 것이다. 첫째, 스스로가 통제하는 어떤 것들을 내려놓고 가던 길에서 벗어나서 초자연적인 만남을 가지려 할 때, 방해하고 있는 사람들은 의자에 앉아 있는 교인들이 아니다. 강대상과 마이크 뒤에 서 있는 우리들이다. 왜냐하면, 우리가 사람들로 하여금, "보좌로 나아가서 하나님과 만남"을 주선하는 책임을 맡고 있기 대문이다.

실제 그것을 사실로 직면하자. 목사와 예배 사역자로서 기술적인 것 때문에 너무나 분주하고, 또한 약간의 수고를 덜 수 있는 정보를 모으는 데 힘을 쓰는 동안 대다수의 사람들이 바로 절실히 요구하는 것, 하나님을 만나는 일을 놓치고 있다. 예배 진행의 경향을 보면, 예배의 초점이 하나님에게서 우리 자신에게로 옮겨지고 있다. TV로부터 고삐 풀려진 듯이 쏟아지는 모방 때문에 왕성하게 하나님을 체험하는 것은 완전히 죽어 버렸다. 잘 통제하려는 강박 관념과 과도하게 짜여진 틀에 짜여 시간에 쫓기는 고역으로 인해, 우리는 사람들에게 자신들의 장벽을 무너뜨리고 하나님의 존전으로 마음 문 열고 나갈 기회를 주지 못한다. 그리고 우리의 무지로 인해 하나님만이 유일하게 하실 수 있는 거룩하고 고요한 사역을 위해서, 하나님 앞에서 거룩하며, 조용하게, 여유를 갖지 못하고 있다.

스미쓰 목사는 우리 자신이 옆으로 빗겨나갈 때라고 말한다. "우리가 만들거나 통제하지 않는 하나님과 사람(교회) 사이에 많은 비즈니스가 진행되도록 해야 할 것이다. 우리는 예배의 분위기를 조성할 책임이 있으며, 그 무엇보다도, 그들의 마음속에 하나님이 역사 하시도록 하여 하나님과의 관계를 맺도록 해 주어야 할 것이다."[62]

제 2 도전: 신학적(성경적) 세계관을 유지

두번째 중요한 도전은 신학적으로 "균형"을 유지하는 것이다. 구(舊)세계관과 신(新)세계관의 목적을 읽으면 읽을수록, 더욱 더 대조를 이루는 것을 느낄 것이다. 이분적인 몇 가지 예를 아래에 명시하였다.

구 세계관	신세계관
객관적	주관적
이성적	비이성적
개념적	체험적
인신론적	표현적
종교적	영적

상기목록 가운데 한 쌍을 택하여 보면, 이 둘 사이에 중간 지점은 없는 것 같다. 이것은 교회가 "한쪽 면"에서 또 다른 한쪽 면으로 고착되어 버리려는 유혹을 저하시키는 것이 중요함을 보여 주는 이유이다. 성경적 세계관에선 이 둘이 양극단으로 치닫지는 않는다. 즉, 신령(Spirit)과 진정(Truth) 그리고 초자연적인 경험과 잘 계획된 실체를 포함하는 하나님의 속성을 전적으로 균형을 이루어 표현하는 것이다. 성경에 나타나는 세계는 개방적이고 역동적인 세계이며, 계몽주의의 일그러지고 폐쇄된 체계와는 거리가 멀다. 오히려 신학적 사실에 뿌리를 둔 세계이다.

진리의 배경

윌 멜츠거는, "성경은 체험에 앞서 진리에 우선함을 선언하고 있다. 성경의 요점은 우리에게 체험으로 시작하는 것이 아닌 (그것이 얼마나 아름답고 유익하든 간에) 계시된 진리의 말씀을 요구하며, 다른 사람들이 그렇게 하도록 하기 위해서 교리를 만들라"[63]고 말한다. 결국, 진리의 배경이 없는 우리의 체험은 무의미한 것이다. R. C. 스프롤은 이렇게 기록하고 있다:

우리가 세상에서 하나님에 관해서 전혀 아는 바가 없는데, 어떻게 흥미롭고, 열정적이고, 감동적인 방법으로 그분께 예배드릴 수 있겠는가?... 알지 못하는 것에 진정으로 마음을 쏟을 수 있겠는가?... 하나님께서 우리에게 주신 계시의(Revelation)의 진의가 있으며 ... 우리가 더욱 하나님 자신에 관해 보여주신 계시를 이해할수록, 그에 대한 우리의 응답은 더욱 그를 예배하고 찬양해야 함을 느끼게 된다.[64]

분명하게도, 우리가 예배 드리면서, 체험하는 그 가치는 전적으로 예배 드리는 대상이 누구냐에 따라 좌우된다. A. W. 토저는, "예배로 하나님에 대한 개념을 끌어올리거나 내릴 수 있다"고 거듭 말한다.[65]

우리는 전적으로 다음의 명제에 대해서 요지부동해야 한다: "이성주의"의 종말로 인해 이해할 수 있는 이성과 능력 모두가 사멸되는 것은 아니다. 진리의 종말은 아니다. 만약 영적 체험이 존재적 자기 방종 그 이상이 된다면, 신학적인 구속에 의해 모양이 갖추어지고, 지도 받아야 함이 반드시 필요하다. 우리가 "기분 좋게" 제사드릴 수 없다면, 예배를 드려도 무기력한 기독교, 안주하는 기독교가 되어 성경에서 하나님이 자기 계시를 하여도 전혀 아무런 관계가 없게 된다. 연합 예배는 교회 내에서 신학을 위한 정보센터(Clearinghouse)이다. 만약 우리가 여기서 얻는 것이 없다면, 거의 전혀 얻는 것이 없을 것이다. 몇몇 통계 수치에서 보다시피, 거듭난 신자가 실제로 믿는 것이 무엇인지에 관해 알게 되었고, 우리가 드리는 예배에 진리를 말하는 일이 적음을 알게 되었다.

기독교는 진리이므로 제대로 작동한다.

폴 앤더슨은, "진리는 성령이 움직일 수 있는 경계선이 된다"고 주장한다.[66] 만약 우리에게 현재 우리 문화에 제공할 수 있는 그 무엇이 있다면, 계시의 정신과 하나님의 속성과 사역의 요소(Parameters)를 이해하고 전달하는 것이다. 루프가 보여주듯, 몰려다니는 교인 가운데 어떤 이들은 사실상 "유전으로 내려오는 신앙, 아이디어나, 개념의 중재함"이 없이 영적 체험을 원할는지도 모른다. 그러나 우리는 현실주의가 이끌어 가는 목적지를 -좌절감- 잘 알고 있다. 데이비드 웰스는 그의 저서 No Place for Truth에서 "신학 없는 복음주의 믿음의 공허함은 현대 삶의 공허함의 메아리이다" 라고 말하였다.[67]

오늘날 영적 시장에서 체험하는 것, 모두가 진리라고 주장하는데, 그것은 이 체험이 잘 먹혀 들어가기 때문이다. 그러나 그리스도가 없는 어떤 영적 체험은 어두운 세력과 더불어 죽음의 댄스를 추는 것이다. 이것이 바로 왜 교회가 90년대에 사람들을 예수 그리스도에게 이끌어가야 함에 있어서 중요한 위치에 있는가에 대한 이유이다. 계시된 진리와 진정한 영적 체험의 균형을 실제로 공급해 주는 자도 없으며, 그렇게 할 수 있는 것도 아니다. 사회의 체계, 기관 단체, 다른 종교, 심령사, 과학자, 영적 안내자, 신비주의자 그 어느 것도 외견상 전혀 달리 보이는 이 두 가지 욕구를 함께 맞추어줄 수는 없다. "제대로 작동하는가?"하고 묻는 실용주의 사회에서, 그리스도인만이 유일하게, "기독교는 진리이므로 제대로 작동한다"고 말할 수 있는 것이다.

이중 박탈

예수님께서는 "진리를 알지니, 진리가 너희를 자유케 하리라"고 말씀하셨지, "영적 체험을 할 것이며, 이 체험이 너희를 자유롭게 하리라"고 하지 않으셨다. 또한 예수님께서는 우리가 단지 하나님과의 관계성에 **관하여**(talk about) 이야기하도록 하기 위하여 자유케 하시지는 않았다. 우리가 하나님과의 관계성을 갖도록(have)하기 위하여 우리를 자유케 하셨다. 토저의 말을 인용해 보자:

> 왜냐하면, 단지 말로써 우리의 영이 살찌는 것이 아니라 하나님 그분 자신 때문이며, 그 외 말씀을 듣는 자가 개인적인 체험을 통해 하나님을 발견하기까지는 들은 진리의 말씀을 자신의 것으로 받아들임에 있어서 도움이 되지 못하고 유익도 없다. 성경 말씀은 그 자체로 끝이 아니며, 우리를 하나님을 아는 지식(Knowledge of God)에 더욱 가깝게 만족시키는 수단이 되어, (우리를) 하나님께로 이끌어 가며, 그의 존전에서 기뻐하며, 그를 마음 속 중심에서 하나님, 그분 자신의 가장 달고 오묘한 것을 맛보아 알게 한다.[68]

살아 계신 하나님과 친밀한 관계를 갖는 것은 "머리에 꽉 채워 넣는 것(Brain stuffing)"이 아니라 진정한 예배의 참된 목표이다.

요약하자면, 이것이 왜 복음주의 예배가 오늘날 실패하고 있는가 하는 이유이다. **우리는 믿음에 대한 이유와 믿음의 체험, 이 두 가지 모두를 사람들에게서 박탈하고 있다. 신령과 진정으로 드려야 할 예배를 공허하게 만**

들고 있다. 이 모든 것이 사라질 때 줄 수 있는 것이라고는 인간적인 대체품 외에는 남은 것이라고는 없다. 그리고 실제로 이것은 바로 우리가 나누어 주고 있는 것이다. 시대에 제한 없이 1948년 토저가 평가한 것에 감명을 받고 독자와 함께 나누고자 한다. "세상은 하나님을 아는 지식의 결핍으로 망하고 있고, 교회는 그의 현존하심을 갈망하는 기갈에 허덕이고 있다."[69] 90년대의 복음주의에 있어서 이 둘 모두가 바닥 상태에 있는 지경이다.

적절한 이유

예수님께서는, "네 마음을 다하고, 목숨을 다하고 뜻을 다하여 주 너희 하나님을 사랑하라"고 하셨다(마 22:37). 이것이 "전 인격(Whole-person)"의 예배이며, 이런 예배만이 하나님과 전 인격적인 만남을 촉진시키는 역할을 담당할 수 있다. 이것이 바로 몰려다니는 교인이나 신자가 오늘날 바라는 바이다.

이런 체험을 하도록 도와주는 일이 너무 늦었다고 보는가? 예배를 통해서 문화사조에 영향을 끼칠 수 있는 시기는 다 끝난 것인가? 바아나에 의하면 그렇지 않다. 교회 출석하지 않는 자들 가운데 종교적인 예식(예배)에 참여할 수 있는, 즉 "인도하면 열려진 영혼(Guarded openness)"들이 있다는 것이다. 그러나 "나는 그들의 대다수가 교회가 변하여 교회에 나갈 만한 적절한 이유를 제공한다면 교회에 출석하고 싶을 것이라고 믿는다"고 그는 말한다.[70]

이 세기의 마지막 날에, 하나님께서 교회가 다시 전인격 -지적, 감정적, 몸, 영-으로 예배 드릴 것을 요구하고 계신다. 옛것은 지나갔으나 예배는 여전히 축복의 근원이 된다. 예배를 위해 사용했던 많은 것들이 예수님이 묘사하듯 전인격적인 활동에서 거리가 멀다.

이 순간을 꼭 붙들고 사람들로 하여금 교회로 돌아오게 할 적절한 이유를 제공해야 할 것이다. 신령과 진정으로, 역동적으로, 삶의 제사를 드리는 가운데 진정한 예배의 체험을 할 수 있도록 해 줄 때이다. 가던 길에서 벗어나 사람들로 하여금 모든 기사와 신비를 초월하는 하나님과 전 인격적으로 만날 수 있도록 도와줄 때이다. 세번째는 시작되는 천년을 바라보며 교회가 바라며 목말라해야 할 일은 우리가 공급해 주어야할 것들을 확인하고 점검하는 일이다.

2부

워십 에반젤리즘의 패러다임

4

워십 에반젤리즘을 해야 하는 이유

예배자들이여, 하나님의 놀라운 임재를 당신 자신들을 위해서만 즐기지 말라.
그리스도를 믿는 믿음으로 다른 이들을 함께 동참하도록 초청하라. 그리스도
의 계절이 오게 하려고 꿈꾸는 자들이여, 단지 믿기만 하고 예배하지 않는 자
들을 청하지 말라.[1]- 제릿 구스탭손

예배와 복음 전도: 병행할 수 있을까?

예배와 복음이 과연 병행할 수 있을까? 1993년 Integrity Music 팀이 남아
프리카를 순회하였다. 팀 단장인 마이크 콜만에 의하면, "열방을 위한 소망
(Hope for the Nations)"의 순회 여행은 원래 "남아프리카에 있는 그리스도의
몸된 교회로부터 생생한 찬양과 예배를 녹음할" 계획 하에 이루어진 것이
다. 목적을 완수하였다. 그러나 하나님께서는 이보다 더 큰 계획을 가지고
계셨다. 그 결과 팀 전체와 25,000명의 아프리카인들이 기대한 것 그 이상
의 것을 얻게 되었다.

여행 출발부터 팀은 예배와 찬양을 통해 예수님을 구주로 영접하고 또한 좀
더 깊은 헌신을 위한 초청의 시간을 가짐으로써 사람들을 하나님의 존전으로

이끌어 가는 것에 초점을 맞추기로 동의했다. 론 케놀리는 "진실로 하나님의 운행하심을 보고 싶다"고 말했다. "저는 하나님께서 직접 감동시키시고, 구원하시고, 삶을 변화시키기를 원했습니다. 하나님께서는 그렇게 하셨습니다." 요하네스버그에서 케이프 타운, 에리자베스 항구, 런던 동쪽과 더반까지 팀은 하나님께서 임재하심을 체험하고는 삶이 변화되는 것을 목격하였습니다.[2]

예배와 복음 전도는 병행하는가? 캐나다 뉴 브룬스윅에 있는 Abundant Life Vineyard Church의 목사 스티븐 위트의 말을 들어보자:

과거 2년 동안 방문한 교인들이 편안하게 느낄 수 있도록 "몰려다니는 교인 중심"의 교회를 만들려고 노력해 왔다.... 방문객들은 문화 사조에 맞는 적절한 메시지와 함께 함축적이고도 질 높은 예배의 시간임을 확신했다.... 그럼에도 불구하고 우리는 성령님을 어떻게 적절하게 환영할 것인가에 대하여는 별로 생각지도 않았다. 나는 사람들을 우리 교회로 "안전하게" 불러들이고 있다고 생각했다. 그러나 ... 성령께서는 우리에게 강하게 임하셔서 의심할 것도 없이 회중들을 흔들어 놓으셨다.... 그 결과 많은 사람들이 와서 우리 가운데 하나님이 계심을 선포하고 더러는 그분을 영접하였다.[3]

예배와 복음 전도가 병행하는가? 최근에 중소 도시에서 급성장하고 있는 몰려다니는 교인 중심의 교회 가운데 한 교회는 몰려다니는 교인을 위한 행사에 여러 가지 예배의 요소(찬양곡, 기도, 이따금씩 성찬식과 세례)들을 첨가하였다. 지금까지는 그들로부터 상당히 긍정적인 호응을 얻었고, 출석률도 증가하고 있다. 본인이 교회가 이런 변화를 가져오게 된 이유가 무엇인지 물었을 때, 그는 이렇게 대답했다:

우리가 주최하는 몰려다니는 교인을 위한 행사는 우리에게 오는 몰려다니는 교인들을 무색하게 만들지 않는 것이었죠. 그들은 뭔가 "영적인"것을 느끼고 싶어한다고 말했지요. 그리하여, 우리는 신자들에게 용기를 주면서 또한 그들을 각성시킬 수 있도록 색다른 예배 구상에 고심했지요. 우리는 불신자들이 우리에게 와서 "하나님이 여기 계시구나!"고 말할 수 있는 고린도전서 14:22과 같은 예배를 원했죠. 이 시간을 통해서 하나님을 "우리가 있는 바로 이곳에" 초대하고, 실제로 그들이 하나님과 관계를 맺도록 만들려고 노력하죠.[4]

시애틀 부근의 Eastside Foursquare Church의 과거 예배 사역자였던 짐 펄스는 이렇게 말한다:

예배는 복음 전도의 가장 큰 도구라고 생각한다. 예배하는 자들 옆에 앉아서 찬양을 통해 말씀을 듣게 되고 스크린의 말씀을 읽게 되고, 하나님께 어떻게 다른 사람들이 반응을 하는지를 보게 되기 때문이다. 한 곡의 가사를 살펴보면, "전능하시고, 모든 것을 창조하신 창조자 하나님, 마음의 찬송이 되시는 거룩하신 하나님을 믿습니다. 그의 말씀은 결코 떨어지지 않고, 그의 나라는 확장될 것이며, 그가 영원히 통치할 것과 그분을 믿습니다." 이렇게 간단하고도 진실한 선언을 하는 사람들의 무리 가운데서 강력하고도 감동적인 그 무엇이 있다. 이런 예배는 교회에 다니지 않는 불신자들에게 매력적이다. 교회의 모든 행사에 있어서, 예배는 가장 남을 위한 것이며, 가장 순수하다. 어떠한 동기를 갖지 않고 단지 하나님께 반응한다. 진정으로 마음과 뜻과 정성과 힘을 다하여 하나님을 사랑하고 예배하는 모습을 보면서 사람들은 감동한다. 절망의 끄트머리에서 살고 있는 세상에 소망과 사랑의 강력한 간증이 되는 것이 예배이다.[5]

예배 사역자요 교사요, 저술가인 라마 보쉬맨에 의하면, 예배의 능력을 이제 증거하기 시작했다고 한다:

예배의 분위기에 접어들어서, 교회는 20년 혹은 10년 전의 교회의 모습은 아니다. 하나님과 새로운 장소에 있다. 옛날 도로 지도는 -구식의 생각과 행동- 이제 도움이 못 된다... 변화가 공적으로 드리는 예배 가운데 일어나고 있다.... 활기찬 예배 가운데 하나님의 임재를 확실히 목격하였기에 교인들은 자신들의 삶을 그리스도께 드리고 있다.... 나는 전심으로 드리는 그리스도인들의 예배를 통하여 주께로 돌아오는 숫자가 증가할 것이라고 믿는다.[6]

워십 에반젤리즘은 이미 진행되고 있다.

상자 속에 있는 하나님

수년 전에 잭 헤이포드는 예배에 관한 것을 주제로 Worship His Majesty 라는 책을 저술하였고, 이 책을 통하여 분리주의에 대한 도전과 예배에 대하여 대담하게 새로운 비전을 제시한다:

> 나는 예배가 복음 전도와 교회의 덕을 세우는데 있어서 열쇠라고 전적으로 생각한다. 어린아이 같이 온전한 마음으로 예배 드리는 가운데, 하나님의 사랑이 신선한 이슬방울처럼 우리를 순수하게 만든다. 예배가 단지 신학적인 사고가 요구하는 객관적인 훈련을 초월할 때에, 하나님을 향해 간결하고, 주관적인 간구를 드릴 수 있으며, 하나님께서는 이것에 응답하신다. 그분은 전심으로 열망하는 자에게 응답하시고 변화와 완성의 방법을 통하여 개인적으로 자신을 드러내신다. 우리가 예배 드리며 그를 구하는 가운데 주림과 기갈한 영혼이 채움을 얻는다. 예배를 가치 있게 드리지 못하도록 방해하는 일에 초점이 모아져 있을 때, 그분의 목적 즉, 불완전하고 마음이 상한 인류가 그의 존전에서 완성되고 온전해지는 역사를 결코 이룰 수 없다고 주장하고 싶다.[7]

헤이포드는 초자연적인 예배는 사람들의 삶을 달라지게 만들며, 교회를 세우며, 복음화할 수 있음을 기술하고 있는 것이다.

헤이포드에 의하면, 예배는 "불완전하고 마음이 상한 인류가 그의 존전에서 완성되고 온전해지는 역사를... "위한 자원(Resource)이 되어야 한다. 그의 말에는 하나님의 심정이 직선적으로 나타나 있고, 워십 에반젤리즘의 진수를 묘사하고 있다고 본인은 믿는다. 하나님께서는 예배를 (복음)증거하기 위하여 디자인 하셨고, 단지 우리가 그렇게 하도록 내어놓을 때에 (복음) 증거는 이루어 질 것이다. 경배 센터를 찾아오는 불신자들의 영적 주림을 채워주는 하나님의 바람에 대하여는 의심할 여지도 없다. 하나님께서는 "불완전하고 마음 상한" 영혼들을 위한 사역이 어떻게 그리고 언제 일어나는 가에 대한 제한을 두지 않으신다.

그러나 하나님의 자녀들은 종종 하나님께서 잃어버린 영혼을 얼마나 위하시는지를 아는 일에 어려움이 있는 것 같다. 하나님께 있어서는 어떤 시간이든 상한 마음의 상처를 치유함에 있어서 다 좋은 시간이다. "여호와는 마음이 상한 자에게 가까이 하시고 중심에 통회하는 자를 구원하시는 도다....상심한 자를 고치시며 저희 상처를 싸매시는 도다"(시 24:18, 147:3). 그리고 하나님의 계획에서 보면, 그분의 자비하심과 사랑의 표현은 인간의 계획에 좌우되지 않는다. 매일, 매시간, 모든 상황, 모든 장소가 구원을 위하여 좋은 날이 되는 것이다. "주의 약속은 어떤 이의 더디다고 생각하는 것같이 더딘 것이 아니라 오직 너희를 대하여 오래 참으사 아무도 멸망치 않고 다 회개하기에 이르기를 원하시느니라"(벧후 3:9).

한편, 우리는 언제, 어디서, 어떻게 하나님께서 역사 하실 수 있을지에 대한 제한을 두는 것을 좋아한다. 예를 들면, 하나님께서는 거실이나 조찬 기도회를 통해서 그의 백성을 부르시고 사무실이나, 공공 건물, (심지어) 주점에서는 하시지 않는다고 생각하는 것이다. 하나님께서는 서기 100년에는 치유(역사)를 이루셨으나 오늘날에는 그렇게 하시지 않는다고 생각한다. 하나님께서는 오직 스스로 돕는 자를 돕는다고 생각한다. 그리고 하나님께서는 예배를 통하여 불신자들에게 말씀하실 수 없는 것처럼 생각한다. 하나님의 역사는 제한 받지 않는다.

우리 리더들은 특별히 믿음을 수행하는 과정(Process of faith)과 구별짓는 (Compartmentalize) 것을 좋아한다. 우리가 좋아하는 구조와 체계에 하나님을 밀어붙이는 것 같다. 그러나 건전한 교회의 구조와 체계는 늘 하나님이 하고 계신 일과 하나님께서 원하시는 일에 순종한다, 건전한 교회는 성령님의 인도에 따르며, 유연성을 가지고 필요하다면, 기꺼이 전략을 바꿀 준비가 되어 있다.

조오지 바아나는 그의 연구 관찰 결과 성공적인 교회가 가지고 있는 하나의 공통된 철학을 이렇게 표현한다: "사역이 교회 구조에 맞추어 호응하지 않으며, 구조는 좀 더 효과적인 사역을 위하여 존재한다."[8] 그리고 이 원리는 교회 구조가 500년간 이어져 왔든 혹은 5년 되었든 간에 진실로 맞다. 언제 우리는 하나님을 상자 밖으로 나오게 할 것인가?

하나님께서 새로운 일을 하고 계신다.

본인은 전국에 있는 교회 리더와 평신도, 특별히 예배에 있어서, 하나님께서 하실 수 있는 일과 하시지 않는 일에 관하여 말하는 사람들과 많은 대화를 하였다. 그들은 상자 밖으로 하나님을 나오시게 하여 하나님이 하나님답게 하려는 일에 기꺼이 준비가 되어 있었다. 그들은 론 케놀리, 스티븐 위트, 짐 펄스, 라마 보쉬맨과 같은 사람들의 의견에 동의하였다: 몰려다니는 교인들은 전심으로 연합 예배를 드리는 가운데 심오한 하나님의 감화 감동을 느낄 수 있다. 그리고 그들이 믿게 되는 이유는 그것이 마치 귀를 달콤하게 해 주고, 새로운 생각(Gimmick)을 갖게 해 주어서가 아니라, 교회에서 일어나고 있는 상황을 눈으로 보았기 때문이다. 기독교계(界)라는 호주머니 속에서 하나님께서는 새로운 일을 하고 계신다. 이것은 어떤 목사나 교인들이 만들어 낸 두뇌의 소산(Brainchild)도 아니다. 이것은 색이 화려하고 광택 나는 팜플렛에 드러나 보여지는 것도 아니다. 그럼에도 불구하고 이 일은 일어나고 있다.

본인의 소고(小稿)가, "Worship Evangelism: Bringing Down the Walls(워십 에반젤리즘: 장애를 무너뜨리는 것)"이라는 제목으로 Worship Leader지에 실린 후에, 자신들에 관한 이야기를 말해 주는 것 외에 많은 정보에 굶주렸던 목사님들과 예배 사역자들로부터 전화와 서신이 쇄도하였다.[9] 대다수의 생각은 다음과 같이 말한 목사님과 거의 비슷했다. "마침내 누군가 이것에 관하여 쓸 수 있었다는 것이 믿어지지 않을 정도군요! 이것은 바로 우리 교회가 지난 몇 년간 경험해온 것이며, 무엇을 말해야 할는지조차 모르고 있었죠. 솔직하게 말해서, 그것에 대하여 침묵을 지켜왔지요. 예배를 통해 몰려다니는 교인에게 나아가는 방법이 옳은 것인지에 대하여 알지 못했지요."[10]

하나님께서는 그것이 옳다고 생각하시는 것이 틀림없는 사실은 몰려다니는 교인들이 우리가 꿈에도 생각하지 못한 방법을 통해서 하나님을 만나고 있기 때문이다. 그들은 믿는 친구들이 하나님을 느끼며, 역동적이면서, 초자연적인 예배를 드리는 관계를 맺는 것을 관찰하면서, "와! 우리도 그렇게 하고 싶은데!"라고 말하게끔 이끈다.

옛날 패러다임을 회복: 열린 예배

지금까지 우리 삶 속에서 많은 사람들이 직면해 온 사실들을 나열해 왔다. 심지어 교회가 구식의 분리주의적 예배를 반복하고 있는 경향의 최전선에 있음을 이렇게 언급하였다: "몰려다니는 교인들은 예배와 관계되어질 수 없다. 그들에게 걸림이 된다. 몰려다니는 교인과 예배는 마치 물과 기름 같다. 혼합되지 않는다. 예배는 오직 신자를 위한 것이다."

만약 우리가 내게만 축복을(Hand-me-down) 달라는 식의 엘리트 의식에 매달려 있다면, 하나님을 올바로 인식하는 훈련을 더 받아야 한다. 성경 어디에 몰려다니는 교인은 예배와 무관한 것으로 나타나 있는가. 몰려다니는 교인이 신자들과 하나님과의 관계를 보면서 감동 받을 수 없다고 말한 곳은 아무데도 없다. 오히려, 예배와 복음 전도가 신구약 전체에 분명하게 연결되어 있다.

이사야 66:19을 읽어보면, "그들이 나의 영광을 열방에 전파하리라"고 하셨다. 시편 기자도, "그 영광을 열방 중에, 그 기이한 행적을 만민 중에 선포할 찌어다.... 열방 중에서 이르시기를, '여호와께서 통치하시니'"(시 96:3, 10)라고 하였다. 사무엘하 22:50과 시편 18:49에서, 다윗은 그의 대적에게서부터 구원하신 하나님을 높여드리면서, "여호와여 이러므로 내가 열방 중에서 주께 감사하며, 주의 이름을 찬송하리이다"라고 외쳤다. 후에 그는 또한 불신자들에게 하나님에 관하여 "자랑할 것"을 이렇게 약속한다: "주여 내가 만민 중에서 주께 감사하오며, 열방 중에서 주를 찬송하리이다"(시 57:9). 그렇다면 그가 자랑스러워하는 이유는 무엇일까? "대저 주의 인자는 커서 하늘에 미치고 주의 진리는 궁창에 이르기"(10절) 때문이다. 다윗은 이방인들이 하나님의 사랑과 진실을 알기를 원하지 않는가!

성경 여러 구절에서 열린 예배의 실례들이 나타나 있다. 민수기 15장에서 여호와께서는 모세에게 어떻게 예배할 것인지에 관해 분명하게 지시하신다. 그러나 이렇게 세밀하게 지시하시는 가운데서도, 이방인들에 관해서도 이렇게 훈계하신다: "너희 중에 우거하는 타국인이나 너희 중에 대대로 있는 자가 누구든지 너희 하는 대로 그도 그리할 것이라"(14절). 여기서 우리는 하나님께서 예배를 드리는 회중 가운데 "이방인들"이 있을 것을 기대하고 계심을 발견할 수 있다.

이와 똑같은 사실이 신명기 26:10-11에도 나와 있다. 본문에서 모세는 이스라엘 자손에게 가나안 땅에 들어가서 어떻게 예배 드리고 감사드려야 하는지에 대하여 지시하고 계신다. "너는 그것을 네 하나님 여호와 앞에 두고 네 하나님 여호와 앞에 예배할 것이며, 네 하나님 여호와께서 너와 네 집에 주신 모든 복을 인하여 너는 레위인과 너의 중에 우거하는 객과 함께 즐거워할지니라." 또다시 여기서 우리는 하나님께서 이스라엘 족속에게 열린 예배를 드릴 것을 원하심을 알게 된다.

신약에서 이방인 혹은 연합 예배에 몰려다니는 교인들의 존재는 보편적인 현상으로 나와 있으며, 이것에 관해 사도 바울도 고린도 교회에서 예배의 행위가 유익하며, 불신자들의 개심에 있어서 방해가 되지 않도록 이해시킬 필요를 느꼈던 것이다 (오늘날 우리에게 있어서 좋은 충고가 아니겠는가!):

> 그러므로 방언은 믿는 자들을 위하지 않고 믿지 아니하는 자들을 위하는 표적이나 예언은 믿지 아니하는 자들을 위하지 않고 믿는 자들을 위함이니, 그러므로 온 교회가 함께 모여 다 방언으로 말하면 무식한 자들이나 믿지 아니하는 자들이 들어와서 너희를 미쳤다 하지 아니하겠느냐. 그러나 다 예언을 무시하며 믿지 아니하는 자들이나 무식한 자들이 들어와서 모든 사람에게 책망을 들으며 모든 사람에게 판단을 받고 그 마음이 숨은 일이 드러나게 되므로 엎드리어 하나님께 예배하며, 하나님이 참으로 너희 가운데 계시다 전파하리라(고전 14:23-25).

열린 예배는 분명히 성서적이며, 특별히 위의 구절에서는 증거의 사건으로서 그림 그려져 있다.

열린 예배: 하나님의 은혜를 넓혀감

미네소타 주, 세인트 폴에 있는 Lutheran Leadership Institute의 설립자이며, 조직 신학 교수인 패트릭 케이퍼트는 열린 예배와 은혜는 단단히 연결되어 있다고 믿는다. 성경에서는 하나님께서는 끊임없이 우리에게 받을 만한 자격도 없는 우리가 은혜를 받은 후에 열린 그리고 모두에게 내려지는 은혜의 사역을 할 것을 요구하고 계시다고 주장한다. 그의 저서, Welcoming the Stranger: A Public Theology of Worship and Evangelism (이방인을 영접하는 것: 예배와 복음 전도의 일반 신학)에서, "이스라엘 족속은 여호와의 선대하심을 받았기 때문에, 이스라엘의 예배는 이방인에게 있어서 선한 것이 되었다. 하나님께서 이스라엘 족속에게 주인이 되신 것처럼, 그들도 이방인들의 주인으로서 그들을 잘 대접할 것으로 부르심을 입었다."11)

신약 시대 교회는 단지 영원히 자비로우시고 포용의 마음을 가지신 하나님께 순종하는 것으로써, 이런 관대한 접근 방법(Magnanimous approach)을 받아들였다. 바울이 로마 교인들에게 보내는 서신에서 열린 예배에 대한 구약의 예를 들고 있다:

> 이방인으로 그 긍휼하심을 인하여
> 하나님께 영광을 돌리게 하려 하심이라.
> 기록된바,
> 이러므로 내가 열방 중에서 주께 감사하고
> 주의 이름을 찬송하리로다
> 함과 같으니라.
>
> 또 가로되
> 열방들아 주의 백성과 함께 즐거워하라 하였으며,
>
> 또 모든 열방들아 주를 찬양하며 모든 백성들아 저를 찬송하라
> 하였으며(롬 15:9-11).

케이퍼트는 초대 교회에 보여진 예배의 선하심이 어떻게 나타났는지에 대하여 이렇게 기술하고 있다:

> 신약 시대는 최후의 만찬에서 자신을 내어주시고, 자기 희생의 모습을 보여 주신 하나님의 이미지로 나타나며 … 지역 교회는 함께 모여서 주님의 만찬상을

나누며, 이웃을 초대하게 되었다. 신생하는 교회를 세우기 위해 순회하는 선교사들을 위한 거주지도 되었다. 공적으로도 이방에게 선대하면서 본국인이나 순례자가 함께 예배를 드렸다.[12)

비록 그리스도인들에게는 폐쇄적이었을지라도, 신약 시대에 있어서 회당 예배는 히브리인 전통을 따라 선대하며, 공적으로는 본국인들의 예배에 나그네들도 환영하였다. 케이퍼트는 말씀 선포와 성경 봉독의 행위가 이런 예배의 "타고난 공적 행동"의 핵심이라고 묘사한다. 단지 신약 시대 교회에 있어서 그리스도인들이 심하게 박해받음으로 인하여, 예배가 점점 폐쇄적으로 되는 것뿐이었다. 나그네를 선대하는 일은 여전히 중요한 가치로 여겨졌다. 케이퍼트는, "특별히 박해와 공식적으로 거부당함으로 그리스도인의 예배가 개인적으로 드려야 할 것 같은 유혹에도 불구하고, 이런 선교적 사역은 초대 교회에 여전히 유지되고 있었다. 교회는 가장 심하게 박해를 받았을 때를 제외하고는 계속해서 공적인 예배를 드렸다.[13)

몰려다니는 교인도 진정한 예배자가 될 가능성이 있다.

하나님께서는 몰려다니는 교인이 단지 우리가 드리는 예배를 관찰만 하도록 의도하시지 않는다. 몰려다니는 교인이 진정으로 예배하는 자가 될 것을 원하신다. "주여 주의 지으신 모든 열방이 와서 주의 앞에 예배하며 주의 이름에 영화를 돌리리이다"(시 86:9). 시편 67:5-7에서, 시편 기자는 하나님께서 주신 이 비전이 이루어지도록 열렬히 기도한다: "하나님이여 민족들로 주를 찬송케 하시며 모든 민족으로 주를 찬송케 하소서." 그리고 계시록 15:4에서는, 사도 요한이 구약의 구절을 재인용한다:

주여 누가 주의 이름을 두려워하지 아니하며
영화롭게 하지 아니하오리까
오직 주만 거룩하시니이다
주의 의로우신 일이 나타났으매
만국이 와서 주께 예배하리이다.

본문으로부터 하나님께서는 모든 사람들이 진정한 예배자가 될 수 있는 가능성이 있다고 보심이 분명하다. 그러나 놀랍게도, 초대 교회 리더들도 이런 점을 첫째로 염두에 두고 디자인하지 않았다는 것이다. 사도행전 10장 전까지 베드로는 하나님께서는 단지 유대인들에게만 관심을 갖고 계시다고 확신했다. 그의 마음속으로, 이방인들은 하나님의 계획에 있어서 전적으로 불필요한 것으로 생각했다. 성경에서 말하는 바를 제대로 지키지 못했다는 것이 자명하다. 큰 보자기 속의 동물들 때문에 후에 그의 마음이 변하게 될 줄이야! 사도행전 10:34-35에서 그는, "내가 참으로 하나님은 사람의 외모를 취하지 아니하시고, 각 나라 중 하나님을 경외하며 의를 행하는 사람은 하나님이 받으시는 줄 깨달았도다"라고 말한다. 베드로는 하나님이 분리주의자가 아니라는 사실을 깨달았다. 예수 그리스도로 말미암은 하나님의 은혜는 모든 사람이 진정한 예배자가 되는 기회를 부여해 준다.

신자의 예배: 좋은 것을 비축하는 것이다.

우리 교회 안에 있는 이런 잠재적인 진정한 예배자들을 어떻게 대할 것인가? 그리스도인들이 긍정적으로 서로 돌보아 주는 관계를 가지는 것으로 출발하는 것이 좋다. 소그룹 모임, 부모가 되는 법 및 결혼 생활에 필요한 양육반, 구제 사역, 독신자를 위한 행사, 이혼한 자들의 회복을 위한 그룹 모임, 몰려다니는 교인을 위한 행사 등등을 통하여 그리스도께로 이들을 이끌어 가는 사역을 할 수 있다.

그러나 뭔가 이 가운데 잘못된 것이 있다. 믿음이라는 커다란 모자이크에 의도적으로 구멍낸 부분이 있다. 이 부분이 바로 예배라는 부분이고, 많은 교회가 1장에서 언급한 것처럼, "단지 신자(Believers only)"를 위한 것이라는 이유를 붙여서 불신자들을(Unbelievers) 가로막는 일을 하고 있다. 진정한 예배를 체험하여 삶이 변하고, 치유함을 받고, 유익할 수 있도록 함에 있어서 불신자들이 접근하는 것을 거부하는 이유는 무엇인가? 만약 이런 유형의 예배가 우리 교회 안에서는 일어나고 있지 않기 때문이라면, 우리는 이것을 사실로 인정하고 그렇게 하려고 해야 할 것이다.

그러나 만약 우리 신자들이 연합 예배를 진실하고, 역동적이고, 초자연적인 행사로 여기고, 마치 추수감사절 바로 전날에 시장에서 창고를 꽉꽉 채우는 일같이 예배를 그렇게 만들 수 있다. 예배를 우리 자신들을 위해서 저장하여, 이방인들로 하여금 자신들이 찾고자 하는 것을 위해 영적 "쓰레기 더미(Dumpsters)"를 헤집고 다니도록 만들 것인가? 예배는 굶주린 영혼, 상처 입은 영혼을 만족시키는 가장 강력한 무기인데, 그것은 교만과 불신의 진을 파하고 진정한 기쁨의 은사를 전해 주기 때문이다. 어찌 그것을 마다할 수 있겠는가?

예배는 '영적 기아'를 위한 것이다.

분리주의적 예배를 드리는 교회를 보면, 목사나 예배 사역자들이 종종 "영적으로 성숙"한 예배를 위해 따로 예비된 것이 있다고 자부하는 패러다임이 지배적이다. 어떤 이들은 "헌신된 신자"를 위한 예배를 고양하는 강경한 자세를 취한다. 본인은 기회가 주어지는 대로 그들에게 여러 가지 질문을 한다.

첫째, 예배는 영적 성숙의 결과인가 아니면, 영적 성숙을 자극하는 역할을 하는 것인가? 둘째, 하나님께서는 영적으로 꼭 맞는 소수의 엘리트 그룹에게만 계시하시는가? 그렇다면, 모세, 야곱 그리고 수많은 성경의 인물들은 자격이 없다. 셋째, 교회에서 영적 성숙을 어떻게 측정하며, 사람들 모두는 자신들이 드리는 예배를 측량해 보려고 교회에 오는 것인가? 넷째, 만약 모두가 측량해 보지 않는다면, 영적으로 미성숙하며, 헌신되지 못하고, 몰려다니는 교인들은 자신들을 제외시켜 달라고 요구해야 하는가? 만약 이렇게 했을 때, 얼마나 많은 사람들이 떠나갈 것 같은가? 마지막으로, 덜 성숙된 그리스도인과 몰려다니는 교인들에게 치유해 주시고, 힘있게 살아 계셔서 초자연적인 능력을 행하시는 하나님을 만나기 위해 어디로 가라고 권유하겠는가?

우리 문화 전체가 구원을 받은 자든 구원받지 못한 자든 간에 하나님의 엄청난 사역을 앎에 있어서 굶주리고 있다. 예배는 이런 만남이 일어날 수 있는 유일한 장소이며, 또한 그러한 일이 일어날 것으로 기대할 수 있는 장소이다. 우리가 만든 종교적인 기준에 맞는 자들만이 하나님의 얼굴을 볼 수 있게 하여 벽을 쌓아 하나님과 멀어지게 만들 것인가? **직선적으로 이렇게 말할 필요가 있다고 본다. 예배는 단지 영적으로 성숙한 자를 위한 것이 아니다. 그것은 지난 20세기 동안 우리의 상상을 초월하는 영적으로 굶주린 자들을 위한 것이다.** 제리 구스탭손의 말을 인용해 보자:

> 예배의 메시지는 단지 더 깊은 삶을 위한 성도를 위해서만 저장된 숨은 진리가 아니다. 심지어는 가장 어려운 삶을 살고 있는 사람들의 생각을 도전할 수 있는 메시지도 된다. "하나님께서는 진정으로 예배하는 자를 찾고 계시며, 당신도 그 중의 한 사람이 될 수 있다." 예배는 수년 간의 훈련 후에 알게 되는 기술과 같지 않다. 그것은 진실로 그의 임재에 대하여 하나님의 피조물이 가장 자연스럽게 반응하는 것이다.[14]

예배와 공적 장소

히브리서 10:19-22은 종교적인 표시, 능숙도, 성숙도로써가 아닌 예수의 피만이 거룩하신 하나님에게로 나아가는 유일한 길임을 분명하게 보여 주고 있다. 불신자는 분명히 자신을 위해 그리스도께서 하신 일을 알지 못하고 있다. 그러나 그리스도께서 몸소 회개치 않던 살인자 사울에게, 십자가에 달린 강도에게 자신을 보여 주었을 때처럼, 경배 센터에 들어오는 "나중된 자(less-than-arrived)" -영적 갓난아기, 타락한 자, 불신자-들이 직접 하나님을 만날 가능성이 있다고 확신한다.

우리는 예배 드리는 장소를 비할 수 없이 따스하게 예배할 수 있는 분위기로 만들 필요가 있다. 그들이 어떤 신조(믿음)를 가지고 있든, 수입이 얼마이든, 외모가 어떠하든, 토요일 밤을 어디서 보내는 가에 대한 것은 생각하지 말라. 하나님께서는 어느 장소에서든 그들을 만나실 수 있다. 그래서 교회는 공적인 장소여야 하며, 개인의 어떤 공간이 되어서는 안 된다. Prince of Peace의 한트 한손은 이렇게 말한다:

> Prince of Peace에 관하여 말하라고 하면 공적 장소라 할 수 있으며 ... 주일날

아침 우리가 이 장소로 들어갈 때에, 그리고 함께 이곳에 올 때, "나그네"로서 이 곳에 함께 모일 때 … 우리는 20여 년 넘게 이 교회의 교인이 되어왔지만, 여전히 "나그네"로서 이 곳에 함께 모인다. 그것은 좋은 것이라고 본다. 왜냐하면, 우리 모두가 동등한 수준으로 이 곳에 온다는 것을 의미하기 때문이다. 그룹에 "속한다(In-group)" 거나 "속하지 않는다"(Out-group)라는 것이 있을 수 없다. 우리는 언제나 모두가 여기에 처음 온 것으로 가정한다. 즉, 모두가 나그네에 해당한다. 처음으로 방문한 방문객에게는 우리가 하는 모든 것이 가치 있는 것으로 여겨진다. 만약 가치 있는 것으로 여겨지지 않는다면, 우리가 하고 있는 일이 잘못된 것일 게다.[15]

예배는 모두에게 평등한 것이다.

신자들의 "성숙도"에 관한 주제를 다루려면, 우리의 또 다른 면을 살펴볼 필요가 있다. 거듭난 신자의 62%가 "절대 진리는 없다"고 믿고 있다.[16] 게다가, 42%는 "만약 사람이 살아가는 동안 선하거나 선한 일을 한다면, 천국에 갈 수 있다"고 강력하게 동의하거나 약간은 동의한다.[17]

행위 면에서 볼 때, 거듭난 신자와 불신자의 우선 순위는 모든 분야에(가족, 건강, 시간, 친구, 여가 시간, 직업, 안락한 생활, 금전) 있어서 함께 인식되며, 단지 종교적인 행동에서만 예외적이다(교회 출석과 성경 읽기).[18] 바아나가 말했듯이, "그리스도인이나 불신자 모두 거의 한결같이 기본적인 목적의 결과와 삶을 성취해 가기 위해서 노력하는 것 같다."[19] 거듭난 신자의 절반이 "삶의 주 목적이 쾌락과 개인의 성취욕을 이루어 가는 것"이라는 사실에 동의한다는 것은 놀랄 일이 못 된다.[20] 이러한 통계 수치를 보면, 성도들의 "충성된 군병으로 무장"되는 것이라는 개념을 제대로 뒷받침해 주지 못하는 꼴이 아닌가!

심지어 우리 가운데 일부는 그리스도를 섬기고 확고하게 우리의 믿음을 성숙시켜 가지만, 우리를 분리시키지 못한다. 한트 한손은 예배가 평등주의에 크게 기여한다고 말한다. 우리 모두가 함께 걸어 들어왔으며, 우리 가운데 어느 누구도 자랑할 것은 없다. 우리 가운데 어떤 이들은 하나님이 누구이시며, 그리스도인으로서 어떠한 삶을 살아야 하는 지에 관해 더욱 많이 알고 있음도 분명하다. 하나님의 은혜로, 우리는 이 지식을 그리스도인이 하나님과 동행하는 가운데 적용하려고 노력할 것을 희망한다. 그러나 만약 우리 안에 선함이나, 의로운 것이 있다면, 그것은 오로지 십자가 때문이다.

바리새인적인 태도를 취해서는 안 된다: "하나님이여, 나는 다른 사람들 곧 토색, 불의, 간음을 하는 자들과 같지 아니하고, 이 세리와도 같지 아니함을 감사하나이다. 나는 이레에 두번씩 금식하고 또 소득의 십일조를 드리나이다"(눅 18:-12). 각양각색의 그리스도인 가운데 그리고 불신자들 앞에서 우리가 해야 할 말은 세리와 같이, "하나님이여, 불쌍히 여기옵소서"(13절)이다. 이런 유형의 예배만이 진실된 실체로서, (복음)증거 되어지는 것이다.

무엇이든지 성숙된 신자는 미성숙한 신자와 불신자들을 위해서 전심으로 느끼는 예배를 드리는 본이 될 필요가 있다. 밥 소오지는, "계시록에서 장로들이 하나님의 보좌 앞에 엎드려 예배하는 구절을 반복해서 읽게 된다(계 5:8-9).... 여호와께 영적으로 성숙된 예배를 드리고 남에게 본을 보여야 하는 크나큰 책임이 장로들에게 있다"고 하였다.[21]

진정한 관심: 예배의 목적

분리주의적 태도는 오늘날 전통적이든 최신형이든 예배의 엘리트 의식의 근원에서 출발함은 의심의 여지도 없다. 그러나 어떤 이들은 신자들의 예배 모델을 그대로 고수하고 있는데, 그것은 어느 누구도 가치 있는 관심사들을 진정으로 보여 주지 못했기 때문이다. 이 가운데서 많은 사람들의 관심사는 예배의 목적에 집중되어 있다.

어떤 이들은 예배의 목적을 복음 전도에 두고, 예배를 캠프모임으로 전환시켜 버렸다. 찰스 콜슨은 이런 행동에 대하여 이렇게 경고한다:

예배의 일차적인 목적이 복음 전도에 있어서는 안 된다. 종종 침례 교회는(물론 다른 교파의 교회도) -나 자신이 침례 교인이므로 자신 있게 말한 것임- 예배를 매주일 교회의 전도 행사로 간주한다. 예배 전체가 초청의 예식에 치닫게 되면 -이것은 감정적으로 최고조에 이르러, 그분위기에 압도될 때, 초청을 위한 찬송이 끝에 연주되는 것을 말한다- 예배의 목적은 일그러질 수 있다.[22]

예배의 의도는 예배 그 차체여야 한다.

로버트 웨버는 그의 저서 Signs of Wonder에서 이와 유사한 문제에 관해서 다음과 같이 표현한다:

> 우리는 복음 전도를 빌리 그래함 전도 집회와 연결시키는 경향이 있다. 이런 전도 집회에서도 찬양하고, 기도하고, 설교하는 예배의 행위가 포함되어 있다. 그럼에도 불구하고, 복음 전도는 예배가 아닌데, 그것은 예배의 핵심이 사람들, 특별히 죄인들에게 있기 때문이며, 그리스도를 통하여 하나님과 개인적인 관계를 갖도록 죄인들을 데리고 오는 의도를 가지고 있기 때문이다.... 불행히도, 많은 교회들이 이런 복음 전도 모델을 주일 아침 예배에 도입하여 소위 예배로 간주한다. 이것은 예배가 아니며, 복음 전도(집회)이다. 교회는 마땅히 복음 전도를 해야 하지만, 예배를 드려야 하는 것이며- 예배의 주된 목적이 사람에게로 향하는 것이어서는 안 된다.[23]

예배의 목적은 하나님을 영화롭게 하는 것이며, 잃은 영혼을 얻는데 있지 않다.

각양각색의 복음 전도

콜손과 웨버가 복음 전도를 빌리 그래함 전도 집회와 극단적으로 연결짓고 있다는 것은 흥미로운데, 그것은 빌리 그래함의 전도 집회가 복음주의 시각에서 20세기의 가장 매력적이고도 현격히 눈에 띄는 전도 방법임은 의심할 여지가 없기 때문이다. 이러한 운동이 전도자들에게 있어서 거의 열광적이어서, 이런 전도 집회의 성공의 현상을 빠뜨려서는 안 되는 유행(Bandwagon)처럼 되었다. 50년 혹은 60년 전 전형적인 복음주의 교회에서는 매주 작은 규모의 캠프 모임이 있었다. 눈물이 가득 차고 마음이 변화되는 초청의 시간들이 효과를 결정하는 지표가 되었다.

그러나 단지 (빌리 그래함의) 전도 집회 모델이 맨 일선에 있었다고 해서 이것만이 복음 증거의 유일한 것이라고 여겨서는 안 된다. 우리가 복음 전도를 어떤 특정한 방식의 하나로만 표현한다면, 사역이 제한되고, 무한하신 하나님의 신선함과 창조적인 부분을 높여드리지 못하게 된다. 윌 멜츠거는 그의 저서, Tell the Truth에서, "복음 전도를 모임, 전도지, 성경 구절을 인용하고 전달하는 형태로 좁게 정의를 내리는 것은 잘못되었다.... 만약 신약 시대에 복음 전도가 그렇게 이루어진 적이 없음을 발견하게 되면, 당혹스러울 것이다. 오늘날 전형적인 복음 전도의 방법들을 성서에서 찾을 수 있다고 보는가? 라고 이야기한다.24)

사도행전 16장에서 우리는 하나님께서 빌립보 감옥에서 예배를 통해 불신자들에게 복음 전도하는 방법을 보게 된다. "밤중쯤 되니 바울과 실라가 기도하고 하나님을 찬미하매 죄수들이 듣더라"(25절). 여기에 죄 없이 매맞아 피흘리며, 착고에 묶인 두 사람이 있다. 그리고 그들은 예배하지 않았던가? 다른 죄수들이 야유하는 것 대신에, 잠잠히 듣고 있었음도 놀랄 일이 아니다. 감옥 안에서 놀라운 일이 진행되고 있지 않는가! 그들은 생명을 다하여, 입술로 예배를 드렸고, 그들이 사모했던 그리스도를 찬양 가운데 드러내었다.

거기에는 스타디움도 없었고, 소리 높여 회개를 촉구하는 일도 없었다. 바울과 실라는 아마도 이렇게 찬양하였으리라! "내 모습 이대로." 그러나 여기에 복음 증거가 있었고, 거기에 따른 반응이 있었다. 죄수 가운데 예수께로 나아온 사람이 있었다는 것을 들어보지 못했지만, 간수장은 예수께 나왔다는 것은 분명하다. 요지는 복음 전도는 각양각색으로 이루어진다는 것이다. 지구상에 있는 수백만의 사람들이 전통적인 방법과 전도 집회를 통해 예수 그리스도에게로 나아온다. 그러나 몰려다니는 교인들도 다른 방법을 통해 그리스도를 알게 되는데, 그 가운데 한 가지 방법이 예배를 통해서이다.

예배를 통해서 복음증거 할 때, 특별한 장점은 매주일 예배가 드려진다는 점이다. 몰려다니는 교인이 하나님의 임재를 체험하고, 예수에 관하여 듣고, 행동으로 예수를 증거하고, 영적 기아와 호기심을 개인적으로 느끼고 복음에 반응할 때까지 언제든지 교회로 나올 수 있는 것이다. 예배가 끝나기 전에 "결단"해야 하는 부담도 없다. 믿게 되는 과정에 있어서 더욱 시간 여유가 있으며, 다른 사람들이 믿음으로 동참하는 것을 더 많이 관찰하게 된다.

취지(Intent)와 차원(Dimension)의 큰 차이점

제릿 구스탭손은 2장에서 복음 전도는 신약 시대 교회가 하였던 모든 것의 통합된 일부분이라고 지적했다. 우리도 그러한 것을 본받아 잘 해 나갔다. 그러나 우리가 하는 모든 일의 일부로서 복음 전도를 하는 것과 복음 전도가 우리가 할 수 있는 **유일한 것**과는 차이가 있다. H. W. 제니스첸은, "교회가 존재하고 교회가 하는 모든 일은 선교적 차원에서 이루어지지만, 모든 것이 선교의 취지에 맞는 것은 아니다"라고 기술하고 있다.[25] 다시 말해서, 비록 복음 전도가 개인적인 사역의 의도와 중심된 목적은 아닐지라도, 교회의 모든 생활이 어느 정도는 복음적이어야 한다는 것이다.

취지와 차원의 차이점은 우리가 예배의 정체성을 상실하지 않고서도 예배를 통해 복음 전도할 수 있다는 점을 이해함에 있어서 도움이 된다. 예배의 목적 혹은 취지는 복음 전도가 아니다. 신령과 진정으로 하나님을 영화롭게 하는 것은 -하나님이 누구이시며, 그가 예수 그리스도를 통하여 특별히 우리를 위해 하신 일에 반응하는 것- 그리스도인의 예배의 목적이다. 효과적인 예배를 드림으로써, 예배로 복음 증거하지만, 예배의 중심된 목적은 변하지 않고 남아 있다. 초점은 하나님과 상호 관계성을 갖는 신자들에게 맞추어져 있으며, 회심을 위해 소리 높임에 있지 않다. 그러나 제자도(Discipleship)와 마찬가지로 복음 전도도 예배의 한 일면 혹은 그 결과로 주어지는 것 중에 하나이어야만 한다. 복음 전도는 하나님의 임재와 진리가 진정으로 충만한 예배의 결과로써 자연스럽게 기대되어지는 열매이다. 예배는 복음증거의 덕을 세우고, 예배는 이 덕을 증거한다.

워십 에반젤리즘: 어떻게 이루어지는가

"충만한 예배"라 할 수 있는 예배를 드리는 가운데 어떻게 복음 전도가 이루어지는가? 두 가지 방법으로 일어난다: 첫째, 불신자들이 하나님에 관한 진리를 들음으로써(예배의 찬양과 기도, 성찬, 세례, 성경 말씀, 간증, 드라마 등등을 통해서), 둘째, 그들이 -더욱 중요한 것으로서- 예배 드리는 자들과 하나님 사이에 진정한 관계성을 맺는 것을 관찰함으로써 이루어진다.

후자의 경우 관찰 (Observation)한다는 것은 전도 집회나 캠핑 모임의 경험에서 벗어나는 것을 의미한다. 예배 가운데 복음 증거는 하나님의 진리와 그리스도의 유일하심이 주로 먼저 예배자와 예배의 행위를 통해서 전달되고, 그 다음에 설교 혹은 "구원의 계획(Plan of Salvation)"을 통해서 이루어진다. 본인이 틀렸다고 하지 말라 -당연히 복음의 기쁜 소식을 들어야 한다. 그러나 **듣는 것** 이상의 **체험이** 따라야 한다. 본인은 로버트 웨버가 한 말, "예배는 몸으로 드려지는 복음이다"를 좋아한다.26) 그리고 예배는 몰려다니는 교인들이 하나님에 관한 진리를 듣는 것뿐만이 아니라, 신자들이 그리스도를 통하여 하나님과 상호 관계를 맺는 "몸으로 드려지는 복음"을 관찰하는 것이다.

펜실바니아주, 인디아나에 있는 Lord of Life Church의 작사자이며 목사인 마크 알트로지는 자신이 담임하는 교회가 어떻게 예배와 복음 전도를 인지하고 있는지에 관하여 이렇게 말한다:

훌륭한 예배는 자연스럽게 복음적으로 되는 것이다. 이것이 바로 나 스스로, "복음적인 예배를 디자인하고 싶구나"라고 생각하지 않는 이유이다. 즉, 불신자들을 주로 염두에 두고 예배를 디자인하지 않는다는 것이다. 그러나 그들과 함께 예배를 드린다는 점을 염두에 두고 있다. 리더 팀이 함께 모여서, "매주일 아침 우리 교회 안에서 하는 모든 일이 가능한 불신자들에게 민감하고 그들이 이해할 만한 것이어야 한다"고 이야기한다. 그래서 우리가 드리는 예배가 그리스도인에게 완전히 초점이 맞추어진 것일지라도 여기에 복음 전도의 요소도 있다고 전적으로 믿는다. 예배에 관해 사도 바울이 고린도 전서 14:23-25에서 한 말씀을 적용하고 있다. 우리들이 드리는 예배 가운데, 하나님의 진리가 선포됨으로써, 그리스도가 누구이며, 그가 하신 일이 무엇인지를 낱낱이 선포함으로써 우리가 제사장의 기능을 하는 셈이다. 우리가 이렇게 함으로써 사람들이 "하나님이 이곳에 계시다"라고 말하게 되는 것이다. 하나님은 그의 백성이 부르는 찬양 가운데 거하시며, 예배 가운데 하나님의 영이 있고, 찬양 가사에 교리가 담겨 있기 때문에, 사람들이 "하나님을 여기에 계시다"고 말하는 것 같다.[27]

그 밖의 관심사: 예배자로서 몰려다니는 교인들

몰려다니는 교인들을 예배에 초대함에 있어서 방해가 되는 요소 가운데 유념할 가치가 있는 것 중 하나는, 몰려다니는 교인들 자신이 예배자로서 인식하는 경험을 다소 체험한다는 것이다. 그러나 그들이 진정으로 예배드릴 수 있을까? 성경에서는 불신자가 예수 그리스도로 말미암아 하나님과 관계를 가져야만 비로소 예배드릴 수 있다고 하니 않는가. 요한복음 4:23-24에서, 예수님은 예배하는 자는 신령과 진정으로 예배할 것을 분명하게 말씀하고 계신다. 몰려다니는 교인들은 여전히 진리에서 멀리 떨어져 있기에 진정(진리/Truth)으로 예배드릴 수가 없다.

그러나 하나님의 영에 의해 이끌림 받아 나아가는 자는 하나님의 모든 것이 계시된다. 그러므로 하나님께서 역사 하시는 불신자의 경우 적어도 영적인 것을 이해하고 인식할 수 있는 능력을 가지게 된다. 예를 들어, 바리새인 니고데모는 회심하기 전에 예수님이 하나님께로부터 왔음을 성령에 의해서 인식할 수 있었다(요3:1-2). 이것을 신학적인 용어로 말하자면, "선행적 은총(Preveient grace)"이라 하겠다. 기본적으로 누구든지 하나님을 찾기 전에 하나님께서 먼저 그들을 찾으신다는 것이다. 토저는 그것을 이렇게 묘사한다: "죄인인 인간이 하나님을 올바로 생각하기 전에, 그 속에 깨닫는 작업이 있어야만 한다....모든 것을 바라고, 구하고, 간구하는 일에 뒤따라오는 것은 신비로운 결과이다. 우리가 하나님을 추구하는 것은 그가 먼저 우리 안에서 그분을 추구하도록 권하기 때문이며, 이것이 유일한 이유라고 하겠다."[28] 예수님은 "나를 보내신 아버지께서 이끌지 아니하면 아무라도 내게 올 수 없으니"(요 6:44)라고 말씀하셨다.

"영적으로 죽은 상태"로 몰려다니는 교인들

어떤 이들은 신자들의 예배는 단상에서 이루어진다는 관점으로 이해하여, 이것이 "영적으로 죽은 상태"로 몰려다니는 교인들이 이해할 수 없는 것이라면 소용이 없다고 주장한다. 전통적으로 고린도전서 2:14은 예배에 불신자들이 배제되는 것에 대하여 정당화하고 있다: "육에 속한 사람은 하나님의 성령의 일을 받지 아니하나니 저희에게는 미련하게 보임이요 또 깨닫지도 못하나니 이런 일은 영적으로라야 분변함이니라."

그러나 우리 가운데 누가 몰려다니는 교인들의 심중을 볼 수 있으며, 하나님의 성령이 그 속에서 역사하고 계신지를 확신할 수 있겠는가? 몰려다니는 교인들이 교회에 나오는 이유가 먼저 하나님의 영이 그들의 마음 속에 영적으로 "불안정(Disequilibrium)"한 상태가 되어, 건전한 영적 재평가를 하도록 만드는 것에 있는 것 같다. 우리가 만일 몰려다니는 교인들 모두가 완전히 영적인 것을 이해할 만한 능력이 없는 것으로 믿는다면, 예배는 물론 전도 집회와 몰려다니는 교인을 위한 행사에 그들을 제외하는 것이 마땅하지 않겠는가.

우리 가운데 몰려다니는 교인들을 초대하는 것

몰려다니는 교인들은 실제로 예배를 드리지 못할 수도 있으나 많은 것을 관찰할 수는 있다. 히포리터스에 의하면, 신약 시대의 교회에 불신자들이 단지 구경꾼으로 혹은 카타쿰에 참석할 수 있도록 형태를 갖추기까지 2-3년간의 기간이 걸리는 것이었다고 한다.[29] 만약 초대 교회가 예배를 통하여 불신자들의 마음속에 하나님께서 역사 하실 수 있는 기회를 제공해야 한다는 필요를 발견했다면, 오늘날 우리들도 강박 관념을 내려놓고, 몰려다니는 교인들로 하여금 똑같은 특권을 교회 안에서 누릴 수 있도록 할 수 있을 것이다.

멋진 전환으로써, 근래의 조오지 라우리팀이 주최하는 Harvest Crusade와 플랭클린 그래함 전도집회는 좀 더 행사가 예배의 체험중심으로 흘러가고 있다. 현대 기독교 음악의 전문가이며 마라나타의 리더인 탐미 쿰스 경우도 그러하다. Praise Band도 이런 집회를 위해서 많은 음악을 제공하고 있으며, "같은 찬양을 교회에서 찬양을 인도할 때보다 이런 집회에서 더 많이 부르게 된다"고 말한다.[30] 이에 따른 유익은 사뭇 크다: 1990-92년 동안 3만 명이 캘리포니아, 와싱톤, 아리조나, 하와이에서 열린 Harvest Crusade를 통해 그리스도께 자신을 헌신하게 되었다.

심지어 Promise Keeper집회에서도 30분 넘게 예배와 찬양을 드리고 있다. 어떤 형제는 예배 드리는 시간 동안 "뼛속 깊은 곳에서 나오는 흥분에 압도되는" 경험을 하였다고 말한다. 프라미스 밴드의 책임감독 쿰스는 1993년 콜라라도 대학의 스타디움에서 그의 첫번째 집회 때의 체험을 이렇게 회상한다: "저는 5만 명의 예배자들을 얻을 것인지에 대하여 다소 의심하였습니다... 그러나 제가 기대하는 바와 전혀 반대라는 것을 알게 되었습니다. 저는 성냥불을 그어 기름 탱크에 던져버리는 느낌을 받았습니다. 사람들이 완전히 예배 폭발 속에 있었습니다."[31]

Promise Keepers집회의 참석자 대다수는 이미 신자라는 것은 확실하다. 그러나 1994년 몰려다니는 교인들 가운데 남자만 1만5천명이 넘게 복음에 반응하였다.[32] 솔직히 성령의 부어 주심이 그렇게 현저한데, 어찌 영향을 받지 못하고 자리를 뜰 수가 있으며, 개인적으로 진실하게 하나님과 상호 관계를 맺는 수천 명의 남자들을 목격하고서 그것을 쉽게 잊어버리겠는가!

더 이상 변명을 하지 말라

진부한 통념인, "몰려다니는 교인들은 예배와 상관없다"는 것은 몰려다니는 교인들이나 예배에 관한 어떤 영적 법칙과 관련되었다기보다는 우리의 엘리트 의식과 예배에 대한 보잘것없는 본질에 더 많이 연관되어지는 것이다. 1975년, Willow Creek Community Church는 지역 사회를 대상으로 여론 조사를 하였고, 대다수의 불신자들이 교회 예배를 지루하고, 틀에 박힌 적절하지 않은 것으로 본다는 것을 알게 되었다.[33] 불신자들의 평가인 "그리스도인들은 비판적이다"와 앞서 말한 것을 종합해 보면, 그 결과는 놀랄 만한 일이 못 된다. 물론 불신자들은 자신들과 예배 드리는 것은 무관하다고 하지 않겠는가!

그러나 단지 예배가 예배답지 못함으로 인하여 -환대하고, 흥분되고, 신성하고, 적절한 것- 우리가 몰려다니는 교인들이 전능하신 하나님을 오직 바라보는 일을 거절하고 있다고 말할 것인가? 예배가 본질적으로 냉랭하고, 단조로우며, 반복적이고 감동이 없는 것이라고 주장하겠는가? 그럴 리야 없겠지만, 우려되는 것은 우리 가운데 일부가 이런 생각을 가지고 얼빠져 있지는 않는가 하는 점이다.

하나님께서 몰려다니는 교인들 속에서 역사 하셔도 그들이 예배를 드리기가 어려운 것은 그들이 어떤 자들이며 무엇을 예배하는지 알지 못해서가 아니라 우리가 어떻게 해 왔는가 때문이 아니겠는가! 그러면, "복음 전도의 알(Evangelism eggs)"을 Nonworship 행사에 끼어 넣는 것이 이치에 맞는 것인가? 무엇을 하든지 더 나을 것이 없다고 생각하기 때문에, 복음 증거의 수단으로써 예배를 아예 포기하는 것은 멍청한 일이 아니겠는가! 즉, 기계가 제대로 기능을 못한다고 해서 CAT-scan의 기술을 쓰레기처럼 버린다거나, 제트기가 좀 망가졌다고 아예 가루로 만들어 버린다거나, 이혼하기 때문에 결혼 제도를 없애 버릴 수 있겠는가? 물론 그렇지 않다! 잘못되어 가고 있는 것은 개선해야 한다. CAT-scan의 기술이 더 나아지도록, 비행을 더 잘하도록, 결혼 생활이 원만하도록 노력할 수 있다. 어떤 대가를 치를 태도를 가지고 의도적으로 똑같이 예배에 적용하려고 똑같이 애쓰지 못하는 이유는 무엇인가? 하나님께서는 그분 자신과 우리들 자신과, 불신자와 신자를 위하여 우리가 필요한 모든 것에 있어서 최선의 것을 주신다. 우리는 두뇌를 가지고 있다. 하나님께서 자신의 고유의 창조적 본성을 표하신 것이다. 우리는 하나님의 아들과 그의 말씀과 성령을 가지고 있다. 만약 우리가 이런 엄청난 재능과 에너지를 몰려다니는 교인을 위한 행사에 적용할 수 있다면, 예배를 드림에 있어서도 마찬가지로 그렇게 할 수 있다. 그것이 온전한 예배가 되어야 하기 때문에 다른 것이라고 할는지도 모르겠다. 그러나 우리는 그렇게 할 수 있고 그렇게 할 필요도 있다. 미국 역사상 이만큼 영적 갈망을 느껴본 때도 없다. 무엇을 취할 것인가? 우리 가운데 많은 사람들이 생각하고 있는 문제는 우리가 할 수 있을 지에 대한 것이 아니라 우리가 할 것인가에 대한 것이다.

예배로 복음증거 되게 하라

비록 오늘날 잃은 영혼들이 "교회 종교(Churchianity)"에 귀 기울이지 않아도 그들의 마음은 영적인 것을 원하며, 전심으로 느끼는 그리스도인의 예배는 진리와 체험에 대한 이들의 필요를 채울 수 있는데, 그것은 "그리스도께서 선포하는 말씀"을 듣고, "우리 가운데 계시는 그리스도"를 보기 때문이다. 몰려다니는 교인들은 손쉽게 뉴에이지를 통해 종교적인 체험을 택할 수도 있다. 그러나 예수 그리스도는 쉽게 받아 갈 수 있는(Take-out bags) 그런 분이 아니다. 빌립보 감옥에서의 예배는 -하나님의 성육신과 하나님의 백성 가운데 임재하심을 높여드리는 예배- 진정으로 몰려다니는 교인들이 우리 교회에서 보기 원하는 예배라 하겠다.

우리는 복음 증거를 하기 위해서 예배를 드리고자 하지 않는다. 예배로 복음 증거 할 수 있다고 믿지 않을지도 모르겠다. 우리는 매주일 드리는 제사에 흠없는 어린양을 드려야 하기에 예배로 복음 증거 할 수 없다고 여길지도 모르겠다. 그러나 효과적이고 참된 예배는 -예배의 정의에 따라, 의미하는 바를 그대로 행하는 것- 복음 증거 하는 것이다. 한트 한손이 말하는 것처럼, "예배는 복음 전도이다."[34]

나도 그것을 원해요!

탐미 쿰스는, "진정한 예배에는 설득당하여 물리칠 수 없는 영적이면서도 역동적인 것이 있다"고 말한다.[35] 이런 영적 역동성은 그와 그의 세속적인 록 밴드가 Love Song으로 캘리포니아 거리를 열광하게 만들고 있던 어느 날 그들이 코스타 메사에 있는 Calvary Chapel에 가서 예배를 드리게 될 때 일어났다. 최근에 그와 인터뷰하면서, Calvary Chapel에 나오기 전의 그의

삶이 어떠하였는지 물어보았다. 그는 다음과 같이 대답했다:

> 외롭고, 다소 절망감이 들었고 두려워하였지요 -궁금한 것이 많았습니다. 삶에 대하여 환멸감을 가지고 있었습니다. 모범생으로서 전과목을 모두 A학점 받았으며, 거의 수석에 가깝게 학교를 졸업할 정도였으며, 대학에 들어갔지만, 정말 환멸감과 공허함, 혼란스러움으로 꽉 찼습니다. 뭔가를 찾지 않으면 못 견딜 만큼 실망했었지요. 내가 본 것 가운데 이 생활보다 더 나은 것이 없다는 것을 알게 되었지요. 거의 3년 동안 하나님이 계시는지를 알려고 노력하던 중에 Calvary Chapel 예배에 참석하게 된 것입니다.

Calvary Chapel 예배에서 무엇을 깨닫게 되었는지 그에게 물었을 때에 그는 이렇게 대답했다:

> 사람들 서로서로가 초자연적인 사랑을 하더군요. 그 가운데서 하나님을 보았습니다. 친구 몇 명과 저는 예배 전체를 지켜보았습니다. 1/3의 시간을 찬양하는 것으로 보내더군요. 척 스미쓰 목사님께서 성경을 가르치셨고, 병든 자를 위하여 기도하더군요. 은혜와 무조건적 사랑이 충만하더군요. 제가 거기에서 본 성령은 제가 전에 보지 못했던 것이었습니다.[36]

최근에 음악 수련회에서, 쿰스는 그가 처음 체험했던 예배를 다시 회상하고 이렇게 요약했다:

> 표현하자면, 그들은 하나님이 누구신지를 진정으로 알고 있었다. 이렇게 조그마한 교회 안에서 벌어지고 있는 일이 거리에서 벌어졌던 일과는 달랐고, 하나님이 거기에 계심을 느낄 수 있었다. 그들의 단순한 예배 찬양 가운데 하나님이 계심을 느낄 수 있었다. 나는 그들이 드리는 예배를 보았고, 서로 사랑하는 것을 보았으며, "나도 그것을 원해요"라고 말했던 것이다.[37]

쿰스와 Love Song의 단원 세 명은 그날 예배 이후로 자신들의 마음을 주님께 드렸다. 쿰스는 이렇게 회상한다:

몇 주간을 교회에 나간 후에 우리는 척 스미쓰 목사님께 우리가 작곡한 몇 곡을 부를 수 있겠는지 물어 보았다. 목사님은 곡들을 듣기 원했고, 우리는 주차장으로 나가서 목사님을 위해 몇 곡을 연주하였다. 목사님이 우시며 우리에게 저녁에(예배드릴 때) 연주해 달라고 요청하시던 것을 잊지 못한다.[38]

그들은 그날 저녁 연주를 하였고, 미국에서 예배와 찬양의 운동이 비로소 시작될 수 있었다.

워십 에반젤리즘은 무엇인가?

워십 에반젤리즘을 어떻게 정의하겠는가? 제릿 구스탑손은 두 가지의 심오하면서도 간단한 표현으로 다음과 같이 정의한다: "전심으로 예배드리는 자들은 전 세계를 전심으로 하나님께 예배 드리도록 할 수 있으며 ... 하나님이 임재의 능력이 복음의 능력과 융합되게 한다."[39] 이것이 바로 탐미 쿰스와 수백만의 사람들이 체험하는 바이다. 그리고 이것은 수백만의 사람들이 교회에서 그대로 이루어지도록 할 때에 더욱 체험할 수 있는 것이다.

워십 에반젤리즘은 예배가 예배다워질 때에 이루어지며 -불완전하고 상처 입은 심령들이 하나님의 존전에서 완전해지고 온전해질 수 있는 자원이다.[40] 우리가 "다윗처럼"되어 하나님의 위대하심과 사랑과 진실하심을 증거할 때 이루어지는 것이다. "하나님을 상자 밖으로 나오시게 할 때"에 이루어지는 것이다. 지금 어떠한 변명도 없이 "예배"와 "복음 전도" 이 두 단어를 함께 내놓아야 할 때이다. 현대 예배찬양 가운데 이런 가사가 있다:

하나님을 열정적으로 찬양하고
우리 하나님의 위대하심을 자랑하는
세대가 되게 하소서[41]

5

워십 에반젤리즘의 필수 요건

진정한 예배가 이루어질 수 있는 곳

만약 몰려다니는 교인들이 우리가 드리는 예배에 관심을 갖게 되거나 신자들이 되돌아올 것을 희망한다면, 탐미 쿰스가 말한 대로, "주저함 없이 갈 수 있는 교회, 뭔가 일어나고 있는 교회가 필요하다"고 믿는다.[2] 해야 할 질문은, 예배 중에 뭔가 "일어나기" 위해서 마땅히 취해야 할 것은 무엇인가?이다.

우리가 내어놓을 수 있는 그 어느 것을 초월해서, 예배의 가치는 예배가 하나님과 역동적인 관계를 증명해 주는 것에 있다. 역동적이라 함은 우리들의 삶에서 사람들과 최고의 관계성을 갖는 것으로 설명된다. 이런 관계성은 때때로 실망스럽고, 고통스럽고 심지어 위협적일 수도 있다. 그러나 최고의 관계성 속에서는, 언제나 뭔가 "일어나고"있다. 결코 중단되거나 지루함이 없다.

독자와 아주 가까운 사람들을 생각해 보라. 아마도 최고 동료와 친구를 생각할지도 모르겠다. 혹은 배우자일지도 모르겠다. 독자가 알든 모르든 그 사람과의 관계는 다음 4가지 기본 요소: 친근함 (Nearness), 지식 (Knowledge), 자발성 (Vulnerability), 상호 관계 (Interaction)에 좌우된다. 이런 요소들은 수십 개월 수년을 거쳐오면서 친밀감이 증가되어, 그 결과 관계성이 온전해지고, 중요하게 되어지는 근본 원인이 된다.

각각의 요소들을 풀어 헤쳐서 뜻하는 바를 알아보자: 친근함 (Nearness) -우리가 다른 사람들 앞에서 시간을 보내는 것이며; 지식 (Knowledge) -우리가 다른 사람이 누구인지를 아는 것이며; 자발성 (Vulnerability) -우리가 거절당할 것도 감내하면서 우리 자신을 알리는 것이며; 마지막으로, 상호 관계 (Interaction) -말과 행위로서 대화를 이어가며, 이때 사용하는 언어는 서로가 이해할 수 있는 것이어야 한다.

이 4가지 요소 없이, 만족스러운 관계를 갖기란 힘들 것이다. 사실상, 이런 요소가 없이는 아마도 전혀 관계성을 갖지 못할지도 모른다. 하나님과 역동적이고 만족스러운 관계를 맺기 위해서도 같은 원리를 적용하면 된다. 이 요소는 우리가 개인적으로 드리는 예배의 필수 요건이면서, 또한 효과적이며, 연합 예배를 체험하기 위한 "기준(Baseline)"을 제공해 준다. 친근함 (Nearness), 지식 (Knowledge), 자발성 (Vulnerability), 상호 관계 (Interaction), 이 4가지 ”관계성“의 재료들이 ”진정한“ 예배를 위한 기본적인 벽돌(Building blocks)이며, 예배는 복음증거 할 뿐만 아니라 그리스도의 몸(성도)을 윤택하게 해 준다. 이것들이 90년대의 예배자들에게 의미하는 바가 무엇인지, 좀 더 세밀하게 살펴보자.

필수 요건 #1: 친근함(Nearness) - 하나님의 임재를 느낌

눈을 덮고 있는 안대를 벗어 버림

하나님의 초자연적인 임재를 느끼는 것은 진정한 예배의 첫번째 요건이다. 하나님의 인성이 우리들이 드리는 예배 가운데 나타날 때에, 강한 흥분이 일어나며, 기대, 기쁨, 소망, 평화의 분위기가 이루어진다. 하나님과 친근함(Nearness)이 없다면, 예배는 마지막 위원회 모임에서 끝나기를 바라면서 시계를 흘끔흘끔 보는 것과 같다고 하겠다. 아마 집에 돌아가서 장부를 정리하고, 창고를 정리하는 것이 더 나을 것이다.

단순한 논리는 하나님이 안 계시는데 관계성을 맺겠느냐 하는 것이다. 물론 하나님께서는 늘 우리와 함께 하신다. 시편 기자는 말하기를, "내가 하늘에 올라갈지라도 거기 계시며, 음부에 내 자리를 펼지라도 거기 계시니이다"(시 139:8)라고 말한다. 하나님의 우주적인 임재 혹은 무소부재(Omnipresence)는 인생에게 있어서는 기이한 사실이다. 칼빈은, "전 우주가 신령한 계시의 영광스러운 공연장이다"라고 선포했다. 불행하게도, 우리 인간은 우리들의 삶에서 하나님을 차단해버리는 힘을 갖고 있다. R. C. 스프라울은 이렇게 결론지어 말하는데, 사람들은 눈 안대를 하고서 마치 하나님이 존재하시지 않는 것처럼 여기고 살아간다. 또한 그리스도인 우리도 "하나님의 위엄과 영광의 임재"를 재각성할 필요를 느낀다.3)

하나님께서는 우리가 함께 예배드릴 때에 특별한 방법으로 자신을 보이시겠다고 약속하신다. 예수님은 "두 세 사람이 내 이름으로 모인 곳에는 나도 그들 중에 있느니라"고 하신다(마 18:20). 이 구절은 후에 그가 마태복음 28:20에서 하신 말씀과 모순되는 것처럼 보인다. "내가 세상 끝날 까지 너희와 항상 함께 있으리라 하시니라." 만약 예수님이 우리와 늘 함께 하시겠다고 약속을 하시면서 -즉, 어떤 환경 가운데에서도- 조건적으로(두 세 사람이 내 이름으로 모인 곳) 임하시겠다고 하는 이유는 무엇인가? 단 하나의 논리적인 설명은 예수님이 첫번째 구절에서는 무소부재 그 이상의 다른 의미의 임재를 말하시고 계시는 것이다.

라마 보쉬맨은 이런 유형의 임재를 "하나님의 계시된 임재(Revealed presence) ... 어떤 장소에서는 하나님의 본질이 특별하게 계시된다"라고 칭한다.4) 구약학 학자인 테렌스 프레쎄임은 이것을 하나님의 "Tabernacling presence(역주: 일시적으로 하나님이 육체에 임재하여 머무르는 것을 의미)"라고 칭한다.5) 어떤 이들은 이것을 하나님의 "현재적 임재(Manifest presence)"라 칭한다. 무엇이라고 부르든 간에 결과는 똑같다. 연합 예배에서 하나님께서는 눈을 덮고 있는 안대를 제거하시기를 원하시며, 엄청나고 숨막힐 듯한 영적인 광채를 우리에게 주신다.

하나님의 임재의 축복

이런 "하나님의 모습을 보는 것"은 우리가 간절히 바라는 것이다. 하나님과의 친근함 (Nearness)의 어떤 경험은 하나님의 신성한 축복: 새롭게 됨(호 6:3, 행 3:19), 변화되는 능력(고후 3:17-18), 건져내심(시 97:3) 위로함(사 51:12), 희락(시 16:11, 사 51:11), 평화(사 9:6)와 함께 주어진다. 이것은 우연히 일어나는 것이 아니고, 세상이 갈망하고 찾고 있는 바로 그것이다.

예배 사역자이며 작곡가인 마티 니스트롬은 그가 본 것을 이렇게 말한다:

> 나는 비행기로 여행을 하면서 많은 것을 목격하게 된다. 반복해서 듣게 되는 말은, "음, 전에 교회에 다녔죠. 예, 좋았지요, 그런데 정말 내 것이라는 생각은 안 들더군요." (아마도 그들은 영혼이 죽어 버린 교회에 갔던 것 같다!) 그리고 이렇게 말하는 것도 보았다. "음, 저도 성경을 읽어요. 좋은 책 같아요. 그러나 코란도 연구해 보지요 거기에 지혜로운 것들이 있거든요..." 그러나 눈을 똑바로 뜨고 나를 보면서, "예, 하나님의 임재를 체험했지만 솔직히 저는 그것을 원치 않습니다"라고 말하는 것을 보지 못했다. 그 어느 누구도 내게 그런 말을 하는 것을 보지 못했다. 그 이유는 하나님의 임재를 진실로 체험한 사람들은 보편적인 것이 변해서 ... 그들은 더욱 그분을 바라게 되기 때문이다.[6]

인간적인 노력으로 훈련하다

오늘날 교회 예배에서 하나님의 "친밀함"을 체험하는 사람이 그리 많은 것 같지 않다. 그러나 밥 소오지는, "하나님의 임재는 교회가 가져야 하는 특징(Earmark)이다"라고 주장한다.[7] 만약 이것이 사실이라면, 꽤 많은 복음주의 교회가 교회라는 이름을 떼버려야 할 것이다. 본서를 쓰면서 자료를 수집하기 위해 많은 교회의 예배를 참석해 보았지만, 하나님에 대한 인식은 개념적으로 혹은 안락한 느낌을 갖는 것으로 생각하는 교회가 많았다. 많은 목사님들과 예배 사역자들이 초자연적인 실체의 성부, 성자, 성령을 인지하지도 못한 채로 미리 짜여진 형태에 맞추어 예배를 진행하기에 분주하였다.

테리 위들은 그의 저서 Exalt Him!에서 이렇게 말한다: "매주일 마다 사람들은 예배를 드리면서 하나님의 임재를 느끼지도 못한 채 교회를 떠나고 있다. 전체적으로 하는 훈련이 인간적인 노력에 불과하다.”[8] 인간적인 노력의 훈련으로는 복음증거가 되지 않는다. 스프라울은 더욱 강하게 주장한다: “예배는 20세기 미국에 있어서 절대적 위기 상태이다....사람들이 하나님의 임재를 느끼지 못한다. 우리가 사람들로 하여금 편안함을 느끼도록 힘써서 모든 일을 해왔지만, 천국으로부터 멀어지는 느낌을 받게 된다.”[9]

무슨 가치가 있겠는가?

본인의 친구 가운데 한 명이 (몰려다니는 교인들 중심의)교회 예배에 참석하고 난 후, 이렇게 말했다. “요지를 알겠어. 음악은 정말로 호감이 가는 것 같아. 놀랐거든. 정장차림을 나는 별로 좋아하지 않잖아. 그런데, 만약 뭔가 다른 것이 없다면 무슨 가치가 있겠어? 나는 MTV를 늘 보거든. 잘 모르겠어.... 나는 뭔가 더 찾고 있는 것 같아.” 그녀는 이 교회를 소위 “물을 탄 종교”라고 분석하는 것으로 끝냈다. “적어도 맥도날드에 가면, 뭔가 실제로 얻는 것이 있잖니. 상추라도 말이야!”라고 빈정거렸다.

그 친구는 “영적 샐러드 바”를 전전하면서, 자신의 의견을 맞추려고 영적 방황을 여전히 하고 있다. 이제, 그 친구는 기독교가 특별한 것을 주지 않는다고 확신한다. 요즘 들어, 그 친구가 한 말이 마음 속에 떠오른다. “무슨 가치가 있겠어?” 실제로, 어떤 가치가 있는가? 하나님께서 현재 임재한다는 느낌을 갖지 못하는 예배는 스스로에게 독백(獨白)하는 것과 같다. 정말 지루한 것이 아니겠는가. 스프라울은, “하나님의 임재를 느끼고 누리지 못하는 것에 익숙해져서, 그리워할 줄도 모른다”고 말한다.[10] 아마 이것이 문제일 것이다. 우리는 그것을 그리워하지 않아도, 몰려다니는 교인들은 분명히 그리워한다는 것이다.

그분이 하나님입니까?

몰려다니는 교인들이 하나님의 임재를 체험하게 될 때 어떤 일이 일어나는가? 이 세상 어느 곳에서도 발견하지 못하는 것을 체험하게 된다. 제릿 구스텝손은 선교(교)회에 예배 드리러 온 일본인 부부의 일화를 말한다. "회중들의 그날 아침 찬양이 … 특별히 열성적이었고, 하나님의 임재를 거의 느꼈다. 이 모임이 끝난 후 이 두 사람은 황홀감을 가지고 리더 중 한 사람에게 다가갔다. 그들이 말하기를, '여러분들이 찬송을 할 때에, 우리는 누군가가 존재하고 있다는 것을 느끼게 되었는데, 그분이 하나님입니까?'"[11]

마티 니스트롬은 자신의 가족들로부터 간단하지만 가정 예배를 통해 체험하게 된 것을 이렇게 말한다:

> 2년 전, 우리 친척 모두가 어머니날을 기념하게 되었다. 우리는 8남매 이고, 이 중 2명의 자매만이 주님을 영접해 본 일이 없다....."이 둘을 구원하기 위하여" 우리 가족은 할 수 있는 한 모든 노력을 다 기울였다. 우리는 음악회에도 데려가고, 성경, 기독교 테이프, 설교 테이프도 사서 보내었다.... 복음 전도도 하였다.... 그러나 여전히 복음을 거부했다.

그러나 그날 어머니날에, 집을 떠나려고 하는 그들에게 나는 이렇게 말했다. "너희들이 가지 전에 함께 기도해도 좋겠니?" (부친이 작은 수술을 위해 병원에 입원하려는 중이었다.) 그리하여 우리 모두는 아버지 주변으로 모이게 되었고 두 자매를 비롯한 남편들도 함께 그곳에 있게 되었다. 나는 피아노에 앉았고, 예배 찬양을 한 곡 부르기 시작했다. 하나님의 임재가 (계시하심이) 그 방에 강하게 역사 했다. 피아노를 연주하고 있었기 때문에 등뒤에서 무슨 일이 일어나고 있는지를 몰랐다. 그러나 등을 돌리고 보았을 때에, 자매 한 명이 땅바닥에 얼굴을 대고 울고 있었다.

부친 때문에 감정적인 부분이 많이 작용했구나 하고 생각했다. 그러나 그와 동시에 그녀는 전에 가져 보지도 못했던 하나님의 임재를 체험하고 있었다. 그녀는 교회에 나가 봤고, 그러한 것도 들어 보았었다. 그러나 실제로 그녀에게 처음으로 일어났기 때문에 어떻게 해야 할 줄을 몰라했다. 또 다른 나의 자매는 몇 일 뒤에 고맙다는 카드를 보냈고, 끝머리에 "하나님이 그 집에 계시더구나"라고 덧붙였다. 그것은 놀랄 일도 아니고, 겁낼 일도 아니며, 그들이 하나님의 실체를 체험하고 있었던 것이다.

지금까지 그들이 예수님께 "예"라고 대답을 하지 않았지만, 영적인 것을 함께 나눌 때에, 대단히 호의적이다. 그들 스스로 말하기를 "뭔가 있었다는 것은 알겠어. 비록 그것을 받아들일 준비는 되어있지 않으나 뭔가 있어"라고 말할 정도이다. 그들은 우리가 지금까지 언급해 온 것을 조금 맛본 것이다. 사람들은 하나님의 임재를 알든 모르든 간에 갈망하고 있다.[12]

하나님의 임재: 누구의 책임인가?

예배 가운데, 하나님의 "친밀함"을 체험하기 전에 정확히 무슨 일이 일어나는가? 하나님의 임재는 자동적으로 일어나는 것인가? 바꾸어 말하자면, 그것은 우리가 단지 즐기고 축하할 일인가? 혹은 경배 센터에 우리가 끌어들일 수 있는 열성적인 분량에 따라 "나타내 보이시는 것"인가? 역으로, 하나님의 신령한 영광은 인간의 행동과 말과는 무관하게 하나님 마음대로 신비롭게 전해지는 것인가? 이 질문들은 특히 마지막 질문은 우리가 예배 드릴 때 감지하는 영적 허전함을 이해하고자 애씀에 있어서 상당히 중요하다.

본인의 친구 가운데 한 명이 기독교 기관 부설 어린이 집에서 일하고 있다. 매주 예배 시간을 갖는데, 어느 날 그 친구는 자기반 아이들과 채플실에 앉아서 조용히 다른 반 어린이들과 동료 선생님들을 기다리고 있었다. 앉아서 마음으로 예배를 준비하고 있는데, 옆에 앉아 있던 네살 난 꼬마가 소매를 당기면서 이렇게 속삭였다. "언제 하나님께서 이곳으로 오시나요?"

때때로 우리도 이 네 살배기 꼬마처럼 하나님에 대한 개념이 단지 "나타날 것"을 기다리고 있는 것 같다. 그러나 하나님의 임재하심에 관한 가장 첫째 되고 기본적인 개념은 성경에서는 이미 하나님께서 우리를 위하여 기다리고 계신다는 것이다. 즉, 하나님의 친밀함을 마치 우리가 "일으키는 것", "부추기는 것" 혹은 지혜롭게 조작하는 그 무엇이 아니다. 하나님의 임재는 언제나 우리가 어딘가로 "들어가는 것(Come into)"이다.

이것이 바로 베델에서 꿈을 꾸고 깨어난 야곱이 외친 이유이다. "여호와께서 과연 여기 계시거늘 내가 알지 못하였도다....두렵도다 이곳이여! 다른 곳이 아니라 이는 하나님의 전이요"(창 28:16-17). 이것이 바로 시편 기자가,

"노래하면서 그 **앞에 나아갈지어다**.... 감사함으로 그 문에 **들어가며** 찬송함으로 그 궁정에 **들어가서**"(시 100:2-4)라고 한 이유이다.

자기 계시의 하나님과 예배의 과정

이 모든 것이 건전하고 좋다. 그러나 하나님께서는 우리가 그의 존전으로 "들어 갈 것"을 기다리고 계신다는 사실과는 달리, 교회 출석하는 사람의 34%가 예배 중에 하나님의 임재를 체험한 적이 없다고 하며, 단지 27%만이 가까스로 체험하거나 혹은 확신할 수 있다고 하는지 이해하기가 어렵다. 하나님의 임재를 실제로 "주문을 외어 불러낼 수" 있는 것이 아니지만, 하나님의 자기 계시도 자동적으로 주어지는 것은 아니다. 야고보서 4:8은 "하나님을 가까이하라 그리하면 너희를 가까이 하시리라"고 분명하게 말한다. 실제로 하나님께서는 자신을 나타내 보이시려고 기다리고 계시지만, 또한 우리가 그에게로 가까이 나아오기를 기다리고 계신다. C. S. 루이스는 이 구절을 다시 이렇게 기술하고 있다. "예배는 하나님께서 자신 앞에 있는 인간과 의사 교환하는 과정이다."13)

하나님의 임재와 말씀

"하나님께 가까이 나아가는" 예배의 과정 중에 절대 필요한 몇 가지 요소가 있고, 그 중 하나가 진리이다. 시편 145:18에서는, "여호와께서는 자기에게 간구하는 모든 자 곧 **진실하게** (역주: 영어 성경에서는 진리(Truth)로 되어있음) 간구하는 모든 자에게 가까이 하시는도다" 진리, 즉 하나님의 말씀은 하나님의 임재를 체험하기에 앞서 늘 선행되는 조건이다. 말씀은 하나님께서 자신을 계시하기 위한 첫번째 장소이다 -단지 말씀을 읽고, 선포하는 것뿐만이 아니라, 찬양이나, 기도나, 성찬예식이나, 세례나, 간증이나, 발표(회) 가운데서도 계시하신다.

하나님의 임재를 체험함에 있어서 진리가 그렇게 중요한 이유는 무엇인가? 첫째, 진리의 말씀은 하나님에 대한 우리 마음을 사로잡고, 혼란스러운 체험을 주는 잡신들과 구별되게 해 준다. 둘째, 우리가 말씀이신 예수 그리스도가 실제로 진리로 성육신(요 1:14)하신 것으로 여긴다면, 우리가 실제로 말씀 속에서 하나님을 만난다는 것이 분명해 진다. (진리와 말씀에 관한 문제는 다음에 나오는 지식 부분에서 좀더 자세히 다루겠다.)

만약 진리 혹은 말씀이 하나님의 임재를 체험함에 있어서 그렇게 중요하다면, 매주일 성경 봉독과 교독문을 읽는 예배에서는 여전히 하나님이 빠져 있는 것 같은데 왜 그런가? 그 이유는 하나님께서 말씀을 형식적으로 펼치는 것이 아니라 우리 가운데 거하고 뿌리를 박아(골3:16) 살아서 역사하는 말씀을 선택하셔서 자신을 계시하기 때문이다. J. I. 패커는, "오직 기록된 말씀을 읽을 때 살아 계신 말씀(예수)과 관계를 갖게 되며, 성경은 하나님께서 의도하신 대로 빛과 생명의 통로가 된다"고 말한다.14)

실제로 우리의 마음은 딴 곳에 있고 입술로만 전능하신 그분을 존경하는 일도 가능하다(마 15:8). 예수님께서 반복하여 말씀하셨듯이 이런 류의 예배는 "헛것"이다. 예배는 지루하게 "되풀이"되는 종교가 아니다(9절). 예수께서 바리새인에게 말씀하셨듯이 "하나님께 속한 자는 하나님의 말씀을 듣나니 너희가 듣지 아니함은 하나님께 속하지 아니하였음이로다"(요 8:47).

하나님의 임재와 찬양

예배 드리는 가운데 하나님께서 자신을 계시하기 위해 선택하시는 두 번째 요소는 전심으로 부르는 우리의 찬양이다. (여기서 말하는 "찬양"은 하나님이 누구이시며, 어떤 일을 하셨는지에 대하여 그분을 높여드리는 모든 것을 다 포함한다: 즉, 예배, 사모, 영광, 감사 등등.) 시편 22:3에서, "이스라엘의 찬송 중에 거하시는 주여 주는 거룩하시니이다"라고 기록되어있다. (역주: 저자는 NIV성경에 분명하지 않은 점을 King James Version 성경을 들어 강조하지만 한글 개역 성경은 이것에 대해 분명하게 제시되어 있어 같은 구절을 두 번 번역하는 번거로움을 피했다). 어떤 종류의 성경을 사용하든지, 메시지는 똑같다: 우리가 예배 중에 하나님을 높일 때에, 특별히 예수님의 이름으로 그렇게 할 때에(마 18:20), 그분은 우리 가운데 나타나신다.

예배를 인도하는 것: 하나님의 마음에 맞도록 사역하는 것

불행하게도, 만약 우리 리더들이 살아 있고 영원히 거하는 말씀과 함께 예배를 드리지 않는다면, 그리고 신실하게 전심으로 찬양을 드리지 않는다면, 지루하게 반복되는, 프로그램으로 짜여진 채로 열심을 내고 또 무대 위의 기술이 얼마나 뛰어나든 간에 하나님의 임재를 조성할 수 없을 것이다. 예배를 "보잘것없는 것"으로 만들어, 우리들 가운데 몰려다니는 교인들은 더 나아진 것이 없는 채로 성전을 떠나가게 될 것이다.

예배 드리는 자로서 혹은 그렇지 않든 우리들 목사와 예배 사역자들은 사람들이 하나님의 임재를 느끼든 그렇지 못하든 **영향을 끼친다**. 감사하게도, 우리의 방식을 가지고 하나님의 마음에 맞게 할 수 없다는 것이다. 또한 거룩하게 들리는 문구로도 하나님의 엄청난 영광을 불러낼 수 없는 것이다.

그러나 하나님께서는 우리가 신령과 진정으로 예배 드릴 때에 -우리가 살아 있는 말씀을 선포하여 그 말씀이 마음 속에 심어져서 입술로 신실하고도 정직한 찬양을 올려드리는 것- 자신을 계시하신다. 하나님의 존전으로 이끌어 갈 수 있는 자들은 진정으로 예배 드리는 자이어야만 하며, 니스트롬이 묘사한 대로 우선 순위를 하나님의 마음에 합한 것으로 사역을 삼는 자이다.[15] 예배 사역 전문가인 브리안 도엑슨은 이렇게 말한다:

> 내가 예배를 인도하려고 사람들 앞에 섰을 때에, 나는 내 스스로가 말을 잘해서 또는 그들의 감정을 자극해서 하나님을 예배하도록 만들 수 있다고 확신할 수 없다는 것을 잘 알고 있다. 나의 첫번째 바램과 과제는 내 스스로 하나님을 예배하고 그분께 나의 삶과 사랑을 또다시 드리고 ... 만약 하나님께서 내게서 손을 거두어 버리신다면, 나의 말과 찬양은 바닥으로 떨어지고 아무런 영향을 주지 못한다는 것을 알고 있다. 나의 유일한 기도와 소망은 하나님께서 임하셔서 그의 생명을 우리의 예배와 삶 속에 불어넣어 주시는 것이다.... 이 빛 가운데 나는 나의 삶을 예배의 산 제사로 드리고 싶다.[16]

필수 요건 #2: 지식 -그리스도 중심의 예배

전체적인 그림

우리가 예배 드리는 대상이 **누구인지**를 아는 것은 진정한 예배의 두번째 요건이다. 우리가 모르는 하나님과 관계를 가질 수 없는 것이다. 진정한 예배 가운데 예배로 복음 증거하며, 우리도 형태가 없는 인격적인 존재와 상호 관계를 맺지 않는다. 성경에 계시된 영원하고, 변함없고, 거룩하고, 의롭고, 진노하시고, 올바르시고, 통치하시며, 질투하시며, 자비로우시며, 사랑이 많으신 하나님을 우리는 예배한다.

이것은 하나님의 말씀이 계시된 하나님의 속성이 우리가 드리는 예배의 일부가 되어야 함을 의미한다. 스프라울은, "우리가 하나님이 어떠한지를 알기 전까지는, 성경에 있는 어떤 것도 이해가 안 된다. 하나님의 공의, 진노, 자비, 거룩함을 이해하지 못하면, 복음에 나타난 하나님의 용서와 은혜의 메시지를 온전히 이해할 길이 없다. 하나님의 속성으로 볼 때 십자가가 있어야 한다는 이유를 이해하지 못하면, 십자가(공로)가 전혀 이해되지 않는다"고 했다.[17]

그럼에도 불구하고, 만약 우리의 예배가 그리스도인을 위한 것이라면, 십자가와 부활의 의미를 알고 있는지 명백히 해야 하지 않겠는가! 구약의 부분적인 (하나님의) 이미지에 고정되어서는 안 된다. 예수 그리스도로 성육신 하셔서 우리에게 자신을 "명확하게 알리신" 하나님을 예배해야 한다. 성경은 이것을 분명하게 말한다: 아버지여, 만약 우리가 하나님과 관계를 맺고자 한다면, 우리로 하여금 아들을 보게 하소서. 예수님께서도, "나를 본 자는 아버지를 보았거늘"(요14:9) 이라고 하셨다. 히브리서 1:3에서도 예수님은 이 말씀을 확증한다: "이는[예수 그리스도] 하나님의 영광의 광채시요 그 본체의 형상이시라." 요한복음 1:18에서도, "본래 하나님을 본 사람이 없으되 아버지 품속에 있는 독생하신 하나님이 나타내셨다"고 계시한다.

예수 그리스도만이 하나님을 아는 방법이다. 그러나 더욱 중요한 것은 예수 그리스도만이 유일하게 하나님께로 나아갈 수 있는 통로이다. 우리는

"성소에 들어갈" 담력을 얻었는데, 오직 "예수의 피를 힘입어" 또한 "우리를 위하여 휘장 가운데로 열어 놓으신 새롭고 산 길이며, 휘장은 곧 저의 육체이다" (히10:19-20). 그리하여 그리스도인의 예배는 오직 예수로 말미암아 이루어진다. "우리가 **예수로 말미암아** 항상 찬미의 제사를 하나님께 드리자 이는 그 이름을 증거 하는 입술의 열매니라 (히 13:15)."

우리 가운데 어떤 이들은 우리가 믿는 이 점에 대하여 삼위일체의 한 인격만 지나치게 강조한다고 생각하고 반발한다. "우리의 예배가 성령의 기름부으심바 되지 않았는가! 하나님의 임재를 느끼거나 성령의 운행하심을 감지하기 위해서 그리스도에 관하여 노골적으로 표현할 필요는 없다"고 생각할지도 모르겠다. 그러나 성경에서는 이 점에 관하여 이렇게 강조한다: 예수 그리스도께서 승천하신 후에, 성령님(하나님의 임재의 특별한 현현)은 **언제나** 그리스도의 사역(말씀)에 접목되어 있다. 약간의 공간을 두고서 저쪽 어디에서 사역하고 있는 것이 아니다.

삼위일체 하나님은 전적으로 하나의 통일체로 표현된다. 단지 그리스도는 아버지가 보내신 것을 말하고(요 3:34), 성령은 오직 그리스도에 따라 말하고 역사한다(요 14:26, 16:13). 예수님이 승천하신 이후로, 예수 그리스도와 다른 성령의 나타나심이나 거하심의 체험을 하지 않았다.

밥 소오지는, "때때로 사람들이 나에게, '예배드릴 때에 그리스도의 몸(교회)을 향하여 하나님이 지금 말하고 계시다고 생각합니까?'라고 질문한다. 단순히 나는 '예수, 예수, 예수'라고 대답할 것이다. 그는 모든 예배의 알파와 오메가이다. 예수를 초점으로 하지 않는다면, 당신은 이곳에서 떠나가야 한다"고 말한다.18)

시대에 뒤떨어진 예수

오늘날 복음주의 예배에서 예수 그리스도와 복음에 관하여 아주 조금 언급된다는 것은 전적으로 어처구니없는 것이다. "복음주의적"이라는 것은 "복음" 즉, 예수 그리스도의 기쁜 소식을 선포하는 것을 뜻한다. 그러나 예배 가운데, 예수 그리스도에 대해 조금이라도 언급될 수 있다면, 다행일게다! 예수의 삶과 죽음과 부활은 복음주의자들에게 있어서 시대에 뒤떨어지는 것 같은 분위기가 증가하고 있다. 우리는 회심한 그 순간 이후로 마치 모든 것이 자신의 것인 양 찬양하고, 기도하고, 연주하고, 설교한다.

많은 그리스도인들이 예수는 길이요, 진리요, 생명(요 14:6)임을 입술로 부인하는 사람들의 사고(思考)에 대하여 움츠려든다. 우리는 구원받지 못한 자들에게 이 구절을 충실히 인용한다. 그러나 죄인들의 기도에 "아멘"이라는 소리가 입술에서 채 마르기도 전에, 우리는 복음을 규율의 책으로 던져 넣는다. 우리가 만든 많은 규율은 하나님을 기대함에 있어서 별 상관이 없고, 오히려 이 규율들은 확실하게 굳어진 종교적 문화사조로써 우리 스스로가 만든 조항(Codes)에 불과하다.

윌리암 헤드릭스가 말한 대로 은혜가, "신학적 허구(Theological fiction)"[19]가 되어 버렸다. 우리는 기능적인 율법주의의 소용돌이에 휩쓸려지고 있는 것 같으며, 헨드릭스은 우리가 경험하고 있는 부정한 손실들이 이에 대한 직접적인 결과라고 믿는다:

현 시대의 미국 개신교는 루터나 칼빈이나 다른 개혁자들이 눈물의 대가를 치르고 또한 그리스도께서 피로 사서 세운 신학의 기초에서 뒤로 물러나고 있다.... (Exit Interviews의 인터뷰를 했던) 존이 지적하듯, "거의 모든 복음주의 교회가 가치를 두고 가르치는 것은 구원은 은혜로 이루어진다는 것이다. 그러나 누군가 은혜를 받게 되면, 은혜는 곧 잊혀지게 되고, 그리스도인의 삶은 믿음과 사역과 결합되어진다. 대다수의 교회가 은혜를 선포하고 사역으로 살아간다"고 본다.

이야기에 이야기를 거듭하면 지루할 뿐이다. 결과는 언제나 비극적이다. 아마 가장 큰 비극은 사람들이 용서하고 죄책감을 끊어 버리고 자유롭게 해 준다는 약속을 하는 것이다. 계속해서 이것이 만성적 율법주의로 변해간다. 매번 이룰 수 없는 큰 기대를 주체하지 못하고 비틀거린다. 사실상 영성과 관련된 모든 것들이 ... 요구라는 이름으로 경직된다. 그리고는 실패로! 결코 만족함이 없다. 다시 재시도해 보지만, 그것으로 하나님을 기쁘시게 해 드린다는 확신을 가져서 쉼을 얻지 못한다. 그리하여 은혜는 신학의 허구가 되고 만다. 그럼에도 불구하고 은혜의 하나님에 대한 소문은 여전히 남아 있다. 일단 사람들이 바라던

것이 거부당하고 있는 것을 알게 되면, 속았다는 느낌을 갖게 되고 분을 내게
되고 출구로 향해 곧장 나아간다.[20]

복음주의에 있어서 비즈니스가 우리에게 있지 않고 하나님에게로 있도
록 변화시키는 성서적 이해는 어디에 있는가? 패트릭 케이퍼트의 말을 빌
리자면, "만약 하나님이 능동태 동사의 주어가 아니면, 그 문장은 복음적이
지 아니며 … 하나님은 우리 구원의 주인공이며 주체이다."[21]

전에 교회 다니던 형제 가운데 한 명은 사역에 대한 교회의 변함없는 선
입견에 넌더리를 내고는 은혜에 대한 연구를 중단해 버렸다: 신약에는 120
구절이 넘게 은혜에 관하여 언급되어 있으며 … 놀라운 것을 발견하였다.
신약에서 은혜에 관하여 언급된 대다수가 (회심) 구원과는 별로 관계되어
있지 않고 … 주로 그리스도인의 삶의 다른 면들에 관해 언급된 구절과 관
계 있다.[22]

이 평신도 스스로가 발견한 것은 500년 전 개혁자들이 교회를 복원하려
고 한 일: 오직 성경, 오직 믿음, 오직 영광에 버금간다. 성경의 절대적인
권위에 의해, 우리는 오직 믿음의 선물과 하나님의 은혜의 능력에 의해 하
나님과 구원의 관계, 성화의 관계로 나아갈 수 있다는 것을 알고 있다.

복음은 단지 구원을 위한 능력만이 아니라 그리스도인의 삶을 살아감에
있어서 유일한 것이 된다(롬 8:1-3). 만약 그렇지 않다면, 왜 히브리기자는
우리에게, "믿음의 주요(칭의) 또 온전케 하시는(성화)이인 예수를 바라보
자"고 하였겠는가? 왜 그가 "저가 한 제물로(예수) 거룩하게 된 자들을 영
원히 온전케 하셨느니라"고 기록하였겠는가(히 10:14)?

이 진리로 우리 마음속과 생각을 굳게 할 필요가 있다: 율법은 우리에게
무엇을 해야 하는 지를 말하지만, 복음은 우리에게 하나님께서 우리를 위
해 하신 일과 율법이 요구하는 것을 할 수 있도록 능력을 준다(롬 7:4-6, 엡
3:16-21). 율법은 나의 죄를 보여 주어 그것을 정죄하면서 죄의 악순환을 반
복하고 죄책감만 더 들게 한다(롬 7:8-11). 반면에, 복음은 내 죄를 용서하
고, 죄의 노예로 되어 있는 나를 해방시켜 준다(롬 6:18).

그러나 교회는 이 "자유함"에 대하여 꽤 두려워하는 것 같다. 한 평신도

성경 연구가의 결론을 들어 보자:

> 교회는 다소...은혜에 경직되어 있다.... 많은 목사님들과 평신도들이, "은혜에
> 관한 것도 좋지만, 너무나 강조하는 것 같아. 아마 사람들이 살인자가 되어 버
> 리는 것으로 끝나겠어"라고 말한다.... 교회의 수준이 형편없고, 사람들의 삶이
> 엉망으로 망가져 버린 이유가 무엇 때문인지 의아해 한다. 그것은 사람들이 생
> 각하는 대로 살인자와 간음한자와 같이 되도록 우리가 너무 은혜를 선포해서
> 가 아니다. 그것은 은혜에 깊숙이 들어가지 않았기 때문이다. 은혜가 깊어
> 질 때에, 내면 속 깊이 뿌리 박혀 있는 하나님을 기쁘시게 하고자하는 소원
> 을 감동시키게 된다.[23]

바울은 이점을 더욱 분명하게 한다: 그것은 오직 율법 밖의 일이요, 그리
스도께서 흘리신 보혈과 부활의 능력으로 말미암아 신자들은 하나님을 위
하여 어떤 열매든 맺을 수 있다(롬 7:4-6). 이 사실을 굳게 잡고 율법에 연약
하게 묶여 있는 우리 자신과 다른 이들을 자유롭게 해 줄 필요가 있다. "육
체를 신뢰하는 것"을(빌 3:3) 중단할 필요가 있으며, 전적으로 그리스도의
용서와 변화시키는 능력을 의지할 필요가 있다. 예배에 관한 한, 우리는 올
바르게 예수님께 영광을 돌릴 필요가 있으며, 생명을 주는 -예배의 중심-
복음에로의 환원이 필요함을 의미한다. 이 원리가 예배를 기획함에 있어서
어떤 영향을 끼치는지 살펴보자.

주사위 놀음

대다수의 예배 기획가들은 예배를 계획할 때에 일종의 청사진을 가지고
짜간다. 가장 기본적으로는, 메시지의 제목을 정하고, 거기에 맞는 찬송을
찾는다. 비록 찬양이 중요하지만, 소수의 곡들로 예배를 충분하게 채울 수
없음을 알고는 메시지를 보충할 수 있는 드라마, 비디오, 무용, 기발한 성
경의 표현 등등으로 구상한다. 그러나 이런 것의 저변에 깔린 원리는 같다:
매주일 백지를 갖고서는 목사님의 말하고자 하는 것에 따라 나머지 것들을
구성하는 것이다.

여기서 발끝으로 걸어가는 느낌 때문에, 예배를 구상함에 있어서 백지식 접근법(Blank-slate approach)에는 문제가 있다고 본다. 만약 우리의 예배가 복음 전도와 그것을 세우는 일에 관계된다면, 복음의 내용과 복음에 반응하는 것은 중대한 일이다. 그러나 만약 우리가 백지식 접근법을 사용한다면, (예배 드림에 있어서) 복음이 있을 수도 있고, 없을 수도 있다. 거의 주사위 놀음식이다. 만약 목사님의 "금주의 주제"가 그리스도의 무조건적인 사랑과 대속의 희생과 연관지어진다면, 괜찮은 것이다. 만약 그렇지 않다면, 7일 동안 그리스도를 놓치고 마는 것이다.

일부 교회들은 이 문제를 예배의 끄트머리에 가서 재빠르게 (영접을 위한) 초청하는 것으로 해결하고 있다. 그러나 이것은 아주 부적절하며, 초대 교회 그리스도인들이 하던 일과는 거리가 멀다. 비록 그들의 예배 중에 시편을 노래하고 구약 성경을 읽고 하는 것이 있었지만, 이런 요소들이 언제나 다시 살아나신 메시아의 관점에 비추어 재해석 되었다. 그들의 예배는 문자적으로 복음을 중심으로 진행되었다. 사도들의 일화를 통하여 그리스도의 삶과 죽음과 부활에 초점을 두고 그리스도에 관하여 찬양을 하였고, 서로서로 집을 방문하면서 함께 성찬식을 하였다. (그렇다 매번 그렇게 하였다. 상상해 보라!) 로버트 웨버는, "신약시대의 예배는 예수의 삶과 죽음과 다시 사심에 대한 복음에 반응하는 것이었으며....죄에 대한 용서는 그리스도의 사역의 결과이며, 그리스도의 십자가 사건의 결과로 악을 전적으로 물리칠 수 있었다"고 말한다.[24]

그래도 우리가 그리스도의 사역에 대한 성경 한 구절이라도 들을 수 있다면 다행한 일이다. 왜냐하면, 백지식 예배는 이미 복음에 대하여 "초월한" 기존의 신자들을 위한 형태로 발전된 것이기 때문에 그렇다. 이번 주의 설교 메시지는 한 주간을 위한 개개인의 거룩함을 위한 티켓(Ticket)이므로, 그 외 예배시간에 하는 모든 일, 즉 드라마나, 비디오나, 독주 등은 메시지를 보강해 줌에 있어서 필요한 것에 지나지 않는다.

요리책과 같은 기독교

목사도 다른 사람들과 같아서 완전하지 않으며, 그들의 설교도 그러하다. 때때로 이들은 공식화된 성경구절을 만드는 것보다 성경말씀을 흥미롭고 기억하기 쉽게 만드는 공식을 만드는 것에 더 흥미를 갖는다. 90년대 교회 간에 경쟁이 치열하던 분위기 속에서는 옛날 만담가들이 재주를 습득하듯이, "기술하나 가졌구먼"이라고 말하는 것은 우리가 생각하는 그 이상의 설교를 하는 것을 의미했다.

그러나 이러한 감상주의보다 더 형편없는 "조각난 예배(Piecemeal worship)"를 드리는 경향이 증가하고 있다. 비록 잘 계획되었다손 치더라도, 하나 혹은 일련의 원리에 근거해서 드리는 백지식 예배를 추종하는 것은 예배와 기독교의 진리를 거의 바닥나게 만든다. 이것이 바로 목사의 설교가 "방법론(How-to)"의 정보를 주는 것에 치중되어 있는 경우에 해당한다. 이렇게 응용하고 있는 것을 험담하고 있는 것은 아니다. 우리는 하나님께서 그의 백성의 삶에 대하여 말씀하시는 것을 연관시키는 것이 아닌 추상적인 것을 붙잡느라고 수십 년을 소모했다. 그래서 하나님께서 이미 가장 중요한 것을 말씀하신 것을 삶과 관련짓는 능력을 상실해 버린 것 같다.

율법과 복음의 조화에 대한 루터의 설교원리가 적용되고 있는가? 기독교의 원리를 적용함에 있어서 예수 그리스도안에 있는 하나님의 완전한 계시의 커다란 틀 안에서 늘 이루어져야 할 필요가 있다. "The Treasures of the Disciplined Life"는 잠언을 기초로 하여, 12부분의 메시지 시리즈로서 예수 그리스도안에 있는 하나님의 계시된 본성을 구체적으로 말하고 있으며, 복음에 초점을 맞추고 있다고 본다. 그러나 혹시 그렇지 않을 수도 있음도 다시 언급해 둔다. 이것은 매우 훌륭하지만 단정적으로 말해서 기독교 서적이 아닌, 성공한 사람들의 7가지 습관[25]을 요약한 것이기 때문이다.

예배나 그리스도의 삶을 "조립식(Do-it-yourself)" 접근법으로 조각 맞추기를 하는 것에 대하여 교인들이 어떻게 반응하는가? 윌리안 헨드릭스는 Exit Interviews에서 다음과 같이 보고한다:

나와 함께 이야기하게 된 사람들은 공식에 맞추어 포장된 기독교에 대하여 극단적으로 무관심을 보였다. 그들의 경험에 비추어 보면, 솔직히 영적 성장을 저해하는 약간의 노력 때문에 오해하고 있었다. 게다가 단순한 증거 자료나 기발한 도표로 복잡한 진리를 설명하려고 노력하는 것도 거절하였다. 그들이 말하는 거의 모든 말에는 빈정거림, 조소함이 있었다. 그들은 "요리책과 같은 기독교"를 신봉하였고, 결국 비참하게 실패하였다.[26]

첫인상

"요리책"과 같이 조각모음의 기독교가 우리 신자들에게 부정적인 영향을 끼치고 있다면, 몰려다니는 교인들에게는 어떠할는지를 상상해 보라! 매주 마다 독자는 진리의 조각들을 모아서 이해할 수 있는 그 무엇을 만들려고 부단히 노력하고 있지도 모르겠다. "하나님의 금전 관리의 기적"이라는 8주간의 예배가 끝나도 하나님에 대한 정확한 그림을 갖기가 매우 힘들었을 게다. 교회성장의 추종자들은 교회 행사에 있어서 첫인상은 가장 중요한 것이라고 강조하는데, 몰려다니는 교인들(불신자) 자신들이 필요로 하는 그 무엇을 가졌다고 확신할 수 있는 유일한 기회라고 보기 때문이다. 이것이 사실이라면, 복음을 러시아 룰렛게임처럼, 몰려다니는 교인들이 운좋게 맞추어 올 것을 희망할 것인가? 백지식 접근의 예배는 큰 도박이다. 일관된 복음의 내용을 확신시키지 못하기 때문이다.

하나의 특별한 주제만을 전달하는 것은 예배에 있어서 부적절하고, 만약 그것이 복음증거를 위한 것이라면, 심지어 성경적인 목적에도 맞지 않는다. 진정한 예배는 "오늘의 진리"를 전달하는 것이 아니라 사람들과 구세주와 관계 있다. 분명한 것은 예배는 그리스도의 삶의 특별한 영역에 초점을 맞추어야만 한다는 점이다. 그러나 만약 예배가 복음 전도와 그것을 세워주기 위한 것이라면, 예수 그리스도를 중심에 모실 필요가 있다. 좋은 주제에 가려 복음을 모호한 것으로 또는 하위에 두는 일도 중단할 수 있다. 게다가 냉동 건조된 콩알만한 크기의 인스턴트 식품처럼, 예배 끄트머리에 삽입하는 식의 일괄된 프로그램도 중지할 수 있다. 진정한 예배는 복음 전도가 되며, 이런 예배를 통하여 신자들은 복음에 전적으로 상관관계를 갖게 된다. 진정한 예배를 드릴 때에 우리는 찬송과 기도와 말씀과 성찬과 모든 예식을 통하여 구속의 실체로 들어가게 된다.

지금은 신화 -그리스도은 신자의 삶을 사는데 부적절하며, 그리스도에 관한 말씀은 예배를 드림에 있어서 적절하지 않는 메시지이다- 를 부수어 버릴 때이다. 그리스도만이 우리가 신자의 삶을 제대로 살게 해주는 유일한 길이며, 우리가 예배 드릴 수 있는 유일한 길이며, 불신자에게 영향을 미칠 수 있는 유일한 길임을 확신한다.

거절당하는 예수

신자로서 우리가 "우리들을 위한 예배 (Believer's worship)"에서 복음을 삭제해 버리는 이유 중 하나는 이미 그것을 초월했다고 생각하기 때문이다. 또 다른 이유는 몰려다니는 교인들(불신자)이 복음을 반대하고 거절한다고 생각하기 때문이다. 그러나 몰려다니는 교인들 중심으로 드려지는 예배를 보면, 아주 합리적임을 알 수 있다. "우리는 밀어붙이기 식으로 하기를 원치 않는다"고 논박한다. 흥미로운 관점이라고 본다. 그러나 본인은 사도 바울이 이것에 대하여 관대하였다고 보지 않는다: 내가 복음을 부끄러워하지 아니하노니 이 복음은 모든 믿는 자에게 구원을 주시는 하나님의 능력이 됨이라(롬 1:16).

구원의 메시지에 반대하는 사람들을 두려워함은 더 큰 문제라고 본다. "우리는 사람들의 숫자에 사로잡혀서 그들의 영혼의 회심에 덜 관심을 갖는 것 같다"고 어떤 목사님은 말했다.[27] 즉, 우리들 가운데 더러는 불신자들을 교회로 나오게 하기 위해서 "할 수 있는 모든 일"을 기꺼이 하지만, 그리스도께로 진정 그들을 이끌지 못한다. 만약 이런 사례가 소수의 교회에 해당한다고 하더라도, 거듭난 교회를 위하는 차원에서 보면 진정 비극의 시대인 것이다.

복음의 대체품

복음의 메시지를 희석하고 삭제하는 동기가 무엇이든 간에, 그 결과는 우리 가운데 많은 사람들이 더 이상 사도 바울의 로마서 1:16의 말씀 "이 복음은 모든 믿는 자에게 구원을 주시는 하나님의 능력"임을 심각하게 받아들이지 않는다는 것이다. 그러나 2,000년 후에도 바울은 옳다고 본다. 기술은 구원을 주는 능력이 되지 못한다. 환대하는 태도 그 자체는 구원을 주는 능력이 없다. 심리학도 구원을 주는 능력이 되지 못한다. "방법론적(How-to)" 기독교도 구원을 주는 능력이 되지 못한다. 복음이 구원을 주시는 하나님의 능력이며, 우리가 가진 기술과 환대의 태도와 심리학과 "방법론"은 복음을 돕는데 필요할 뿐이다. 복음증거의 예배는 하나님의 어린양을 높여 드린다.

잠시 여기서 독자가 이번 주 예배를 어떻게 구상하고 있는지 생각하는 시간을 가져 보자. 아동학대를 하는 이웃 여인이 그녀가 시청하는 "Psychic Network"쇼에서 본 것과 하나님과 다르다는 것을 보여줄 수 있겠는가? 과연 그녀가 "만약 그렇게 생각한다면, 하나님께서 그렇게 하실 수 있다"라는 제목의 메시지를 듣고, 한 시간 동안 "가능성의 기독교"를 경험하고 난 뒤에 자신의 자학과 죄책감을 어떻게 다루어야 할지를 알게 될 것이라고 보는가? 혹은 도박에 빠진 젊은 남자를 상상해 보라. 그가 "절제를 개발하라"는 자기 스스로의 노력으로 도덕성을 지키라는 이번 주의 반복적인 설교로 자신의 습관을 버리고자 하는 동기유발이 일어나겠는가? 간음으로 온통 정신 없는 여인을 생각해 보라. 뜨겁게 달아오른 예배 밴드와 인상적인 비디오상연으로 그녀를 묶고 있는 자멸의 사슬을 끊고 자유롭게 해 줄 능력을 발견하고 하나님의 사랑을 체험하겠는가? 끝으로 지난밤에 아들과 싸움을 하여 슬픔에 잠긴 한 아버지는 어떤가? 그가 과연 자신을 위하여 애를 태우며 하나님의 실체를 체험시키도록 하기 위해 도움과 선대와 희망을 가지고 오는 그리스도인을 보게 되겠는가? "상처 입어도 좋으며, 의심해도 좋으나, 고통의 깊은 곳에서부터 하나님께 부르짖으면 더욱 좋겠다"는 메시지를 들을 수 있겠는가? 기독교인은 오직 늘 웃을 수 있고 자신들의 행동을 잘 조절하는 사람을 위한 것이라고 확신하고 달아나 버리지는 않겠는가?

그리스도가 중심

종교로서는 그 어느 것도 복음화하지 못한다. 그러나 만약 그리스도가 우리들이 드리는 예배의 초점이 아니라면, 우리가 가지고 있는 모든 것은 단지 종교에 불과하다. 우리가 앞서 언급한 사람들을 위한 희망을 품는다면, 그들에게 그리스도를 주는 것이다. 기독교 음악 가운데 유명한 곡이 떠오른다. "삶에 어떤 좋은 일이 있다면, 그것은 예수님으로부터 온다네."[28]

진정한 예배는 예수 그리스도안에서 알게 된 하나님을 지속적으로 부끄러워함 없이 높여 드리는 것이다.

필수 요건 #3: 자발성 -하나님께 마음 문을 여는 것

알고자 하는 갈망

건전한 예배는 우리로 하여금 가장 긴밀한 수준에서 하나님을 알게 해준다. 이것은 다윗이 갈망했고 자신을 완전히 드릴 수 있었던 친화력(Intimacy)이다. 그러나 이것은 우리들도 마찬가지로 바라는 바이다. 전도서 3:11에서 말하듯이, 창조자와 방해받지 않고 교통하려는 갈망을 우리들의 영혼에 새겨두신 것이다. "하나님께서 사람에게 영원을 사모하는 마음을 주셨느니라."

우리가 하나 님을 친밀하게 **알려고** 할 수록, 또한 더욱 **알고 싶어하게** 된다. 우리 마음 속 깊은 곳에서는, 우리 삶이 기록된 책을 그분 앞에 펼쳐 놓고, 내용이 무엇이든 상관없이 우리를 얼마나 사랑하시는지를 알고자 하는 자발성이 생기게 된다. 역사적으로 보면, 이러한 갈망은 특별한 장소에서 강력하게 일어난다〉 천년의 고개를 넘어서면서 인간존재에 대한 자기폭로는 상당히 위험한 행동으로 여겨진다. "무엇이든 상관없이"식의 사랑은 희귀한 것이 되고 만다.

결과적으로, 매우 소수의 사람들만이 충성된 관계의 미지의 경계선을 향해 모험을 하게 된다. 심지어 가족들과 친구들과도 원만하게 일정한 거리를 둔다. 관계성의 위험이 증가되고 있는 상태에서, 관계성의 문제들을 도와 해결하고자 하는 갈망이 (미국의) 불신자들의 "교회 구함(Church want)" 명단의 맨 앞에 있음도 놀랄 일이 아니다.[29] 와드 클락 루프은, "종교는 대단한 위기감이 고조될 때 인간을 감동시키는데, 그것은 이때야말로 아주 개인주의적인 사람들이 기관 단체와 연결될 수 있는 유일한 시기이기 때문이다 -아마 가장 의미 있는 시간일 것이다.[30]

붐머세대: 중년기를 마치면서

특별히 붐머세대는 이런 "큰 위기"를 점점 더 직면하고 있다. 그들 세대 간에 관계성과 감정의 부작용들이 쌓여지고 있다. 결과적으로, 붐머들은 늦게나마 스스로 자각하는(Self-awareness) 방향으로 옮겨가고 있는 듯하다. 파울라 리네하트는 이렇게 말한다:

> (붐머)세대가 중년기의 험한 과정을 지나면서, 삶의 비물질적인 부분에 더욱 개방적인 것 같다.... (붐머의)욕구는 자신들이 감정적이고, 관계성을 지닌 존재임을 아는 것에 있는 것 같다. 성(性)의 학대가 증가되고, 관계의 불화와 상처 받은 모습이 많은 (붐머의) 삶 내면에 존재함을 깨닫게 되어, 알콜 중독자로 자라난 십대들을 돕는 그룹이 증가하고 있음을 보게 된다. 우리 문화에서 이렇게 깨어진 부분이 바로 하나님께서 현대인의 마음에 찾아오셔서 그들과 직접적으로 관계를 맺을 수 있는 부분이다.[31]

교회는 이렇게 심하게 상처 입은 부분에 반응을 하고 있는가? 충분하지 않은 것 같다. 도우 머렌은 많은 붐머들이 교회가 자발적으로 그들의 "이런 문제"를 직면하고 도와줄 것을 여전히 기다리고 있다고 주장한다. "붐머세대의 기능 장애가 최고 수준에 있음을 직면해야 함과 ... 고통스러운 문제와 상처 입은 사람들을 민감하게 다루어야 할 필요가 있다."[32]

진실성에 대한 갈망

사회가 자발성을 갈망하고 있음을 어떻게 해석해야 할 것인지에 대해 그리고 그와 동시에 그것을 두려워하고 있지 않는가? 다행히도, 붐머들만이 자신들이 감정적, 관계적, 영적 고립감이 가득해 건강하지 못하다고 알고 있는 것은 아니다. 보편적으로 거의 자발성과 진실성에 대한 끝없는 갈망이 있고, 특히 하나님과 교회에 대하여 그렇다. Exit Interviews에서 윌리암 헨드릭스는 사람들이 교회로부터 절대적으로 "진리와 실체"를 더욱 바라고 있음을 발견했다고 말한다.

종교 상태가 종종 진실성이 결여되어 있다는 느낌을 갖게 된다. 진리가 선포되지 않고, 사람들도 "진실하지"않다. 기독교 서적과 설교집, 대화가 때때로 "나쁜 일"에 대하여 언급하는 것을 피하는 것 같다. 실제로, 때때로 종교가 본질에서 멀어진 것 같다. 그러나 내가 인터뷰한 사람들 가운데서 만약 믿음으로 삶이 변화되었다면, 냉혹하고 어려운 실체를 직면해야한다고 믿는 자들이 있는 것 같다. 또한 진정한 자아, 죄, 고통과 숨기고 싶어하는 것을 찾아 사람들의 내면으로 들어가야 할 것이다.[33]

교회의 많은 지도자들의 태도와 헨드릭스가 발견한 것과 비교해 보라: "무엇을 하든지 긍정적으로 하시오. 활기 넘치게 하시오. 나쁜 것들은 저 밖에 있다. 우리는 주일날 아침에 사람들을 침울하게 할 필요가 없지 않는가!" (심지어 어떤 목사님은 다른 교회의 지도자들에게 단조의 음악을 절대로 사용하지 말라고 조언한다.)

최근에 최신 문화로 증명된 자료에 기초하여 자신의 예배전략을 구상하는 것을 자랑스럽게 여기는 한 예배사역자와 인터뷰를 하였다. 절대적인 확신을 가지고, 그는 이렇게 말했다. "연합 예배로 훈련할 수 없죠. 개인과 가정의 문제들을 다룰 수도 없죠. 도전을 줄 수도 없죠. 그룹의 형태로서는 제대로 될 수 없죠. 오늘날 사람들은 1,200명의 군중들 속에서 자신의 연약함을 드러내기를 원하지 않거든요." 이에 대하여 본인은 만약 교회 크기가 결정적인 요소라면, 작은 규모의 교회에서는 사람들이 더욱 쉽게 진실해지고, "실체를 발견" 할 수 있지 않겠느냐고 물었다. 놀랍게도 그의 대답은, "아니지요. 이것인 바로 90년대 문제랍니다. 사람들이 진실해지고자 하지 않습니다."

정말 90년대의 시대 동향 탓일까? 80년대의 동향은 이에 좀 더 가까웠을 것 같다. Willow Creek Community Church의 리 스트로벨의 말을 들어 보자:

불신자들은 그리스도인의 완벽보다는 진실함을 바라고 있다. 그들은 그리스도인들이 문제가 없는 것처럼 꾸며대는 삶을 원하지 않으며, 그들 역시 힘겹게 살고 있음을 인정하기를 바란다. 불신자 해리와 메리가 그리스도인들의 숨겨진 부분들을 냄새맡기 시작하고서 완벽이라는 가면 뒤에 숨겨진 것들을 보고 있기

> 에 ... 우리가 죄인임을 인정하는 것은 불신자 해리와 메리에게 있어서 (우리들의) 진실한 것의 표징이 되었다. 솔직히 말해서, 그들은 그리스도인의 삶에는 유혹이 없고, 어려움도 실패도 없는 것처럼 보이는 경건에 기만당한 것이다.[34]

우리의 문화로는 슬프게도 (우리가) 바라는 정직한 사회를 이룰 수가 없다. 그럼에도 불구하고 정직은 90년대의 슬로건이 되었다. 그리하여, 어떤 기관단체, 회사, 광고업체들의 교묘하고, 극단적인 방법은 오늘날 소비자들에게서 전적으로 거부당한다고 주장한다.

우리들의 일반적인 생각을 강력하게 직면할 필요가 있다. "예배로 훈련할 수 없다"는 것은 (쉽게 풀어 말하자면, 예배가 사람들의 삶을 변화시킴에 있어서 도움이 될 것을 기대하지 말라는 것이다.) 자료에 근거한 전략도 아니며, 성경에 충실한 해석도 아니다. 이것은 단지 문화적, 신학적 무지에서 나온 것이다. 불행하게도 이렇게 공허하고 거드름 피우는 이야기가 복음주의 영향 중심부에서 일하는 사람들과 기관단체 -뭔가 더 잘 안다고 하는 사람들과 기관단체- 에서 나온 것이라는 사실이다.

우리는 개방적이고, 진실하고, 자발적인 것에 대한 요구를 듣지 못하고 있는데, 그것은 우리가 과거 사람들의 내면에 있는 욕구를 보지 않았기 때문이라고 생각한다. 즉, 우리들은 사람들에게서 "자발성에 대한 두려움"을 읽을 수 있었으나, 그들의 깊은 곳에 있는 자발성에 대한 무언의 욕구들을 인식함에 있어서는 실패하였다. 이러한 가운데, 교회가 진정 세상 사람들이 기대하는 "치료자"의 역할을 제대로 수행하기보다는, 사람들의 영적, 관계적, 감정적 기능장애에 맞추어 예배를 드리고 있었던 것이다.

죄인들의 친구인 교회

"긍정적, 활기찬"것에 강조를 두게 되는 진의는 사람들이 자신이 누구이며 어떤 상태에 있는지를 진정 모르고 있다는 것에 있다. 다시 말해서, "문제가 없다는 것이 문제다(It's not OK to be' not OK')"라는 식이다. 전형적으로 교회가 사람들의 실수와 상처와 고통에 대하여 어떻게 반응해 왔는가? 비판적이었다. 죄책감을 주었다. 그러나 배반이나 죄책감을 바라고 원하는 사람은 없을 게다. 간음 중 현장에서 잡힌 여인과 같이 우리 가운데 대다수가 원하는 것은 그리스도 안에 있는 하나님의 무조건적인 사랑에 대한 진리이다. 깊이 내려가 보면, 하나님의 은혜를 원하고 있음을 알게될 것이다.

이러한 은혜를 발견할 수 있는 장소로서 마땅히 교회가 그런 곳이 되어야 함은 당연하지 않겠는가. 복음은 특별히 그럴만한 능력이 없는 자들을 위한 것이다. 예수님께서도, "건강한 자에게는 의원이 쓸데없고 병든 자에게라야 쓸데 있느니라.... 내가 의인을 부르러 온 것이 아니요 죄인을 부르러 왔노라" 하셨다(마 9:12-13). 그러나 조오지 바아나에 따르면, "미국에 있는 불신자들은 교회가 죄를 지은 죄인들을 내쫓고 있다고 말한다."[35]

만약 우리가 예배로 복음화하고 싶어한다면, 적어도 쉽게 죄인들의 친구가 될 필요가 있다. 희망하기로는 그 이상의 것을 더하기를 바란다. 왜냐하면, 이렇게 깨어져 버린 사회에서는 사람들은 자기 자신들의 죄의 결과를 거둬들이며, 죄로 가득찬 세상에 살아가면서 생기는 결과들로 고역을 치르고 있기 때문이다. 하나님의 용서와 그리스도를 통한 치유의 손길이 무한히 필요하다. 그것을 말로 표현하든 그렇지 않든 간에, 결국 교회 밖으로 Brad와 Brenda를 내보내게 되는 크나 큰 요소 중 하나가 개인적으로 부적절함과 필요를 느끼기 때문이다.

이 사회에서는 사람들이 이런 부적합과 필요를 받아줄 만한 곳이 많지 않다. 실패, 슬픔, 탄식, 상처를 인정하는 것은 패배자가 되는 것이다. 게다가 미국 사회는 패배자에게 가치를 부여하지 않고 승리자에게 가치를 둔다. 그러나 예수님의 마음은 이렇게 표면적인 것과는 정반대이다. 그분은 이렇게 말한다:

> 심령이 가난한 자는 복이 있나니
> 천국이 저희 것임이요
> 애통하는 자는 복이 있나니
> 저희가 위로를 받을 것임이요(마 5:3-4)

무엇보다 더 교회는 실수한 자, 고통 중에 있는 자들을 위한 피난처가 될 필요가 있다. 그리고 예배는 이런 피난처의 출발점이 되어야하며, 죄책감과 상처가 사랑으로 받아들여지는 분위기 속에서 하나님께 이런 것을 표현할 수 있는 교회가 되어야한다.

애통하기 위한 곳

하나님께 상처와 고통을 표현하는 것은 성경에서도 얼마든지 볼 수 있다. 사실상, 소위 성경의 영웅들의 대부분이 아주 솔직하게 하나님께 부르짖었다. 아브라함, 모세, 다윗, 한나, 엘리야, 요나는 자신들의 상처를 하나님께 열어 보인 소수에 불과하다. 아리조나주 그렌데일의 Community Church of Joy의 마크 하이바 목사님은 성경적 애통의 -곤란 중에 있는 사람의 하나님께 대한 가슴에 사무친 부르짖음- 기회는 오랫동안 교회에게 지워진 의무라고 믿고 있다.

> 애통하는 것 그리고 다른 사람들이 그렇게 하도록 허용하는 것이 그리스도인답다....거의 시편의 2/3가 애가로 되어 있고 ... 예수님 자신도 우셨고, 잠을 못 이루셨고, 거할 곳도 없으셨고, 인간의 고통을 담당하기 위하여 자신의 생명을 내려 놓으셨다. 이사야 53장에서는 예수님을 "슬픔과 탄식의 인자"로 묘사하고 있으며 ... 애통하는 것을 거부하거나 금하는 것은 그리스도인답지 않으며, 정직하지 못하며, 건전하지 못하다. 은밀한 것, 수치스러운 것, 꾸며 가장하는 것의 어두운 세력이 애통으로 말미암아 쫓겨가고 ... 하나님만이 유일한 희망으로 생명을 주시는 궁극적인 능력이 되심을 인식하고 ... 애통은 하나님의 무조건적인 사랑과 자비를 신뢰하고 우리가 어떠하든 간에 우리에 대한 사실을 받아들이고 통애하도록 만든다.... 애통함으로써 하나님을 초청하고 구원받게 됨을 확신한다.[36]

애통과 자발성이 함께 병행해 가는 것은 우연이 아니다. 어느 누구도 예배 전체가 애통하는 것으로 끝나기를 원치 않지만, 예배는 단지 열광적이고 흥분되는 것만이 아닌 진정으로 모든 색의 감정 스펙트럼을 다 받아들인다. 잭 헤이포드는, "진정한 예배는 행복과 밝은 감정이 그 결과로 나타나지만, 다윗이 시편 51:17에서 묘사하는 상한 심령을 포함한 인간 감정의

모든 영역을 받아들인다"고 말한다.[37]

제릿 구스탭손도 이에 동의한다. 그의 글, "기뻐 뛸 것인가 울 것인가(To Leap or to Weep)"에서, 그는, "탬버린을 살 것인가 크리넥스를 살 것인가를 알아야 할 필요가 있지 않은가? 우리가 하나님의 존귀하신 존전으로 나아갈 때에, 이 두 가지 모두를 할 수 있는 능력이 있다는 것이다: 즉, 말할 수 없는 기쁨으로 뛰거나 울 수 있는 … 간구와 회개의 기도로써 나아간다"라고 쓰고 있다.[38] 예배는 찬양, 감사, 축하하는 것 그 이상이다. 또한 애통하는 것이다. 우리자신을 하나님께 알리는 것이며, 우리 자신의 두려움과 필요와 상처와 탄식에 관하여 그분께 울부짖는 것이다. 예배는 우리 가운데서 상처 입은 심령을 위한 복음 전도를 하게 한다.

실체를 점검하기 위한 장소

애통은 단지 절망과 필요에 대한 마음속의 외침이 아니다. 그것은 거룩하신 하나님 앞에서 잘못된 행실을 인정하는 것이다. 우리의 죄를 고힘으로써(우리가 잘못한 일을 인정하는 것) 그리고 그것에서 돌이키는 것(잘못된 행동에서 뒤돌아서는 것)으로써 우리들의 삶에서 영적 실체를 점검하는 것을 의미한다. 시편 51편에서, 우리는 다윗이 밧세바와 동침한 후에 비통하게 (영적)실체를 점검하는 것을 보게 된다.

> 하나님이여 주의 인자를 좇아
> 나를 긍휼히 여기시며 주의
> 많은 자비를 좇아 내 죄과를 도말 하소서
> 나의 죄악을 말갛게 씻기시며
> 나의 죄를 깨끗이 제하소서
>
> 대저 나는 내 죄과를 아오니
> 내 죄가 항상 내 앞에 있나이다
> 내가 주께만 범죄 하여
> 주의 목전에 악을 행하였사오니

> 우슬초로 나를 정결케 하소서
> 내가 정하리이다
> 나를 씻기소서 내가 눈보다 희리이다.
>
> (시 51:1-7)

"문제가 없다는 것이 문제다(It's not OK to be 'not OK')"라는 생각 때문에, 복음주의자들 가운데 많은 이들이 다윗이 이렇게 한 일을 예배 중에 언급할 때에 가장 부정적이면서도 침울한 일 가운데 하나로 생각한다. 대가를 치르고서라도 실체를 점검하려는 일을 피하려고 한다. 가톨릭, 성공회, 루터란 교인들에게는 이런 것이 가슴으로부터 얻어지는 것으로 만족하는 것 같으나, 우리에게 있어서는 "그 이상의 것"이 되어야 한다고 하겠다. 우리 스스로 모든 죄를 알아서 회개하는 것은 감사할 일이다. 그러나 종종 이 모두가 억압이나 정죄로 나타나는 것을 본다.

The Denver Post의 칼럼니스트인 우디 페이지는 교환 요한 바오로가 World Youth Day를 위하여 덴버를 방문하는 동안 약간은 우습지만 강력한 통찰력을 다음과 같이 나누었다고 기록한다:

> 5일간 행사의 마지막 대중 미사를 향한 순례는 종교적 경험이었다. 비록 그것이 젊은 가톨릭교인 가운데 오랜 전통의 남침례 교구민을 위한 것이었지만. 10마일이 표시된 지점에서 있었던 일을 회상한다. 나는 위스콘신으로부터 온 십대들 무리가운데 (내 자신도) 고등학교 시절에 가톨릭에 입문하였다고 말하면서, 한 자매에게 한 번은 이렇게 질문했다: "자매가 고해성사를 하러갈 때에, 자매님은 진실로 자매가 한 일을 신부님께 고합니까?" "예 그렇습니다. 용서받지요"라고 대답했다. 나는 그때 이렇게 말했다. "자매님은 용서를 받았는지 모르겠으나 저의 설교자의 말에 의할 것 같으면, 신부는 지옥에 가게 될 것이라 그러더군요."[39]

값싼 은혜를 위한 관문으로서 이런 관념적인 죄의 고백은 얼마나 편리한가! 우리는 의례적으로 "내게 화로다"하고 자동으로 말하는 밀실이나 돌로 장식된 곳으로 가서 신부를 방문하는 프로그램과 동일한 것으로 여기고

의례적인 (종교적) 마일릿지만 축적해 온 것은 아닌가!

이런 관념은 관념적인 것으로 내버려 두라. 90년대에 종교를 가지고 있지 않는 사람들의 성서적인 실체를 점검할 수 있는 능력을 가지고 있는 것에 개의치 말라. 미국인의 90%의 3/4가 (영적)실체를 점검하는 것은 중요하다고 생각하고 기도하고 있음도 개의치 말라.[40] 끝으로 실체를 점검하는 것이 (진정으로) 예배하는 자들에게 무엇을 의미하는 지를 앎에 있어서 필수적이라는 사실도 개의치 말라. 시편 51:16-17에서, 다윗은 이렇게 말한다:

> 주는 제사를 즐겨 아니하시나니
> 그렇지 않으면 내가 드렸을 것이라
> 주는 번제를 기뻐 아니하시나이다
> 하나님의 구하시는 제사는 상한 심령이라
> 하나님이여 상하고 통회하는 마음을
> 주께서 멸시치 아니하시리이다

니스트롬은 이렇게 말한다:

> 만약 내가 분필을 들고 칠판에다 사울왕의 모든 죄를 쭉 써 내려가고 그 다음에 다윗의 모든 죄를 쓴다고 한다면, 나는 다윗을 지적하면서, 이렇게 말할 것이다. "천하에 비열한 인간이군. 사울은 그다지 나쁜 사람도 아니네. 그는 잘못된 제사를 좀 드렸고, 약간 교만한 것뿐인데. 그러나 다윗을 좀 봐! 간음을 했단 말이야. 그리고 사람도 죽였어!" 그러나 하나님의 말씀에는, "다윗은 하나님 마음에 합한 자"라고 하신다. 그는 이스라엘의 멋진 시인이었다. 그 이유가 뭘까? 그는 말하기를, "하나님이여 네 속에 정한 마음을 창조하시고 내 안에 정직한 영을 새롭게 하소서." 이것이 바로 하나님이 찾으시는 자...가서, 해방되어 하나님 그분 자신을 제일로 두는 자이다.[41]

죄의 고백과 회개는 시대에 뒤떨어진 것, 의례적인 것, 부정적인 행위가 아니다. 이것은 우리가 예배를 드릴 때에 우리가 할 수 있는 가장 성서적이며, 생명을 주며, 긍정적인 것이다. 이것은 우연의 일치로 일어나는 것이 아니라, 하나님께 마음의 짐을 내려놓고 하나님이 주시는 구원의 기쁨을 다시 체험한 후(시 51:12), 그의 마음에 "주여 내 입술을 열어주소서 내 입이 주를 찬송하여 전파하리이다"(15절)라는 즐거움의 소리를 발하고 싶어지는 것이다. 마크 하이버의 말을 인용하면:

현대판 두려움과 철학에 대항하여, 애통하는 것은 침울하고 우울하여 절망으로 내려가는 것이 아니다. 거의 모든 시편 기자들의 애가는 이와는 정반대임을 보여 주지 않는가! 마음의 괴로움을 하나님께 내려놓는 것이 최선이며 -실제로 유일한 길이며- 마음이 자유롭게 되어 희망을 가지게 되고 새롭게 된다.[42]

우리는 "긍정적"인 것을 원한다구요? "활기 있는 것"을 원한다구요? 진정한 기쁨은 위대하고, 거룩하시고 위엄있는 하나님과 자발적인 관계를 맺고, 우리가 못났음에도 불구하고 사랑받게 되는 결과로 주어진다.

죄가 부적합 것인가?

물론, 하나님에게 우리 자신들의 결함에 대하여 자발적으로 된다는 것은 우리가 실제로 그것을 가지고 있다는 것을 인정하는 것이다. 점진적인 복음주의자들 가운데서 많은 이들이 이제는 죄는 50% 미만에 가까운 사람들에게 있어서는 시대에 뒤떨어진 개념이라고 주장하고 있다. 다시 말해서, 붐머와 버스터 세대의 대다수가 죄의 문제로 고민하지 않는다는 말이다. 단지 이것만이 그들에게 주어진 문제가 아니다. 절망감과 방향감의 상실도 또한 문제이다. 결과적으로 개인의 잘못에 대한 개념을 덜 강조하고, "예수님이 당신의 삶을 책임지신다"는 것을 강조한 것의 결과가 합쳐진 노력의 산물이다.

그러나 미국인의 2/3는 특별한 죄에 대하여 하나님께 고하고 있으며,[43] 3/4는 죄가 시대에 뒤떨어진 개념이라는 것에 동의하지 않는다.[44] 이것은 우리 가운데 베이비 붐머세대 중심으로 사역하는 자들에게 있어서 놀랄만한 사실일 것이다. 바아나는, "자기 중심적, 이기주의적, 무법한 행동을 하는 것으로 알려진 어른의 세대, 즉 붐머세대의 소수만이 '죄는 시대에 뒤떨어진 개념'이라는 것에 동의한다"고 말한다.(붐머의 86%가 죄는 시대에 뒤떨어진 것이라는 개념에 동의하지 않는다고 보고한다).45) 어떤 이들은 계란이 먼저냐, 닭이 먼저냐는 식으로 어느 것이 원인이 되어 그런지에 대해 궁금해한다. 붐머세대에서 가장 많이 읽혀지고, 영향력 있는 영적 구루(길잡이)가 되고 있는, The Road Less Traveled의 저자인, M. 스콧트 펙은 어느 날 갑자기 "죄의 실체를 인식하게 되었다"고 말한다.46)

죄의 정확한 정의는 의문을 갖는 것에서 출발한다. 미국인의 71%가 절대적인 도덕은 없고 상황에 따라 옳고 그름이 결정된다고 말한다.47) The Day America Told the Truth에서 패터손과 피터 킴은 다음과 같은 사실을 보여주고 있다. "5명 중에 2명도 못되는 사람이 죄는 '하나님의 뜻을 거슬리는 것' 혹은 '성경을 거슬리는 것' 혹은 '십계명을 어기는 것'으로 믿는다." 그 나머지는 자신의 양심에 따라 죄는 정의된다고 믿는다. 우리 스스로 죄와 죄가 아닌 것을 규정한다."48)

이렇게 확실한 불일치를 갖게 되는 원인은 무엇인가? 전에는 무신론자이면서 영적으로 반항하던 리 스트로벨은 "젊은 불신자"들이 진정으로 말하는 죄에 관한 것을 다음과 같이 명확히 보여 준다:

도덕적 상대주의의 삶을 산다는 것은 매일 매일 자기 이익과 편리주의에 기초하여 윤리적 선택을 하는 것이다. 나 자신을 위해 규칙을 정하여 사용하는 것은 다른 사람을 의식하지 않고서 나의 욕구를 마음껏 만족하는 것이다. 솔직히, 그것은 삶을 유쾌하게 만드는 방법이다 -잠시 동안은 … 수많은 젊은이들이 살아가는 방법이었다. 그러나 그들 중에 휴 헤프너가 말한 대로 도덕적 무의식이 모든 것이 아니라고 결론짓기 시작하게 되었다. 결국, 불일치에 대한 결정의 혼잡한 트랙의 출발점도 없이 그리고 계속해서 유지해나갈 트랙도 없이 매일 감정에 따라서 윤리적 선택하고 있다. 때때로 죄책감이라는 것도 제멋대로 되어 자신과 다른 사람들에게 해를 끼치는 일이 불가피하게 되었다. 비록, 내가 부인하려고 해도, 내 주변에 살고 있는 자들이 나에게 경계를 두고 사는 이들을 환영했던 것 같다. 아마 다른 이들도 나와 같이 느낌을 가질 것이 분명하다. 만약 불경건한 사람들에게 매력적이고 가장 성공적으로 보이는 교회를 살펴보면, 대개 이들이 자유주의적 교회보다는 성경적으로 도덕적 표준에 분명한 교회에 끌리고 있다. 흥미롭게도 한 조사 연구 발표에 의하면, 많은 베이비

> 붐머들이 종교에 싫증난 것이 아니라, 단지 주변 문화로부터 별다르지 않은 교
> 회에 대하여 무관심하다는 것이다.[49]

The Baby Boomers Blues의 저자인, 게리 콜린스와 티모씨 크린톤은 붐머들이 도덕적인 요소에 집착하고 있다는 것에 동의한다:

> 수백만의 붐머들이 자신들의 삶의 닻이 될 수 있는 절대적 가치와 신념이 없이
> 표류하고 있다고 느낀다. 옳고 그름에 대한 확고한 표준도 없고, 자녀를 양육
> 하고, 결혼 생활을 영위하고, 직무를 이행하고, 사업을 하고 하나님을 찾는 일
> 에 있어서 많은 이들이 내면으로부터 공허함을 느낀다. 이제, 베이비 붐머의
> 역사상 그 어느 때보다 더욱 절실하게 핵심을 잃어버린 이들이 진리와 자기
> 정체성, 뭔가 자신들이 믿고 자신들의 삶을 바칠 수 있는 진정한 것을 바라고
> 있다.[50]

우리는 불경건한 대중들이 표현한 선입견에 따라 우리의 사역 전략을 디자인함에 있어서 매우 신중하게 할 필요가 있다. 때때로 교회가 최대로 이것에 반응하는 방법은 몰려다니는 교인들이 원하는 것 대신에 그들이 필요한 것을 주는 것이다. 만약 윌로우 크릭교회가 스트로벨이 말한 것처럼 그리스도인이 되려고 하는 사람들(Pre-Christian)이 바라는 대로, "흠이 없고", "나도 문제가 없고, 당신도 문제가 없다(I'm Ok, you're OK)"식에 굴복했다면, 스트로벨 추종자들이 그리스도를 발견할 수 있을는지 의심스럽다. 그리스도를 발견해야 할 이유가 전혀 없다. 스트로벨은 이렇게 결론 내린다. "젊은이들이 도덕적으로는 표류하고 있으나 은밀하게는 정박의 닻을 원하고 있다."[51]

자발적인 예배: 진정으로 하나님을 만나는 곳

예배를 통하여 신자든 불신자든, 교회에 다니든 다니지 않든 간에 직면하고 있는 "나쁜 문제"가 변할 수 있다. 예배를 통하여, "하나님이여, 실수를 범했습니다. 나의 삶은 엉망이며, 공허함과 상처와 혼란스럽습니다. 용

서해 주소서. 변화시켜 주소서. 내가 여기 있사오니 전적으로 값있게 하소서"라고 말할 수 있는 기회를 갖게 된다. 예배를 통하여, 사람들은 솔직하게 자신이 누구인지를 알게 되면, 그리스도께 자신을 드리며, 하나님이 원하시는 자신들이 될 수 있는 능력을 받게 된다. 만약 우리가 사람들로 하여금 진정으로 하나님을 만나도록 그리고 하나님을 위해서 자신들을 복음의 말씀으로 온전해지도록 하기 위한 곳에서 예배를 드리게 하려면, 우리의 예배가 결코 이전과 같아서는 안 된다. 다음은 전에 교회에 다니지 않는 어떤 사람이 이런 예배를 참석하고 난 뒤에 한 간증이다:

> 개인적인 문제로 위기에 놓여 있을 때에 이 교회에 나갔다. 나의 아내가 권유했던 것이다. 그러나 교회에 나아간 후에, 찬양을 하며, 예배 사역자가 그것에 관하여 말하는 동안 나는 하나님의 임재를 느꼈다. 예배 사역자가 지난주에 자신들이 겪었던 문제에 관하여 이야기하는 것을 들으면서 정말로 눈을 뜨게 되었는데, 그것은 정확히 내가 안고 있던 문제였던 것이다! 하나님을 예배하기 위해서는 완벽할 필요가 없다는 것을 발견하는 것은 대단한 것이었다.[52]

예배의 필수 요소 #4: 상호 작용 -하나님과 다른 사람들과의 관계성에 동참하는 것

예배의 수단(Worship vehicles)

예배를 통하여 예배하는 자들이 하나님과 서로 간에 상호 관계를 맺기 위하여 문화적으로 적절하고 의미 있는 길(avenues)을 만든다. 우리가 예배의 체험을 점점 더 "급진적인" 경향으로 증가시킬 때에 생기는 부분적인 문제로는 전통적인 예배의 방법이나 수단으로 많이 치우치게 된다는 것이다. 그러나 우리는 그것을 다른 것으로 대체시키는 일에 실패하고 있다. 예를 들면, 예배 드리는 자들이 신조를 외우고, 성찬식을 가지고, 함께 주기도문을 말하는 것에 익숙해져 있다. 어떤 교회에서는 함께 무릎 꿇고 기도하고, 그날의 시편을 읽거나 성경을 교독하는 것에 익숙해져 있다.

오늘날 우리들은 예배 중에 "하는 일(doing)"의 대부분을 무대에서 하는 것으로 분류하고 있다. 우리는 우리들에게 주어진 공간에 앉아서 우리를 위해 예배하는 사람들을 지켜보고 있는 것이다. 옛날 모습으로 돌아가자고 제안하는 것은 아니다. 그러나 능동적으로 참여하고 상호 관계를 맺는 예배는 공허한 가운데 일어나지 않는다. 어떤 표현의 형태를 취한다. 사람들은 자신에게 주어진 어떤 것이 없이는 하나님과 사람들과 상호 관계를 맺을 수 없다.

우리가 단지 사랑한다고 생각만 하는 것으로 자녀를 사랑할 수 있다고 생각하는 것을 우스운 것이다. 진정한 부모의 사랑은 매일의 상호 관계 속에서 표현된다: 더러운 것을 깨끗하게 해 주고, 과제도 도와 주고, 흔들리는 자전거를 고정시켜 주고, 그네도 밀어 주고, 셀 수도 없는 시리즈 농담도 해 주며, 이야기책도 읽어 주며, 포옹도 해 주며, 무릎에 붕대도 감아 주며, "사랑해"라고 말해 주는 것이다. 그러나 점점 더 게을러져서, 안락 의자에 앉아서 사랑한다고만 생각하는 식의 예배를 드리는 것에 만족하고 있다.

만약 우리가 생각하는 것 이상으로 하나님과 사람들에게 사랑한다고 표현하려고 한다면, 상호 관계성이 이루어질 수 있는 예배를 드리도록 그런 기회를 창조할 필요가 있다. 예배의 온갖 기이한 단어들을 표현할 "수단"과 형태가 필요하다: 즉, 찬양, 사모, 감사, 기여함, 헌신, 간청, 중보 등등이다. 적절성(Relevance)에 대한 우리의 욕구는 좋은 것이다. 우리가 우리 세대를 위해 상호 관계적 예배의 표현을 창조할 만한 용기도 없고, 해결 방법도 없다는 단순한 이유 때문에 사람들로부터 예배를 빼앗을 수는 없다. 상호 관계적 예배를 마련하겠다는 새로운 헌신은 단지 정규적으로 교회 출석하는 자들뿐만이 아니라 교회 출석하지 않는 자 -예배에 적극 동참하고 싶어 하는 53%에게도- 들도 환영하는 것일 게다.[53] 예배 사역자와 베이비 버스터가 전문가 브루스 테드가 한 말 "상호 관계적 시대"를 상기시켜 준다.[54] (예배, 베이비 버스터, 동참에 대한 더 깊은 토론은 8장에서 다루게 될 것이다.)

상호 관계 지수(Interactive Quotient)를 증가시키는 것

독자가 깨닫든 깨닫지 못하든, 목사, 예배 내용을 기획하는 자, 예배 사역자에게 일차적으로 교회에서 드리는 예배에 상호 관계성이 어느 정도 깊어지느냐에 대한 책임이 주어진다. 어떤 날이냐에 따라 이 일도 짐처럼 여겨질 수도 혹은 거룩한 소명으로 여겨지는 것이다. 그러나 독자에게는 후자의 것으로 하나님께서 기꺼이 그리고 자발적으로 이 과업을 주신 줄로 확신한다.

"더 사람들이 동참할수록, 그들 가운데 더 많은 사람들이 하나님께 마음을 열게 되다"는 것을 척 스미쓰 목사는 진술한다.[55] 이것을 염두에 두고, 이번 주 예배를 드릴 때, 상호 관계를 위한 더 많은 기회를 부여해 주려고 하는 독자와 그리고 예배 내용 기획과 혹은 예배 팀을 위해서 스스로에게 물어 볼 여섯 가지 질문은 다음과 같다:

1. 이번 주에 교인들 스스로가 할 수 있는 한 가지의 일은 무엇이며, 예배 스탭들이 이들을 위해 할 수 있는 것은 무엇인가?
2. 작게나마 우리가 교인들의 내면에 있는 것을 외부로 표출할 수 있도록 격려할 수 있는 방법은 무엇인가?
3. "능동적인 예배의 공간"을 위해 재분배하기 시작하여 예배가 좀 더 '무대(단상)' 활동에서 '내부 전체'의 활동으로 되기 위해 할 수 있는 일은 무엇인가?
4. 예배 스탭으로서, 이번 주에 좀 더 "눈에 띄지 않게 작아질 수 있는" 방법 한 가지는 무엇일까?
5. 가능한 많은 감각을 가지고 동참하도록 우리가 시도할 수 있는 기술적인 조합은 무엇일까?
6. "뒤틀려진" 예배 활동 가운데 어떤 것들이 표준형으로 되돌릴 수 있을까(성경 봉독, 기도 등등)? [56]

만약 독자의 교회가 특별히 이런 예배를 체험함에 있어서 수동적이라면, 교인들이 상호 관계의 분위기가 지배적인 예배에 편안함을 느끼기 전까지 조금씩 전진해 나가야 하며, 다소 시간이 요구될 것으로 본다. 그러나, 만약 매주 조금씩 변화를 준다면 -혹은 2주마다- 결국에는 교인들이 개인적으로 하나님께 나아가는 것과 참여하는 것을 즐기게 될 것이다. 그리고는 뒤돌아보면서 자신들이 구경꾼으로 어떻게 지낼 수 있었는지 의아해 할지도 모른다.

상호 관계를 위한 선택의 폭을 넓이라

예배 드릴 때에 "상호 관계 지수"를 증가시키는 한 가지 방법은 상호 관계의 새로운 영역을 개발하는 것이다. 복음주의 교회에서 가장 일반적인 영역은 회중의 찬양, 기도, 성경 봉독, 성찬식, 세례이다. 이것은 상당히 짧은 목록으로서 특별히 성경 봉독은 단상에서 일반적으로 이루어지고, 세례는 보통 드려지는 예배의 모습도 아니며, 많은 교회들이 성찬을 3개월에 한 번씩 드리는 것을 보게 되면 더욱 그렇다. 선택의 폭을 넓혀야 할 필요가 크지 않는가!

실제로 폭을 넓힐 수 있는 몇 가지 예를 들어 보겠다. 본인이 방문한 한 교회에서는 "드림의 제단(Altar offerings)" 시간을 통하여 특별히 자신의 삶과 행동이 변화되기를 원하고, 그분에 의해 쓰임 받기를 원하는 영역을 직접 쓰게 한다. 예배 중에 짜여진 시간에 교인들은 자신이 쓴 종이를 들고 나와서 제단이나 단상에 내려놓는다. 남서부에 있는 한 조그마한 교회는 참석한 교인들이 일어서서 자신들이 어려운 시기에 역사 하였던 특별한 성경 말씀을 나누게 하거나, 그들로 하여금 하나님과 새롭게 가까워지도록 돕는 기회를 부여해 준다. 어떤 교회는 "감사의 장면들(Thanks clips)" -참석한 교인들의 기도에 대한 응답을 녹음한 짤막한 오디오나 비디오 장면-을 수집한다. 이런 장면들이 예배 중 감사의 시간에 초점을 맞추기 전 단계에 상영되거나 찬양과 예배 찬송드릴 때 함께 상영되기도 한다.

수평적 예배: 다른 사람들과 상호 관계성을 맺음

연합 예배의 미개척 영역 가운데 하나가 "수평적 상호 관계"이다: 하나님과 마찬가지로 다른 사람들의 마음과 필요에 대하여 사역하는 것이다. 많은 예배가 하늘을 향해 드려지는 반면에, 성경에서 말하는 예배와 중보의 기도의 연계성은 무시하고 있다. 제럿 구스탭손이 지적한 대로, 계시록 5:8에 있는 어린 양의 보좌 주변에서 이루어지는 "일차적인 활동"이다.[57]

우리는 이렇게 기도와 예배가 동시에 녹아져 있는 모습을 사도행전 16:25-26에서 바울과 실라의 감옥 체험과 사도행전 2:24에서 신약 교회의 초기에서 볼 수 있다. 또한 저스틴 마티르의 글에 의하면, 신자들의 몸을 위한 기도가 A. D. 150년까지 초대 교회의 중요한 요소였음을 알 수 있다. 이런 기도는 항상 말씀을 봉독하고 성찬을 나누는 중간에 이루어졌다.[58]

이런 수평적인 면을 예배 중에 가능한 한 영역으로 되게 하라는 것이 "무명의 방문객들과 복잡하게 섞지 말라"는 것을 제1의 원칙으로 삼고 예배 내용을 구성하는 자들에게 받아들여지겠는가! 무명의 방문객에 대한 문제를 다시금 생각해 봐야 할 것이다. 공동체에 대한 욕구는 불신자들이 최종적으로 교회 출석하려고 결단함에 있어서 첫번째 이유가 된다. 교회가 하는 일 가운데 어떤 것이 마음에 끌려 출석하게 되었는지 물었을 때에, 불신자들은 좀 더 개인적 관계 중심적인 것을 경험하였다는 것을 세번째로 꼽고 있다.[59]

이것 가지고 놀라서는 안 된다. 고독과 소외는 20세기 후반에 있어서 동의어가 되어 버렸다. 우리 문화에 있어서 많은 사람들이 결코 자신들의 삶에 대하여 말을 해 보거나, 자신들의 삶이 어떻게 되어가고 있는지 그리고 자신들의 이름을 드러내거나, 돌봄의 손길을 체험해 본 석이 없다. 바아나는 이것을 우리 사회에서 최악의 조건이라고 본다. 그는 이렇게 예측한다:

> 사람들이 점점 외로움과 소외감을 느끼고 있는데, 기술이 발전할수록, 사람들이 재택 근무를 하는 분위기가 증가할 때, 소규모 혹은 소형 컴퓨터로 비즈니스를 할 때, 범죄에 대한 두려움이 다른 사람들과의 인간 관계의 본질을 재구성할 때, 의사 소통의 기술이 뒤틀어질 때, 가족 관계가 지속되지 못할 때에 더욱 그러하다. 이에 따르는 결과로서, 성인들의 자살율이 높아지고, 강간이 증가하고, 관계성의 수명이 짧아지는 유행이 촉진되고, 이혼한 사람들의 재혼하는 수가 증가하고, 동거를 용납하는 것이 굳어지고, 기술 발달에 대한 분노가 표출되고, 건물 공동체를 강조하는 분위기가 교회 내에 크게 일어나고 있다.[60]

이런 예측에도 불구하고, 우리는 이런 진부한 충고를 듣고 있다. "사람들을 혼자 내버려 두라. 개인의 거품같이 허무한 야심에 빠지게 하고, 무명인으로서 모호한 상태로 내버려 두라. 그들에게 어떤 일도 요구하지 말고, 어떤 말도 하지 말고, 어떤 사인도 주지 말라."

아마 우리는 많은 사람들이 교회로 와서 뭔가 할 수 있고, 말할 수 있고, 뭔가 사인을 줄 수 있는 가능성을 고려해야 할 것이 아닌가! 그들은 매일 경험하고 있는 끊임없는 비인간화된 무명무실로부터 출구를 찾고 있는지도 모른다. 그리고 그들은 우리에게서 자신들이 컴퓨터 파일의 숫자 보다, 군중들 가운데서 잊혀지는 얼굴 보다, 어떤 이의 마케팅 영역의 한 부분 그 이상의 인물로서 인정받기를 원하고 있다.

비록 연구 조사에 의하며, 방문객들이 전 회중에 대하여 방문객으로서 선별되지만 또한 적어도 잠재적인 교인이 된다는 "아첨하는 듯한 말"을 원하지 않으며,[61] 많은 교회들이 경험한 바로는, 몰려다니는 교인들이 진정한 사랑과 돌봄과 개인적인 사역이 있음을 볼 때에 기꺼이 자신들을 내어 줄 수 있다는 것을 지적한다. Willow Creek Community Church의 리 스트로벨이 관찰한 바와 같이, "어떤 이들(불신자들)은 특별히 그리스도인들과 상호 관계를 맺을 기회를 가지게 되는 것에 매력을 느낀다."[62]

바아나는 자신의 연구 결과에서 불신자들이 돌봄의 사역이 눈으로 보이는 곳을 갈망하고 있다고 확신한다:

> 만약 당신이 운이 좋게도 불신자들이 이유가 무엇이든 간에 당신의 교회를 방문하게 되었다면, 그들이 돌아오게 될 최선의 길을 확신하는 방법은 교회가 부르심을 받은 사명, 즉 그들을 사랑하는 것임을 깨달으라. 좀 더 실제적으로 말하자면, 이것은 그들이 느끼고 있는 필요에 민감하며, 실용적이고도 눈에 보이는 방법으로 반응하는 것이다. 오늘날 미국 사회에서 삶의 어떤 영역이든 난황을 겪지 않는 사람들이 없다. 오늘날 공통적으로 겪게되는 어려움은 자존감, 실패에 대한 두려움, 용납과 관계성, 지나친 물질 남용 등과 연관된다.
>
> 당신은 회중들 가운데서 교인들의 필요를 인식할 수 있는가? 당신의 교회는 지체들을 돌봄으로 그들이 직면하고 있는 어려움에 대한 실제적인 해결책을 제공해 주어 어려움을 덜어 주는가? 우리가 불신자들에게 호소하여 교회를 확장해 가려는 특별한 관심을 가질지도 모르나, 그렇게 할 수 있는 최선의 방법은 이미 교회 안에 있는 지체들을 돌보아 주는 행위를 보여 주는 것이다.... 방문객들은 자신들이 방문하는 동안 당신의 교인들을 주의 깊게 관찰하고 있다.

무엇을 그들이 보고 있는가? 사람들을 위한 관심과 필요 절실한 요구에 대한 중요한 해결책을 마련해 주는 지를 그들이 느낄 수 있겠는가? 만약 당신의 교회가 관심의 분위기를 발산하고, 사람들의 상처와 어려움에 대하여 가치 있는 방법으로 반응할 만한 욕구와 능력을 보여 준다면, 처음 방문한 방문객이 계속적으로 참석하게 되는 것을 보게 될 것이다.[63]

우리는 중보기도와 변칙적인 -목회자의 광적이고도 특별한 스타일- 다른 예배 활동을 통하여 불신자와 연관되는 교회들을 보게 된다. 그러나 정말 그 결과를 확신할 수 있을까? 미조리 주, 세인트 루이스의 Metro Christian Center (10장을 참조)와 오하이오 주, 신시나티의 Vineyard Community Church (8장을 참조)와 캘리포니아 주, 반 누이즈의 Church on the Way와 같이 수평적인 사역의 성공은 결과적으로 바아나가 요약한 대로 관계적, 돌봄의 환경을 제공한 것에 있다. 이들 교회 단체는 "실용적이고도 눈에 보이는 방법"으로 "필요 절실한 것에 대하여 민감함"을 보여 주고 있는 것이다.

규율을 깨뜨림: Church on the Way의 예

Church on the Way(담임 목사, 헤이포드)는 예배로 복음화하는 교회로서 교회 성장의 모든 규율을 깨뜨리는 것같이 보인다. 매주일마다 과감하게 성경의 본질에 타협하지 않으면서도 동참하는 예배를 드림으로써 몰려다니는 교인들의 숫자가 늘어 가고 있다. 엘머 타운스는 그의 저서 Ten of Today's Most Innovative Churches에서 전형적인 Church on the Way의 예배에 대하여 묘사하고 있다. 특히 Mastering Worship장에서 "예배에 불신자를 포함하라는 잭 헤이포드 목사에 대한 언급과 함께, 수평적, 수직적인 상호 관계성이 얼마나 역동적이고도 매력적일 수 있는지를 맛보게 한다."[64]

타운스는 "Ministry times"라 불리는 수평적 상호 관계에 초점을 두고, Church on the Way를 전문가적 견지에서 이렇게 살펴보았다:

Ministry time(소그룹으로 기도하는 사람들)은 4-5분 동안 실제로 기도하지만, 전체적으로 12-15분이 소요된다. 헤이포드 목사는 말하기를, "Ministry time은 성령님으로 하여금 교회를 통하여 각 지체들에게 사역하도록 허용하는 것이다"라고 말한다.

회중들로 하여금 둥글게 원을 만들어 기도하게 하고 … 때때로 이런 소그룹의 기도 시간을 도와 주기 위하여 헤이포드 목사는 예배 공간의 중앙을 걸어다닌다. 그는 회중들이 단상에만 고정되는 관념을 깨뜨리기를 원한다. 그의 의도는 이 교회는 "성직자 중심의 교회"가 아니라 "교인 중심의 교회"라는 것을 교인들이 깨닫게 하기 위함이다.

… 그를 주시하며 삥 둘러선 교인들에게 헤이포드 목사는 이렇게 선언한다. "우리가 단지 여호와를 부를 것만 아니라 우리의 삶에 뭔가 하실 것을 기대하십시오. 당신을 향한 그분의 사랑과 능력을 깨달으십시오." 그는 모두에게 자신의 문제와 상처와 바램에 대하여 서로 나눌 것을 권한다. "만약, 여러분이 나눌 만한 것이 없어도 우리는 이해합니다"라고 말함으로써 교인들에게 신뢰감을 준다.

헤이포드 목사가 기도할 것을 청하기 전에, 기도에 대한 약속의 구절들을 인용하면서, 교인들이 알고 있는 바와 실제적으로 적용할 것을 권고한다. 그리고는 교인들로 하여금 자신의 앞, 옆, 뒤에 있는 사람들에게 갈 것을 요구하며, "아무도 그룹에서 제외되지 않도록 확인하십시오"라고 선언한다.

왜냐하면, 어떤 이들은 공적으로 기도하는 것에 대하여 겁을 먹기 때문에, 이에 대하여 헤이포드 목사는 "여러분은 단지 조용하게 기도할 수 있지만 마음으로 참여하십시오"라고 확인시킨다. 기도하는 중에는 손을 꼭 잡을 것과 기도 후에는 서로 껴안아 줌으로써 서로가 도와 주는 것을 느끼도록 권한다.…

헤이포드 목사는 소그룹에 사람들을 참여시키는 것이 불신자들의 저항을 마비시키는 것이라고 말한다. 그는 웃으면서 이렇게 말한다. "불신자들은 이 시간을 통하여 개인의 본질을 알게 되므로 예배에서 이 부분을 좋아합니다. 그들은 자신들의 상처와 고독을 위하여 지체들의 관심을 느껴야만 한다고 반응하지요.…"

소그룹 안에서는 교인들이 다른 사람들의 돌봄과 사랑 아래서 녹아진다. 헤이포드 목사는 어떤 이들은 목놓아 울고, 어떤 이들은 예배하고, 어떤 이들은 단지 하나님의 임재를 즐기는 것을 바라본다. 목사님은 교회 생활 속에서 그 어떤 시간보다 더 이런 소그룹 가운데서 더 많은 문제가 해결되고 더 많은 치유가 된다고 믿는다.[65]

허무한 거품과 같은 야심을 깨뜨리고, 필요를 채우라

우리의 결론은 보통 Brad 혹은 Brenda는 공동체가 전적으로 옳다는 것을 받아들이는 것을 두려워한다는 것이다. 외면적으로 깨어진 분위기 속에서 위험한 관계성을 맺기를 원하는 자가 있겠는가? 그럼에도 불구하고 Brad와 Brenda는 단지 "혼자 내버려 둬"라고 말하는 것보다는 더욱 깊은 내면에서는 뭔가 우리에게 메시지를 전달하려고 노력하고 있다는 가능성을 염두에 두라. Brad와 Brend와 같은 이들과 Ministry times를 성공적으로 이끌 수 있었다는 견지에서 보면, 그들의 진정한 의사는 이것인지도 모른다:

"우리가 겁먹고 있다고 자신해도 좋아. 그것이 바로 '날 건드리지 마'라는 분위기는 식어졌고, 자족하게 되는 이유이지. 그러나 진정으로 우리는 먼저 첫 발을 뗄만한 어떤 곳, 그 누구를 -우리를 거슬리게 할 위험을 감수하고 우리를 둘러싸고 있는 허무한 거품을 찢어 버리고 우리의 필요를 채울 수 있는 그 누구를 단지 기다리고 있어."

말하고자 하는 것은 이것이다

수직적, 수평적 상호 관계를 갖는 것이 성경적 예배이다. 예배는 사람들의 심오한 수준까지 영향을 미친다. 상호 관계적 예배는 단지 거룩하고 사랑스러운 하나님을 만날 수 있는 길을 제공해 줄 뿐만 아니라 하나님의 이름을 부르는 사람들과의 관계를 고양하고 증가시킬 수 있는 대로를 마련해 준다.

만약 우리가 진정으로 예배로 복음 전도하기를 원하고, 사람들의 삶을 변화시키기를 원한다면, 리더로서 우리는 예배를 상호 관계의 기회로 꽉 채워야 할 것이다. 이것에 대하여 겁먹을 지도 모르겠다. 이것을 이루어 가기 위해서 많은 규율을 깨뜨려야 한다고 느낄지도 모른다. 그러나 우리가 드리는 예배에 오는 자들은 복이 있다는 것은 의심할 것이 없다. 그들은 오랫동안 느껴왔던 것보다 훨씬 더 하나님과 사람이과 가까워짐을 느낄 것이며, 이것이 바로 오늘날 이 시대에 사람들이 필요로 하는 것이다.

6

문화적인 요소와 재구상

"성육신은 상처 입은 세계에 진리를 전달할 수 있는 문화 적응의 원리이다"[1]-
- 존 스미쓰

언어와 체험

예배 임상의(醫,Worship clinician)이며, 책임자며, 작가인 도리 어윈 콜힌스는, "체험에서 거리가 먼 말은 아무런 의미가 없다"[2]고 말한다. 이 말이 옳은가? 생각해 보라. 10년 전에 필자의 아들이 랩 음악을 소개해 주었을 때에, 가사의 1/10정도만 알아들을 수 있었다. 용어나 가공할 만한 모든 것을 초월하여 전혀 경험해 본 적이 없어서, 음악 스타일에 대한 분류도 할 수 없었다. 30대를 넘어선 미국인 나에게는 완전히 낯선 것이었다.

중년의 미국인 공동체가 랩으로 예배를 드리는 것을 제도화한다고 상상해 보라. 우스운 짓일 것이다(심지어는 자멸할지도!). 유창한 통역자 없이는 좌석에 앉아 있는 사람들에게 완전히 아무런 의미가 없게 될 것이다.

그럼에도 불구하고, 꽤나 많은 교회들이 여전히 이런 문화적 오류를 계속 범하고 있다. 호주 사람이며, 교회 지도자 존 스미쓰는, "우리는 불신자들에게 그리스도인이 되기 위해서 고통스러운 문화적 할례를 행할 것을 강요하고 있다"고 말한다.3) 그는 종교가 전통적으로 사회에서 "문화를 포용" 해 왔고, 세계적으로는 종교가 여전히 문화를 담고 있다고 강조한다. 그가 한 말은 거의 40년 전까지만 해도 미국 기독교 사회에서만은 사실이었다. 오늘날 보편적인 미국 기독교 문화는 기독교 뒤뜰에 머물러 있는 시대에 뒤떨어진 것이다. 우리 가운데 어떤 이들은 단지 그것을 인정하기조차 힘들다.

우리는 좌석에 앉아 있는 교인들 모두가 혹은 대부분이 우리가 예배를 이끌어가면서 하는 일 혹은 말하는 모든 것을 이해한다고 생각하지 않는다. 윌로우 크릭 교회의 교육담당 목사인 리 스드로벨은, "세속적인 사회 분위기가 증가하면서, 교회에 이미 나오는 사람들 가운데서도 점점 '구속', '칭의'와 같은 용어 혹은 성경의 인물에 대한 초보적인 지식도 제대로 모르고 있는 사태가 확대되어져 간다."4)

조오지 헌터는 이에 동의하면서 더욱 심각하게 다루고 있다. 몰려다니는 교인들은 기독교의 가장 기본적인 개념에 대하여 기본적으로 무지하다고 주장한다. "몰려다니는 교인들의 많은 수가 성경에 무지하며, 구약과 신약의 차이도 모르며, 주기도문도 제대로 모르며, 탕자의 예화도 모를지도 모른다."5) 패트릭 케이퍼트는 우리 가운데 많은 이들이 매주일 경험하는 종교적인 영역의 많은 부분에 대하여 당황스러울 정도로 교회 출석하지 않는 자들이 전적으로 "의례 불능(Ritually incompetent)"상태라고 주장한다.6)

문화적 적합성: 신화를 재고찰하는 것

만약 언어가 체험에서 거리가 먼 것은 의미가 없다고 한다면, 세속적인 사람들의 경험과 지식의 기초와 연결되어지는 유일한 길은 사회의 똑똑한 Brads와 Brenda에게로 가는 것이다. 만약 진정으로 그들에게 가기를 원한다면, 존 스미쓰가 말한 것처럼 우리는, "상처 입은 세계에 진리를 전달할 수 있는 문화적응"을 해야만 한다. 상처 입은 세계가 이해할 수 있는 언어로 말해야만 한다.

상처 입은 세계에 진리를 전달할 수 있는 매체는 정확히 무엇일까? 몇 가지 "문화적 적합성"에 대한 신화를 재고찰할 필요가 있다. 인기 있는 신조와는 대조적으로, 역사적인 기독교의 사실을 낱낱이 다 전하는 것은 천년을 마감하고 있는 미국 문화에 적절한 것이 못된다. 재키 코피와 그레이스 마레스테잉은 "효과적으로 의사를 전달하는 것은 우리가 익숙한 것으로부터 낯선 것으로 멋지게 움직여 가는 것"임을 상기시킨다.[7] 만약 이것이 사실이라면, 우리는 그들이 가지고 있는 종교적인 경험들을 -즉, 그들이 늘 머리 속에서 기억하고 있는 것들- 초월하여 전적으로 굳게 서서 공격을 가해야 할 것이다.

이것이 바로 점진적인 복음주의자들의 일부가 저지르면서 후회하고 있는 실책이다. 종교에 대한 가정 교육을 받으면서 자란 붐머 95%를 포함하여 미국에 있는 성인의 83%가 이따금씩 교회에 나가고 있다.[8] 이것은 1963년 이전 미국에서 태어난 대부분의 사람들이 전통적인 유형의 예배를 드려 본 경험이 있음을 의미한다. 우리가 지금까지 언급해온 것과는 달리, 그들이 경험한 모든 것이 부정적인 것만은 아니다.

만약 우리가 사람들의 경험에 뿌리를 둔 언어를 매체 수단으로 규정한다면, 우리들이 드리는 예배 가운데 사용하는 매체 수단이 사람들의 과거 경험으로부터 긍정적인 예배의 체험을 할 수 있는 것이 되도록 고려해야 할 것이다. 우리가 특별한 예배의 표현이나 스타일에 별다른 차이를 못 느끼는 것은 그것이 지금 혹은 과거의 문화적 어휘에서 온 것이기 때문이다. 만약 우리가 뭔가 긍정적인 체험을 한 것이 있다면, 이 경험은 자동적으로 우리에게 의미가 있는 언어로 다가올 것이다. 교회 출석하지 않는 사람들의 과거가 긍정적인 종교적 경험이 매체 수단이 될 수 있다면, 우리가 그것을 최신형으로 만드는 작업을 해야 할 시기라고 본다.

깊은 영역에서 감동시킴

어떤 교회의 전통은 우리가 생각하는 것만큼 90년대에 역행하는 것이 아닐지도 모르겠다. 최근 연구 조사에 의하면, 교회 출석하지 않는 사람의

2/3가 "형식을 갖추지 않은" 교회에서 경험한 것을 더 좋아하는 것으로 나타났다. "형식 없는 가운데 경험"한 것들이 무엇인지에 대하여는 분명하지 않다.[9] 그러나 또한 설문 조사의 47%는 전통적인 찬송가를 부르는 것을 좋아하는 것으로 나타났다. (주의: 그렇다고 해서 "전통적인 방식"으로 찬송을 불러야할 필요는 없다. 이 장의 끝 부분과 9장의 서두에서 좀 더 이 문제에 대하여 다루겠다.) 또 다른 연구 조사에 의하면, 전체 미국인의 21%가 전통적인 찬송가를 사용하지 않는 교회를 택하는 반면에, 65%는 전통적인 찬송과 현대 음악(지난 10-20년 동안 작곡되어진 곡)을 섞어서 사용하는 교회를 선호한다고 한다.[10] 분명한 것은 미국 대중은 -다수의 교회 출석을 하지 않는 자들도 포함- 종교적 장신구의 도매급 때문에 자포자기하지 않는다는 것이다.

A Generation of Seekers에 보면, 붐머들이 교회로 되돌아와서, 예배의 어떤 전통적인 요소와 결부될 때에 때때로 감정적인 것들이 강하게 폭발하는 것에 대하여 말한 붐머세대 목사의 글이 있다:

> 우리 세대의 많은 이들이 교회에 나올 것을 권하고 있으며, 그들은 예배 가운데 소리내어 운다.... (특별히 그들이 찬송가를 들을 때), 단지 그들을 묶고 있던 것들이 풀어진 것이다. 그리고 이들은 수년 동안 교회에 오지 않았다...그것은 다시 집으로 되돌아오려고 하는 진정한 깊은 감정과 ... 뭔가 빠져있고 사람들이 알지 못하는 깊은 영역에 이르는 것을 느끼는 능력을 부여하는 것이다.[11]

도시 선교의 라파엘 그린 목사는 자신의 워십 밴드와 도시 선교 찬양팀이 매년 여름마다 남서부 세인트 루이스 공원에서 찬양과 예배를 드릴 때 발견한 흥미로운 현상을 이렇게 말한다. 3개월 동안 Green & Urban Song팀은 다민족의 엄청난 긴장의 분위기의 영적 요새를 파괴하기 위하여 하나님의 능력을 구하고 그리스도를 선포하였다. 원래의 곡들을 대다수 연주하였고, 최신형 도시 음악의 리듬, 부루스, 재즈, 랩스타일로서 완전히 자유로운 것이었다. 필자가 이들의 워십 행사가 대단한 매력을 띠고 있다는 것을 듣게 되었을 때에 즉각적으로 본인은 군중들이 몰려들기에 알맞은 새로운 곡들일 것이라고 추측했다.

그러나 놀랍게도 그린 목사님은 다른 말씀을 하셨다. 90년대의 음악은 교회 출석하지 않는 청중들에게 시작할 때부터 매력을 끌지 못했고, 대신에, 전통적인 복음 송에 자석처럼 이끌려 왔다는 것이다. 교회에 다니던 사람들 가운데 몇 년 동안 들어 보지 못했던 음악을 갑자기 듣고는 기억 속의 멜로디와 가사에 더욱 편안하면서 경이로운 시간을 가지게 되었다는 것이다 -복음 송과 합창이 오랫동안 잊었던 하나님과 가까이 지냈던 추억을 회상하게 만들었다. "나 같은 죄인 살리신", "갈보리 산 위에"와 같은 옛날 애창곡들은 군중 속에 있는 개개인을 위한 전형적인 곡이라고 그린 목사님은 말했다.[12] 당연히 Urban Song팀은 옛날 교회가 사용하였던 Aunt Bessie처럼 연주한 것은 아니다! 그러나 그들은 자신들이 들었던 것을 좋아한다. (Green 목사 팀의 도시 선교의 모든 내용은 10장을 참조하라.)

무엇으로 이것이 가능하게 되었는가? 이에 대하여 인식의 결핍이 있다고 한 리 스트로벨과 헌터가 전적으로 옳다고 본다. 기독교 신앙에 관하여 무지한 것이 보편적 형상이다. 그러나 우습게도 선택되어진 예배 요소 가운데 그들이 지속적으로 기억하는 부분이 있는 것 같다. 불신자들 가운데 많은 이들이 교회로 되돌아올 때에 적어도 이런 요소의 일부를 기대하고 온다.

매년 11월 첫째 주가 되면 (비록 점점 더 일찍 시작되는 추세 같으나) 큰 백화점이나 가게를 통해서 "천사 찬송하기를", "기쁘다 구주 오셨네"와 같은 곡들이 흘러 나와 전적으로 기독교가 히트를 치고 있다. 1년의 51주를 구식으로, 도덕적으로, "교회와 관련된"것과는 거리가 먼 일만하던 음반 관계자들이 수백 년이나 된 찬송곡을 연주함은 놀랍다. 대중 전체가 그것을 즐길 뿐만 아니라 그것을 기대한다. 잘 알다시피, 7월 4일에 연주되는 "하나님이 미국을 축복하신다", 장례식 때에, "나 같은 죄인 살리신", 결혼식 때에 "웨딩 송"과 같이 크리스마스 캐롤도 심지어 산타 크로스까지도 미국의 좀 더 큰 종교의 행사의 일부가 되어 그 어느 누구도 과감히 버리지 못하게 되었다.

안전한 항구

레이쓰 안델슨은 전통적인 요소들로 인해 불신자들이 돌아오고 있다고 확신한다. "우리는 미국인들이 전통적인 것에 대한 관심이 증가하고 있음을 무시하고 있다. 마케팅 분석가들은 일어나고 있는 상황에 대하여 -사람들은 변화에 반응하며, 통제가 상실되는 것에 두려워하며, 미래에 대하여 걱정함- 예리하게 인식하고 있다. 과거에 있었던 것에 대하여 많은 관심이 있어 ... 과거에 대한 그리움이 있지 않은가! 많은 사람들이 옛것을 찾으려고 노력한다."[13]

안델슨의 말이 옳은 것인가? 그렇게 생각하든 그렇지 않든 간에, 증거의 여파는 다양한 장소에 드러나서 가장 소중하게 여기는 교회 성장 패러다임에 대하여 도전을 하고 있다. 거듭 말하자면, 우리의 문화는 우리를 앞지르고 있는 것 같다.

최근에 몰려다니는 교인 가운데 한 자매가 교회에 되돌아와서 몰려다니는 교인을 위한 행사에 참석한 후 실망하여 다음과 같이 말했다. "내게 있어서 이 행사는 종교적으로 충분하지 않아요." 자매는 적어도 어린 시절을 기억할 만한 전통들을 기대했지만, 전혀 그것을 볼 수 없었던 것이다. 다른 경우를 보면, 인구의 75%가 불신자 베이비 붐머로 구성되는 고소득층 서구의 한 도시 근교에 있는 신생 교회로부터 흥미로운 것을 발견하였다: 성찬식과 치유를 위한 안수가 불신자 붐머 가운데 가장 인기 있는 행사였고, 출석자의 33%가 매력을 느끼게 되었다.

많은 복음주의자들이 마지막 순간이라고 생각하지만, 전례적인 예배를 통하여 신자 갱신 운동뿐만이 아니라 불신자 가운데서도 다소 환원의 분위기를 갖게 되고 있는 것이다. 아리조나 주에 있는 메사지역의 St. Timothy's Catholic Church에서는 500명의 십대들이(절반이 몰려다니는 교인들이다) 매 주일 저녁에 2시간 동안 드리는 "십대를 위한 미사"에 모여들고 있다. 십대 워십 밴드에 맞추어 자유롭고도 활기 있게 전례로 내려오는 송가를 부른다. 성경도 읽고, 주기도문 송도 부르며, 어깨와 어깨를 맞대어 성찬을 축하하러 제단 주위에 모여든다. 전국에 걸쳐 흩어져 있는 성당에서 옛날 방식의 교회가 90년대 문화와 결합되어, 가장 "마음에 들지 않는" 군중들에게 -이 경우는 어리고 비경건한 군중임을 의미함 - 매력적인 것이 되고 있다. (St. Timothy의 십대 예배에 관한 자세한 것은 10장을 참조하라.)

최근에 베이비 버스터들의 40%가 성당을 자신들의 "영적 고향"으로 묘사하고 있다. 바아나에 의하면, 이 수치는 "지금까지 몇 년 동안 측정해 온 수준보다 확실한 증가"를 보여 주고 있다고 한다.[14] 교회 성장 전문가들은 이 사실에 대하여 여전히 머리만 긁고 있다. 그러나 뿌리내려 안정감이 거의 없는 세대가 -미국의 첫번째 후손은 편(부)모 슬하에서, 탁아방에서 양육되었고, 흔들리는 경제 속에서 성장했다- 뭔가 영원한 것을 체험하고 인식하기를 바라고 있다는 것은 전혀 신비로운 것이 아니다. 구세대가 미디어에서 끊임없이 말하는 "지금(Now)"의 개념을 몸서리치도록 당연한 것으로 여기지만, 연속성을 도둑맞은 버스터 세대는 인간의 역사와 전통의 계승에 대한 권리를 찾느라 신음하고 있는 것 같다. 가톨릭 청년 담당 책임자 한 분은 이렇게 말한다. "청년들이 '이 성당은 몇 년 되었습니까?'하고 물을 때, '2,000년 되었다'는 나의 대답은 그들을 압도해 버린다."[15]

버스터 세대의 많은 사람들이 전혀 경험해 본 적이 없는 과거의 것에 동경한다. 아담 한트는, "노스텔지어(Nostalgia)는 과거에 대한 깊은 동경으로써 과거 어느 때보다도 지금 현재의 젊은이들에게 더욱 영향을 끼치고 있다. 이것은 단지 성숙한 수준에 이른 노년층들이 과거의 좋은 날을 회상하는 것이었다"고 말한다.[16] 90년대 노스텔지어는 18세 젊은이들에게 인기가 있다.

최근에 미국의 신문들은 새롭게 나온 콤팩트 디스크, The Best of Gregorian Chants에 관하여 작지만 즐겁게 다루고 있다:

수도사 그룹이 그레고리안 영창의 몇 곡으로 팝차트에 정상을 달리면서 황금기를 맞고 있다. 아니 이들 그룹이 아직 MTV의 뮤직 비디오에 출현을 하지 않았지만, 이 유명세를 타고 있는 독신자들이 미디어에 압력을 가하고 있는 것 같다. "우리는 수도사들이며, 록 스타가 아닌 것을 알아야만 합니다"라고 북스페인에 있는 11세기에 세워진 한 수도원에서 어떤 수도사가 말했다. 산토 도밍고 드 실로스의 수도사들에 의해 앞서 녹음 저장된 콤팩트 디스크 The Best of

Gregorian Chants는 한 번의 플랫터넘(Platinum)과 두 번의 골든 디스크상을 수여하였으며, 크리스마스 2주 전에 레코드 가게에서 히트를 한 후 230,000장이 이미 팔렸다.... 곡들 가운데 몇 곡들은 1,300년 전까지 거슬러 올라간다. 이것은 음악 전문가들도 놀라게 만들었다. "당신은 놀라운 사실을 내게 말하는군요"라고 마드리드 록(그룹)의 요세 페르난드가 말했다.... "수도사들이 이미 고전음악에 있어서 상대적으로 좋은 판매를 하고 있습니다. 그런데 이 시기가 골드(역주: 100만장 이상의 레코드를 판매하는 것을 말함)를 받는 때라고 봅니다." 세상 한 쪽 구석에서 수도사들이 미디어의 주목을 받는 것을 피하려고 노력하고 있다. "유감스럽지만 그 어느 누구도 기록에 대하여 언급할 수가 없습니다"라고 수도원의 한 수도사는 말했다.[17] (1995년 1월까지 수도사들의 Chant의 최신 기록은 거의 6백만 장에 이른다.)[18]

이 예화가 놀라운 것만큼, 매우 중요한 한 가지 메시지가 있다고 본다: 겨우 6개월 간의 빤짝하는 수명을 가지는 이 세대에 불멸의 영원한 것이 매력적으로 된 것이다.

1993년 여름에, 먼지 나는 덴버의 남부의 벌판에 375,000명이 모여 요한 바오로 교황과 함께 3시간 동안, "때때로 고독하고 즐거워하자"라는 구호를 가지고 미사를 드렸다.[19] 군중들은 단일 집단이 아닌, 가톨릭, 개신교, 유대교, 몰려다니는 교인들, 냉소주의자들, 노년층, 중년층, 특별히 젊은 층까지 포함되었다. World Youth Day의 마지막 예배를 위하여 (화씨) 95도의 열기 속에서 15마일 이상 되는 거리를 걸어서 혹은 수천 마일의 여행을 하여 덴버에 도착하였다. 그러나 걸어가는 인파는 기대를 초월하는 것이었다. 이 예배는 콜로라도 주에서 전례 없는 가장 큰 대규모의 공공행사였다.

이런 현상이 단지 재빠른 가톨릭 광고 혹은 미디어의 과대 선전의 산물인가? 본인은 이 점에 대하여 부정적이다. 이런 신기록에 대한 것이 아니라 다양한 참석자들 때문이다. 우리가 기대하지 않았던 일이 어떻게 여기에서 일어날 수 있었는가? 90년대의 광적이고도 위험스러운 세계에 살면서, 사람들은 몇 년 전의 낡은 고물 같은 전통 속에서 안전한 항구에 정박하기 시작했다.

토요 찬양과 축구 경기와 결혼 예식

우리 복음주의자들은 전통에 대하여 부정적인 견해를 가지고 있으면, 특히 그것이 우리 자신들의 것이 아닐 때에 더욱 그러하다. 그런 전통은 인간 삶에 있어서 의미와 감정과 질서를 위해 투자하는 가장 기본적인 방법 가운데 하나이다. 웹스터 사전에서는 전통을 "정보, 신념, 관습이 전해 내려가는 것"으로 정의한다.[20] 전통은 우리가 가고 있는 곳에서 새로운 진로를 택하여 가는 것을 막는다. 그러나 전통은 무분별한 습관은 아니다. 최고의 정의는 삶에 있어서 가장 중요한 것에 대하여 완전히 의도적으로 그리고 온전하게 굳게 뿌리내리는 것이다.

예를 들면, 매주 토요일마다 집안 식구가 협동하여 청소하는 것도 전통 혹은 관습이 된다. 우리가 이것을 할 때에 공허하게 반복되는 습관에 의한 것이 아니라 일상 생활에서 완전히 의식을 가지고 주어진 과제를 구성하고 증거해 나가는 것이다. 우리가 긴장을 풀고 익숙함에서 오는 안정감을 가지고 그러면서도 목적 의식을 가져서 생산적으로 되는 것이다.

전통은 교회 성장에만 제한되는 것이 아니다. 가만히 멈추고 서서 생각해 본다면, 축구 경기는 여러 가지 면에서 종교 의식과 닮았다. 시각적인 상징물들로 -몇 가지를 언급하자면, 티셔츠, 스웨터, 모자에 팀 로고와 경기장 위에서 날아다니는 마스코트, 승리의 현수막, 케토레이트 이온 음료, 코오치의 헤드세트와 같은- 가득 차 있다. 그리고 언어적 상징들의 - "Quarterback sneak", "Flea flicker", "Shotgun", "Bootleg", "Nickel package" - 비유들도 있다.

그러나 축구의 **의식**과 전통의 행위는 정말로 돋보인다. 국가 연주부터 "Wave"(역주: 스탠드에 앉아 있던 군중들 모두가 일어났다 앉았다 하여 멀리서 볼 때에 물결 모양을 이루어 가는 것)까지, 귀청이 터질 것 같은 스타디움의 환호에서부터 터치다운으로 열광하는 것까지, 치어리더의 아슬아슬한 재주에서부터 중간 휴식의 호화 찬란한 쇼에 이르기까지, 나초(스낵)와 맥주 소비로부터 짭짤한 팝콘에 이르기까지, 축구 경기는 소란하고 무질서하지만, 아 그렇군요 하면서 신뢰할 수 있는 예식이 쭉 이어져 간다. 팀이나 스타디움과는 상관 없이, 팬들이 언제나 늘 의지하는 그 무엇이 있다.

　　결혼 예식도 이와 똑같다. Orange County Register의 칼럼니스트인 데이비드 맥퀘이는 조카 결혼식 날에 가졌던 예식에 대하여 깊이 생각하고 이렇게 말한다:

> 여름의 마지막날에 결혼식이 2건이나 있었으며, 가을날의 단풍잎같이 친숙하고도 밝고도 진지한 예식 … 결혼 케익이 있는 결혼식과 피로연 일률적으로 똑같은 것 같다. 나의 19살 난 조카는 결혼을 하며 …. 그녀의 결혼식과 피로연은 예식에 얽매여 있으나 행복하게 보였다: DJ들이 레코드를 돌리며, 곡들이 하나씩 연주되자 신랑 신부의 부모들은 함께 춤을 추었고, (와이셔츠의)가터를 풀어버리고 … 결혼 예식은 호숫가 옆 아름다운 공원에서 있었고, 피아니스트인 나의 아내가 빌려 온 신디사이저로 멋진 "아베마리아"를 연주하여 여흥을 더 하였는데 아베마리아는 포-타-존 다음에 연주되었다. 예식은 예식다웠고, 우리가 어떤 항구에 있든지 상관 없이 "아베마리아"는 예식의 한 부분이 되었다.
>
> 피로연의 축배 뒤에 이어서 조카는 그녀의 아버지와 춤을 추었다. 대개는 조용한 분위기가 일반적이나 그녀 아버지가 춤을 추는 동안 뒤죽박죽으로 되었고, 어린 딸의 모습과는 영영 이별을 고해야 했다…. 너무 많은 옷을 껴입은 어린 아이처럼 보이는 조카가 남편과 춤을 추는 동안 우리가 고등학교 시절에 인기 있었던 촌스럽지만 감상적 분위기 있는 음악을 듣게 되었다. 이렇게 옛날 곡이 십대들의 결혼식에서 연주되는 것이 이상스럽게 보였다. 아마 이런 곡은 부모님들의 추억을 회상시켜주는 것일지도 모른다. 아마 이런 촌스러운 예식, 춤, 축배, 연회를 위한 것일지도 모른다. 그것은 곧 살아져 버리는 단풍잎과 같기 때문에 … 여기서 내 결혼식때 춤을 춘 이후로 처음으로 여동생과 춤을 추었다. 여동생은 마치 신부처럼 미소를 띠었다. 앞으로 몇 년 더 몇 번의 결혼식을 하게 되면, 이 곳에서 예식을 가질 것이다.[21]

　　결혼식, 스포츠 경기에서 일련의 가족 행사와 무수한 세속적인 활동에 이르기까지, 예식은 90년대에 있어서 강력하고도 질기게 힘이되고 있다. 이유가 무엇인가? 인간으로서 실체를 만들어 갈 수 있는 기본적인 방법들 가운데 하나이기 때문이다. 그렇다, 비록 복음주의자들에게도.

익숙한 예배 트랙

교회의 예배 전통은 -의식과 상징과 비유가 복합된 것- 사실상 우리가 경험하는 축구 경기, 결혼식과 많은 차이가 없다. 단지 차이는 우리가 인간의 행사를 축하하는 것에서 하나님 그분을 축하하는 것에 있다. 축구 경기나 결혼식의 익숙한 관습과 같이, 우리의 예배 전통의 모든 것은 과거의 어떤 시점에서 의미 있는 것으로 시작하여, 단지 지금 세대의 예배자들에게 전해 내려오는 것이다.

심지어 형식을 갖지 않으려는 복음주의 예배도 나름대로의 전통이 있고, 이것을 "트랙(tracks)"이라 말한다. 예배 사역자가 첫번째 찬양을 인도하기 전에 "전체 교제(Mass mingle)"를 갖게 되고, 한 주 동안 겪었던 일을 즐겁게 나눈 후, 박수를 치면서 3곡을 부른 뒤, 짧고도 딱딱 끊어지는 회중들의 화답(주로, "축복하소서 예수여", "하나님을 찬양", "할렐루야"를 외침)이 있고, 선전처럼 늘상하는 광고들과 헌금 바구니에 돈을 놓아 두지 말라는 말과, 메시지 전에 감동적인 독주(창)가 있고, 때때로 목사님의 한두어 가지 요점 속에서 가족 간의 화합의 시간을 갖기도 한다. 이것 외에도 여러 가지를 나열할 수 있다고 본다.

만약 전통, 특별히 종교적인 전통에 문제가 있다면, 이것이라고 본다: 어떠한 예식 절차, 상징, 비유의 본질적인 의미는 때때로 세대가 흘러가면서 상실된다. 예를 들면, "왕실의 왕관을 가져오는 것"은 50세 미만의 사람들에게는 거의 종교적인 "딱딱한 것으로" 여겨진다. 마찬가지로, 90년대에 강경하고도 엄숙한 침묵 속에서 교회에 들어가는 것 가지고는 자동적으로 하나님의 위엄이 전달되지는 않는다. 오히려 운이 나쁜 날로 어떤 장소를 원한다는 것처럼 의사 전달될지도 모르겠다. 이와 같은 방법으로 사도신경을 암송하는 것이 2차 세계 대전 이후에 출생한 예배 참석자들에게 있어서 약간은 위엄과 헌신의 이미지가 격하된다. 오히려 그것은 PTA 프로그램에서 조약의 서문으로 인해 걸림이 되어 오랫동안 억압되어온 공포로부터 각성시키는 것이다. "오, 아니 내가 어찌 그것을 잊을 수 있을까?" 혹은 우리가 전에 이것을 알지 못했더라면?

만약 실제로 우리의 전통이 심오하고도 중요한 채로 남아있고, 원래 만들어진 목적대로-하나님과의 관계를 맺는 것- 행동하려고 한다면, 새롭게 갱신할 필요가 있다. 때때로 우리는 해답이 바로 모든 전통을 없애는 것이라고 생각하곤 한다. 그러나 그것은 불가능하다. 전통은 위험스럽기도 하지만 삶에 계속 지속되는 것도 사실이다. 우리가 이것을 우리에게서 제거했다고 생각하지만, 이미 우리는 또 다른 새로운 전통을 만들어 놓은 것이다. 문제는, 무엇을 버리고, 무엇을 보존하느냐 하는 것이고, 보존하는 것의 중요성을 지키기 위하여 우리가 할 일은 무엇인가? 이것이 바로 앞으로 몇 페이지에 걸쳐 다룰 내용이다.

만져서 느낄 수 있는 하나님

복음주의 예배를 경험한 바에 의하면, 구전으로 이루어 지는 전통이 지배적이다. 설교나 찬송가 가사를 제외한 그밖에 관련된 종교적 예식 절차에 시각화된 상징물은 드물다. 심지어 정기적으로 가지는 성찬식과 세례식에서도 말로 주고 받는 것이 특징적이다. 우리 가운데 은사받은 혹은 오순절파 사람들을 제외하고는 우리 복음주의자들은 하나님을 거의 언어의 추상적인 영역에 한에서만 연관짓는 것에 익숙해져 있다. 로버트 웨버의 말을 인용해 보면, "나는 개신교의 예배가 너무나 많이 말로 인하여 고통을 당하고 있다고 느낀다. 비록 말로 의사 전달하는 것이 커뮤니케이션에 있어서 보편적이고, 적절한 방법일지라도 모든 것을 설명해야 할 필요는 없는 것이다."[22]

그러나 우리가 만나야 할 불신자들의 대다수는 색다른 여러 가지 방법으로 의사 전달하는 것에 익숙해져 있다. 그들은 삶에 있어서 상당히 시각화된 TV 세계와 관련되어 있고, 레크리에이션, 음식, 성에 대하여 말초적인 것이 지배적이다. 오늘날 영적인 것을 찾아 방황하는 사람들이 좌측 대뇌에서 나올 수 있는 그 무엇보다 나은 하나님을 체험하고 싶어함도 당연하지 않겠는가!

불신자들이 최고의 감각적인 세계에 길들여져 있을 뿐만 아니라, 그 중 많은 사람들이 다양한 감각에 호소했던 교회 예배에 대한 기억을 선명하게 가지고 있다. 우리가 그들의 과거를 중요하지 않은 것으로 심지어 이교도적인 것으로 여기고 없앨 수 있으나, 그렇게 할 때 그들에게 전혀 다가갈 수 없는 위험도 있을 수 있을 것이다. 더 나은 방법으로는 그들이 중요하게 생각하는 전통의 일부는 다소 성서적이고 긍정적일 가능성도 있음직하다고 생각하는 것이다.

신약 시대 그리스도인들은 분명히 말(언어)의 가치를 이해했고, 또한 코피와 마에스탱이 말한 것처럼: "우리는 많은 감각기를 통해 의사 전달을 하는 다기능 감각기를 지닌 존재이다"임을 보여 주었다.[23] 그들은 우리들처럼 육체적인 부분(Material)과 영적인 것을 구별시키지 않았다. 초대 교회 성도들은 하나님의 모든 신성하고 무한한 신비 가운데 하나님이 "육체적인 (Material)" 것으로 -예수 그리스도 안에 있는 우리들에게 만져 느껴지는- 되셨다는 것을 알았던 것같이, 또한 이 하나님께서도 우리가 예배드리는 중에 모든 피조물 자원들을 이용할 때에 육체로 만져서 느낄 수 있는 하나님이 되신다. 웨버는, "모든 피조물은 하나님과 사람을 위해 만남의 장소가 될 수 있는 가치가 있다"고 주장한다.[24] "예술의 성육신의 의미는 신성한 것을 나타내 보이기 위하여 피조물, 나무, 돌, 역청, 색깔, 소리, 모양, 형태, 운동, 행동 중에서 선택하는 행위이다. 그리스도인은 금욕주의자가 아니다. 우리는 육체와 물질적인 것, 눈에 보여 만져지는 것을 거부하지 않는다. 그렇게 한다는 것은 성육신을 거절하는 것이다"고 그는 말한다.[25]

그러나 복음주의자 우리들은 눈에 보이는 기술을 적용하는 것에 대하여 유전적으로 내려오는 강박 관념을 가지고 있다. 비디오 세대에 살고 있는 사람들 가운데는 교회가 이런 매체를 꽤나 말과 행동이 일치된 것에 근거해서 사용하고 있다고 생각할 것이다. 그러나 최근에 한 설문 조사에 의하면, 어떤 것이든 겨우 교인들의 2%만이 규칙적으로 하고 있음을 보여 준다. 워십 댄스도 제대로 하지 못하고 있다. 겨우 교회의 1%만이 가끔 있는 행사로서가 아닌 하나의 기술로 사용하고 있다.[26] 오늘날 교회 안에서 눈에 보이는 성육신이 성행하지만, 본인은 이런 침묵의 예술들이 가장되어 나타난 축복인지에 대하여 확신하지 못하겠다. 만약 교회가 여전히 성경적인 예배의 개념을 가지고 최소한 이런 것들을 발표할 필요를 깨닫고 있다면, 비디오와 댄스는 큰 효과를 거둘 수가 있다.

종교적인 상징물들도 비디오, 댄스만큼이나 가끔씩 쓰이고 있다. 유명한 한 대형 교회는 당회의 심사숙고와 많은 조언의 메모를 참고한 후에, "가까스로" 결정하고서, 수난절 성금요일에 성전에 수의로 된 십자가를 세웠다. 그것은 극단적이고도, 위험한 움직임이였다. 그러나 교인들의 반응은 모두가 가치 있는 것으로 여기는 것 같았다: "강한 힘을 느끼게 되는 움직임 … 왜 이전에 이렇게 하지 못했을까?"[27]

고도의 기술과 고감도의 감동

우리들 대부분이 예배에 비즈니스 상징물, 예식 절차, 비유(Metaphors)를 결합시킴에 있어서 아무런 문제 의식을 갖지 않는다는 것은 우스운 일이다. 교회가 "단기 목표", "효과를 최대화하는 것", "질적 개선"과 같은 용어를 사용한 것이 적절한지에 대하여 입씨름을 하지 않는다. 프로젝트로 보여지는 메시지의 요지와 더블 단추의 정장차림과 플랙시 그라스(역주: 특별히 비행기 유리로 사용된) 강대상과, 고도의 기술적인 컴퓨터 그래픽을 사용하여 매주 광고하는 것에 대하여 아무런 생각도 없다.

이유가 무엇인가? 미국 연방은 패션, 커뮤니케이션, 경영, 전략, 건축 구조에 있어서 10년 이상 우리들의 모델이 되어 왔다. 그러나 오늘날 우리가 만나려고 하는 사람들은 10년 전에 비즈니스에 반해 버렸던 사람들과 같지 않다. 과학과 마찬가지로, 상업과 마케팅의 세계가 우리 삶에 의미와 희망을 주지 못했다. 우리 가운데 많은 신자들과 종교적으로 방황하는 이들에게 있어서 영적 "고도의 기술"이 영적 "고감도의 감동" 만큼 중요하게 여겨지지 않는것 같다. 만약 우리가 리더로서 교인으로서 이런 발전의 요소들을 무시한다면, 10년이 못 가서 구석기 시대의 사람이 되고 마는 위험을 갖게 될것이다.

우리의 예배 분위기에 대한 다 떨어진 실용주의적 접근 방법에 대하여 이제 다시 재고해 볼 때이다. 냉혹하고, 삭막하고, 특징이 없는 20세기 후

반에 살고 있으면서, 하나님과 긴밀하고 만져서 느껴질 수 있는 그런 만남
에 대한 필요성이 사람들 사이에서 증가되고 있다. 무엇보다 더욱 영적인
상징물과 의식 절차, 비유에 의한 따스하고, 실제적이고, 개인적인 감동에
대한 필요를 느낀다. 이것이 바로 95도의 열기에도 불구하고 현대판 미사
를 드리기 위하여 375,000명의 사람들이 15마일을 걸어갔던 이유일 것이다.
그들은 귀로 듣는 것뿐만 아니라 입으로, 눈으로, 코로, 피부로 하나님과
가까워짐을 느낄 필요가 있었던 것이다. 그리고 그들은 하나님이 단지 거
대한 체구의 리 아이와코카와 탐 피터와 같지 않음을 알아야 할 필요가 있
었던 것이다.

재구상: 90년대를 위한 경기 계획

만약 80년대를 분명하게 문화적으로 적절한 예배가 전통적며, 영적 각성
으로 특징짓는다면, 90년대에 문화적으로 적절한 예배는 어느 정도는 뒤로
물러서야 할 것이다. 삶은 전례 없던 속도로 움직이고 있으면, 사람들은 의
지할 만한 그 무엇을 필요로 한다. 사람들은 어떤 점에서 과거의 것들과 연
관지을 필요를 느낀다. 우리들 가운데 많은 교회 리더들이 불신자들과 연
관된 것을 자랑스러워한다. 그러나 이것은 문화의 적절성의 견지에 있어서
반밖에 못 된다. 그 나머지 절반은 비록 그들이 단지 희망하던 과거의 소망
이라 할지라도 그들의 과거와 연관되는 방법을 찾는 것이다.

90년대 이후에 문화적으로 적절한 교회는 미국의 종교적 분위기에 대하
여 거침없이 말할 수 있어야 하며, 이것에 매체가 되는 언어(말)는 10-30년
전에 사람들이 경험한 예배의 경험에 뿌리를 둔 것이어야 한다. 공동체 안
에서 지속적이고도 긍정적인 교회가 쌓아 온 것(방법)들을 발견하고, 발견
한 것들은 창조적이고도 예리하게 주일날 아침이나 수요일 밤 예배에 연합
시키는 것이다. 페이스 팝콘의 말을 빌자면, "미래는 과거 그 이상에 준하
는 큰 닮은꼴이다."28)

마치 이것은 아주 큰 것을 우리에게 주문하는 것 같지 않은가? 그러나
만약 우리가 단지 다음의 개념을 우리가 가진 패러다임에 첨가하면, 과제

의 80%는 이미 이루어진 것이다. 3장에서 언급된 것을 기억하지 않는가? 50대 미만의 대부분의 (미국)사람에게 있어서 옛것은 지나가 버렸다. 미국인 대다수에게 있어서 이것은 전통주의로(Traditionalism) 돌아갈 수 없음을 의미한다. 일부는 1950년대 예배를 경험하는 것으로 굳어져 버린 전통적인 교회로 환원하였다. 60년대에 들어서는, 새로운 것에 대하여 아무 일도 해 보지 않거나 불경건한 것으로 되돌아가지 못하게 되었다. 우리는 유전으로 내려오는 신앙의 건조하고 앞뒤가 맞지 않는 표현의 일방적인 비행을 하고 있다. 만약 붐머들과 버스터들이 오늘날 전통적인 것에 대하여 갈망하고 있다면, 대다수는 전통의 일부 그리고 자신들에게 맞는 것만 분명히 원한다고 본다.

90년대에 들어서 절반 이하의 군중들이 말하는 전통은 재구상된(repackaged) 전통이다. 그러면 그것은 마돈나가 부른 "고요한 밤"을 녹음하는 회사와 같지 않겠는가(웃자고 하는 소리는 아니다)? 재구상한다는 것은 기본적인 내용을 취하고 다른 방식으로 전달함을 의미하는 것이다. 리듬 앤 부루스 밴드인 Urban Song팀이 샌이트 루이스 공원에서 옛날 가스펠 송을 불렀을 때에, 이것이 바로 재구상된 것이라 하겠다. "다 감사드리세"(역주: 한국찬송가 20장)를 Bongos와 Kalimbas 악기로 협연할 때, 이것은 재구상이라 할 수 있다. 찬송가곡 중에서 한 곡을 부르는 것 대신에 예배 찬양의 합창 부분에 90년대의 신조(믿음)를 넣어 부른다면, 이것도 재구상하다 할 수 있다. 재구상한다 함은 베르린 장벽의 철조망을 가지고 십자가를 만드는 것이라 하겠다. 가정 홈 비디오의 장면을 틀로 만들어 세례를 주는 것도 재구상이다. 재구상하다 함은 성경을 실제로 드라마로 연출하고, 십대들이 자신들의 (쉬운) 말로 시편을 읽고, 워쉽 센터의 전체가 소그룹으로 짝지어져 성찬의 떡을 긴밀하게 나눌 수 있는 것이다.

어떤 교회는 지독하게 추운 겨울날 옥외 세례 예식을 위하여 욕조에 뜨거운 물을 가져다가 12명에게 세례를 베풀었다. 몰려다니는 교인들은 완전히 매혹되었다. 이제 뭔가 "옛날 것"이 완전히 뒤틀려 버리지 않았는가! 심지어 욕조를 운반하던 사람들도 놀라게 되었다. 그들은 장치를 하면서 말하기를, "이런 일은 어떤 교회에서든 해 본적이 없었잖아!" 그러나 그들은 세례식을 참여하면서 그들의 친구들과 함께 나눌 수 있는 비디오를 복사하는 작업을 요청하게 되었다.

재구상된 예배는 그리스도를 향한 마음을 감동시키고, 특히 절반 미만의 오랫동안 교회를 떠났던 탕자들의 마음을 감동시키는 데 도움이 되었다. 현대 기독교 음악 산업체 가운데 점점 이런 사실에 대한 인식이 고조되고 있다. 예를 들면, The Young Messiah는 전통적인 고전 음악과 가스펠 음악으로 구성되어진 새로운 세대를 위한 작품이다.[29] Praise Band의 "Holy Heart (거룩한 마음)"는 완전히 개인을 위한 미사의 Agnus Deis (우리를 위하여 대속하신 그리스도, 역주: 문자적으로는 하나님의 어린양을 의미하며, 가톨릭에서 이 구로 시작되는 기도와 음악을 의미)가 되었다.[30] 그리고 Take 6와 같이 전통적인 가스펠 찬송을 하는 보컬 재즈 그룹은 지금까지 복음주의자들 가운데 어느 누구도 그리스도를 전해보지 못한 곳- 뉴에이지 라디오 방송국-에서 전하고 있다.[31] 재구상하는 것은 독창성 그 차체이다. 코피와 마레스탱의 말을 빌자면, 그것은 "익숙하여 습관화된 것을 새롭게 보는 것"이다.[32]

만약 우리의 목표가 진정으로 문화 사조에 맞추는 것이라면, 우리는 원래대로 되돌아가서, "그러브 박스(Glove box)안에 있는 귀중한 보물" 몇 가지들을 찾아 내야 할 것이다. 그 가운데서 영원히 남겨질 필요가 있는 것들을 알아내기 위하여 다소 실험적인 경험을 하게 될 것이다. 예를 들면, 주기도문, 크리스마스 이브의 촛불 예배, 혹은 원형대로 남겨진 그레고리안 송가 등이 최상의 것일지도 모르지 않는가! 그러나 우리가 할 일은 이 세대가 보석을 착용하기 전에 고조 할머니가 쓰시던 세트 중에서 많은 보석을 취하는 것이다. 예배는 새것을 취하여 그것을 진실하게 만들고, 옛것을 취하여 그것을 새롭게 만드는 것이다. 재구상한다는 것은 워십 에반젤리즘의 절차(방법)이다.

문화의 적합성을 초월함

끝으로, 단지 "문화적으로 적합한 것"은 과거를 내버리는 것을 의미하지 않으며, 또한 우리들의 (현재)문화에 감금됨도 의미하지 않는다. 불행하게도, 이런 현상이 오늘날 복음주의 내에서 정확히 일어나고 있다. 크리스마스 이브 예배의 경우에는 코미디와 같이 타락해 버려서 너무나도 문화에 딱 부합되어 버렸고, 이런 문화 사조에 대하여 더 이상 할 말이 없게 되어 버렸다. 문화에 영향을 끼쳐 변형시키는 것 대신에, 그것과 융화되는 위험을 안고 있다. 눈에 현란한 것, 마음을 사로잡는 것, 유행하는 것에 푹 빠져서, 우리가 마땅히 해야 할 일에 대한 시각을 완전히 상실해 버렸다.

적합성은 필수적이다. 존 스미쓰는, "우리는 사람들이 어디에 있으며, 그들을 만나기 위해 어디로 가야할 지를 알아야 한다"고 주장한다.33) 즉, 우리는 불신자들의 삶의 스타일을 연구하는 것을 과제로 삼고, 일상적으로 그들이 읽는 것, 보는 것, 듣는 것을 알아야 한다. 그러나 사람들이 어디에 있는지 아는 것은 그들을 그곳에 그대로 내버려 두라는 것을 의미하지 않는다. 사도행전 17:16-34에서, 바울은 아테네 철학자들에게 복음 증거를 한다. 여기에 이 사람(바울)은 헬라 문화를 바로 알고 있었고, 특히 어떻게 헬라 사람들이 하나님을 알게 될 수 있는지에 관한 방법을 알고 있었다. 그는 즉시로 그들의 세계관과 연관지어 자신들의 경험에 기초하여 자신의 변론을 펴야 할 필요를 알게 되었다.

바울은, "아덴 사람들아 너희를 보니 범사에 종교성이 많도다. 내가 두루 다니며, 너희의 위하는 것들을 보다가 알지 못하는 신에게라고 새긴 단도 보았으니"(행 17:22-23 상반절)라는 말로 시작한다. 그의 분석이 지각이 있는 만큼, 여기서 중단하지 않는다. 그는 계속해서, "그런즉 너희가 알지 못하고 위하는 그것을 내가 너희에게 알게 하리라"(23절 하반절)고 말하면서, 하나님의 속성과 하나님의 창조에서부터 부활의 사역까지의 전체적인 그림을 전해 주는 가운데, 하나님에 대한 그들의 문화적 이해의 결함을 멋지게 지적하고 있다.

바울은 문화적으로 적절하였던가? 그는 그들의 경험에 기초하여 자신이 증거할 기회를 찾았고, 그들이 이해할 수 있는 용어로 말을 한다: 직선적인 헬라어 특별히 철학적인 사상을 표현하였다. 그러나 바울은 문화적 적합성을 초월하여, 문화적 구속까지 설명하였다. 결과에 대한 것은 하나님을 신뢰하면서, 예수 그리스도의 복음을 취하여 -이 메시지는 전적으로 그들의 문화와 대조를 이루는 것임- 그들의 삶에 적용하였다. 32-34절은 우리에게 어떤 일이 일어났는지를 보여 준다: "저희가 죽은 자의 부활을 듣고 혹은 기롱도 하고 혹은 이 일에 대하여 네 말을 다시 듣겠다 하니 ... 몇 사람이 그를 친하여 믿더라."

예배는 감히 바울이 했던 일을 하도록 하며, 단지 예배 상황 속에서만 이것이 가능하다. 예배는 몰려다니는 교인들의 문화 사조를 인식함에 있어서 쓰레기 같은 것이 아닌 그들의 최상의 것을 사용함으로써 그들 가운데서 다리 역할을 한다. 예배는 그들의 음악 스타일, 그들의 찬양, 그들의 독특한 축하법과 연합되게 하며 매우 탁월한 역할을 담당하고 있다.

그래서 예배는 그 무엇에 대한 다리가 되는 것이다. 만약 우리가 예배를 드리는 것으로 복음화하기를 원한다면, 그들을 어디서 데리고 왔는지를 결코 잊어서는 안 된다. 우리의 과제는 "더 많은, 더 나은" 예배자를 만드는 것이다. 문화도 물론 연구하라. 물론, 문화 사조도 인식하라. 물론 문화가 제공하는 가장 좋은 것을 사용하라. 그러나 우리가 반드시 할 일은 문화를 넘어서라. 성경의 진리와 복음의 말씀으로 문화를 초월하라.

적합성을 넘어서 진실해지라

90세기의 마지막 10년 동안 많은 복음주의자들이 '적절성이 전부이다'라고 말하면서 선을 그어 왔다. 말하고, 싸우고, 기도하고, 발휘해 온 방법들이 실패냐 아니면 성공이냐를 의미하였다. 그러나 이것은 진리로부터 멀다고 본다. 결국에는 최신형의 적절성은 실체를 찾는 것 -하나님의 위엄과 기름 부우심의 임재를 높이고, 그리스도를 선포하며, 그리스도의 사랑에 반응하며, 절대적으로 진실해지는 것- 보다 못하다.

탐미 쿰스는 갈보리 교회에서 경험했던 문화적 적절성에 대해 놀라지 않았다. 그가 예배를 우연히 드리게 되었을 때에 그는 록 밴드의 음악가였다는 것을 기억하라. 만약 자신의 마음에 적절성을 가질 수 있었던 사람을 예로 들라면, 탐미가 아니겠는가! 그러나 상처 입고 혼란에 빠져 몰려다니는 교인에게, "진실해"지는 것은 "적절해"지는 것보다 감동이 오래 지속된다. 쿰스는, "예배와 찬양하는 것은 정말 감동을 주었다. 멜로디는 아름다웠고 -약간은 구식이였지만, 따스하고, 나로 하여금 노래하게끔 만들었다.... 내가 주로 받는 인상은 사람들이 진정으로 하나님이 누구인지를 알고 있었다는 것이었다."34)

아니, 그날 탐미를 사로잡은 것은 워십 밴드 혹은 거침없이 흐르는 작품들이 아니었다. 이 모든 것보다 탐미가 느꼈던 하나님의 분명한 임재, 무조건적인 사랑과 용납, 그리스도께서 예배자들 가운데 성육신하신 것과 그들이 예배드리면서 보여준 자발성과 진실성이 다른 점이었다. 문화적 적합성은 분명히 중요하지만, 우리가 지금까지 언급해 온 것만큼 중요하지 않다. 사실 우리가 "진실하지" 않다면, 이미 우리는 부적절한 것이다. 도리 에르윈 콜린스의 말을 빌자면, "적합성은 어떤 문화이든 하나님이 누구이며, 우리가 누구인가와 많은 관계가 있다."35)

3부

워십 에반젤리즘의 적용

7

부메랑이 되돌아오지 않을 때
깊이 있는 예배 분위기를 디자인하라

우리 붐머는 개인적이면서도 영적인 실체를 가능하게 해 주는 것에
기초가 되어 당신 교회의 상대적인 중요성을 결정하게 된다.
- The Baby Boomerang에서 도우 무렌[1]

손가락 사이로 빠져 나가는 것

우리들 가운데 대부분은 불신자 베이비 붐머와 예배에 대한 자신들 나름대로의 견해를 가지고 있다. 그들이 "부메랑"처럼 교회로 되돌아올 때에 -어린 시절 등사기 주보 시절에 예배 출석했음- 그들을 환대하지 않는다는 것은 적어도 알 수 있다.

이것은 되돌아오는 붐머들이 드리기 원하는 예배에 관한 한 생각해 볼 문제로 부각되는데, 특히 우리가 어떤 성서적인 유사점에 집착되어 있다면, 더욱 그렇다. 단지 몇 구절의 찬송과 찬양을 옛날 틀에다 끼워 넣고 최상의 것이 되기를 희망해야겠는가? 동기가 어디에 있는지를 살펴보는 세미나를

열어야 할까? 그렇다면, 또다시 "교회주의(Church lite)"가 그 해답이 될지 모르겠다 -단지 종교적으로 사람들이 교회에 나오는 것으로만 충분하여, 그 외의 어떤 것이 일어나도 상관없다고 하고 있지 않는가!

되돌아오는 붐머(이하 "부메랑"으로 표현함)에 초점을 맞추는 대다수의 교회는 이상의 것을 한두 가지 하고 있다. 몇몇 교회는 80년대 후반에서 90년대 초반에 들어 상당한 성장을 경험하였다. 그러나 과거 2-3년 동안 붐머들의 예배에 관하여 그 열광 못지 않은 악평도 있었다.

최근에 목사님들과 예배 사역자들과 나눈 대화에서, 붐머를 목표로 한 사역에 관하여 거의 냉소적인 것을 감지하였다. 교인들의 최근의 여러 가지 역사를 살펴볼 때에(예배의 변화, 실험, 소수의 경우이지만 교인들의 대변동을 포함하여), 실망, 불확신, 목적 의식 상실의 저의가 내면에 있는 것 같아 보인다. 특히 "제 1, 2, 3차 교회 전쟁"을 치르고 난 뒤 겨우 수십 명의 부메랑만 얻게 된 소규모의 교회에서 사역하는 리더들에게 있어서 더욱 사실이다. 어떤 목사님은 자신의 느낀 실망스러운 점을 이렇게 말한다: "불신자 붐머들과 함께 예배를 드리는 것은 손으로 물을 잡으려는 것과 같다. 단지 그들에게 매력을 줄 것으로 생각하여 필요에 따라 변화시켜보지만, 여전히 충분하지 않음을 알게 될 것이다. 그들은 손가락 사이로 빠져 나가고 있는 것이다."

무엇을 취할 것인가?

필자가 이런 리더들의 말을 들으면서, 중형, 대형 규모의 사역자들과 인터뷰를 한 것을 조합했을 때에, 하나의 공통된 점을 발견하였다: 거의 10년간의 예배에 대한 실험이 끝난 후에도, 여전히 이들 부메랑에 대한 장기적으로 "진가"를 발휘할 만한 아이디어가 희미한 채로 있지는 않다는 것이다. 어떻게 하면, 그들이 성전으로, 워십 센터로 되돌아오게 할 수 있을까? 어떻게 하면 그들을 감화시켜 하나님께 헌신된 예배를 드리는 관계가 되도록 할 수 있을까? 고삐 풀려 자유롭게 날아다니는 포스트 크리스천(Post-Christian)들을 진정으로 예배하는 자들로 만들기 위해 취할 것이 무엇인가?

복음주의 안에서는 이 문제에 관한 한 리더십의 부재가 현저하게 드러난다. 그러나 우리들 가운데 부메랑(사역)에 실패한 자들은 문제를 인식하지만 영향력을 미칠 수 있는 그 수준까지 기다리지 못한다. 누군가 세계관과 영적 "실체"를 가지고 또다시 교회 밖을 향해 나가려고 하는 부메랑을 붙잡게 할 수 있다면, 그분은 바로 예수 그리스도일 것이다.

부메랑이 출구를 막고 아직 돌아오지 않는 자들에게 가치 있는 것을 주고 싶다면, 지금이 우리가 드리고 있는 예배에 대하여 다시 생각해 볼 시기라고 본다. 이 장에서는 되돌아오는 부메랑을 위한 예배를 다시 생각해 보고, 매주일 단위로 사용할 수 있는 특별한 전략들을 소개하려고 한다.

부메랑 예배의 실패를 근절하기 위한 4단계

우리가 부메랑을 목표로 한 예배로 변화하려면 집중적이고 지속적인 기도가 있어야 한다.[2] 만약 리더로서 우리가 부메랑의 마음 밭을 준비시켜달라고, 우리가 예배를 기획하고 준비함에 있어서 능력을 주시고, 그분의 임재를 예배 가운데 느끼게 함에 있어서 하나님께 부탁하지 않고서는 우리가 노력하는 것은 아무런 의미가 없게 될 것이다. 그러나 우리 자신이 하나님께 드리는 예배에 헌신한다면, 더 나은 것을 부메랑에게 공급할 수 있는 실제적인 4가지 단계를 선택할 수 있을 것이며, 하나님께서 각 단계마다 축복할 것이다.

실제적인 지침을 포함한 이하 4단계에 대한 간단한 요약은 이 장에서 알게 될 내용을 이해함에 있어서 도움이 될 것이다.

최고의 영향을 미치는 부메랑 예배의 4단계

중요한 점: 1-3단계는 "어떻게" 예배를 드릴 것(형태)인가에 관한 것이고, 4단계는 예배는 "무엇"이며, "왜" 드리는 가에(기능) 관한 것이다. 만약 붐머 예배가 장기적으로 지속되려면, 형태와 기능은 반드시 주의를 요하는 요소이다.

형태(기능)	실제적 도움
1. 부메랑과 다른 붐머들을 구별하라.	• 3가지 주된 부메랑의 타입에 대한 기본적 정보
2. 부메랑들이 예배를 드릴 때에 아는 법을 개발하라.	• 2부류 부메랑-충성스러운 부메랑과 일반적인 부메랑-의 예배 취향을 비교한 도표 • 부메랑이 예배하는 것에 대한 상세한 도표
3. 프로그램도 부메랑이 이해할 만한 예배로 디자인하라.	• 부메랑 예배를 구성하기 위한 7가지 디자인으로 기획
4. 지속적이고, 성서적인 예배의 목적을 충족시킬 수 있는 부메랑 예배를 디자인하라.	• 틀이 갖추어진 예배 기능

이제 각 단계를 상세히 살펴보자

1단계: 부메랑과 다른 붐머들을 구별하라(형태)

붐머들이 다 똑같은 것은 아니다.

베이비 붐머들은 거의 20년 동안 열띤 논제의 주제가 되어 왔다. 란돈

존스이 제일 처음으로 쓴 작품, Great Expectations이후로, 교회 마케팅 관점에서 쓰여진 여러 글들을 포함해서 수십 권의 책들이 붐머 세대에 대한 "비방"을 하게 되었다.3) 이런 책들을 분석하고 적용하면서 붐머 세대와 그 앞의 세대를 구별함에 있어서 도움이 되었지만, 대부분의 책들이 붐머세대 끼리는 구별하지 않고 있다. 즉 1945-63년 사이에 출생한 모든 사람들이 똑같은 삶의 방식과 똑같은 가치관을 가진 것으로 간주하는 것 같다.

워드 클락 루프의 작품, A Generation of Seekers를 살펴보라. 상당히 학자적인 연구의 결과로서, 이 책은 넓이나 깊이에 있어서 비범하며, 핵심되는 결론은 다음과 같다: 붐머들이 다 똑같은 것은 아니다. 우리 가운데 붐머들이 그렇다고 우리에게 말할지도 모르겠다! 단지 우리가 그것을 증명하지 못할 뿐이다. 그러나 루프는 수백 명의 붐머들과 인터뷰를 한 엄청난 자료를 걸러내는 작업을 하였다. 그 결과는 오랫동안 1차원적인 관점으로 이해해온 세대를 넓은 각도로 3차원적인 관점에서 보게된 것이다.

루프가 판정하는 기본선은 붐머들이 60년대의 반문화적, "가치관의 전환 (Value-shifts)"에 대하여 3가지의 방법으로 각각 반응하는데, 거절하던가, 융합되던가, 부분적으로 융합한다는 것이다. 이 중에 어느 것을 붐머들이 선택하든지 이에 따르는 자신들의 가치관, 삶의 방식, 특히 영적 속성의 방향을 정함에 있어서 직접적인 영향을 끼치게 된다.4)

루프는 영적으로 3부류의 그룹으로 분리시켜, 교회에 대한 친화력의 정도에 따라 명칭을 붙여서, 충성된 자 (Royalists), 탈락한 자 (Dropouts), 되돌아오는 자 (Returnees)로 칭한다.5) 루프가 정의하는 각 그룹에 대하여 자세히 살펴보기로 하자.

충성된 자 (Royalists)는 적어도 60년대의 반문화적 사조 속에서도 결코 교회를 떠나 본 적이 없는 붐머로(붐머의 33%, 2천7백만 명) 인식되는 자들을 말한다. 이들은 높은 수준의 성취도를 이룩한 자들로서 -모든 학점이 A이거나 우수상을 받은 자들로서, 거의 어려움을 모르는 자들이다. 이들은 교회에 잘 나가며, 붐머들 가운데 종교적인 부류로 인식되며, 좀 전통적인 예배 분위기에 끌리는 경향이 있다. (주의할 점: 여기서 말하는 "종교적"이라는 말이 충성된 자 모두가 예수 그리스도를 믿음의 구세주로 고백한 자들이라는 것은 아니다.)

한편, 탈락한 자 (Dropouts)는 60년대 반문화적 사조와 거의 밀접하게 연관된 붐머들이다. 그들은 십대에 교회를 떠나 아직 되돌아오지 않았다. 평균적으로 이들은 고학력의 전문가들로서 결혼을 했지만 자녀는 없는 경우가 많다. 중요한 점은 이들이 붐머 중 가장 큰 부류다(붐머 인구의 42%, 3천3백만 명). 대개 이들은 "단단한 핵을 가져서 깨뜨리기 힘든" 붐머들로 간주되어 있고, 교회로 되돌아오는 경우는 거의 없다. 그러나 루프에 의하면, 이들 중 71%가 자녀를 갖게 되면, 혹은 마음에 드는 교회를 발견하게 되면, "나오려고" 하거나 "아마 나올 수도" 있을 것이라고 말한다. 이 장을 쓰는 목적은 이들 가운데 (적어도 기능적으로) "되돌아오는 자" 혹은 "부메랑" 범주의 일부가 될 수 있는 자로서 사실상 교회를 찾아 돌아다니기 시작하는 자들에 대하여 생각해 보고자 함에 있다(예를 들면, 한두어 번 교회에 나오고 있는 붐머들이다).

되돌아오는 자 (Returnees)는 충성된 자들과 탈락자 사이의 "문화적으로 중간 지점"에 있는 붐머들이다. 이들은 탈락자들 보다 60년대의 반(反)문화에 좀 더 온화된 자들이다. 이들은 십대에 교회를 떠났지만 20대나 30대 초반에 이따금씩 되돌아오는 자들이다. 대다수가 30대 후반 40개 초반기로서 학동기의 자녀를 두고 있다. 전체 붐머의 25%에 해당한다 (2천만 명). 이 장에서 "되돌아오는 자"와 "부메랑"은 동의어로 사용되었다.

2단계: 붐머들이 교회로 되돌아오면서 기대하는 것 (형태)

충성된 자와 부메랑: 거리감 있는 세대

결국 교회와 예배에 대하여 기대하는 바는 교회로 돌아 온 자들과 교회로 돌아오려고 하는 자(부메랑)들로부터 자신들의 생애에 있어서 교회에 그대로 남아있었던 자들(충성된 자)에게까지 매우 다양하다. 루프가 발견한 점은 다음과 같다:

> 충성된 자들과 부메랑이 보여 주는 두 가지의 다른 (하부)문화를 인식하지 못하면, 오늘날 교회에 나가는 붐머의 역동성을 진실로 이해할 수가 없다. 이 둘

사이에 분열의 틈은 깊게 파여져 가고 있으며, 모든 종교적 전통과 신학적 신념(Persuations)을 초월해서 회중들에게 보여진다.[6]

돌아오는 자(부메랑)들은...한 번도 종교적으로 타락해보지 않은 충성스러운 자들과 같지 않게 자신들의 어린 시절의 기억과 기대를 가지고 있다. (부메랑은) 60년대와 70년대에 들어와서 최고의 수준에 해당하는 제도적인 소외감을 체험하였기 때문에, 회중들은 종종 이들을(부메랑) 이상한 곳으로 -이상한 신앙을 가지고 의식을 행하며 자신들과는 다르게 사는 사람들로 여기며- 던져 버린다.[7].... 충성스러운 자들과 부메랑의 가장 큰 차이점은 부메랑은 체험에 대한 심리를 중시한다. 부메랑이 더 흥미로운 것 더욱 혁신적인 것에 대한 필요를 느낀다고 말을 하지만, 내면에서 강조하는 바는 그들이 사용하는 언어에서 잘 드러난다고 하겠다: 충성스러운 자들은 전통적이고 도덕적이고 종교적인 범주에 머물려고 하는 반면에, 부메랑은 심리학적, 경험적인 용어를 말하며 ... 충성스러운 자들은 믿음 안에서 성장할 것을 강조하고, 부메랑은 믿음이 성장할 것에 관하여 말한다.[8]

이것을 예배에 적용할 때에, 충성스러운 자들은 **하나님에 관한 지식과 외향적인 형식**에 강조를 하는 경향이 있는 반면에, 부메랑은 **하나님과의 관계성** 그리고 **내적인 체험**을 강조한다. 충성스러운 붐머들 대부분이 선호하는 예배는 거의 앞 세대의("빌더, Bilders"-1929년에서 1944년 사이에 출생한 자) 거울을 보는 것과 같고, 단지 차이점은 충성스러운 붐머들이 최신형의 음악에 좀 더 열려져 있다는 것이다.

선호하는 예배에 관한 지침

붐머와 빌더의 예배 취향과 기대 혹은 선호도를 비교한 다음의 도표를 살펴보자. 원래는 The Macintosh Church Growth Network 소식지에 있던 것이었음을 밝혀 둔다.[9] 게리 맥킨토시의 허락 하에 이 도표를 인용하면서, 붐머라는 제목을 "부메랑"으로 바꾸고, "충성스러운 자/ 빌더"의 난을 더 추가하고, 붐머와 예배에 관한 본인의 개인적인 관찰로부터 발견한 것을 더 첨가하였다.

<선호하는 예배에 관한 비교표>

부메랑	충성스러운 자/빌더
말을 많이 함	조용함
(메들리로)찬양	찬송가(응답송)
"방법론"적 설교	해설적인 설교
(대화체 전달)	(웅변식 전달)
여러 사람이 기도 참여	목사만 기도
익명의 방문객	방문객을 인식함
기타/드럼(워십 밴드)	오르간과 피아노
선택적으로 참석함	의무적으로 참석함
복장이 간편	정장차림
전통이 적게 작용	전통이 크게 작용
하나님을 체험하는 것에 초점	하나님에 관한 교리에 초점
하나님의 내재성에 초점	하나님의 초월성에 초점
최고의 에너지로 찬양	적은 에너지로 찬양
개별적인 참여	표준화에 따른 참여
다양성을 강조	예측 가능한 것을 강조
평신도 인도(워십 팀, 기타)	목사 인도
많은 찬양과 빠르게 찬양	소수의 곡과 느린 곡
상황에 맞는 성경 봉독	주기에 따른 성경 봉독
(대중들이 선호하는 성경)	(KJV/RSV 성경)
시리즈 설교	단회적 설교
"빈 괄호 채우기"식의 (설교)개요	설교 개요가 없음
비디오/멀티 미디어 사용	비디오/멀티미디어 사용 안함
광고가 없거나 거의 최소로 함	상세한 광고
탁월성이 중요함	탁월한 것은 선택적임

몇 가지 예배에 관한 논쟁을 이해함

위의 도표와 같이 너무 극단적으로 치우치지 않는 것이 중요하고 균형을 유지할 필요가 있음을 염두에 두어야만 한다. 예를 들면, 부메랑들이 해석적인 설교보다는 방법론적인 설교를 더 선호하기 때문에, 그것만을 그들에게 주자는 것은 아니지 않는가! (사실상, 이 두 가지 설교 방법은 상호 배타적인 것이 아니다. 예를 들면, 척 스윈돌 목사의 설교들을 들어 보라.) 그러나 우리가 이런 도표와 같은 것을 성령님께 내어맡기고, 상식적으로 의논한다면, 우리 교회에서 성가시게 구는 예배에 대한 갈등들을 이해하는데 도움이 될 것이다.

목사나 예배 사역자들이 범할 수 있는 가장 중요하면서, 사역에 각성을 주는 깨달음의 한 가지는 대다수의 충성스러운 붐머와 그와 비슷한 빌더들에게 있어서 과감한 예배를 재구상하는 것이 잘 맞지 않는다는 점이다. 이런 원리를 염두에 두고서, 독자 교회의 대다수가 붐머들로 구성되어 있다고 상상해 보자. 붐머와 빌더의 혼합 비율이 70/30라고 하자. 그리고 독자가 단순히 작년 수련회에 최신형으로 선 보인 부메랑 모델을 "실험적으로 그러나 진정하게" 예배를 드리는 것으로 바꿔 보면, 전쟁터 한 가운데에서 있음을 발견할 뿐이다. 회고해 보면, 왜 교회 안의 빌더들이 연중 투표 모임에서 소화탄(消火彈)을 던지게 되었는지를 이해할 수 있을 것이다. 무엇보다 더 변화에 대한 인내가 적기 때문이다. 그러나 왜 30-50대들이 합세하게 되었는지에 대해서 당황스럽지 않았는가!

더 이상 당황하지 말라. 별로 탐탁하게 여기지 않는 붐머들의 대다수는 충성스러운 붐머 부류와 그런 부류와 결혼한 자들 일 것이다. 일반적으로 이런 명칭이 긍정적으로 받아들여지지 않음에 대하여 입씨름하지 않기를 바란다. 그럼에도 불구하고, 교회 안에 있는 붐머들에게 형성기(The formative years)와 종교적 배경에 관한 조그마한 설문 조사를 함으로써 다가오는 다음 세대에 많은 비극적인 사건을 덜게 될 것이다.

부메랑들의 기대에 관한 지침

교회 안에서 충성스러운 자들을 얻기란 어려운 일이 아니다. 그들의 부모들과 같이, 충성스러운 자들은 의무를 다하는 것이 낯설지 않고, 눈보라가 쳐도, 배구 결승전이 있어도 교회에 나오지 않는가! 반면에, 부메랑은 예배가 "가치 있을 때"에만 참석한다. 다시 말해서, 주일날 아침 혹은 수요일 밤에 우리가 드리는 예배를 그들은 "실제 손에 들어오는" 가치가 있어서 혹은 뭔가 쉽게 할 수 있는 일을 발견할 때에 드리게 된다.

우리는 이미 부메랑들이 예배 드릴 때 기대하는 가치의 일반적인 도표를 살펴보았다. 이제 좀 더 구체적인 것을 살펴보기로 하자. 다음의 도표는 본인이 Worship Leader지에 기고했던 것에서 첨가 확장한 것이다. 6가지의-커뮤니케이션, 음악, 동참, 발표, 설교, 장기적인 유익- 예배 영역에서 부메랑이 기대하는 바를 나열한 것이다.[10] (예배 음악과 절반 미만의 숫자로 되돌아오는 자에 관한 깊은 토론은 9장을 참조하라.)

예배에 대한 부메랑의 기대:
6가지영역에 대한 지침

〈커뮤니케이션〉

내　용	예배의 적용
• 개인적이고 대화체 중심의 90년대 용어 사용	• 발표를 함에 있어서 종교적으로 황당무계한 것, 부자연스러운 발음, 형식적, 자기 의식적인 표현은 피하라. • KJV성경의 언어사용을 삼가라.
• 널리 퍼져 있고 단순한 일상 생활 용어 사용	• 말을 늘어놓는 것을 피하라. 직접적으로 의식적으로 말할 필요가 있는 것을 말하라. • 부메랑 그룹을 낮추는 것이 높이는 것보다 훨씬 더 힘이 있다.
• 통속적인 용어나 표현을 선택하여 사용(예: 빈둥거리다). 이 기술을 너무 남용하지 말라. "멋진 것"을 과장하게 되는 위험 부담이 있음	• 성별, 인종에 대하여 편파적인, 관념적인 표현을 하지 말라.
• 신학적/교리적 용어는 (예: 칭의) 즉시로 설명 가능할 때에만 사용	• 가르치라 그러나 결코 우월감을 갖지 말라.

〈음악/찬양〉

(음악은 부메랑 세대에 있어서 표현의 중심이므로 영향력을 줄 수 있는 무한한 가능성을 지니고 있다)

내 용	예배의 적용
• 앞줄에 워십 팀: 리듬 부분(기본적으로, 키보드, 드럼, 베이스 기타)과 작은 보컬 그룹의 앙상블. 다양한 음악적 특색과 분위기를 보충하기 위해 신디사이저를 사용	• 연주 악기를 탁월하게 다루면서 보컬의 역동성에 강조를 두는 워십 팀을 구성하라. • 모든 연주가 일정한 팝 보컬 앙상블을 이루도록 하라. 단지 한 음색만이 아니라 합창을 3-4부로 나누어 보라.
• 부드러운 음악에서 열정적인 팝, 가벼운 록, 옛날 음악, 컨트리풍, 리듬 앤 부루스, 어반 팝, 레게풍, 재즈, 뉴 에이지까지 영역별로 선택.	• 워십 팀의 앙상블에 독주를 삽입하고 후렴 부분에선 다같이 부르는 등의 다양성을 모색하라. 이렇게 함으로써 흡족하고도 다양한 찬양을 하게 된다.
• 가사의 줄과 후렴들을 번갈아 가면서 부르거나 그와 유사한 형태의 곡	
• 표현이 강렬한 찬양과 워십송으로 분위기를 창출하여 쉽게 부를 수 있고 잊어버리지 않게 하고, 다양한 감정적인 부분을 자극하고, 반복적으로 같은 곡을 부르게 하여 그리스도인의 믿음의(하나님에 관한 진리) 큰 교리를 전달함.	• 약간의 악기 연주를 중간에 중단시켜 보라. 정말 멋질 것이다. 단지 워십 밴드가 높은 수준인 경우에만 이렇게 하라. • 회중들이 부르기 편한 음역으로 맞추어져 있는지를 확인하라.
• 앞줄에 있는 리더들로부터 신실함을 갈망하며 단지 "오늘밤을 위한 쇼"를 바라지 않는다.	• 경배 사역자들이 인도하도록 하라
• 워십 무대에 있는 자들과 연관될 수 있는 리더자(사역자)를 갈망한다.	• 다양한 보컬 단원들을 사용하고 단지 붐머 세대의 연령에만 제한하지 말라. • 앞줄에서 워십에 관여하는 자들의 성별에 균형을 이루라.

내용	예배의 적용
• 전통적인 찬송곡을(정상 20-30위를 차지하는 가스펠이나 고전적인 곡) 때때로 그대로 사용하지만 대개는 재구상함	• 회중이 부르기 쉬운 찬송곡를 선택하라. 예측하기 힘든 부분, 넓은 음역이나 멜로디가 까다로운 부분은 워십 팀이 부르도록 하라(예: 필림 니콜라이의 곡 "일어나라 깨어라 밤이 쉬이 지나가니 Wake Awake, for Night Is Flying") • 비슷한 주제를 담은 찬양곡들을 접속하라. • 찬송곡를 부를 때에는 모든 것을 일시에 중단해 보라; 특별히 전통적인 곡들을 재구상할 때에는 탁월하게 할 것을 강조한다.

〈동참〉

내 용	예배의 적용
• 만약~ 아래와 같은 조건이라면, 열심히 참석할 것이다 • "나와 그들"의 분위기 대신에 "우리"라는 분위기로 • 뭔가 일어날 것이라는 기대감 • 예배는 의미 있고, 진실하며, 따르기 쉬운 것. • 경배를 이끌어 가는 우리가 절대적으로 최선을 다하는 것을 보여준다.	• 어느 누구도 "예배에 대하여 무지"하지 않다고 가정하라; 예배에 동참하도록 사람들을 인도하라. • 독자가 하고 있는 것과 왜 그렇게 하는지에 대하여 설명하라. 그들이 두려워하고 있음을 측은히 여기는 마음으로 깨달으라. 동참할 것을 권하지만, 구경하고 바라보는 것도 공적으로 괜찮은 것이라고 말하라.
• 종이나 책을 만지작거리는 것을 좋아하지 말라.	• (찬양)곡, 읽기, 신조, 성경 구절들은 (OHP)프로젝트를 사용하라.

내용	예배의 적용
• 전형적으로 미리 준비된 기도와 반응으로는 감격하지 않는다.	• 가끔씩 봉독/신조도 섞어서 사용하라. (유진 피터슨의 Psalms 시편과 The Message 중에서 발췌해 낭독해 보라) • 최신판 표준형 주기도문, 시편 23편, 사도신경을 섞어서 시도해 보라 (전통적으로 내려오던 문구 그대로도 호소력이 있음도 사실이다.)
• "하나님이 여기에 계신다"는 현시적인 감각을 가지고 성찬식과 세례를 즐기라.	• 예식은 개인적인 것이 되도록 그 예식의 의미와 중요성에 관하여 느슨하게, 대화식의 용어로 설명해 주라(점잖지 못하거나 무례하지 않도록 하라.) • 전통적인 찬송곡를 음미하도록 재구상하고 잘 배열하여 성스러운 분위기를 증가시키라.
선호하는 기도 유형 • **인도 받는 것** (목사나 경배 사역자가 개인적으로 하나님과 관계성을 맺도록 촉매 역할을 함) • **노래로** (찬송곡 혹은 찬양으로 합창) 때때로 선택적으로 할 수 있는 기도 유형 • **열린 기도** (군중들 가운데서 기도) • 소그룹의 중보기도	• 기도: 다양한 기도방법을 사용하라 –사모, 고백, 감사, 간구, 도고. 기도에 도움이 될 만한 힌트: • **인도 받는 것**: 대개 처한 삶의 상황에 초점을 맞춘다. (리더는 공동체에 대하여 잘 파악해 둘 것) • **노래로**: 예배의 시작과 친밀한 경배, 고백, 성찬을 위해서 크게 사용되어짐. • **열린 기도**: 특별한 주나 유형에 집중하여 열린 기도를 하라; 통제, 조절하려고 하지 말라. 당신이 가지고 있는 모든 것 위에 성령께서 역사하시도록 하라. • 중보 사역이 그룹으로 이루어질 때는 언제나 사람들로 하여금 "외부"의 문제를 위해 조용히 기도하도록 기회를 주라.

〈발표〉

내 용	예배의 적용
• "시트콤" 드라마. 성경의 예화와 사건, 특히 절기와 관련된 사건을 드라마로 만듦.	• 드라마는 짧게 하도록 하라 (5분 이내로). • 발표와 함께 동참하는 예배의 진행을 설명하지 않도록 주의하라. • 힌트:동참이라는 커다란 부분을 연결시키는 다리의 역할로써 발표의 요소들을 이용하라.
• 현대판 스타일의 댄스	
• 자녀들과 관련되고, 힘을 주고, 확신주는 어떤 것; 자녀를 위한 목사의 메시지, 자녀들의 앙상블 찬양, 짧은 희극, 간증, 주일학교 발표 등등	• 예를 들면, 회중들이 부를 찬양 2곡 사이에 작은 앙상블을 사용하여 특별 작품을 하라. • 발표와 그 밖에 비동참적인 요소들 (메시지, 간증, 대표로 성경 봉독, 등등) 사이에 틈을 없애도록 노력하라.
• 합창곡의 영창보다는 소규모의 보컬 앙상블이나 독창이 인기가 있음; 밴드와 사운드 트랙이 수반; 확성기도 사용	• 보컬과 트랙을 함께 사용하는 것을 자주 하지 말고, 최신형의 음악 스타일인지를 확인하라.
• 고도의 기술의 그래픽, 비디오, 멀티 미디어 사용에 있어서 구별함	• 일반적으로 "단상(무대) 고착증"을 없애기 위해 짤막하게 시각적인 것들을 (그래픽, 비디오, 멀티 미디어) 사용하려고 노력하라.
• 탁월성	• 본인이 잘할 수 있는 것만 하고, 비록 그것이 본인이 최고로 좋아하는 것이 아닐지라도 해야 함을 의미한다. 그러나 탁월하게 해낸다는 것은 "좀 더" 나은 것임을 의미한다.

〈설교〉

내 용	예배의 적용
• 성경에 기초하면서 삶에 적용하는 것. • 적용은 "미세한 것"일 지라도 적절할 것.	• 말씀을 전달하는 것에 두려워하지 말라. • 사랑스러운 마음으로 대하라. • 특별한 경험과 붐머들이 직면하고 있는 갈등에 대한 성서적인 진리를 적용하라.
• 적절한 메시지 길이(25분)	• "도움"이 될 수 있도록 간단한 메시지 요약(대지)을 나눠 주라. 예: "빈칸 채우기"와 성경 구절 완성. 현대판 성경 사용.
• 잘 구성하고 전달하기 쉽게 함	
• 눈을 자주 마주치고, "나와 그들"보다는 "우리"라는 느낌을 갖게 함.	• 원고에 의존하지 않도록 하고, 마이크나 단상에서부터 떨어져 이동해 보라.
• 교리를 "덜 강조"하기 보다는 그것을 쉽게 "풀어"주는 메시지.	• 성경의 큰 진리를 붐머들에게 가르치기 위한 메시지를 사용하라. • 교리를 전함에 있어서 인색하지 말라. • 단지 잘 설명하고 자신들의 삶과 연결하도록 하라.
• 자신들의 죄를 볼 수 있게 도와 주고 은혜로 죄책감을 넘어서게 하는 메시지.	• 율법과 복음이 언제나 균형을 이루게 하고 –용서와 사랑과 그리스도의 능력으로 마땅히 "해야 할 것"을 하도록 강조하라.
• 목사도 온전하지 않은 자이며, 그것을 인정하는 것을 두려워하지 말라.	• 본인 자신에 대하여서도 진실하고 솔직하라. • 그들과 같은 문제로 고민하고 있음을 알게 하라.
• 유머와 예화로 전하는 자가 아닌 메시지 그 자체에 도움이 되도록.	• 저속한 농담보다는 "삶의 양념"이 될 수 있는 유머를 사용하라. • 자신의 것으로 만들라. • 모든 상황 속에서 자신을 발견하고 웃을 수 있고 긴장을 풀도록 도와 주라.

〈장기간의 유익〉

내 용	예배의 적용
• 붐머들은 피상적인 것을 초월하여 하나님과 자발적이고 정직해지기를 바란다.	• 자신이 전하는 복음(전달) 목적을 하나님과 진정으로 친해지는 것으로 삼으라.
• 변화되기를 원하나 방법을 모른다.	• 붐머들의 삶에 있어서 어려운 문제들은 공격하라.
	• 그들 자신 스스로에게 보다 그리스도로 향하도록 지적하라.
• 공동체를 원한다.	• 예배 시간 동안 다른 사람들과 상호관계를 맺을 수 있도록 기회를 제공하라. • 그들 스스로 곤경에서 벗어 나오도록 도와 주라.
• 전통적인 것도 다소 원하나 자신들의 취향대로 적은 부분만을 원한다.	• 90년대를 포장할 수 있는 역사적인 기독교 예배의 내용을 구상하라.

3단계: 프로그램도 부메랑이 이해할 만한 예배로 디자인하라(형태)

부메랑을 위한 변환(Shifts)을 디자인하라.

부메랑을 위하여 예배를 계획함에 있어서 기본 원리는 예배의 방법과 내용은 사실상 분리될 수 없다는 것이다. 부메랑이 좋아하는 록 그룹의 콘서트에 참석할 때에는 그들의 히트곡 몇 곡을 들을 것을 기대한다. 그러나 곡들이 발표되는 방식은(조면, 의상, 특수효과) 부메랑의 반응에 있어서 커다란 차이점을 가져오게 한다. 부메랑에게 있어서, **내용**은 언제나 **방법**과 융합되어있다. **기능**은 언제나 **형태**와 융합되어있다.

우리 가운데 부메랑과 함께 일하면서 그들이 세속적으로 사용하는 "방법"을 알고 이런 것을 잘 고려할 수 있는 자들이 있다. 록 콘서트를 흉내내는 예배를 계획해서야 되겠는가! 그럼에도 불구하고, 부메랑들은 예배를 기획함에 있어서 종종 고려되지 않아 이런 행사에 바라는 6가지 특성은 공통적이다.

다음은 이런 자질과 이에 따라 예배에 요구되는 "변환을 디자인"하기 위한 것을 열거하였다. 이 변환들은 이미 부메랑을 위해 일해 온 자들 사이에서 많이 언급되어 온 것들이다. 부메랑을 위한 예배를 처음 접하였던가 혹은 그들을 위한 예배를 시작하려고 하는 자들은 이 장에 더 많은 시간을 할애함이 좋을 것이다. 각각의 변환들이 보여 주는 바와 같이 독자의 현재 예배 형편과 대조적인 가치를 보여줄 지도 모르겠다. 아마 종이를 가져다가 기록하는 것이 도움이 될지도 모르겠다.

부메랑을 위한 변환 디자인

중요한 용어 변환 디자인

고 에너지 **예배를 "최고 에너지를 낼 수 있는 틀"로 계획하라.**
부메랑들은 실제로 하나님을 만날 기회를 갈망하지만, 또한 아주 자유롭게 예배를 드리고 싶어한다. 만약 하나님을 기쁘시게 할 수 없다면, 부메랑은 마음이 편하지 못하다. 예배 전체가 고 에너지의 요소들을 포함하는 것 외에도, 당당하게 축제의 기분으로 예배를 시작하고 끝내도록 시도하라.

목표지향 **하나님을 체험하는 것을 목표로 정하고 전진하는 예배를 계획하라.**
부메랑은 "결단의 순간" 혹은 체험을 위하여 추진하는 공적 행사를 기대한다.
이것이 예배를 나타날 때에는 하나님과 더욱 친밀해지는 것으로 이해되어질 수 있다. 그러므로, 부메랑을 위한 예배를 계획할 때에는, 또 다른 예배의 반응 혹은 행사를 하기 전에 매순간을 그리스도로 말미암아 하나님께로 가까이 나아가는 느낌을 가질 수 있도록 주의를 기울이라 (히10:22).
(결단의 순간을 늘 계획에 넣지 말라. 가장 의미 있는 것들

은 성령으로부터 자연스럽게 선물로 주어지는 것이다. 그러나 또한 성령께서는 세심하고 잘 꾸며진 예배의 계획 속에서도 역사 하심을 기억하라.)

일괄성 **하나의 단회적이고 연속성이 없는 예배를 각각 드리기 보다는 계획을 세우고 일정한 예배를 드리도록 하라.**

비슷하거나 연관성이 있는 행사들은 부메랑들이 예배 가운데 좀더 깊게 하나님을 체험할 수 있도록 만든다. 단회적이고 연관성이 없는 행사의 짧은 효과는 부메랑이 전심으로 예배 드릴 수 있는 능력을 연속적으로 이어지게 못하는 반면, 일괄성 있는 행사는 하나님께 지속적이고도 더 깊게 나아가도록 만든다.

즉 부메랑들이 억지로 혹은 덜커덩 예배를 체험하는 것이 아니라 자연스럽게 인도함을 받고 있음을 느끼도록 해 준다.

이음새 **예배의 부분 부분이 잘 연결되도록 하라.**

부메랑을 위한 예배가 "공공연하게" 이루어지는 것이 되지 않도록 해야만 한다. 노골적으로 드러내기보다는 감추어 드러나지 않는 것이어야만 한다. 예배를 기획하는 자에게 다음의 3가지를 제안한다: (1)예배의 반응과 다른 요소들이 함께 잘 어울려질 수 있도록 계획 (2)예배의 부분 부분에 '그리고나 혹은' 같은 접속사를 잘 사용하여 틈이 생기는 표현을 제거 (3)"이제 이것을 할 차례"라는 식의 도입 문구를 삭제. 탐 크라우쳐는, "연속성은 편안한 분위기를 만들고, 참석자들이 다음은 무엇인가에 대한 방황하지 않고 주님에게만 초점을 맞출 수 있도록 해 준다"고 말한다.[11]

조절성 **다양한 상황 가운데서도 성경적 목적이 지속될 수 있도록 예배를 기획하라.**

조정을 잘하는 예배라는 것은 부분 부분을 서로 바꿀 수 있는 예배를 말한다.

예배의 기본적인 것을 없애지 않으면서 유연성 있고 다양하게 드리는 것을 말한다. 그러므로 원래 예배의 순서의 표준을 꼭 지킬 필요는 없다. 게다가 예배의 기본적인 것을 포함할 수도 포함하지 않을 수도 있는 백지식 예배 형식을 따른다. 성경에서 말하는 예배의 요소를 신선하고도 혁신적인 방법으로 포함하고; 매주 상황에 따른 변형도 가능하게 하며; 진정한 예배의 기본 요소를 희생하지 않으면서도 부메랑의 다양한 욕구를 채워 준다. 예를 들면, 어떤 주(Week)에는 실체를 점검하는 일을 워십 송과 함께 하거나 혹은 워십 송에 연이어서 함. 그 다음 주에는 기도와 함께 혹은 성찬 예식 바로 전에 묵상 시간에 한다.

다중 감각　　**가능한 많은 기술(Arts)들을 사용하여 부메랑을 위한 예배에 영향을 끼치도록 하라.**

부메랑들은 귀로 듣는 모든 것을 다 택하는 것은 아니다. 이 성주의 후반의 감각 지향적인 세계에 익숙한 그들은 더 많은 것을 요구한다. 가능한 모든 감각 기관을 통하여 하나님을 체험하기를 원한다.

다중 감각 기관 중 어느 것을 선택하든지 반드시 발표(Presentation)요소는 포함되도록 하라. 그러나 예배를 참석하는 동안 언제든지 2-3가지 감각 기관이 동원되도록 하라. 예를 들면, 음악에 연이어서 댄스와 멀티 미디어를 함께 상영하는 것이다. 찬양과 메시지를 눈으로 보여지는 포도주, 떡, 기름, 물과 함께 의식을 가지면서 할 수 있다.

다중 선택　　**예배 형태를 다양하게 계획하라. 어떤 순간에도 부메랑들로 하여금 자신들에게 맞는 것을 선택하도록 하라.**

부메랑들은 강제적으로 부추기는 분위기를 좋아하지 않는다. 이들은 본능적으로 반 권위적인 경향이 강하다. 그래서 그들에게 뭔가 하라고 말하기보다는 정확히 어떤 방법으로 하라고 권하는 것이 낫다. 예배드리면서, 자신들이 자유롭게 반응하기 원하므로 (우리 기대와는 달리 전혀 반응하지 않을 수도 있다). 부메랑을 위한 최고의 시나리오는 모델이 있고, 겸손한 인도와 많은 선택을 할 수 있을 것이다 언제나 그들의 결점을(An out) 허용하라.

4단계: 예배의 목적을 충족시킬 수 있도록 디자인하라 (기능).

일시적인 예배 순간을 초월하여 부메랑을 취하라: 테두리가(Hoops) 없는 예배

목표가 없이 예배를 드리는 것은 야구 경기장에 테두리가(Hoops) 없는 것과 같다고 말할 수 있겠다. 경기는 마칠 수 있겠지만, 득점 없이 끝나지 않겠는가! 예배를 드림에 있어서도 마찬가지 일 것이다. "테두리"가 없는 예배는 하나님께서 이루시고자 하는 것을 온전케 할 수가 없다. 모든 사람들이 창조적으로 할 수 있는 활동을 그 자체를 잘 하도록 돕는 일에 있어서 힘이 되지 못한다.

만약 부메랑들이 좋은 기분과 현대의 고정 관념 그 이상의 것을 가질 것을 바란다면, 우리가 드리는 예배는 반드시 성서적인 목표를 가져야 한다. 즉, 성서적인 "테두리"를 가진 예배여야 하며, 2가지의 예배 목표는(목표와 주제를 혼동하지 말라) 2장에서 이미 논의한 대로:

제 1 "테두리" - (제릿 구스탭슨) "하나님에 대한 우리의 사랑의 표현은 예수님께서 말씀하신 대로, 마음과 뜻과 힘을(막 12:30) 다하는 것과 연관된다."

제 2 "테두리" - (로버트 웨버) "예수 그리스도로 말미암아 하나님의 구원의 행위를 즐거워하는 것"은 구세주를 통하여 하나님께 가까이 나아가는 것과 연관된다(히 10:19-22)."

기능적인 것을 쉽게 하는 5가지 방법(The Five E's)

이제 우리는 우리가 추구해야 할 테두리가 무엇인지를 알게 되었는데, 어떻게 이것을 예배에 포함시킬 수 있겠는가? 예배를 기획함에 있어서 목사의 메시지에 따라 찬송도 정하고 그 외 부수적인 것을 맞추는 일은 아주 쉬운 것처럼 보이지 않는가!

본인은 예배 기능의 전 과정을 아주 간단하게 행동의(Actions) 용어로 생각하는 방법을 발견했다. 그리하여 제일 먼저 5가지의 행동 범위로 예배를 계획한다 - **존중하다** (Esteem), **설명하다** (Expound), **만나다** (Encounter), **살펴보다** (Examine), 즐기다 (Enjoy) 이 5가지의 동사는(The Five E's) 단지 두 가지의 예배 "테두리"뿐만 아니라 5장에 열거한 예배의 본질도 포함하고 있다. 각각의 동사들을 자세히 살펴보기로 하자.

• **존중하다** (Esteem): 우리가 하나님의 위대하심에 관하여 자랑하는 것이다. 하나님께 영광을 돌리고 하나님의 가치를 선포하는 것이다. 찬양과 공경과 감사와 사모와 같은 것으로 반응함을 포함한다.

• **해설하다** (Expound): 하나님의 말씀을 -하나님의 본성과 사역과, 약속과 우리를 위한 하나님의 의지가 나타나 있는- 선포하는 것이다. 특별히 복음, 그리스도에 대한 기쁜 소식을 설명하는 것이다. 설명한다는 것은 하나님의 진리를 찬양하는 것, 읽는 것, 기도하는 것도(영창이나 신조를 말하는 것도 포함) 연관되며; 비디오, 멀티 미디어와 (성경적인 행사와 구절과 연결되어 있는) 드라마; 성경 봉독과 설교 말씀과 연관된다.

• **만나다** (Encounter): 우리가 말씀(복음)을 듣고 마음에 새길 때, 성찬예식과 세례를 베풀 때에, 우리가 찬양하는 가운데 거하시는 하나님을 우연히 만나거나(Encounter), "만남을 가지는 것(Meet with God)"을 말한다. 하나님과의 만남은 예배 중 어떤 시점에서든 이루어지며, 어떤 원형이나 공식은 없다.

• **살펴보다** (Examine): 하나님과의 만남의 결과로서 우리 삶을 살펴보는 것이다. 우리 자신의 필요와 상처를 인식하고, 하나님이 누구이며(거룩함, 의로우심, 자비, 사랑 등등) 이에 대한 우리 자신은 어떠한지를 인식하는 것이다. 요약하자면, 우리의 필요를 채워 주시고, 우리를 변화시켜 주실 것을 간구하며, 실체를 점검하는 것이다. 간구와 영적 평가, 고백, 회개와 헌신과 같은 반응을 포함한다.

• **즐기다** (Enjoy): 하나님의 유익과 사랑을 맛보는 것이다. 하나님을 즐

기는 것은 존중(Esteem)에서와 같은 반응들: 찬양, 감사, 공경, 사모가 포함된다.

5가지 예배 동사 실험

본인은 5가지 예배 동사를 지침으로 하여, 소위 "브레인스토밍(Brainstorming)"의 과정을 통하여 각각의 동사가 나타나는 방법을 구상하고 있다. 종이를 가져다가 5칼럼을 긋고, 각 머리에 5가지의 동사를 기입한다. 각 칼럼마다 부메랑들이 선호하는 예배 경향에 기초하여 특별한 예배의 반응을 적는다. 가능한 그 주의 메시지 주제에 부합되는 몇 가지 요소들을 적어도 집어넣으려고 노력한다.

아래의 예배 동사 작업 용지는 어떻게 실제로 작용하는지에 관한 아이디어를 얻게 해 줄 것이다. (아마 돌아오는 주일 예배에 당신의 "브레인스토밍" 작업 용지에 이 아이디어를 첨가할 수도 있을 것이다. 만약 그렇게 한다면, 예배의 선호도 비교와 부메랑의 기대 도표를 간단하게 소지하도록 하라.)

5가지 예배동사를 사용하기 위한 요령

예배 동사에 관한 한 다음 3가지의 중요한 것을 기억할 필요가 있다:

1. **대다수 5가지 예배 동사의 기능은 겹친다.** 예를 들면, 하나님의 말씀을 선포할 때에, 우리는 단지 **하나님의 진리만을 설명하고 있는 것**은 아니다. 진리를 통하여 하나님을 만나고 있는 것이다. 존중함과 설명이 동시에 일어나고 있는 것이다. 우리가 하나님의 속성과 사역에 대하여 하나님을 존중할 때에, 우리는 또한 하나님이 누구인지에 관한 진리를 선포하고 있는 것이다. 존중하고 즐거워하는 것은 때때로 연속적으로 일어나는데, 그것은 똑같은 반응의 많은 부분들과 연관되어 있기 때문이다. 우리가 자신을 **살필 때**에, 대개 어떤 모양이든 먼저 하나님을 **만나게** 된다. 그러나, 때때로 이 과정은 역으로 진행되기도 하는데, 사람들이 하나님을 만나게

되면, 자신을 살펴보기 시작한다. 요지는 기능이 어느 정도는 흐릿함을 피할 수 없다는 것이다. 예배 내용을 계획하는 사람들 모두가 반드시 해야 할 일은 5가지 요소가 예배 가운에 적절하게 나타나도록 하는 것이다.

5가지 예배 동사	워십송	그 외 동참할 수 있는 요소	발 표
존중하다 (Esteem)	"그분을 찬양하라 Give Him pr-aise" (6)	"감사 제목": 녹화된 비디오 하나님의 은혜에 관한 "감사 간증":상연 후 하나님을 높여 드리는 연합 감사 기도*	워십 팀을 배경으로 한 창: "신실하신 분 You Are So Faithful" (4)*
설명하다 (Expound)	"내가 아는 것 This I Know" (5)*	은혜 십자가, 하나님의 사랑에 관해 의미 있는 성경 구절을 나누는 것으로 시작함*	마임: "X표가 되어 있는 지점 'X Marks the Spot" <윌로우 크릭 카다로그 #DS8926*>
만나다 (Excounter)	"오직 은혜로 Only By Gra-ce" (2)*	성만찬*	워십 팀: "당신과 함께 있기를 To Be With You" (5)
살펴보다 (Examine) 상처, 필요를 표현하고, 죄를 인식하고, 회개하며,용서함을 받고, 헌신함	"성소 Sanctuary" (2) <헌신>	기도 인도를 하면서 실체를 점검시킴*	4중주: "거룩한 마음 Holy Heart" (4)

5가지 예배 동사	워십송	그 외 동참할 수 있는 요소	발 표
즐기다 (Enjoy)	"주 앞에 있기를 원해요 I Love to Be in Your Presence" (2)	찬양과 경배로 끝마침	워십 송에 맞춘 댄싱: "슬픔이 춤이 되게 하시고 Mourning Into Dancing"

2. 기능이 겹치기 때문에, 5가지 예배동사는 어떤 순서를 가지고 일어나는 것은 아니다. 그러나 성경에서는 "감사함으로 그 문에 들어가며, 찬송함으로 그 궁정에 들어갈"것을(시 100:4) 말하고 있음을 기억하라. 그러므로, 본인은 하나님을 존중하는 것으로 예배를 시작할 것을 권한다. 또한 때때로 부메랑들이 "내면으로" 들어가는 것, 즉 자기를 살펴보는 것이나 혹 실체를 점검하는 것은 시간이 요하는 작업이다. 그리하여 맨 먼저 '살펴보는 일' (Examination)을 10-15분만 하지 말라고 충고한다. (이것에 관해서는 다음 부분에서 더 살펴볼 것이다.)

3. 만약 부메랑을 위한 예배를 드림에 있어서, "구경꾼"의 덫을 피하려고 한다면, 5가지 예배 동사를 표현하는 일이 예배의 체험을 위한 보조적인 것이 되어야 하며 주된 것이 되어서는 안 된다. (2장을 참조하라.)

모든 것을 총괄함: 예배의 모양새

이제 5가지의 예배 동사를 어떤 모양으로든 함께 포함할 준비가 되었다고 본다. 본인이 이 5가지 예배 동사를 특별한 "모양(Shape)" 속에 끼어 넣으려고 할 때, 깨달은 점은 좀더 빠르고도 분명할 필요가 있다는 것은 알게 되었다.

사실상, 부메랑을 위한 성공적인 "예배의 모양새"는 다양하게 있다. 이 장의 나머지 부분은 특별히 도움이 되었던 한 가지 예를 -변하기 쉬운 모래 시계 모양으로 예배에 따라 좁아지는 부분이 있다-들어 집중적으로 다루겠다.

이제 (209)쪽에 있는 모래 시계 도표를 보면서, 4가지 영역으로 흐르는 움직임을 상상하라.

에너지 수준

주어진 시간 내에 부메랑에게 있어서 가장 효과적인 에너지 수준은:

부메랑은 예배의 시작과 끝에 고 에너지(High-energy)를 가지는 것 같다.

대다수의 교회는 주로 최저 혹은 중간 에너지 층에서 운영되고 있다. 적어도 예배의 시작과 끝에 고 에너지 수준까지 "에너지를 채워"넣는 것은 부메랑을 위한 예배를 드림에 있어서 실제적인 도전이 된다고 본다. 그러나 에너지의 개념에 대하여 조심할 것은 **에너지 수준**을 강도(Intensity level)와 혼동하기 쉽다는 점이다. **에너지**는 어느 때이든 빠른 속도와 큰 소리로 찬양하고, 박수를 치거나 그 외에 다른 움직임을 첨가하는 신체적 움직임(Exertion)을 말한다. **강도**는 예배를 드림에 있어서 개개인이 관여하는 정도(Investment)를 말한다. 만약 하나님의 임재를 체험하고 있다면, 비록 묵상기도나 "주님 사랑해요 I Love You Lord"와 같이 에너지 소모가 적어도 상당한 정도로(Investment) 예배와 연관되어지고 있는 것이다.

하나님에 대한 그림

하나님에 대한 부메랑의 인식과정:

부메랑은 하나님이 누구시며, 하신 일이 무엇인지에 관해 우주적인 것에서, 성육신으로, 상대적인 것에서 관계적인(조물주의 하나님에서 구속의 하나님으로) 순서로 -즉, 하나님에 관하여 일반적인 것에서부터 특별한 것으로 옮아가는 것으로- 나아가고 이에 반응한다.

이런 "순차적인 계시"는 부메랑에게 있어서 반드시 그렇다고는 못하나

만약 독자가 그들에게 하나님의 속성과 관계성에 대한 특별한 표현 수단을 가지고 있지 않다면, 상당히 체계적인 면에서 도움이 될 것이다. 스프라울이 말한 것처럼, "하나님의 우주적인 속성에 대한 이해는 예수 그리스도의 삶과 죽음과 부활이 반드시 필요한 것인가에 대한 이유를 알게 됨에 있어서 도움이 된다." (5장 지식 부분을 참조하라.)

<u>동참 방식(Mode)</u>

(연합적이든 개인적이든) 주어진 시간 내에 가장 효과적으로 동참하는 방식은:

부메랑은 예배의 시작과 끝에 연합되어 큰 그룹을 이루는 것을 좋아하면서도 사이사이에 "개별적인" 반응을(즉, 예배 중에 개별적이고 내면화함에 있어서 도움이 되는 예배활동) 좋아하는 것 같다.

<u>자발성</u>

대다수의 부메랑들은 매우 빨리 하나님과 "자발적"으로 되려고 하며:

이것은 날마다 그리고 성령님의 인도에 따라 다양하다. 그러나 본인이 발견한 바로는 부메랑들이 심각하게 실체를 점검하거나, 특별한 필요와 상처와 잘못을 다루기 위해서는 대개 15-20분간의 준비 시간이 필요하다는 것이다.

아마 실체에 대한 점검은 예배에 있어서 가장 자발적인 부분이며, 대개 최저 에너지 수준에서 일어나며 복음에 대한 반응으로서 좀 더 개인적인 동참이 있게 되는 부분이다.

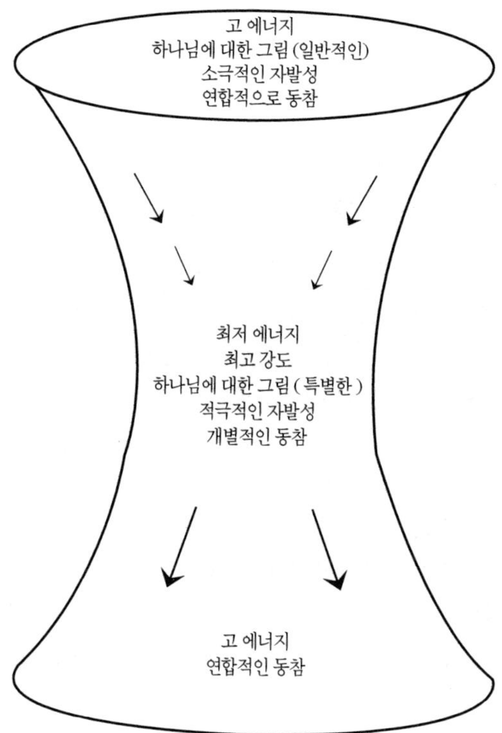

예배의 모래 시계

이제 독자는 모래 시계의 틀 속에서 어떤 역동성을 가지고 작용하는지에 대한 개념을 갖게 되었고, 두 종류의 부메랑 예배를 예로 들어보자. 첫번째 것은 성찬식이 포함되며, 5가지의 예배동사 대부분과 (205-206)쪽에 있는 예배 동사 작업 용지에 나타나 있지 않는 몇 가지를 더한 경우이다. 두번째 것은 성찬식이 없으면서 5가지 예배 동사가 완전히 새롭게 세트로 되어 있는 경우이다. 이 두 가지 모두를 모래 시계의 형태와 함께 다양한 부분들은 설명하고 분명하게 명시하려고 한다.

부메랑을 위한 예배 # 1 (성찬식 포함)

곡 뒤의 번호는 이 책 뒤쪽에 있는 부록의 출판사를 의미한다. 예배 동사 도표에 있는 곡들도 같이 번호를 붙여두었다.

예배와 찬양 메들리

예배 사역자는 일정한 순간과 흐름을 유지하기 위해서 다음 곡을 악기가 연주하는 동안 어느 곳으로 이어질는지 각각의 포인트를 간단하게 언급하라. 여기 예배 사역자의 목표는 점차적으로 하나님과 사람들이 관계되어지는 동한 하나님의 진리를 설명하는 것에 있다.

예배에로의 부름: 하나님의 임재가 나타나기를 구하면서 가슴으로 느끼며 열성적으로 기도하라. 악기 반주를 최소화하면서, 짝지어진 곡들이 제대로 흘러가도록 하라. 메들리로 엮어진 곡들과 찬송 모두가 쉽게 잘 넘어갈 수 있도록 밀접하게 연관된 세트로 만들라.

감사의 제목: 십자가의 유익에 관한 짤막한 비디오 간증.

(감사 제목이 포함된) 예배와 찬양 메들리에 소요되는 시간: 약 25분.

마임과 설교메시지

마임과 설교에 소요되는 시간: 약 35분.

성찬과 사역을 위한 시간

마지막 만찬은 오늘날 그리스도인에게 있어서 주님의 성찬식의 중요성을 포함하고 있음을 설명한다.

실체를 점검한다는 것은 개인적인 반성과 하나님에 대한 필요와 상처에 대한 표현과 회개, (신자에게 있어서) 재헌신, (몰려다니는 교인들에게 있어서) 그리스도께 처음으로 헌신하는 기회를 부여함을 포함한다.

다중 선택: 소그룹 성찬 팀에 참여할 수 있도록 모두에게 (직접 참여하든지 구경하든지) 선택의 기회를 주며, 계속적으로 앉아서 개인적인 반성을 하게 하든지 기도 팀과 함께 개인을 위해 기도 할 수 있도록 마련된 장소에 가도록 배려한다. 혼란스러움을 피하기 위하여, 선택에 대한 것과 방법적인 것에 관한 지시를 분명하게 한다. 주의: 목사나 리더들은 성찬식에 참여하는 자들이 그리스도를 영접한 자들을 위한 것임을 분명하게 명시하라.

성찬과 사역을 위해 소요되는 시간: 약 15분.

헌금: 예배 사역자는 성소를 "하나님이 살아 계시는 장소"로 설명한다. 헌금은 "우리에게 보여 주신 하나님의 자비에 대한 고마움을 하나님께 자신의 삶 전부를 드리는 것"임을 강조하라.

방문객들은 재정적으로 드릴 것을 기대하지 않고 있다. 헌금은 "하나님께서 이 사역을 위해 헌신하도록 부르신 사람들"을 위해 주어진 것이다. 방문객들은 조언이나 필요, 특별한 도움을 요청하기 위해 카드를 작성할 수 있다. 예배 중에 그리스도를 영접하게 되었다면 이것을 점검해 주는 공간도 표시해 두라. 이 카드를 헌금 접시에 놓아둘 수 있다.

예배와 찬양/축복으로 끝마침

예배와 찬양/축복으로 끝마치는데 소요되는 시간: 약 10분.

(90년대의 축복의 예: "당신이 어디로 가든 -일터, 집, 학교, 여행, 어느 곳- 하나님의 놀라운 축복이 함께 하심을 잊지 마십시오. 이번 주 그리스도의 십자가의 용서가 이전 보다 더욱 실제로 느껴지시기를 빕니다. 우리와 함께 하심에 감사드립니다. 다음 주에 또다시 뵙기를 바랍니다!)

부메랑을 위한 예배 # 1 (성찬식 포함)

메시지 주제: 십자가
소요 시간: 1시간 25분
교회 홍보를 위한 비디오, 슬라이드, OHP를 로비나 출입구에서 예배 시작 전에 15분간 상영.

전 단계 예배 음악(밴드)
15분간 경쾌한 음악: 워십 밴드나 양질의 테이프

경배와 찬양 메들리
경배 사역자: 90년대 예배에로의 부름
"당신 앞에 있고 싶어요 I Love to Be in Your Presence" /
"그분께 찬양을 Give Him Praise"
경배 사역자: 출 3:5-6, 13-14:
다음의 곡
"위대한 나를 보라 Great I Am" (1)와 연결하여
하나님의 거룩하심을 강조하라.
경배 사역자: 어떻게 이렇게 거룩하신 하나님께
가까이 나아갈 수 있겠습니까?
"내가 아는 것은 이것 (나의 하나님, 나를 위함일세)
This I Know (My God Is for Me)"
"오직 은혜로 Only by Grace"
경배 사역자: 골1:20-22 (십자가와 하나님의 사랑):
"십자가 감사해요 Thank You for the Cross" (2)/
갈보리산 위에 The Old Rugged Cross" (1, 3절)
비디오 감사 제목
* 주제: 십자가가 당신의 삶을 어떻게 바꾸었나.
* 비디오가 3분간 상연될 때에 밴드를 조용히 연주함
* 경배 사역자가 인도하여 연합 기도로 반응함
* 다시 "십자가 감사해요 Thank You for the Cross" 합창

마임
"X" 표시가 되어 있는 지점

메시지
"십자가: 보석 그 이상의 것"

성찬과 사역의 시간
* 마지막 성찬에 대한 90년대 판으로 해석
* 기도 인도/실체 점검
* 다중 선택: 성찬, 개인적인 반성, 기도
* 이 시간 동안 워십 팀의 찬양:
"거룩한 마음 The Holy Time" /
"주여 당신은 신실하십니다 You Are So Faithful, Lord"
* 성찬/사역 시간 후 연합하여 찬양:
"주여, 부드러움을 Lord, Your Tenderness" (4)
헌금/" 성소

경배와 찬양으로 끝마침
* "슬픔이 춤으로 되게 하시고 Mourning Into Dancing"
(스타일에 따라 댄싱)
* "당신 앞에 있고 싶어요
I Love to Be in Your Presence" /
"그분을 찬양 Give Him Praise" (후렴 부분만 다시 합창)

90년대의 축복

부메랑을 위한 예배 # 2

이 예배는 바로 앞의 예배의 연속적인 순서를 따르지 않는다.

예배와 찬양 메들리

(예배와 찬양 메들리 #1의 일반적인 지침을 참조하라.)

예배 사역자는 하나님께 되돌아가는 것으로 시편 36:5-9을 가지고 기도하라(유진 피터슨의 시편The Psalms을 사용할 수도 있다.)

예배 사역자는 다음과 같이 "사도신경" 송을 소개한다: "사도신경은 우리가 믿고 있는 바를 세상에 선언하고 그것을 서로에게 확언하는 방법입니다."

사역자는 "오 신실하신 주(Great Is Thy Faithfulness)" "선하심이 크시도다(How Great Is Your Goodness)"를 부르기 전에 신뢰에 관한 것을 먼저 말한다. 우리를 위하여 하나님의 아들을 희생하셨던 하나님을 직접 신뢰하는 우리의 능력과 연관시켜라.

예배와 찬양 메들리에 소요되는 시간: 20분

나눔의 시간: 현장에서 3명을 선택하거나 시작 전에 주제를 주고 선정할 수도 있다. 후자의 경우에는 자진해서 하고자 하는 자발성 희생되지만, 시작에 앞서 생각들을 모을 수 있다. (그리고 잠재적으로 당황스러움을 피할 수 있다.) 어는 것을 택하든지 사람들이 말을 할 때에는 마이크에 가까이 다가서도록 한다. 나눔에 소요되는 시간: 약 5분.

메시지, 실체 점검과 음악

기도를 인도하는 동안, 목사는 가족, 관계성, 직업, 영적 생활과(특별히 매일의 생활 속에서 하나님과의 관계성이 결여되는 부분을 다루라.) 연관된 시나리오를 각색하라. 몰려다니는 교인들에게 있어서 복음에 반응할 수 있는 큰 기회가 될 것이다!

실체 점검은 하나님 앞에 상처, 필요, 부적합함, 죄를 내어놓도록 도와준다.

메시지, 실체 점검, 음악에 소요되는 시간: 약 30분.

다중 사역 선택

사역 선택: 소그룹 사역 시간을 어떻게 지도하는 가에 대한 헤이포드 목사의 제안을 위해서 5장의 "상호 반응"을 참조하라.

기도 팀은 중보 기도의 은사가 있고, 몰려다니는 교인들과 함께 기도하며 사역하도록 훈련받은 자들이어야 한다.

이 시간동안에 밴드는 조용하게 연주한다. 사역에 소요되는 시간: 약 10분.

예배와 찬양/축복으로 마침

예배와 찬양/축복으로 마치는데 소요되는 시간: 약 10분

부메랑을 위한 예배 # 2

메시지 주제: 하나님을 신뢰함
예정 시간: 1시간 15분
교회 홍보를 위한 비디오, 슬라이드, OHP를 로비나 출입구에서 예배 시작 전에 15분간 상영.

전 단계 예배 음악(밴드)
15분간 경쾌한 음악: 워십 밴드나 양질의 테이프

경배와 찬양 메들리
* 경배 사역자:
기도로 시작: 시편 36:5-9
"기쁘게 하셨으니 He Has Made Me Glad" (4)/
"예수의 향기로운 임재 Sweet presence of Jesus" (1)
* 경배 사역자: "사도 신경" 송(2)으로 도입
경배 사역자: 신뢰에 대한 주제를 도입/
"오 신실하신 주 Great Is Thy Faithfulness" /
선하심이 크시도다 "How Great Is Your Goodness" (2)
짧은 나눔의 시간
* 회중 가운데 3명이 신뢰에 대한 시험(test)을 당했을 때
하나님께서 어떻게 선하게 역사하셨는지에 관하여 말함
* 다시 찬양: "선하심이 크시도다
How Great Is Your Goodness" (합창 부분만)

메시지, 실체 점검과 음악
"하나님은 신뢰할 만한가?"
메시지 후에 기도 인도/ 실체 점검
"하나님께서 길을 예비하신다
God Will Make a Way" (2)
(워십 팀 아카펠라로 4중창)

다중 사역 선택
* 소그룹 기도: 간구 제목을 나누고
하나님께서 역사 하실 것을 의뢰하면서
서로를 위해 기도하라.
혹은
* 기도 팀과 함께 개별적으로 기도하라
혹은
* 개인적인 반성

찬양과 경배로 끝마침
* 헌금/ "누구도 본 일이 없네
No Eye Has Seen" (2)
* 신뢰할 만한 하나님에 대하여 감사의 기도
* 다시 찬양: "예수의 향기로운 임재
Sweet presence of Jesus"

90년대의 축복

모래 시계 모양의 변형

다음의 두 가지 예배 본보기는 앞의 모래 시계 모양에 준하며, 단지 "상부가 무거운(Top-heavy)" 모래 시계이다. 시도해 볼 만한 두 가지 모래 시계 변형은 다음과 같다:

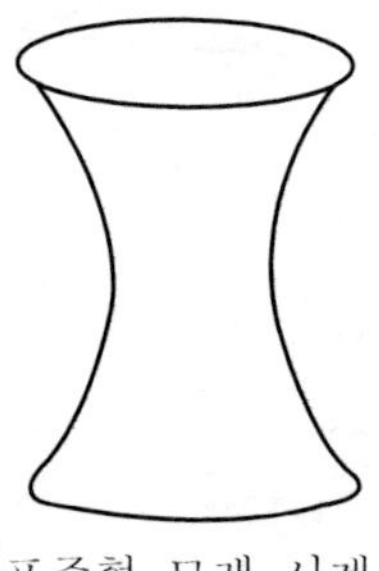

표준형 모래 시계

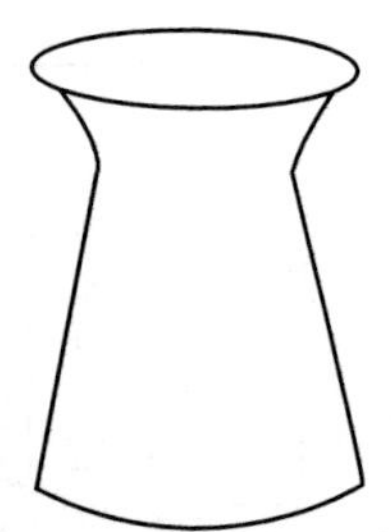

무게 가중된 모래 시계

이렇게 변형된 모래 시계 모양에서는 실체 점검은 거의 설교 메시지 전에 갖게 된다. 탐미 워커는 젊은 부메랑들에게 인기가 있는 한 교회의 (LA에 있는 Christian Assembly Foursquare Church) 예배 사역자이면서 책임 감독자이다. 여러 번 인터뷰를 가지면서, 그의 예배 시간은 "무게 가중된 모래 시계"에 더 맞는 것 같음을 느꼈다. 분명하게도 Christian Assembly에 참석하는 자들은 종종 시작하는 일련의 찬양 가운데 하나님의 임재를 느낀다. (10장: "워십 에반젤리즘 - 교회 예"를 참조하라.) 이와 같은 경우에는 좀 더 예배의 앞부분에서 하나님의 성령의 기름부음이 예배를 이끌어 가는 가운데 역사 하여 사람들로 하여금 자발적으로 나아와 하나님과 친밀해지도록 만든다.

우리 예배 사역자와 목사는 특별한 예배 가운데 하나님께서 역사하고 계심에 대하여 예배해야 하고, 필요하다면 현장에서 즉시 예배의 모양을 변형할 준비가 되어있어야 한다. 이것은 워십 팀과 예배에 참석하는 다른 사람들 분명한 사인을 보내는 방법을 개발함과 동시에 몇 가지 요소를 (찬양, 성경구절, 간증, 등등) 변형할 수 있어야 함을 의미한다. (실제적인 예배

세미나와 강습회에 관한 것은 부록을 참조하라. 예배 사역자와 워십 팀이 이런 행사에 많이 관여하고 있어서, 참조하게 되면 독자의 워십 팀이 어떻게 할 수 있을지에 관해 도움이 될 것이다.)

또한 부메랑들은 다양성에 대한 필요를 느끼고 있음을 기억할 필요가 있다. 만약 당신이 모래 시계 모양대로 사용할 구상을 하고 있다면, 예배의 체험이 일정하거나 미리 예측 못 하도록 매월 다른 모양의 모래 시계를 사용하는 것은 좋은 생각이다.

1시간 예배의 규칙을 깨뜨림

마지막으로, 부메랑을 위한 예배는 얼마나 길어야하는가? 시장성 중심의 교회 가운데 널리 통용되는 규칙은, "1시간에서 1분 더 초과하지 말라"이다. 앞서 본인이 제시한 예배의 본보기는 1시간이 넘는다. (부메랑을 위한 예배 # 1의 경우 1시간 25분; 부메랑을 위한 예배 # 2의 경우 1시간 15분) 이렇게 규칙에 맞지 않는 이유는 무엇이겠는가?

1시간 발표하는 가운데 몇 분간이나 체험을 할 수 있느냐와 1시간 동안 상호 관계를 맺는 동안 어떤 체험을 하느냐에 대한 구별을 지어야 할 필요가 있다. 대부분의 예식이 60분을 초과하면 지루하기 마련이다. 좋든 나쁘든 간에 "구경꾼들의 시계"는 매시간 마다 꺼지는 TV와 같다. 그러나 상호 관계는 맺는 기회가 주어질 때에는 시간개념은 변하게 된다. 문자적으로 말하자면, 원래 궤도를 잃게 된다. 비디오 게임 센터를 방문하는 것과 같다. 아이들이 좋아하는 게임기를 가지고 놀면서 8시간~48시간을 보내지만 지루해하던가!

또한 몰려다니는 교인을 위한 행사에 대한 요구와 예배를 위한 요구는 아주 다른 것임을 알아야 한다. 1시간의 틀은 몰려다니는 교인을 위한 행사에 적합하다. 이처럼 발표 중심의 상황에서는 전적으로 "단상(에서) 통제"하기 마련이다. 그 어는 것도 개인적으로 하나님과 관계를 맺도록 준비를 하지 못하고, 혹은 상호 관계를 맺을 기회도 주지 못하고, 또는 아직 상호 관계를 맺을 만큼의 능력도 없기에 그렇다.

그러나 예배를 드리면서, 리더로서 우리의 의무는 상기 모든 일과 관계가 있다. 만약 우리가 그들로 하여금 하나님과 개인적인 관계를 맺음에 있어서 서두르거나 강제로 밀어 넣는 경우에는 오히려 받아들이지 않고 구경꾼이 되어 버리기도 한다. 그러나 만약 예배가 무르익도록 내버려두어, 자신들이 여유를 가지고 존중받고 있음을 느끼게 되면, 방어적인 것을 내려놓고 하나님께서 사역하시도록 허용하게 된다.

수년동안 본인은 60분 틀에 맞추어 내용을 채우는데 노력을 기울였다. 그러나 본인은 매번 부메랑을 위한 예배를 드린 후에는(변함없이 60분은 소요됨), 1시간의 예배가 이해가 안되는 (교회 출석하지 않다가 교회에 나온) 붐머들에게 사과하는 것으로 온통 생각이 집중해 있음을 깨닫게 되었다. 이런 필요치 않은 고백을 하고 나면, 방문객들은 한결같이, "솔직히 말해서, 시간 흐름에 대해서는 생각지도 못했습니다. 물 흐르듯이 진행되는 것에 푹 빠졌거든요"라고 말한다.

이후로 본인의 결론은 특별히 오랫동안 교회에 나오지 않았던 부메랑을 위하여 예배 가운데 그들을 위한 부분을 많이 만들 수 있다고 생각한다. 솔직하게 말해서 하나님과 관계를 갖기까지는 시간이 요구된다. 익숙하지 않는 분위기 속에서 인도되어지는 예배에 따라 하나님께 내면의 마음 문을 열고 무슨 일이 일어나는 지를 느끼기까지는 시간이 요구된다. 어떤 관계를 맺음에 있어서와 같이 진정한 예배는 시간이 요구되며, 단지 일상적으로 요구되는 시간의 양만큼이 아닌 우리 목사나 예배 사역자들이 기꺼이 인도해 줄 수 있는 그 이상의 시간이 요구된다.

진정한 예배를 위한 단계를 취함

이번 장에서는 모든 붐머들은 같지 않으며, 우리가 예배를 구상할 때에 붐머들이 선호하는 유형에 따라 선택해야할 필요가 있음을 알게되었다. 그럼에도 불구하고, 붐머들 역시 하나님께 예배를 드리기 위하여 창조되었기에, 붐머의 유형에 관계없이 우리 목표가 우선되어야만 한다.

독자와 독자가 몸 담고있는 교회가 이제 붐머들을 교회로 돌아오게 하기 위한 예배 사역에 관심을 갖게 되었고 혹은 이미 이들을 위해 해 오고 있는 것을 향상시키기를 원한다면, 본인은 많은 복음주의들이 기꺼이 하려고 하지 않는 태도를 -80년대에서 넘어서라- 취할 것을 권한다. 영적 실체를 기도하여 매력적이고, 멋지며, 획기적인 일과 관련된 것으로 넘어서라. 결국 부메랑을 제대로 유지하고 성숙한 예배를 드릴 수 있도록 만드는 성공의 여부는 얼마나 그들의 문화를 자극하느냐에 있는 것이 아니라 실제로 하나님을 예배하도록 얼마나 헌신하느냐에 좌우될 것이다. 앞으로 20년 후의 부메랑을 위한 예배는 분명하게 이렇게 말하게 될 것이다: 부메랑들을 차이점을 알게 될 것이다!

8

버스터(Buster)와 예배
참호로부터 얻은 간증

버스터 예배에 관하여 한 가지를 말한다면, "진실하라"는 것이다.
이것은 성령의 의해 통제되고 예배 가운데 그분이 다스리도록 내어주는 것을
포함한다.[1] - 에릭 헤론, 워십 책임 감독

탁아방에 있는 군중

본인은 최근에 불결한 "붐머 염증(Boomer-itis)"에 대한 개념을 개발하였
다 -만약 붐머에 관한 서적과 글을 더 읽을수록 자멸하게 될지 모르는 독
특한 감각(Sense)을 말한다. 나 자신도 붐머로서 붐머에 관하여 글을 쓰고
말하며, 붐머들을 위한 사역의 체험들이 많이 있지만, 이러한 것을 가지고
서도 조금도 정체성 위기를 저하시키지 못함을 보게 된다. 그러나 독자들
가운데서도 이와 유사한 증상을 경험하고 있어 누군가가 자신을 도와서
"깨끗하게 고백"할 필요가 있을 것이라고 생각하면서 본인 스스로 위로해
본다.

우리 붐머들도 강점을 많이 가지고 있다. 그러나 겸손함은 강점에 속하지 않는다. 무엇보다 더, 우리는 약속으로 충만한 세대였다. 지구 역사상 가장 잘 먹여지고, 잘 입혀지고, 잘 교육받은 세대였다. 영리하고 고집이 센 야심가로서, 우리는 10년간 정복하고 -적어도 우리 소견에는- 전설을 남기게 되었다. 이제 우리들의 첫째 아이들이 적절한 장소에 안전 잠금 장치를 하고 서로간에 건전한 사고도 하지 않는 채로 대학을 다니고 있음을 볼 때, 우리 스스로 한숨쉬며 묻게 되는 말은, "도대체 무슨 일이 일어나고 있는 것인가?"이다.

다행히도, 우리 가운데 어떤 이들은 젊은 세대에 대한 교만의 마귀를 발견하기 시작하고 있고, 어떤 모양이든 피해를 보지 않도록 노력하고 있다. 우리들 스스로도 끊임없이 빛나는 미국의 눈부신 각광 아래서 움츠러들고 있음을 느낀다. 열광적이면서, 가끔은 감상적인 자기 반성의 세월이 흐르는 동안 우리의 영혼은 고갈되어 말라 버렸고, 숨어 있는 괴물, 즉 물질주의는 우리의 개성을 도둑질해 버리고 말았다.

자기 평가라는 멋진 새로운 세계로 들어가면서 놀랍게도 관찰한 것은 우리들만이 미국의 "탁아방"에 있는 것이 아니라는 사실이다. 베이비 형제 자매들이 바로 여기에 있고, 병원으로 되돌아가고 있는데 그 어느 누구도 조금의 관심을 보이지 않는다. 물론, 어린 마이크(Mike)와 메그(Meg)는 영유아기에 머물러 있지 않다. 1964-83년 사이에 태어난 사람의 평균 연령은 21세이다. 게다가, 약 7천만의 -거의 전 인구의 30%에 해당- 건장한 자들이다. 분명한 것은 우리 붐머들만이 미국의 유일한 자녀들이었던 것처럼 뽐내는 것이 점점 더 힘들어지고 있지 않은가!

버스터 다이제스트 (Buster Digest)

어쨌든 코홀리개 침입자들은 누구인가? 몇 년 전에, Business Week지에서는 좀 더 나이 든 소외층의 (십대 후반과 20대의 후반의 부메랑 세대) 출현에 관하여 다음과 같이 서글픈 글을 묘사하였다:

이미 그들에게 붙여진 많은 이름 가운데 -20대 세대, X 세대, 책임 회피자, 버스터- 어떤 것으로 그들을 칭하든 간에 미국인의 삶의 주류가 되어가고 있다. 그들은 대학에서 공부하였고, 먼저 직장을 얻으려고 고투하고 있으며 -혹은 단지 어떤 직업이든 직업을 얻어 안주하기를 희망하고 있다.... 그들은 미국 역사상 젊은 어른 세대의 두번째에 해당할 만큼 큰 그룹을 이루고 있다.

지금까지 이들 그룹은 어려운 시기를 겪어 왔다. 버스터는 아버지의 권위에서 자유롭게 해방되어 나온 첫 번째 세대이며, 이중의 직업을 가진 가정의 자녀들이며, 거의가 50%정도는 이혼 혹은 별거한 부부의 자녀들이다. 오랫동안 소형화되고 침체된 시기에 일을 해야 했기에, 그 앞의 세대들 보다 더 실업자가 많고 저(低)고용 상태로 인해 엄마 아빠와 편안하게 사는 것이 힘들었을 것이다. 그들은 자신들이 기억하는 붐머들이 지배해 온 문화에 소외당하고 있다. 갈 길이 바빠서 깨끗하게 정리하지 않는 30-40대들로 붐비는 직업전선을 내려다보면서 분노한다. 그리고 그들은 분노하고 소외되어, 지나칠 정도로 추한 패션과 다양한 것을 좋아하며 앞의 세대 보다 더욱 다양한 변화에 편안함을 느낀다. 그들 중 많은 이들은 성 문제에 있어서 구시대의 논란에 개의치 않고 대신에 이성(異性)의 친구들을 많이 가지고 있다. 게다가 요람시절부터 쏟아지는 멀티미디어 속에 자란 세대이므로, 약삭빠른 -냉소적인- 고객들이 되어 버렸다.

나이든 미국인들에게 있어서 X세대는 사실상 눈에 가시화 되지 않은 하부 문화에 해당한다. 그들은 수년 동안 베이비 붐머들을 청중으로 시장성의 대상으로서, 투표권자로서 욕심내어 왔던 미국의 미디어와 사업계와 공공 기관에 의해 거의 무시당해왔다. Entertainment Weekly의 마케팅 촉진 개발부의 (36세의) 부사장인 스코트 L. 카우프만은, "가정 구조를 강탈해 가는 붐머들로 인하여 장보러 가는 사람들은 혼란스럽다"고 말하며, "버스터는 그 어느 누구도 자신들에게 관심을 갖고 있다고 느끼지 않는다"고 말한다.[2]

미국 레이더 망

이제는 더 이상은 이것이 먹혀들지 않는다. 지금은 적어도 모든 TV의 광고의 절반이 분명하게 버스터의 감정들을 담고 있다. 즉 "상대방의 면전에서 비웃는"것들과, 무례하고, 스스로를 조롱하는 것들과, 사죄하는 기색도 없이, 붐머들의 가치관에 불손하게 공격하는 것들이다. 허술한 의상들이(궁극적으로 반-패션을 선언) 마치 귀에 거슬리는 밴드가 시장의 주류를 이루는 것과 같이 백화점 안내문을 장식하고 있다. 페스트 푸드 음식 체인점은 10억 분에 1초의 영상을 스크린에 쏘아 대는 광고를 선택하는 반면에 차의 선전광고는 크레용 색칠된 좁은 도로의 소형차가 단조로운 소리로 "안녕하십니까" 하는 듯하다. 운동선수들의 신발 선전도 흔해빠진 것이다. 작년도의 홈 비디오 중 하나는, 도심의 거리에서 던지는 슛 장면들이 선명하지 못한 흑백으로 된 선전이다. 그러다 갑자기 중고차에 반항하는 차가 붐머를 반대하는 자를(Antiboomer) 태우고 나타난다. 버스터가 드디어 도착한 것이다.

흥미로운 것은 작은 마이크와 메그가 메디슨 가의 레이더망에 출현되자마자 이들이 시장성 중심 교회에 드러나기 시작했다는 사실이다. 우연일까? 아마 그럴지도 모르겠다. 그런데 또다시 이제 많은 사람들이 심지어 거듭난 신자라고 불리는 우리들 가운데서도 상당한 가치를 인정받기 위해서는 큰 규모의 미디어에 주목받는 것에 매력을 갖는다. (이런 이유로 소수의 복음주의자 가운데자기 평가가 일고 있음은 좋은 것이라고 본다.)

기쁜 소식은 소수이지만 버스터를 땅콩이 발린 아이스 바처럼 생각하는 것 그 이상의 의미로 생각하고 그들에게 초점을 맞추는 개척자와 같은 복음 전도 중심의 교회들이 있다는 것이다. 이런 버스터의 보고를 발견하기 위하여 전체적인 협조를 기다리지 않았다. 거의 10년 동안 이들은: "이렇게 버려지고 깨어진 세대에게 그리스도의 사랑을 가져다 줄 수 있는 방법은 무엇인가?"라는 질문을 한결같이 해 왔다.

하나님께서는 그들에게 그리스도의 사랑이 필요함을 알고 계신다. San Francisco Chronicle의 리포터 쓴 닉스는 버스터의 세계를 이렇게 묘사한다: "(버스터는) 커다란 기대를 가지고 있는 일군의 십대들에게서 볼 수 있는 혼란스러움이 있으며, 마음의 평정을 잃고 요동하며, 갈등으로 비명 지르는 세계에 표류하고 있다.... 샌프란시스코에 있는 어느 클럽 매니저인 크리스 에스파르자가 말한 것처럼, '우리를 둘러싸고 있는 주변의 일을 알면 알수록, 점점 더 희망이 없어진다.'"3)

버스터와 뜬소문

버스터에 관한 정보가 많지는 않으나 있는 정보의 대부분은 고려해 볼 만한 가치가 충분히 있다고 본다. 조오지 바아나의 저서, The Disillusioned Generation에서는 버스터 개개인의 삶의 양식, 태도, 가치관에 대하여 깊이 있게 다루고 있다.4) 이것과 더불어 윌리암 머헤이디와 자넬 버네이드 공저의 A Generation Alone5)과 더글라스 커플랜드의 세속적인 작품(Generation X: Tales for an Accelerated Culture and Life After God)6)과 네일 호웨와 윌리암 스트라우스 공저의 13th GEN: Abort, Ignore, Fail?7)는 포스트 붐머의 군중들을 더 잘 돌보기 위해서 노력하는 자들이 먼저 읽어 볼 만한 탁월한 작품들이다.

그러나 교회 회중들이 버스터에게 접근함에 있어서 도움이 될 만큼 체계적인 네트 워크가 잘 이루어지는 것은 아니다. 붐머에 대한 방법론이 차고 넘쳐흘러 약화되어 가는 기색이라고는 전혀 없는 반면에, 실제로 버스터를 위한 사역에 기초를 둔 신뢰할 만한 사역 지침은 전무한 상태이다. 이처럼 자료 결핍 속에서, "전문가에 대한 뜬소문"이 -공공연하게 버스터를 위한 최고의 사역으로 여겨지는 듯한- 만들어지는 경향이 보인다. 긴박하고도 필사적인 필요를 인식할 수 있는 덕택에 교회는 이 분야에 있어서 지침을 가지고 있고 (꽤나 붐머의 문제를 가지고 질질 끌어오지 않았던가?), 심지어 전문가가 내린 결론에 기초를 두고 일반화시키려는 현상이 오히려 잠재적으로 전혀 지침을 주지 않는 것보다 더 큰 손실을 입히고 있다.

버스터와 예배 신화

지난 15년간, 예배는 교회 안에서 변화를 위한 출발점으로 기대되어져 왔고, 심지어 이런 변화는 표면상으로는 확실히 색다른 변화로 여겨진다.

그런데, 버스터 사역에 관한 결론은 많은 현상들이 최근에 워십 센터에서 일어나고 있다는 것은 놀랄 것도 못된다는 사실이다. 과거 2-3년 동안 본인은 버스터를 위한 여러 가지 방법들과 해야 할 것과 하지 말아야 할 것에 대한 칼럼과 많은 잡지의 기사를 읽었다. 그 중 극히 소수만이 가치가 있었다. 불행하게도, 이 가운데 어떤 것들은 마이크와 메그를 위한 예배를 단 한 번도 디자인해 본 적도 없는 이들이 혼자 나름대로 결정 내려 쓰여진 것도 있다. 그 외 꽤 많은 것들이 (붐머들이 필요한 모든 것은) 붐머 구경꾼들의 최신형으로 빠른 성장을 하는 것처럼 생각하는 인기 있는 붐머 우상들이 쓴 것이다. 다음은 버스터를 위한 예배 상담의 일면을 보여 준다:

- 버스터는 단지 두 종류의 음악을 좋아한다: 시끄럽거나 아주 시끄러운 음악
- 버스터는 현재 거론되는 문제 중심의 설교를 원하며 성경 강해를 별로 원하지 않는다.
- 버스터를 위한 설교는 최대 15분이어야 한다. 외견상 그들이 집중할 수 있는 한계와 논리적인 순서를 제대로 따라올 수 있는 한계에 맞추라.
- 최대한 환영하도록 하라. 무엇보다 더 MTV와 유선 TV에 동참하고자 하는 기대를 하지 못하게 하라.
- 버스터는 특별히 공적으로 노래하는 것을 좋아하지 않는다. 단지 워십 송 한 두어 곡만 부르고 나머지는 특별한 음악으로 구성하라.
- 찬송가는 사용하지 말라. 하품만 크게 할 것이다.
- 버스터에게 있어서 성공적인 예배로 이끌기 위한 가장 중요한 요소는 탁월성이다.

더 많은 것을 열거할 수 있다. 선의를 행하고 복음 전도 중심의 교회는 모든 진부한 것들을 다 가지고 있기 때문에 손해도 있는 것이다. 앞서 언급된 것들은 우리들이 예배에 관한 한 반드시 물어봐야 할 것들이라고 본다. 그러나 이것들이 위험하고 (Speculative), 독단적이고 (Dogmatics), 생색내는 (Condescending) 본질 때문에 역효과도 있다.

카테고리와 스테레오 타입(선입견)

버스터를 위해 실제로 사역하는 자들로부터 반복적으로 듣게 되는 말은 다음과 같다: 버스터는 범주에 속하는 것을 싫어해서 적극적으로 회피하려고 애쓴다. 싼 닉스가 관찰한 바로는, "묘한 이야기지만, 버스터를 연합시키는 것은 개인화 되고자 하는 그들의 욕구에서 탈피하는 것이다 -반항의 역설적인 포장은 분리주의 자들 무리 속에서 순응자를 창조한다. 17세의 샌프란시스코 주립 학생 토마스는, **'속한다는 것'**은 다르게 되는 것이며, 개별주의는 우리 모두가 바라는 것이다. 우리는 붐머 세대 보다 더욱 독립되어 있다. 선입견을 가지고 있지 않다"고 말한다.[8]

개별주의자 모두가 똑같은 것을 추구한다는 모순은 놓치기 쉽다! 그러나 이 학생의 요지는 매우 중요한 것이다. 그가 말하고 있는 것은, "우리는 상자 속에 갇히고 싶지 않다는 것"이다. 작가이면서 목사인 스티븐 쪼런은, "버스터의 대다수가 버스터나 그 외 다른 이름으로 불리기를 원하지 않는다. 필자가 '버스터'라는 단어를 쓸 때마다, 한 두통의 편지를 받지 않았던가! 그들은 특별히 붐머 세대에 대하여 자주 언급되는 것에 민감하다. 특별히 그들은 지칭하지 않으면서 의사 소통을 하는 새로운 방법들을 최대한 배우는 것이 더 좋을 것이다."[9]

그러나 폴스터스 바아나와 갤럽은 카테고리 하는 작업으로 생애를 보냈다. 그들의 노력 덕분으로, 지금 우리는 버스터의 신조와 습관에 관하여 꽤 알게 되었다. 예를 들면, 버스터의 91%가 하나님 혹은 힘이 센 존재를 믿지만, 단지 64%만이 전통적 믿음 즉, "모든 능력의 하나님께서 세상을 만드시고, 오늘날에도 다스리신다"고 알고 있다. 34%가 교회출석하고 있고, 25%가 거듭난 신자이다.[10]

바아나의 카테고리는 세밀하게 나누어져 있다. 그는 버스터를 1964-69년 사이와 1970-75년 사이와 1976-83년 사이에 출생한 세 그룹으로 구별한다. 그러나 그의 동기는 아주 순수하다. "만약 당신이 버스터 한 명을 보았다면, 버스터 모두를 본 것이 아니며 … 가치관, 관점, 활동이 이들 세 그룹에 있어서 구별이 없지만, 다른 차원에서는 상당히 다르다"고 말한다.[11]

만약 우리가 예수 그리스도를 위한 "가시화 된" 세대를 희망한다면, 카테고리를 지어 구분하는 것이 필수적이다. 어떤 세대이든 공통적인 습관을 이해하는 것은 특별한 그룹의 사람들을 위한 좀 더 효과적인 사역을 함에 있어서 도움이 되기 때문이다. 그러나 카테고리 짓는 것과 스테레오 타입을 만드는 것과는 큰 차이가 있다. 전자는 실제적인 지식과 경험의 기초를 넓게 잡아 그것을 기초로 하여 특성짓는 것이다. 후자는 선입견이나 첫 인상을 기초로 하여 자동적으로 반응하는 것이다.

불행하게도, 버스터에 대한 스테레오 타입이 증가하고 있고, 너무나도 자주 붐머들은 이런 스테레오 타입을 만들고 있다. 1945-63년 사이에 출생한 자들 모두가 버스터는 쾌락적이고, 잘 길들여지지 못했고, 멍청하게 비디오에 중독된 자들로 알고 있음도 사실이 아닌가! (꽃같이 연약한 아이들아 우리 중년들이 보고 있는 것을 지금 봐서는 안 된다!라고 하면서) San Francisco Examiner의 조이스 밀맨은 붐머들이 모든 것을 알고 있는 것같이 오만하게 구는 것에 대하여 다음과 같이 못박았다:

> 광고 산업과 TV광고의 권좌에 앉아 있는 베이비 붐머는 20대를 마치 자신들의 남동생이나 여동생들이(혹은 자신들의 아이들 정도) 자신들의 팝 문화를 전수하고 있는 것처럼 여기고 있다. 30대들은 자기 중심적이어서, 누군가가 자신들보다 더 젊고, 히피 기질도 강하고 더욱 창조적이고, 더욱 요령 있다고는 상상도 못한다. "X 세대"와 "버스터"라는 용어 자체가 보여 주듯, 붐머는 전형적으로 20대의 희미하고, 바르지 못하고, 엉터리라는 느낌을 갖고 있다. 버스터가 TV 재방송을 지켜보면서 성장했다는 것 외에는 20대에 관하여 정말로 아는 것이 없다. 그러나 X세대는 TV 쇼가 자신들에 관하여 모든 것을 말해 줄 필요가 있다고 기대하지 않는다. 그들은 자신들에 대하여 모든 것을 알고 있다. 그들은 뽐내는 큰형이나 누나들이 알고 있는 바를 나눌 수 있을 만큼 영리하다.[12]

정말 버스터는 밀맨인 묘사한 것처럼, "붐머 이미지 변형"의 희생자들인가? 버스터 가운데 한 명은 그렇게 생각한다:

> 솔직하게 말해서, 읽어 본 (버스터에 관한) 모든 자료는 MTV 버스터에 초점이

맞추어져 있고...미디어 밖에 있는 우리를 그쪽으로 몰아가려고 애쓰고 있는 것 같군요. 사람들이 버스터에 대하여 생각할 때에, 한결같이, 'Bevis & Butthead!'로 생각합니다. 슬프게도 버스터의 일부는 (그런 이미지에 맞게 행동을 하고 있습니다). 예를 들면, Reality Bitese와 같은 영화를 보고는, "저것이 바로 내가 되고 싶어하는 것이야"라고 생각하고 옷도 그렇게 입으며, 그 영화 음악을 듣는데 열중한다. 이것이 계속적으로 이어진다. 그것이 얼마나 지속되는지 누가 알겠는가.13)

최근 Newsweek지에 실린 "X 세대화 (Generations X)"라는 제목 기사는 이와 다르다. 저자 제프 자일즈는 이렇게 논박한다:

베이비 붐머세대는 자신들 세대에 맞추어 비난을 할 수밖에 없었는가? 오늘날 붐머들은 놀랄 만한 흥밋거리를 가지고 20대들을 강타하고 있다. X 세대는 단지 한탄하는 일군의 무리들이 아닌가? 그들 모두는 태만한 자들이다. (대물려) 내려오는 국가의 빚에 대하여 슬퍼하며, Greg 혹은 Marcia Brady를 강요하면서, 모두들 자신들의 수준에 머물러 잠자고 있다. 정신 차리라. 3천 8백만 명의 20대 미국인이 있지만, 분명하게는 우리가 두 종류의 세대로 -그들은 미국인들이며, 그들은 20대들이다- 세대화(Generalizations)하고 있다.

...버스터에 대한 흑색 선전의 대부분은 (더글라스) 커플핸드가 "당파성을 유지"하는 것으로 정의 내린 붐머에게서 나온 것이다. 재치 있는 말로서, "한 세대가 다음 세대에 기대하는 요구는 집단주의적 에고(Collective ego)를 지지해 줄 만큼 실하지 못하다"고 하겠다.... 베이비 붐머는 버스터들을 일시에 허리우드나 미디어에 의해 달라지는 존재로, 인간으로 보지 않고 비열한 좀도둑 사이에서 일시에 횡재하는 존재로, X세대의 열풍은 또다시 붐머의 바람이 일시에 생겼다가 무너지고 마는 것으로서 여기나, X세대 가운데서는 그렇게 믿고 있는 사람을 찾아보기란 힘들다. 누가 올바르게 말하고 있는가. 베이비 붐머들은 작가 이안 윌리암스가 "미국 문화를 질식시키는 자"로 명명한 사실에 만족해 왔었다. 커다란 논쟁과 서늘하게 하는 우상들 속에서 성장했다는 사실에 만족할 수 있었다. 그러나 실제는 그렇지 않다. 그들은 이것을 자신들의 자녀들에게

집착하고 있다는 것이다. 그렇다면, X세대의 죄과는 무엇인가? (마이클) 킨스레이는 그가 쓴 New Republic이라는 칼럼에서 이렇게 말하고 있다: "우리들보다 더 어리다고 생각해 본적은 아무도 없다."14)

이것 모두는 매우 흥미롭지만, 교회가 할 수 있는 것은 무엇이며, 복음주의 교회만이 할 수 있는 것은 무엇이겠는가? 매우 많다고 본다. 붐머 세대의 거듭난 신자들은 미처 그것을 인식하지 못했지만, 이런 붐머-버스터간의 갈등이 시장성 중심의 복음주의자들 가운데서 성행하고 있다. 그리고 최근에 버스터를 위한 예배 신화가 (붐머들에 의해서 대개 만들어진) 그것을 증명한다.

마지막 분석으로서, 교회가 얼마나 적절하며, 얼마나 세련되었는가는 문제가 되지 않는다고 말하고 싶다. 만약 우리가 버스터를 좀도둑 같은 존재로 생각하고, 스테레오 타입(선입관)에 기초를 둔 버스터를 사로잡는 프로그램을 만들고, 단지 일반적으로 그들을 멸시한다면, 이들을 사랑의 하나님께로 인도하고자 하는 소망을 가질 수 없을 것이다. 생색을 내는 우리 붐머들은 과격한 시각에서 본 사실 그 이상으로 더 크게 소리치고 있지 않은가! 버스터와 함께 일해 본 사람은 버스터는 위선을 감지할 때면, 특별히 더 방어를 한다고 말할 것이다.

캘리포니아 주, 코비나에 있는 버스터로 성장하고 있는 교회, New Song의 전 당회장인 디에터 잔더 목사는, "많은 목사들이 '어떻게 하면, 버스터에게 나갈 수 있는가' 하고 내게 묻는다. 나는 단지, '그들이 가치 있는 존재인 것은 그들에게 말하라'고 대답한다. 즉 그들에게, '여러분들의 필요도 채울 수 있는 뭔가를 함께 창조해 보자'고 말하라. 이렇게 하는 것 그 차체가 버스터를 향하여 나갈 수 있는 거대한 발걸음을 내딛는 것이다."15) 잔더 목사는 또한, "(버스터는) 교역자와 선교사와 세계적인 지도자의 차세대들이다. 그들을 무시할 수 없다. 만약 그렇게 한다면, 우리는 무안을 당하게 될 것이라고 믿는다. 우리는 그들과 함께 살아야 하며, 그들의 용어를 배우고, 그들의 차이점을 인식할 필요가 있다"고 말한다.16)

우리 교회가 버스터를 위해 선택해서 할 일이 있다면, 지금 그것을 해야 할 필요가 있다고 본다. 그들이 얼마나 가치 있는 존재이며, 얼마나 유일한 자들인지를 전달할 수 있겠는가 아니면 세상이 하는 것처럼 더욱 많은 스테레오 타입(선입견)을 만들겠는가?

기대를 초월하여: 참호로부터 얻은 간증

수개월 간의 코스를 마친 후, 본인은 버스터를 위한 사역의 "참호"라 칭할 수 있는 4명의 리더들과 -New Song교회의 전 당회장 이었으며, 현재 Willow Creek Community Church의 교육 담당 목사인 디에터 잔더(35세), New Song교회의 예배 책임 감독인 에릭 헤론 (24세), (일리노이드 주, 블루밍톤에 위치한) Eastview Christian Church의 전 프로그램 디렉터이며 예배 사역자였던 브루스 테드, (오하이오 주, 신시나티에 위치한) Vineyard Community Church의 목사요, 작가요, 예배 사역자인 스티븐 쪼런(39세)- 상세한 인터뷰를 하였다.

이들과 인터뷰를 하면서, 깨달은 분명한 사실은 그들은 절대적으로 함께 나눌 필요가 있는 개척자적이며 놀라운 정보를 가지고 있다는 것이었다. 그리하여, 이 장의 나머지에서는 그들의 경험과 통찰력으로 "들어가는" 여행을 하게 될 것이며, 이 모험은 버스터에 관한 모든 스테레오 타입과 예배에 관한 것을 초월하여 역동적이고 개척자적인 세 교회를 실제로 체험하게 될 것이다.

첫째, 이들 교회에 대하여 조금 살펴보기로 하자. New Song교회는 캘리포니아 남부의 "중간층에 속하는 자"들을 위한 비전을 품은 디에터 잔더 목사와 함께 1986년에 시작되었다 -물론 그리스도를 알지 못하는 자들과 단지 구조화된 교회로부터 각성하게 된 자들도 포함되었다. 문화적인 수용과 (능동적인) 참여를 하는 예배와 소그룹을 강조하는 것이 역동적으로 혼합되어 이것 덕분에, New Song교회는 처음 시작 후 5년 내에 1,200명이 출석하는 교회로 성장하였다. New Song교회의 평균 연령은 26세이고 70%가 미혼 상태이다.

Eastview Christian교회는 현재 젊은이들로 "홍수"를 이루는 지역인 일리노이드 주의 불루밍톤에 위치하고 있다. 교회에서 차로 45분 거리 내에 35,000명의 대학생들이 있을 뿐만이 아니라 State Farm(社)의 본부와 Diamond Star Motors(미쯔비시)와 같은 회사에서 초보자로 일하는 수천 명의 20대들이 있다. 결국, 불루밍톤 지역공동체의 40%가 18세에서 30세 사이에 해당한다.

한 가지 분명한 필요에 부응하여, Eastview교회는 New Community라는 이름으로 버스터를 목표로 하는 예배를 드림으로 버스터를 중심으로 하는 사역을 시작하였다. 첫 해에 이 예배에 200명이 참석하더니 이제는 450명이 참석한다. (450명의 숫자에 New Community를 졸업하고서 지금 Easter의 다른 예배에 참석하고 있는 많은 버스터들은 포함되지 않았다.) Eastview 교회는 교회 배경이 없는 버스터에게 뿐만 아니라 기존의 교회를 참석하던 자들에게도 많은 매력을 주고있다. New Community의 평균 연령은 24세이고 대부분이 미혼이다.

Vineyard Community 교회는 젊은 붐머를 위한 사역으로 1985년에 시작되었다. 그러나 매년 버스터들의 숫자가 증가하는 추세로 교회에 참석하는 평균 연령이 28세로 낮아지고 있다. Vineyard Community 교회는 일주일에 여섯 번 다양하게 예배를 드리고 있으며, 이 가운데에서 주일날 밤에 드리는 Spirit Life Celebration은 이제 분명하게 참석자의 다수가 버스터(평균 연령이 25세)가 되었다. Vineyard Community교회는 머지않아서 전적으로 버스터 중심의 예배를 -버스터 고유의 예배 취향이 더욱 고려된 예배-드릴 계획을 하고있다. 2,500-3,200명 사이의 사람들이 주말마다 Vineyard Community 교회의 예배에 참석하고 있다.

모험을 위한 지침

인터뷰를 하면서 모은 자료는 질적으로도 양적으로도 놀랍다. 모두가 버스터를 위한 예배의 광범위한 문제 전반에 걸쳐 실제적으로 풍성하게 조언해 주었다. 실행 가능한 질문에 대한 대답은 생략함 없이 기술해 보았다. 그러나 여백의 문제로 인해, 그 외 문제에 대한 대답은 짧게 요약하였고, 가장 대표적이고도 도움이 될 만한 조언만 포함시켰다.

자료가 많았기 때문에, 본인은 조언을 주제별로 구성하였기에 독자가 특별한 분야에는 흥미가 없을 수도 있을 것이다. 첫번째 부분은 각자가 (교회의)일반적인 예배의 틀을 요약하였다. 그 다음 부분은 특별한 영역에 -음악, 설교 스타일, 드라마, 예배에 참여함 등등- 관하여 좀 더 상세하게 기술한다. 이 두 부분으로부터 독자는 특별한 도전에 대한 실제적인 해결책을 배우게 될 뿐만이 아니라 이들 리더들이 어떻게 **생각하며**, 각자가 어떻게 버스터를 인식하며, 그런 인식들로 인해 어떤 결단을 내리게 되었는지 알게 될 것이다.

끝으로, 리더들 각자는 진실성, 탁월성, 버스터 vs. 붐머, 환대, 워십 에반젤리즘과 같은 문제에 관하여 흥미로워서 삭제해 버릴 것도 없는 의견들을 보여 준다. 본인이 확신하는 바로는 무한한 가치를 지닌 방법론적인 조언을 발견할 것이며, 그리고 예배에 대한 더 큰 그림을 제안하게 됨이 더욱 가치가 있다고 생각한다. 모두가 우리가 본서에서 고심해 온 바로 그런 문제들을 직면해 왔다. 각자 "예배가 무엇인가?"라는 질문을 하게 되었던 것이다. 그리고는 스스로 "심지어 버스터들은 예배하기를 원하지 않는가?"라고 생각하게 되었다. 가장 중요한 것은, 교회가 진정으로 그리스도를 모르는 버스터들에게 있어서 공적으로도 영적으로도 매력을 끌 수 있다는 것이 무엇을 의미하는 지를 씨름해 왔던 것이다. 버스터만을 위한 교회가 된다는 것이 MTV의 "하나님 방송 채널"이 되어야만 하는 것인가? 아래의 인터뷰를 통해서 독자는 이들이 이론에 근거한 것이 아닌 X세대와 함께 해 온 여정에 기초하여 나온 결론을 들게 될 것이다.

이 장의 끝 부분에서 디에터 잔더 목사의 조언을 많이 실었다. 예배(사역)를 통하여 버스터에게 나아갈 수 있었던 New Song 교회의 8년간의 노력의 상당히 솔직하고도 감탄할 만한 설명과 버스터의 영성에 대하여 적절하게 소개해 두었다.

예배의 틀

이들 세 교회 각각은 나름대로의 예배 틀을 가지고 있다. Eastview교회는 주제를 강조하는 반면에, New Song교회는 주제 중심으로 몰아가는 경향을 띤다. Vineyard Community 교회는 주제를 전혀 강조하지 않는다. 그러나 이들 방법 모두가 진정으로 예배드림에 있어서 효과적임이 증명되었다.

주제 중심으로 몰아가는 틀: New Song교회

에릭 헤론(이하 헤론): 먼저 우리가 하고 있는 일에 대한 기본적인 것을 요약하여 말씀드린 후에 어떻게 변화되는지 보여 드리지요. 대개 20-25분 간 찬양을 드리고 광고를 위한 시간을 갖습니다. 그 다음에 이어지는 부분은 다양한 방법들이 동원되어 질 수 있으나 대개는 메시지와 관련된 주제의 드라마와 음악이 연결됩니다. 메시지는 전통적으로 35-40분 소요됩니다. 메시지가 끝날 즈음에 예배(형식)에 맞추어 또 다른 특별한 음악을 하거나 주제에 맞는 워십 합창곡으로 끝내기도 합니다. 매우 주제 중심적이지요. 우리는 디에터 목사님의 설교의 주제에 맞추어 가장 창조적인 방법을 모색하느라 고심하지요.

필자: 주제 중심의 작업들의 대부분이 설교를 중심으로 한 "틀"에서 생긴다고 보십니까 아니면, 예배와 찬양을 드리는 가운데 주제를 또한 맞추게 되는 것인지 말씀해 주시겠습니까?

헤론: 제 스스로 예배 순서에 맞추면서, 예배와 찬양 중에서도 주제가 계속 이어지도록 노력합니다. 때때로 곡들이 주제에 맞지 않을 수도 있습니다. 그런 경우에는 제목의 한 부분(일면)을 택하거나 이미 하나의 세트로 된 예배와 찬양을 쓸 수도 -때로는 참으로 좋은 예배의 경험- 있습니다.

필자: 많은 사람들이 말하기를 버스터가 주목하여 귀기울일 수 있는 시간은 짧아서 버스터를 위한 예배는 1시간 이상 더 길어져서는 안 된다고 합니다. 어떤 이들은 50분이 적당하다고 합니다. New Song교회는 대개 몇 시간 동안 드립니까?

헤론: 예배는 1시간 15분간 드립니다. 제 생각으로는 이 정도가 좋다고

봅니다. 그다지 긴 것은 아닙니다.

필자: 버스터를 위한 "사역의 시간"을- 즉, 소그룹으로 기도하거나 손을 얹고 기도하거나, 한 사람씩 기도하는 시간 등등-을 가져 본 적이 있습니까?

혜론: 몰려다니는 교인들에게 있어서는 조심할 필요가 있지만, 실제로는 매우 가치가 있다고 봅니다. 조심해서 다루어야 할 그룹을 위해서는 대화체의 예배를 드리며, 의자를 줄지어 두기 보다는 탁자를 중심으로 둥그렇게 배열할 수 있는 체육관을 가지고 있습니다.... 이렇게 함으로써 얻는 유익은 단지 앉아서 예배를 듣고 앞쪽으로만 쭉 쳐다보다가 일어나 떠나는 것이 아니며, 실제로 사람들을 만나는 것에 있습니다. 이렇게 하여, 바로 사람들과 연관되어 지는 것입니다. 이것이 바로 우리가 드리는 예배의 주요 목표 -사람들을 이끌어 내어 함께 연관짓는 것- 입니다.

필자: 그렇다면 버스터는 예배를 드리면서 개인적인 접촉을 갈망하고 있다고 확실하게 느끼시는 거지요?

혜론: 그렇습니다. 예를 들면, "실제로 싫어하는 것을 그만두고 하고자 하는 것을 할 수 있는 방법"에 관한 시리즈의 예배를 드릴 때에, 저희들은 체육관 가장자리에 성찬식을 차려 두고 사람들이 원하면 일어나 취할 수 있도록 하였습니다. 그리고 나서 교회 장로님들과 몇몇 리더들 개개인들을 위한 기도나 도움을 줄 수 있도록 배치하였습니다.

필자: 전형적인 예배를 드릴 때에는 기도는 어느 정도 합니까?

혜론: 늘 열린 기도회를 가집니다. 그리고 찬양을 드리는 중에 기도를 합니다. 과거에는 예배 사역자나 목사님만이 곡 중간중간에 -대개는 곡 바로 전에 연이어서 기도를 함- 하였습니다. 지금은 다른 여러 사람들이 기도를

합니다. 여러 사람들로 이루어진 팀이 함께 일하기 위한 노력의 일례이지요. 예를 들면, 몇 주전에, 성찬 예배를 드렸고, 우리가 떡과 잔을 나누기 전에 여러 명의 싱어들이 기도했습니다.

대개 설교자는 메시지 맨 끝에 기도하고, 때때로 예배를 마무리 짓는 사람이 맨 끝에 기도합니다. New Song교회에서는 어느 누구도 길게 기도하지 않습니다. 가장 길게 기도하는 경우는 찬양을 하는 동안이라고 봅니다. 특별히 몰려다니는 교인들이 하나님께로 가까이 나오도록 도와야 할 경우에는 많은 사람들이 기도를 인도하게 됩니다.

필자: 간증에 대하여도 말씀해 주시겠습니까?

혜론: 머지않아 예배의 큰 부분은 누군가의 일화를 나누는 것이 될 것이라 봅니다. 이런 간증들은 매우 효과적이라고 보는데, 버스터는 이렇게 말할지도 모르겠군요. "이 사람은 나랑 똑같아... 그들이 겪은 것과 똑같은 갈등을 나도 겪었거든, 그들은 이것이 사실임을 알게 될 거야." 누군가 "요점 1번은 이것이고, 요점 2번은 이렇고, 요점 2번 때문에 요점 3번을 알아야 합니다"라고 말하는 것보다 그들에게 간증은 흥미가 있을 겁니다. 이런 방식은 붐머에게나 맞는 것이지, 버스터에게는 맞지 않습니다.

필자: 본인이 생각하기에 변화가 필요한 부분에 관해 말씀해 주시겠습니까?

혜론: 설교를 예배 중심으로 삼는 것 대신에 -제 생각으로는 대부분의 교회에서 전통적으로 그렇게 하고 있습니다- 주제의 진리(말씀)가 예배의 중심이 되어 어떤 종류의 미디어를 써서 이것을 전하게 되면, 이것이 예배의 큰 부분을 차지해야 한다고 봅니다. 설교가 15분 정도 소요되고, 우리가 느끼기에 강하게 호소한다고 보면 드라마가 더 길어질 수도 있습니다. 혹은 회중들이 부르는 찬양의 시간이 더 길어져서, 특별히 짧은 두 곡과 짧은 설교를 할 수 있습니다.

중요한 것은 하나님께서 우리에게 전달하시고자 하는 것을 설교만으로 강조하기보다는 다른 방법으로도 할 수 있다는 것입니다. 만약 그림을 그리게 된다면, 주제가 원의 중앙에 있고, 이것을 중심으로 둘러싸는 것은 드라마, 특별 음악, 회중들의 찬양 등등이 되는 것입니다. 과거에는 설교가 중심에 있었지만, 이제는 우리가 전달하고자 하는 진리의 말씀이 중심에 있게 됩니다.

필자: 이 점은 바로 다양성 속에 번성하는 버스터들의 생각과 잘 연결된다고 봅니다.

헤론: 예, 상당히 부합되지요. 다양성이 바로 주 요점입니다. 우리가 늘 듣게 되는 말은 우리들의 원형(Pattern)을 가지라는 것입니다. 이런 원형을 갖게되면, 참으로 쉽게 편안함을 느낄 수 있지요. 요지는, 여러 가지를 혼합하게 되면, 설교가 많은 부분의 시간을 차지하던 것이 줄어들게 됩니다. 만약 설교가 차지하던 부분이 점점 더 적어지게 되면, 더 많은 것들을 더 추가할 수 있으며, 머지않아 그렇게 할 수 있게 될 것입니다.

필자: 예배를 기획하는 과정에 있어서 어떤 변화가 있을 것 같습니까?

헤론: 저희들은 팀 사역으로 접근을 -예배를 실제로 계획하는 팀: 자신은 음악을 책임지고, 그 외 예배의 상세한 내용에 따른 코디하는 기술 담당 책임자, 주로 의사 전달하는 자, 실행을 담당하는 목사- 시도할 것입니다.

주제를 확장해 나가는 유형: Easterview교회

부르스 테드(이하 테드): 모듈라(Modular -구성 단위)는 아마도 예배에 있어서 좋은 단어라 생각합니다. 대부분의 시간에 우리는 음악으로 시작합니다. 악기 연주, 회중 찬양, 특별 음악으로 시작할 수도 있습니다. 주어진 날의 내용과 흐름에 따라 좌우됩니다. 가령, 감정적인 날, 경쾌한 날도 있고, 메시지가 엄숙한 날, 혹은 특별 음악으로 묵상하면서, "주제를 부가"할 수도 있고, 드라마, 미디어, 간증도 할 수도 있고, 결단의 시간을 가질 수도 있고, 단상으로 초대의 시간을 가질 수도 있는데, 이 모두가 상황에 따라 좌우됩니다.

저희 교회에서는 매주마다 성찬식을 갖습니다. 때때로 설교 전에 할 때도 있고, 설교를 전한 후에 하기도 합니다. 버스터들은 정말로 매주마다 어떤 일들이 일어날지를 모르는 것을 좋아합니다. 단상(무대)은 늘 변화가 있습니다. 기타 연주자를 두 주 동안 똑같은 장소에 배치하지 않습니다. 저도 똑같은 장소에 서지 않습니다. 우리 모두가 쭉 돌아가며 움직이는데, 이렇게 하면 다르게 보입니다.

필자: 교회에 있는 버스터들은 예배를 드리는 가운데 많은 사람들이 단상에 있는 것을 -다른 얼굴들과 다른 목소리를- 좋아합니까 아니면 목사나 예배 사역자에 더 많이 주목하는 편입니까?

테드: 다른 (많은) 사람들의 얼굴들을 보는 것을 좋아합니다. 어떤 주일에는 소그룹을 세웠고, 저번 주에는 워십 팀과 브라스 밴드와 예배 사역자들을 앞에 세웠습니다.

필자: 누가 예배를 기획합니까?

테드: 매주 화요일마다 모여서 상세하게 계획하는 8명의 사람들이 한 팀이 되어 일을 합니다.

필자: 들어보니 마치 주제가 포함된 예배 같이 보이나, 주제와 관계 없이 드려지는 성찬식과 같은 "고정적인" 요소도 있군요.

테드: 그렇습니다. 저희들은 언제나 회중들이 찬양하는 시간을 갖지만, 반드시 나머지 예배의 요소들이 주제와 연관되어져야 하는 것은 아닙니다.

찬양을 얼마나 오랫동안하며, 어떤 스타일로 언제 하느냐 하는 점에 있어서 다릅니다. 처음 시작할 때 20분간 찬양을 드리는 경우도 있고, 끝 부분까지 전혀 찬양을 드리지 않을 때도 있습니다. 저희들이 바라는 것은 "찬양하는" 마음이 일어나도록 하는 것입니다. 사람들 역시 그렇게 하는 것을 좋아합니다.

필자: 예배에 참석하는 버스터를 위해 성찬 예식을 어떻게 신선한 것으로 만드시는 지에 관해 말씀해 주십시오.

테드: 저희들이 진행해 나가는 방식은 매주마다 다릅니다. 때때로 설교에 이어서, 때때로는 한두어 곡을 부른 뒤에, 어떤 때에는 갑자기 한 사람을 앞으로 나오게 하여서 성찬식을 위한 묵상을 하도록 부탁합니다. 아마 성찬을 하는 동안 즉석에서 악기 연주를 부탁하거나 CD를 틀어서 Kenny G.를 -묵상을 위한 여유를 갖도록, 분산되어 마음이 산란하지 않도록 하고, 보컬은 결코 안됨- 연주할 수도 있습니다. 버스터들은 성찬식을 갖는 동안 찬양하는 것을 좋아하지 않습니다. 그들의 개인적인 시간을 산란하게 만든 적이 있었는데, 바로 이것 때문이었다고 들었습니다.

필자: 많은 시간을 기도하는 것으로 보냅니까?

테드: 때때로 찬양 시간 동안 혹은 찬양 후에 제가 기도합니다. 때로는 자동적으로 자연스럽게 이루어집니다. 목사님께서 설교 끝에 대개는 기도하시고, 헤어지기 직전에 일어서서 마치는 기도를 하게 됩니다. 돌아오는 이번 주일에는 전에 해보지 않은 것을 할 생각입니다. 대개 저희들은 일어서서 찬양하는 것으로 시작합니다. 그러나 단지 모두에게 초점을 맞추어 기도하는 것으로 시작하려고 합니다.... 아마 모두들 "자 찬양합시다"라고 말할 것을 기대할 것입니다. 그러나 저는, "자 기도합시다"라고 말할 것입니다.

필자: 소그룹으로 기도하거나 그룹 사역을 위한 시간을 가져본적이 있습니까?

테드: "뒤를 돌아서 뒤에 있는 사람들과 이야기하십시오" 혹은 "10명씩 짝지어 봅시다"라는 말을 해 본적이 없습니다. 그러나 기능 장애 가족 시리즈를 할 때에 해 본 것이 매우 성공적이었음이 증명되었습니다. 시리즈 끝날 즈음에 가서 많은 사람들이 제게 말하기를, "보십시오, 이것이 바로 내가 온 이유이며, 내가 직면하고 있는 문제입니다"라고 하였고, 이것 때문에 장로님들과 평신도 사역자들을 가장 자리에 쭉 둘러 세웠습니다. 그리고는 이렇게 말했습니다. "여러분 가운데 개인적인 기도의 시간을 갖고 싶거나 여러분 자신을 위해 기도해 줄 사람과 이야기하고 싶다면, 여기에 서 계신 분들에게 지금 나아가십시오."

주제가 없는 유형: Vineyard Community 교회

스티브 쪼런(이하 쪼런): 저희 교회의 틀은 매우 직선적입니다. 이 점에 있어서, 아주 복잡하지는 않다고 말씀드리고 싶군요. 경쾌하게 예배에로의 부름으로 시작하여 -때로는 축제의 분위기로- 30분간 찬양을 합니다. 세 번째 곡을 부를 때까지 점점 속도를 늦추어 보다 수직적이고도 친밀한 예배로 이끌어 갑니다. 마지막 30정도를 남겨 두고는 경쾌하지 않은 곡을 부릅니다.

이 곡을 부른 후에, 사람들을 환영하고, 몇 가지 사항을 광고하고 난 후에 30분 가량 제가 메시지를 전합니다. 메시지를 전한 후에 원하는 사람들에게 자리를 뜰 기회를 주고 난 뒤에 예배를 좀 더 음악과 사역의 시간으로 이끌어 갑니다. 대개 이렇게 말합니다. "이제 사역의 시간을 가지려고 하며, 자리를 떠나가기를 원하면, 자리를 뜨셔도 좋습니다: 일부의 사람들은 떠나가지만, 소수에 불과합니다. 제가 기타로 인도하여 서너 곡의 친밀한 워십 송을 부릅니다. 마지막에는 성령께서 임하시도록 초청하며, 기도가 필요한 사람들이 있는지를 물어 봅니다.

사람들이 기도를 받거나 기도를 해 주기 위하여 앞으로 나오는 동안 대개는 예배가 형식에 매이지 않도록 합니다. 그리고 사람들로 하여금 앞으로 나오도록 격려하여, 스스로 배워 가는 체험을 하도록 만듭니다. 일반적으로 "수술하는 의사의 손을 인도하는 하나님" 혹은 "주님이여 이런 이런 것을 축복하소서"라고 하는 것 대신에, 특별한 사역의 상황 속에서 기도하는 기술을 분담해 나가는 것으로 전이하려고 하고 있습니다.

필자: 예배가 가족적인 분위기로 만들어 가는 것에 강조를 두신다고 들었습니다. 이것에 대하여 좀 더 설명해 주시겠습니까?

쪼런: 버스터들이 들어오는 순간부터 메시지를 전하는 순간만 제외하고는 자리를 떠나가는 순간까지 음악을 연주할 필요가 있다고 생각합니다. 제게 있어서 만은 크게 다루어야 할 문제라고 생각됩니다. 저희들은 강당을 "공식적인 공간"이라기 보다는 "가족을 위한 공간"처럼 보고 있습니다. 이것에 대한 한 가지 표현을 하자면, 커피를 원하는 시간에 얼마든지 스스로 가져다 마실 수 있도록 하여 편안하고도 그다지 무거운 부담을 갖지 않도록 노력한다고나 할까요.

필자: 마치 학교에서 집으로 돌아오면, 누군가 마실 것과 쿠키를 차려 놓은 것처럼 호의와 가족적인 편안함에 강조를 두시는 것 같습니다. 이것은 버스터들이 전혀 경험해 보지 못한 보살핌과 환영을 받는 분위기가 아니겠습니까?

쪼런: 바로 그렇습니다. 먼저 문을 통해 들어오시면, 예배 음악을 듣게 되고, 제일 먼저 맡게 되는 냄새는 커피 향기입니다. 어떤 사람들에게 있어서는 정신 나간 짓으로 여겨질 것입니다. "아니, 교회가 커피 하우스인가!" 실제로 예배를 드리는 동안 일어나서 커피를 마시도록 사람들을 격려하지 않습니다. 그러나 만약 그들이 그렇게 하기를 원한다면, 그렇게 하는 것을 따뜻하게 허용합니다. 저희 교회에는 "재활"되어 돌아온 사람들이 많아서, 미친 사람들처럼 커피도 마시고 담배도 피웁니다. 우리는 이렇게 말합니다. "버스터를 사랑하라. 알콜 중독으로 12단계의 치료를 받고 있는 자들도 역시 사랑하라!"

용어와 관련해서 분명한 점은 -커피를 "가족을 위한 공간"으로 가져올 수 있으나 "공식적인 공간"으로는 가져올 수 없다는 것입니다. 몇몇 가정에서는 "공식적인 공간" (혹은 거실)은 멋진 가구들이 있는 장소입니다. 제 생각으로는 많은 교회들이 성전을 "공식적인 공간"으로 생각하고 있다고 봅니다.

필자:　간증 시간을 가지고 있습니까?

쪼런:　아직 가져본 적은 없으나 의논해 본적은 있습니다. 그러나 누구든지 아주 자발적으로 자신의 삶에 있어서 많은 예화들을 말하곤 합니다. 세례식을 베풀 때에 사람들과 나누는 시간을 갖습니다. 사람들은 흥분되어 휘파람도 불고 박수도 칩니다. 마치 암웨이 대회 같습니다.

필자:　주제에 집중하지 않는 것 같습니다.

쪼런:　지금까지 저희들의 목표는 하나님의 임재에 나아가는 것이며, 결코 이것을 잃지 않았으면 하는 바램입니다.

나사와 볼트: 버스터를 위한 워십 음악

다양한 음악

필자:　버스터를 위한 공통적인 음악 스타일을 (팝-록이나, 붐머에게도 맞는 중간 음악 같은) 찾아야만 하는 것인지 아니면, 다양하게 해야 할 필요가 있는지에 관하여 말씀해 주시겠습니까?

헤론:　저는 후자를 말하고 싶습니다. 저는 재즈 음악가이기 때문에 절대적으로 컨트리 음악을 싫어하여 컨트리 음악을 제외한 모든 음악을 듣습니다. 버스터가 랩에서부터 컨트리 음악, 따분한 음악까지 다양한 것을 -저의 개인적인 취향 때문에 이것에 대하여 논쟁을 하는 편입니다- 좋아한다는

사실입니다. MTV버스터에게 초점을 맞추는 경향이 있지만, 실제로 온갖 형태의 버스터들이 있으므로 단지 한 부류를 위해 사역을 할 것이라고 말하는 것은 바르지 못합니다. 온갖 종류의 음악을 다 포함시켜야 할 필요가 있습니다.

쪼론: 같은 예배 장소일지라도, 저희들은 레게, 서부 컨트리, 컨트리 록 등을 … 사용합니다. 저희들이 원하는 최종의 것은 그들로 하여금 어떤 일이 일어날 것인가를 그들로 하여금 알게 하는 것입니다. 제게 있어서 이것은 치명적입니다. 타월을 던지고 포기하고 싶은 시간입니다.

테드: 확실히 저희들은 스타일에 있어서 이것저것 -팝, 재즈, 록, 컨트리, 대체 수단, 영감을 주는 것 등- 다 합니다. 한 주는 페트라 1 번을, 다음 주에는 트윌라 패리스의 곡을 할 것입니다. 지난주에는 호른을 사용하였고, Sunday Night Live 밴드가 그것을 담당하였지요. 다음 주에는 피아노를 받쳐 주는 것으로 하고 어코스틱 기타를 사용할 것입니다. 아마 전자 기타로 인도를 하면서 많은 부분을 담당하게 될 것입니다.

필자: 버스터에게 일반적으로 적용할 수 있는 스타일은 없습니까?

헤론: 분명한 것은 키보드 중심보다는 좀 더 기타 중심의 버스터 워십 음악이 필요하다고 봅니다. 이것이 바로 우리가 추구해 나갈 방향이라고 생각합니다. 우리는 늘 음악이 키보드 중심으로 되어진다고 말하지만, 이제 저는 일부러 기타 중심의 음악을 추구하고 있는데, 그것은 외부 상황이 대다수가 … 댄스 음악보다 다른 음악을 더 많이 사용하기 때문입니다. 지난 몇 주 동안 저는 키보드가 아닌 어코스틱 기타로 예배를 이끌어 가 보았습니다. 역시 리드 기타와 베이스 기타가 좀 더 있었으면 하는 생각을 했습니다.

필자: 일부 사람들은 버스터가 정말로 재즈를 즐긴다고 말합니다. 이것에 동의하십니까?

혜론: 비록 제 자신이 재즈를 좋아하지만, 재즈는 오히려 붐머들 경향에 더 가깝습니다.

쪼런: 우리가 하지 않는 단 하나의 스타일이 바로 재즈입니다.

필자: 예배에 있어서 단조의 곡은 피하라고들 말합니다. 동의하십니까?

쪼런: 단조의 곡은 사람들에게 있어서 뭔가 영향을 줍니다. 거의 감상적 분위기지요. 인간의 마음을 열어줍니다. 단지 "히브리"영가를 의미하는 하는 것만은 아닙니다.

찬송가 곡

필자: 찬송가 곡들을 연주해 보신 적이 있습니까?

테드: 만약 오랫동안 "거룩, 거룩, 거룩" 혹은 "내 영혼 평안해"와 같은 곡들을 하지 않으면, 왜 하지 않느냐는 소리를 듣게 될 것입니다. 사실상, 버스터 모두가 -어떤 교회 배경에 상관 없이- 찬송가 곡을 참신하게 재구상하며 다 즐깁니다. 결코 오르간이 "직선적"으로 한 적은 없습니다.

몇몇 곡들은 1800년대에 작곡된 것들로써 대단히 위대하며, 위대한 곡들은 언제나 (시대를 초월하여) 위대한 법입니다. 단지 다르게 전달되고 편곡될 필요는 있습니다. 단조로운 방식만 피하여 불려지면 됩니다. 찬송가에 지루함을 느끼게 되면, 4절까지 불러도, (의미도 모른 채)단지 4절까지 부를 따름입니다. 그러나 무엇을 찬송하고 왜 찬양하는가에 대한 것은 잃어버리는 것입니다. 진정으로 우리는 이것을 회복해야 합니다.

혜론: New Song교회의 사람들은 찬송과 연관시킬 때면, 늘 성공을 거둡니다. 예를 들면, "나 같은 죄인 살리신"을 불렀을 때에 **완전히** 성공했습니다. 다른 곡이 끝나면서 음악적으로 이끌어 내려가는 방식으로 했습니다.

색스폰이 멜로디를 연주하기 시작하면서 서서히 찬송을 부르게 되었지요. 정말로 전통적인 방식인 단지 피아노로 하는 것으로 올바른 메시지를 담아서 찬양할 수 있었습니다. 이 메시지가 실제적이였기 때문에 사람들과 연결되었던 것입니다. 그러나 이것을 재구상하여, "힙-팝" 드럼의 비트로 부를 수도 있다고 봅니다.

쪼런: 저희의 목표는 교회에 참석하는 사람들도 거의 인식할 수 없을 정도이지만 사람들로 하여금 교회 역사와 연관될 수 있는 -뿌리를 확인할 수 있도록 재구상된 찬송곡- 찬송 한 곡을 한 주에 한 번 정도 하는 것입니다. 특별히 Vineyard 교회와 같이 그룹 속에 있으면, 우리는 엘리트시되어, 과거와 전혀 연관되지 않는다는 착각을 하기 쉽습니다. "우리는 무엇을 하든 … 이후로 위대하게 된다!"라고 말하기 쉽습니다. 정신 나간 것이죠! 이것이야말로 바로 그룹이 죽음으로 달려가는 최고로 빠른 방법입니다.

"전자"음악 vs. 어코스틱 음악

필자: 버스터를 위해서는 전체 예배가 좀 더 "전자"음악으로 이루어질 필요가 있다고 말하는 것을 듣습니다. 이것에 대하여 동의하십니까?

헤론: 버스터의 중요한 부분이 전체적으로 민밋한 음악으로 될 수 있기 때문에 동의하지 않습니다. 또한 포크 뮤직과 서부 컨트리 음악이 재포장될 수도 있습니다. 모든 전자 악기를 가지고서는 실체를 "덮어 버리게" 됨으로, 자신에 대하여 "진실해"질 수 있는 좋은 것으로는 어코스틱 음악입니다. 어코스틱 음악으로는 곡해되는 많은 부분들을 덮어 버릴 수 없습니다. 예를 들면, 금년의 부활절 예배를 "언 플러그 부활절"이라고 불렀습니다. 우리 모두가 어코스틱 음악을 연주하는 동안에 여러 사람들이 일어나서 이런 질문으로 응답할 것입니다. "그리스도의 죽음과 부활 때문에 당신의 삶이 어떻게 변화되었습니까?"

쪼런: 저희들은 여전히 Vineyard 어코스틱 음악에 익숙하지만, 전기 음악

은 현재 Spiritual Life 예배에는 더 크게 사용되고 있습니다. Vineyard 모음곡들을 연주하지만 점점 전기 음향과 -스트레이토 캐스터: … 수많은 다른 음향 효과를 낼 수 있는 기타- 전자 기타를 더해가고 있습니다. 그러나 언제나 두 세 곡의 "언 플러그(Unplugged)" 곡들을 하고 있습니다. 매달 마지막 수요일에는 90분간 세례식을 하면서 "언 플러그" 예배 세트로 "언 플러그 호산나"의 시간을 갖습니다. 버스터들이 좋아합니다.

음악소리의 세기와 속도

필자: 버스터에게 매력이 있으려면 소리를 최대한으로 크게 해야 한다는 것에 동의하십니까?

헤론: 저희들이 드리는 Spiritual Life 예배는 다른 예배보다는 다소 소리가 큽니다. 다른 예배는 거의 90데시벨을 넘어 서지 않지만, 이 예배만은 95데시벨까지 올라갑니다. 그러나 예측하지 못하도록, 다양성을 갖는 것은 중요합니다. 어코스틱도, 전자 음악도 시도해 보시고, 크게도, 부드럽게도 해 보십시오.

테드: 제 생각으로는 버스터들이 대개 일반적으로 많은 교회가 사용하는 것보다 좀 소리가 높은 것을 원하지만, 자신들이 직접 부르는 소리도 또한 좋아한다고 봅니다. 이 점이 중요합니다.

필자: 대다수의 워십 송들은 좀 빠를 필요가 있는 것에 대하여 어떻게 생각하십니까?

쪼런: Spirit Life 예배를 이끌어 가면서 버스터의 경우 빠른 곡들을 많이 선택하면서 현악기도 함께 사용합니다. 50-70%는 매우 경쾌한 곡들이고 버스터는 이 곡들을 좋아합니다.

예배의 자료

필자:　어떤 종류의 워십 음악 자료를 사용하십니까?*

헤론:　쏟아져 나온 워십 음악 가운데 많은 음악들이 정말 "풍선껌"같이 부풀려져 있지만 거의 모두를 듣고는 있습니다. 마라나타가 만든 음악은 정말 좋습니다.

Praise Band는 사실상 시작할 때에 반드시 사용합니다. 저희는 언제나 그들이 만든 많은 앨범들을 사용합니다. 비록 우리가 그들이 앨범에서 부른 것과 같이 할 수 없어도 핵심은 중년기 붐머의 록 스타일처럼 매우 깨끗하고, "멋진" 곡이라는 점입니다.

Praise Band의 곡들은 큰 뼈대를 저희에게 주고 있지만, 이 곡들을 저희의 밴드에 맞도록 편곡을 합니다. 이렇게 함으로써 좀 더 우리 자신들의 것 좀 더 버스터를 위한 것이라는 느낌을 갖게 됩니다. 저희들이 가지고 있는 음향은 다소 예리하여 늘 조금은 왜곡되어집니다. 일부는 저희들이 만든 곡을 사용합니다. 디에터 목사와 제가 두어 곡을 작곡했습니다.

모든 교회가 각기 다른 견해를 가지고 있고, 장소도 다르므로, 저희들 자신들을 위한 곡들을 더 많이 쓸려고 합니다.

쪼런:　불행하게도, 음악 산업에 관여하시는 분들은 여전히 단지 붐머만을 시장 대상으로 삼고 있습니다. 아직은 버스터를 시장 대상으로 여기고 있지 않습니다. 또한 버스터 가운데 작곡하는 사람들이 아직은 없습니다. 그

---

* 버스터를 위한 음악 자료(예배와 연주)는 본서 뒤쪽에 있는 워십 음악 자료 은행 부록을 보라: Vineyard Ministries International(목록 # 6에 있음)로 Urgent Praise와 Warehouse Christian Ministries (기타 자료라는 제목 아래 있음).

래서 우리 자신들의 사역을 위하여 많은 곡들을 씁니다. 저희들이 쓰고 있는 20% 내외의 곡들은 "자체 생산"해낸 음악들입니다. 그 외 절반은 Vineyard 음악과 저희들이 발견한 곡들을 조합해서 사용합니다.

저희들은 대부분의 워십 송을 선택하여 레게, 버숩 컨트리, 컨트리 록 등등의 스타일로 편곡합니다. 심지어는 세속적인 음악을 선택하여 워십 쇼로 변화시키기도 하는데, 예를 들면, "사랑이 무엇인지 알고 싶어요 I Want to Know What Love Is" 혹은 휘트니 휴스톤이 The Bodyguard 영화에서 불렀던 "언제나 당신을 사랑하겠어요 I Will Always Love You"가 있습니다. 단지 후렴 만 부르고, 그 다음에 그것을 바꾸어 "I will always trust you(언제나 당신을 신뢰하겠어요)" 그리고 "I will always seek you(언제나 당신을 찾겠어요)"라고 부릅니다. 또한 제임스 테일러의 곡들도 재 작업합니다. 대다수의 버스터들을 그가 누구인지 모르거든요.

테드: 먼저, 곡들은 부를 수 있어야 한다는 것입니다. 이것은 멜로디가 어떻게 흘러가는 지를 알아야 하며, 말하는 듯이 할 수 없다는 것을 뜻합니다. 이것이 바로 제가 워십 송에 대하여 늘 말하는 한 가지 불평입니다. 워십 송이 너무 말을 장황하게 많이 하는 것 같습니다. 버스터는 집에 돌아가 곧장 노래 부르기를 좋아합니다. 나중에 제가 주일날 축구를 하면서 그들을 만나게 되면, 그들은 이렇게 말합니다. "오늘 아침 불렀던 그 곡을 하루 종일 불렀습니다." 만약 곡에 많은 가사가 들어가게 되면, 불러보지도 않고 단지 포기해 버립니다. 마라나타는 저희들이 사용할 수 있는 좋은 곡들을 만들어 냈습니다. 또한 Integrity Hosanna의 곡도 많이 사용합니다. 우리는 "무리가 가지 않는 부분"을 택하여 거의 모든 것을 편곡합니다.

필자: 버스터들이 예배와 찬양에 사용되는 합창의 용어 때문에, 어떤 어려운 점을 경험을 해 보셨습니까?

테드: 예 있습니다. 이것이 바로 왜 제가 CD에서 두 곡 이상을 좀처럼 쓰

지 않는 이유입니다. 제가 전혀 쓸 수 없는 것도 소수 있다고 봅니다. King James에서 사용하는 언어(영어)로 불러 본 적은 없다고 생각합니다. 몇 안되는 "군가(軍歌)조" 곡: "상처 입은 군병 Wounded Soldier", "전쟁의 이김은 여호와께 속한 것이니 The Battle Belongs to the Lord", "군병들아 일어나 Raise Up an Army"도 있습니다. 이 가운데는 좋은 것들이 있다고 보는데, 현시대 상황에 맞추어 쓸 수 있기 때문입니다. 행진하는 기분보다는 버스터들은 "응원하는" 기분을 갖습니다. 그러나 많이 사용하지는 않습니다. 이따금씩 영적 전쟁에 관한 주제를 다룰 때에 이런 곡들을 사용합니다. 또한 성경적으로 모호한 단어들은 사용하지 않습니다. 예를 들면, "여호와는 나를 위한 방패입니다" 혹은 "여호와 이레"등 입니다. 제가 발견한 것은 버스터들이 **하나님께 찬양하고 싶어한다는 것입니다.** 이들은 1인칭을 사용하기를 원합니다 - " **내가** 그의 문에 들어가" 혹은 "**내가** 당신 앞에 있고 싶어요." 심지어 "우리"라는 말을 사용하는 것도 좋아합니다. 그러나 "네 마음을 다하여 여호와를 송축하라"는 곡과 같은 것은 잘 맞지 않은 것 같습니다.

동참하는 찬양 스타일

테드: Eastview교회의 버스터는 찬양을 듣는 것보다는 찬양하는 것에 훨씬 더 관심이 있는 것이 분명합니다. 강요하지 않아도 찬양하는 동안에 그리고 다같이 합창한 후에 자연스럽게 박수를 칩니다. 그러나 저희들은 양극단적으로 참여하도록 하고 있습니다. 모두가 일어나 돌아가면서 춤을 추고 난 10분 뒤에는 다 자리에 앉아 성찬을 나누기 위해 차분해지기 시작합니다.

쪼런: 버스터는 눈으로 보여지는 예배를 좋아합니다. 이들은 누구의 인도함이나 본을 보여 주지 않아도 뛰거나 춤을 추는 것을 보았습니다. 일종의 어떤 습관과 같습니다. 그들은 자신들이 성장해 오면서 접해 온 따분한 록 스타일의 보쉬 피츠(곡)에 가치를 두고 있기 때문에 자신들을 몸으로 직접 표현하는 것을 좋아하는 것 같습니다. 또한 춤과 음악이 테크노-팝처럼 매끄럽든 혹은 M. C. Hammer곡이든 간에 때때로 함께 어울려 지는 것 같습니다.

저희 교회의 특별한 스타일이 사람들로 하여금 춤을 추도록 하는 모델이 되리라고는 생각지도 못 했습니다. 예를 들면, 카리스마적인 교회에서 보여지는 것과 같은 의식적인 무용수도 없었습니다. 저희 교회의 버스터들은 손을 들어올리는 것을 -손을 쭉 뻗거나, 예배를 드리면서 자기 자신이 없어지는- 좋아합니다. 이것은 정말 공통적으로 보여지는 것으로, 저희들이 이렇게 하라 저렇게 하지 말라고 하지 않아도 자연스럽게 나타납니다.

필자: 몰려다니는 버스터들은 어떻습니까? Vineyard Community교회의 표현이 강한 예배를 보면서 어떤 다른 반응을 합니까? "감동으로 압도되는" 시간도 있습니까?

쪼런: 몰려다니는 붐머들 보다 더 훨씬 더 빠르게 동참합니다.

설교

메시지 길이

필자: 버스터를 위한 예배를 드릴 때 설교는 얼마 동안 하십니까?

테드: Eastview교회의 경우 25분입니다.

헤론: 때때로 40분 정도 소요됩니다. 우리가 지금 변화시키려고 하는 것은 25분에서 30분 사이로 줄이려고 노력하고 있습니다.

쪼런: 정말 괜찮다고 생각이 들면, 버스터를 위해서는 30분이라도 충분합니다. 만약 시간이 하나의 변수라고 말할 수 없다면, 그때는 뭔가를 다시 다듬을 필요가 있을 것이라고 봅니다.

메시지 내용

필자: 버스터를 위한 메시지는 세계적인 문제, 아니면 개인적인 관심사에 초점을 맞추어야 합니까?

쪼런: 저희들은 엄격하게 개인적인 문제를 다룹니다. 예를 들면, 윌로우크릭교회 경우, 사탄주의(Satanism)에 관한 시리즈를 했지만, 저희 교회에서는 결코 해 본적이 없습니다. 우리 스타일이 아니기 때문입니다.

테드: Eastview교회에서 4주 동안 시리즈로 다룬 인공유산, 음란영상, 동성연애, 도박에 대한 메시지는 성경이나 특별한 서적에 있는 것처럼 개인의 삶에 적용하여 잘 받아들여지는 것 같지가 않았습니다.

혜론: New Song교회의 경우 "미워하는 것을 그만두고 원하는 것을 하는 방법"의 시리즈를 하였습니다. 단지 이 하나의 시리즈를 통해서 교회가 많이 성장하는 것을 경험했습니다. 많은 분들이 우리가 다루었던 내용을 간접적으로 경험하고 있었던 것입니다. 그래서 저는 개인적인 문제가 많은 버스터들에게 매력을 준다는 것에 동의합니다.

그러나 우리는 버스터들은 정치적으로 올바르게 되어지기를 원한다고 믿고 있습니다. "세상을 변화"시키고 싶어하므로, 변화시킴에 있어서 도움이 될 것이라고 믿기에 설교를 듣는 것도 사실입니다.

쪼런: 이것에 대하여 우리 교회가 제대로 알고 있지 못한 것 같습니다. 깊이 내려가면, 가능한 많은 희생을 치르지 않는 범위에서 그들은 정말로 세상을 변화시키고 싶어합니다. 저희는 가난한 자를 섬기며 복음 전도 사역을 왕성하게 하는 교회입니다. 성취 가능한 목표를 만들거나 감동을 주지 못하는 위험 부담도 있을지도 모르나 우리는 최선을 다할 것입니다. 우리가 지속적으로 하는 일은 무료로 차를 세척하는 것, 성탄절 선물 포장 등등입니다. 500명이 한 백화점의 25,000개의 선물을 포장했던 적도 있습니다.

그 중 50%가 버스터들이였다고 기억됩니다.

그러나 이런 것은 짧은 기간 동안의 헌신이었습니다. 언제나 들락날락할 수 있는 여지가 있습니다.

그래서 어느 누구도 상처를 입지 않습니다. 우리는 그들로 하여금 미리 앞서 오겠다는 서명을 받는 것으로 끝냅니다. 즉, "와서 남을 위한 이타적인 일을 하라"는 식입니다.

잔더: 버스터에 대한 한 가지 진실은 그들이 갈등하는 것을 좋아하지 않는다는 점입니다. 논쟁이 되는 세상적인 문제를 거론하게 될 때, 단지 갈등의 여지가 깊어지게 되지만, 그들은 교회가 갈등의 장소가 되는 것은 원하지 않습니다. 그들은 해결책을 좋아합니다. 예를 들면, 복음 전도에 있어서도 그들의 믿음이 얼마나 잘못되었는지를 말하는 것으로써 기독교가 옳다는 것을 증명하지 못합니다. 그래서 New Song교회는 분명하게 하나의 문제를 기초로 하는 교회가 되려고 조정하고 있습니다. 예를 들면, 우리가 인공유산에 관한 시리즈를 해 보지는 않았지만, 옳은 것을 따를 것입니다.

오히려, 좀 더 긍정적인 접근법을 취하게 됩니다. 생명에 대한 존엄성, 생명에 대한 하나님의 마음, 다른 사람을 돌보는 것에 대한 중요성에 관한 성경 구절들을 분명하게 제시합니다. 하나님을 위해 더 큰마음을 갖도록 애쓰며, "이번 주에는 이 둘 중 어느 것이 옳으며, 그른지에 관하여 말할 것입니다"라는 것과는 대조적으로, 문제에 대하여 어떻게 그들이 반응하는가에 따라 자연스럽게 되도록 내버려 둡니다. 만약 그들에게 정면으로 접근하는 방식을 취하게 되면, 그들은 굳센 저항의 벽을 만들게 됩니다. 즉 진실로 그들의 저항을 넘어설 수 있는 전혀 다른 방향으로 나아갈 필요가 있습니다.

필자: 만약 버스터가 치유와 공동체를 위해 교회에 나온다면, "갈등"의

문제를 다루는 것이 맞지 않는 것 같이 보입니다.

잔더: 정확히 보셨습니다. 그들은 공동체를 기초로 삼는 세대들입니다. 그들은 공동체(교회)에 대한 정체성을 느끼고 소속감을 바라고 있습니다. 그리고 공동체는 논쟁의 문제들에 대하여 표준을 세우게 되겠지만, 우리들이 할 일은 설교자가 짐 지워 준 문제에 대하여 상호 대화가 오고갈 수 있는 소그룹을 위해 더욱 개인적인 문제로 만드는 작업을 하는 것입니다.

쪼런: 사실상, 세대 전체가 침체되어 있다고 생각됩니다. 제가 관찰한 바로는 활기찬 베이비 버스터를 많이 볼 수 없다는 것입니다. 그들 중에 많은 사람들이 침울해 있습니다. 붐머들은 꽤나 낙관적입니다. 그래서 이것이 바로 **우리**라는 단어를 사용할 때에는 조심해야 하는 이유입니다. 모두가 다른 장소에 있으므로, 교회는 그들을 위한 여유를 가져야 할 필요가 있습니다. 버스터들은 정말로 자기 자신들은 "제삼자"가 되는 것처럼 여기지만, 그것이 사실이라고 보지 않습니다. 그들은 그런 식으로 생각하는 것을 좋아하는 것 같습니다.

필자: 버스터들은 자신들 스스로보다 다른 세대에 만들어진 스테레오 타입에 속하는 것을 싫어합니까?

쪼런: 그렇습니다. 그 어느 누구에게도 선심 쓰는 체 하지 마십시오. 예를 들면, 여성들은 총명하지 못하다거나 운동을 못하는 자 등등과 같이 대우하지 말아야 하는데, 그것은 버스터들은 매번 이것에 대하여 논쟁을 요청하게 될 것이기 때문입니다. 사소한 것에 있어도 마찬가지입니다. 이것은 단지 추측할 뿐입니다. 그들은 정책적으로 올바른 분위기 속에서 성장했습니다. 만약 제가 비록 농담조라도 생색을 내는 말이라도 하게 되면, 그들은 곧 난리가 나게 됩니다. 저는 충고의 말과 익명의 전화를 받게 될 것입니다. 만약 사람들에게 선심을 쓰는 체 하게 되면 부도덕한 사람으로 여기게 될 것입니다. 이 영역에 있어서 만은 버스터들이 붐머를 초월할 것이라 생각됩니다.

필자: 버스터들은 믿음에 대한 기본적인 질문들을 많이 가지고 있으며 이에 대한 해답을 알고 싶어한다는 것을 알고 계십니까?

잔더: 예, 알고 있습니다. 저희 경우에는 "하나님, 질문이 있습니다"의 시리즈를 한 적이 있습니다. 사람들에게 가서 설문 조사를 하고 "중요하게 여겨지는 질문 5가지는 무엇인가?"를 물어 본 다음에 이런 시리즈를 통하여 대답을 제시했던 것입니다… 그들이 물었던 질문들은 기본적 변증론적인 질문들로써, "하나님은 계신가?", "태초에 어떤 일이 있어 났는가?", "하나님께로 가는 길은 단 하나뿐인가?"입니다.

필자: 그러나 버스터는 하나님은 계신다는 것을 거의 알고 있다고 봅니다.

잔더: 그렇습니다. "하나님을 계신가?"에 대한 논쟁은 더 이상하지 않지만, 문제는 "그 하나님이 누구인가"에 있습니다.

쪼런: 저의 경우에는 지적이면서, 선험적인 접근법을 섞어 사용합니다. 만약 제가 어수룩하거나 좁은 시각을 가지고 있거나 전혀 이런 문제에 대하여 생각해 보지 않은 사실을 그들이 알게 된다면, 저를 존경하지 않을 것입니다. 그러나 제가 거기에 대한 해답을 모르면, 마음을 털어놓습니다. 뭔가 제가 고심하는 것이 있으면, 그들에게 말합니다. "여러분도 아시다시피, 제가 그리스도인이 된지 20년이 되었고, 15년간 이 문제에 관하여 확신을 가졌습니다만, 이제는 모르겠습니다"라고 말합니다.

가장 큰 예로는 종말론에 관한 것을 들 수 있습니다. 저는 예수 운동에 크게 영향을 받았습니다. 대환란 전 휴거 받을 사람에 속했다고 생각했습니다. 이제 저는 모르겠습니다. 자기-계시(Self-revelation)에 대하여 90%가 전적으로 긍정적인 반응을 보입니다. 저는 때때로 이 점을 주체하지 못하는 "열성적인" 사람들은 보게 됩니다. 결국, 제 자신도 목사이며, 제가 믿는 것에 대하여 반드시 알아야 하지 않겠습니까! 그러나 제 자신도 믿음에 대하여서 "양보할 수 없는" 것에 관하여서는 결코 나약해 본적이 없습니다.

성경구절 사용

필자: 성경의 진리에 대하여 얼마만큼 반응합니까?

쪼런: 인정하든 그렇지 않든, 버스터들은 상당히 성경의 지혜의 말씀에 따라 사는 삶을 살고싶어합니다. 제가 사용하는 접근법은 문화를 해석하고 성경의 말씀을 삶에서 직면하고 있는 것에 대한 실제적인 해결책으로 제시하는 것입니다.

테드: 저희 교회의 설교는 전형적으로 주제에 따르지만, 최고의 호응을 얻는 것은 성경 공부라고 여겨집니다. 최근에 야고보서를 끝냈는데, 반응은 상당한 것이었습니다.

헤론: 먼저 우리가 무엇에 관하여 말을 하든 간에 성경 말씀을 폅니다.... 성경의 모든 말씀은 우리가 들을 필요가 있는 진리로 알고 있습니다.... 프로덕션 팀에 대한 도전은 어떤 성서적인 주제를 택하든 하나님께서 우리를 인도하셔서 버스터에게 그것을 전하시고 자신들의 것으로 만드신다는 것입니다. 개인적이면서 자기 스스로 해결되는 문제에 관하여 말하지 마십시오. 매우 중요한 것은 몰려다니는 버스터 중심의 교회들이 드러내기를 두려워하여....들추어 내지 않은 성서적인 문제에 관하여 말할 필요가 있습니다.

　저희 교회에서 돌아오는 주에 다루게 될 두 번의 설교 시리즈를 예로 들어봅시다. 첫 번째 것은 성경책에 대한 연구입니다. 두 번째 것은 "당신의 삶이 지옥과 같은 때" 입니다. 이것은 대학을 졸업하고 나서 어떤 직업을 구해야 하는 지를 모르고 있는 영화 Reality Bites와 같은 내용에 관한 것입니다. 비록, "당신의 삶이 지옥과 같을 때"처럼 개인적이고도 문제 지향적인 시리즈일지라도 가능한 많은 성경 말씀을 제시하는 것입니다.

필자: 바꾸어 말하자면, 버스터에게 많은 성경 구절들은 인용할 수 있을 것이라 생각한다는 말씀입니까?

혜론: 그렇습니다. 만약 이런 주제들이 그들을 만족시키며, 그들이 듣고 싶어한다는 생각이 들면, 결국 그들은 우리가 하고 있는 바를 이해하게 될 것입니다. 그들은 실제적으로 진리를 전달하고 싶어하는 사람들을 보지 못한 것뿐입니다. 저도 우리가 헛일을 했다고 말하고 싶지 않습니다.... 디에터 목사님께서 매주말마다 복음에 대한 메시지를 훌륭하게 전하고 계십니다.... 그러나 저는 우리 스스로가 전력을 다했으면 하는 생각을 합니다.

설교 스타일

필자: 저는 붐머들보다 버스터들이 단지 지적인 정보를 얻는 것이 아니라 믿음의 체험을 하고 싶어한다는 자료를 모았습니다. 그렇다면, 설교가 버스터들에게 덜 추상적이고 좀 더 체험적인 것인 것이 되도록 하는 방법을 무엇이겠습니까?

쪼런: 버스터들은 실제로 사람들이 몸소 체험한 것에 관한 이야기를 듣는 것에 매우 흥미를 가집니다. 이들 세대에 있어서 오늘날 하나님께서 직접 관여하신 이야기는 대단한 위력을 가집니다. 그들은 자신들을 초월하는 실체와 능력에 대하여 갈망하고 있습니다. 또한 조금의 노력을 기울여 문화 사조 가운데 유명한 이름과 음악, 영화를 아는 것은 버스터를 이해하는 데 크게 덕을 보게 됩니다. 저는 가능한 많은 것을 문화에서 가져와 -음악, 개성, 행사- 예화로 삼습니다. 예화가 참신하면 할수록 더욱 좋습니다. 저도 청중 자신들이 살고 있는 세계와 똑같은 세계에 살고 있다는 것을 깨닫게 하고 싶습니다. Rolling Stone, Spin, Vanity Fair와 같은 잡지들은 가장 강력하게 문화와 버스터의 관점을 보여 줍니다. 그리스도인으로서, 이런 잡지들의 내용에 반대할지 모르나 이 세대를 반영하고 문화의 초점을 정확하게 발견할 수 있습니다.

테드: 저희 교회 케 오네 시스(29세) 목사님은 예화와 사람들의 이야기를 찾고 있습니다. 유머도 사용하고 영화를 본문과 연결시키기도 합니다. 영화 장면을 보여 주고 나서 목사님은, "자 이제 이 사람이 직면했던 문제는 이것인데, 성경은 이 사람의 상황에 대하여 어떻게 말하는지를 살펴봅시다"라고 말합니다. 목사님은 자동차 스티커나, 중국 격언이나, 가수들이나 축구 코치의 말들을 인용해서 늘 사람들과 관련되어질 수 있는 내용들을 찾습니다. 그리고 그것을 성경과 연관시킵니다.

필자: 설교자들은 버스터들이 "주의 집중력"이 떨어지는 것을 묵과할 필요가 있다고 보십니까?

쪼런: 의사를 소통하는 사람은 받아들여지지 않더라도 뭔가 말을 하려고 서 있는 것입니다. 그러나 말하는 바가 받아들여지지 않고 가치가 없다면, 버스터들의 주의를 사로잡지 못하게 될 것입니다. 좋은 것이든 나쁜 것이든 간에, TV프로는 6분마다 선전광고를 위한 시간을 갖게 되어있습니다. 실체를 어긋나게 하지 않는 한, 저는 설교를 하는 동안 6분마다 다양한 것들을 추구하려고 원고를 작성합니다. 이렇게 함으로써 이미 앞서 말한 것들을 곰곰이 생각하도록 만드는 기회를 주게 됩니다. 이야기, 색깔이 화려한 준비물, 유머 등을 사용할 수 있습니다.

저는 늘 사용할 수 있는 것보다 1/3 가량 더 많은 것들을 준비합니다. 필요하다고 생각되는 흥미로운 것들을 실제로 준비합니다. 어떤 그룹이 참가하며 예배가 어떻게 진행되느냐에 따라서, 미리 생각하고 뭔가 끄집어 내야 합니다. 정말로 이들 그룹에 대한 우리 자신들의 생각이 분명해야 할 필요가 있습니다.

필자: 목사가 **버스터에게 빗대어 말하는 것** 대신에 그들에게 말하고 있다는 것을 어떻게 확신할 수 있겠습니까?

잔더:　신학교에서 배운 것과는 다른 방식으로 그들에게 의사를 전달하기 때문에 버스터에게 설교하는 일에 제 자신이 정말 감동합니다. 단조로운 음색으로 말하는 대신에 대화체로 설교합니다. 단상 아래서 질문을 받는 것이 좋은 생각이지만 그렇게 하지 않습니다. 그러나 설교할 때에는 거의 누군가와 대화하는 것처럼 합니다. 때때로 조금이라도 흥분하는 기미를 느끼게 되면, 아마도 질문해야 할 시기라고 봅니다. 대게 이렇게 말합니다. “제가 말하고자 하는 것은 여러분 가운데 몇 분이 생각하고 있는 것입니다....” 이것이야말로 바로 하나님이 어떻게 말씀하시며, 하나님은 누구이시며, 우리의 삶을 어떻게 변화시키는 가에 대하여 함께 알아야 할 진정한 틀(Format)이라고 봅니다.

쪼런:　죄책감이나 수치심을 갖게 해서는 안 됩니다. 이것은 버스터의 관점에서 보면 “부도덕”한 것입니다. 그들은 이런 것에 대한 낌새를 금방 알아차립니다. 불행하게도, 이것은 기독교 그룹들이 사용하는 전형적인 접근법입니다. 제 생각으로는, 이것을 우리가 치유해야 할 필요가 있다는 신호로(Sign) 여겨집니다.

필자:　버스트에게 맞는 유머는 어떤 것들이 있습니까?

쪼런:　실제로 빠르고 꽤 미묘한 것 -구식이라도 진부하지 않으며 실제적인 것이어야 합니다. 만약 조금만 살펴본다면, 웃음거리는 너무나 많이 있습니다. 저는 많은 이야기들을 하며, 대개는 이야기 가운데 흥미로운 점들이 있습니다. 만약 제 자신에 관한 이야기를 하게 되면, 제 입장에 서서 듣고는 나중에 가서는 그것에 대하여 제게 고마움을 표시합니다. 최근에 자전거를 타고 가다가 거의 트럭에 부딪힐 뻔한 이야기를 했습니다. 이 이야기는 큰 호평을 받았습니다.

필자:　버스터들이 요점을 기록할 수 있도록 대지를 만들어야 할까요?

쪼런: 대다수의 버스터들은 기록을 하지 않기 때문에 기억하기 쉽게 간단히 요점을 잡을 필요가 있습니다. 미디어 지향적인 문화 때문에 우리는 100만 분의 1바이트의 소리까지도 생각해야 합니다.

헤론: 최근에 저희는 조그마하고 3개의 구멍이 있는 노트를 집어넣을 수 있는 소형 크기의 노트 페이지를 가지고 실험을 했습니다. 노트페이지에는 언제나 끄트머리에 가서 "요지(The Point)"라는 제목으로, 그들이 가지고 갈 것이 바르고 일목요연하게 요약되어 있습니다. 이것은 박스 안에 있어서 예배 시작쯤에 주보를 펼쳐 보면서, 조그마한 박스를 언뜻 보게 하여, 전체 예배가 어떻게 진행될 것인지를 알게 됩니다. 노트페이지는 또한 빈칸이 있는 짧은 문장들로 되어 있어서 자신들이 원하면 해답을 기록할 수 있도록 되어있습니다. 매우 간단합니다. 또한 "요지(The Point)"의 기본적인 실천 사항으로써, "광고(The Commercial)" -그날을 위한 주제에 대한 따른 형태의 보강 방법-라는 것으로 실험해 보았습니다.

필자: 목사님의 의상은 어떻습니까? 중요하다고 보십니까?

헤론: 최근에 예배에 대한 새로운 방향 제시를 위한 수련회를 가졌고, 우리는 강대상 위에서 "넥타이를 매지 않는" 정책을 가져야 한다고 농담 비슷한 의견을 제시하였습니다. 그 이유는 만약 버스터들이 넥타이를 매고 마이크 앞에 선 사람을 보면, 당연히 교회에 대한 (전형적인) 그림으로 생각하기 때문입니다. 그들이 TV에서든 혹은 출석하던 교회에서 본 것이든 간에, 이것은 그들에게 있어서 "교회"라는 비명을 지르는 구실을 주는 것입니다. 그들로 하여금 전에 경험한 것과 다르다는 것을 알게 하는 것은 중요합니다. 아마도 누군가 좀 가벼운 옷차림을 하고서는 마이크 앞에 서 있는 것이 아니라 단상을 걸어다니는 모습일 것입니다 -뭔가 좀 형식을 갖추지 않은 느낌이 들 겁니다. 저는 우리가 이런 방향으로 나아갔으면 하는 바램입니다.

쪼런: 토요일 밤에 드리는 첫 번째 예배는 가족을 위한 것으로써 저는 종종 넥타이를 매고 스포츠 코트를 주로 착용합니다. 그러나 Spirit Life 예배를 위해서는 복장을 바꾸어 진 바지와 스포츠 코트를 입고 넥타이를 매지 않습니다.

테드: Eastview교회의 버스터는 확실하게 강대상 위에 있는 사람들과 연관되는 것을 좋아하는 것 같습니다. 그들은 앞에 있는 사람들이 자신들이 입은 옷처럼 가벼운 옷차림을 하여 "그들 가운데 한 명"이 되는 것을 좋아합니다. (켄 오네스 목사님은 종종 진 바지와 와이셔츠차림에 넥타이를 매십니다).

드라마와 비디오

필자: 드라마를 하실 때에 붐머들이 좋아하는 시트콤 타입의 드라마를 버스터도 좋아한다고 보십니까?

테드: 그들은 웃는 것을 좋아합니다. 가장 기억되는 성공적인 드라마의 대부분은 사람들의 웃음을 자아냈던 것들입니다. 약간의 심각한 내용, 감정적인 내용도 좋습니다만, 매주마다 그렇게 하는 것은 결코 쉬운 일이 아닙니다. 실제로 아주 기이한 드라마로도 성공하는 것은 아닙니다. 저희가 심지어는 "Wayne and Garth"드라마를 했을 때에, 너무나도 엉뚱한 것이 되지 않도록 조심해야 할 필요가 있었습니다. 만약 우리들이 하는 드라마가 단지 바보스럽다면, 그들은 따라 오지 않습니다. 우리들이 애쓰고 있는 일이 아주 분명한 것이어야 합니다.

헤론: 버스터들은 아주 대중적인 영화 속에 있는 것과 같이 앞에 있는 사람들과 연관지어 지는 것을 정말로 좋아합니다. 저희들 경우는 시트콤 드라마를 하는 편이지만 MTV에서 방영하는 The State라는 스케치 코미디 쇼와 같이 기이하고 엉뚱한 것 이상이라고 봅니다. 이런 드라마는 버스터들이 정말로 좋아하는 "무질서(Randomness)"한 것들입니다. 시트콤 타입의 드라마는 대개 우리에게 있어서는 잘 맞지 않습니다. 예배 기술 담당 책임 감

독가 제닌은 탁월한 작가로서 윌로우 크릭 교회에서 가져온 붐머들을 위한 드라마 대본을 다시 쓰는 작업을 합니다. 저희의 경우 드라마는 3분 혹은 4분으로 짤막한 것들입니다. 엉뚱한 스타일과 같은 드라마는 겨우 1분 정도입니다. 거의 광고 선전 같죠.

이하 내용은 최근 브루스 테드의 Worship Leader에 실린 글을 발췌한 것이다. Eastview에서 사용하는 드라마와 비디오에 관한 정보를 담고 있다.[17)

드라마

버스터를 위한 예배 드림에 있어서 드라마의 사용은 예배 가운데 나타나는 상황을 버스터들이 인식함에 있어서 도움이 된다. 드라마로 도전을 주고 웃게 만들며, 눈물도 흘리게 하며, 감성적인 것을 이끌어 낸다.... 우리들의 드라마 특성은 언제나 버스터들을 대표한다. 돈이 없어, 직업을 구하려 애쓰는 것, 성 문제와 독신, 결손 가정에서 양육되는 곳과 같은 상황이 대표적인 것들이다. 예를 들면, 한 번은 아버지를 그의 나니 20세에 잃게 된 한 청년의 이야기를 묘사하는 드라마를 공연하였다. 이 청년은 그의 아버지와의 관계에 있어서 어떤 긍정적인 것도 힘들었으며, 마침내 아버지와 거리감을 둘 수밖에 없었던 원인들 발견하게 되었다. 이드라마를 마이크와 미케닉스의 곡인, "살아 있는 날들 The Living Years"에 연이어 공연하였다.

우리들이 공연하는 드라마의 대다수가 외부에서 온 것이지만, 원래 대본에 충실하려고 노력한다. 얼굴이 익숙한 인물들로 분장하여 꾸미는 것은 인기 있는 것으로 증명되었다. "Saturday Night Live"에 나오는 Wane and Garth, 카피 맨 Rich, 교회의 한 여인과 같은 인물들은 베이비 버스터들이 즉각적으로 끌리는 자들이다. 도한 Star Trek: The Next Generation과 같은 주제도 사용한다.

비디오

특별한 주제와 감정을 담아 미리 제작한 비디오를 많이 이용할 수 있다. 심각한 문제를 다루는 컨셉 비디오는 가장 효과 있는 것이다. 우리가 선호하는 것들로는 마이클 W. 스미쓰의 "Secret Ambition"과 안델손의 "Be The One"과 신디 몰간의 "I Will Be Free"이다.

요지를 더욱 강조하기 위하여 영화 장면들을 사용한다. 예를 들면, 작업장에서 "큰 돈벌이(Nuts)"에 관한 주제를 다룬다면, 마이클 J.폭스가 출연한 "The Secret of My Success(성공의 비밀)"의 엘리베이터 장면을 사용한다. 미래에 관한 주제를 다룬다면, "Back to the Future"에서 박사가 마티에게 미래를 안다는 것이 얼마나 위험한 것인가를 설명하는 장면을 사용한다. 선입견에 관한 주제로 예배를 드릴 때에는, "Mississippi Burning"에서 나오는 진 핵맨과 윌리암 데이포 둘 사이의 대화를 사용한다. 또한 우리들의 영상을 담아서 음악과 함께 사용하고, 슬라이드 발표도 하고, 비디오에 드라마를 담기도 하고,(비디오로) 다가오는 행사에 관하여 광고하기도 한다.

"비디오 토스터(Video Toaster)"라는 소프트 웨어의 출현으로 이런 발표 및 특별한 효과를 증강시키게 되었다. 예배 시간에 발표하는 것과 동시에(Real time)비디오 테이프에 저장되어 나중에 재생할 수 있게 된 것이다.

버스터를 위한 예배 vs 붐머를 위한 예배

필자: 몇몇 대형 교회에서는 버스터를 위한 예배를 운영함에 있어서 어려운 시기를 거치고 있습니다. 이것에 관하여 어떤 생각을 갖고 계신지요?

쪼런: 놀랄 일은 아닙니다. 붐버들은 버스터들보다 새로운 것을 시도해 보는 것을 더 좋아합니다. 그래서 붐머를 위한 예배는 프로그램적인 면들에 치중하는 경향이 있습니다. 통제가 많이 되는 편인데, 버스터들이 강하게 통제되어지는 프로그램을 정말로 좋아할는지 모르겠군요. 앞에서 "자 모두 다 일어섭시다; 자 모두 이 곡을 찬양합시다"라고 말하는 사람에 따라 "진행"되는 예배의 경우, 제가 관찰한 것은 버스터들은 이런 것에 정말 예민하다는 점입니다. 그들은 이렇게 말하지요. "만약 일어서기 싫다면 어쩔 셈이죠? 나를 함부로 일어 세울 수 없을 겁니다." 버스터들은 무엇이든 간에 누군가에 의해 조정되어진다고 느끼게 되면, 반항을 합니다. 만약 예

배 사역자가 마이크를 쥐고 단지 서서 찬양하고 그들에 무엇을 할 것을 지시하면, 잘 먹혀들지 않습니다.

저희 교회에서는 예배를 아주 다르게 인도합니다. 우리는 버스터들이 악기를 연주할 때야 비로소 예배를 인도합니다. 이렇게 함은 어느 누구도 이것이 하나의 공연이라는 생각을 갖지 못하도록 하기 위한 것입니다. 예배 사역자도 마찬가지로 예배를 드리고 있는 것임을 분명하게 하기 위한 것이기도 합니다. 예배 사역자가 단지 군중들을 이끌기 위하여 앞에 서 있는 것이 아닙니다. 만약 예배 사역자가 단지 예배를 드리게 되면, 그는 사람들을 보좌 앞으로 "나아가도록" 이끌어 가고 있는 것입니다.

헤론: 문제는 바로 붐머를 위한 많은 예배들이 구조화되어 있다는 점입니다. 이것은 전반적으로 "Tie concept"가 또다시 등장한 셈입니다. 본인 자신들이 전혀 변화되지 않고, 단지 음악만 바뀐 것입니다. 버스터들은 말 못하는 벙어리가 아닙니다. 이들은 바로 이런 것을 꼭 집어낼 수 있습니다. 이것이 바로 왜 그들에게 필요하지 않는, 붐머들에게 맞는 것들을 던져 버리게 되는가 하는 이유입니다. 또한 버스터를 위한 예배를 드리기 원한다면, 꽤 많은 수의 버스터들을 단상에 세워야 합니다. 그들은 자신들과 같은 사람들이 앞에 서 있는 것을 좋아합니다. 버스터를 위한 예배를 붐머와 함께 드리지 마십시오.

필자: 만약 버스터들이 (무게 있어 보이는) 오케스트라 반주가 있는 예배를 원하지 않고, 통제 받는 것도 원하지 않는다면, 그들을 위한 예배를 어떻게 계획해야 하겠습니까?

헤론: New Song교회가 받는 도전 중 하나가 계획하고 모임을 갖는 것에 여전히 초점을 맞추지만 예배는 거의 자연스럽게 발생하는 것처럼 기대치가 넘는 정도입니다.

잔더:　프로그램적인 면들이 여전히 필요하지만, 그것이 중심 되어서는 안 된다고 봅니다. 많은 에너지를 발산할 수 있는 것, 간증이나 비디오 장면에서 보여지는 사실들, 때때로 MTV에서 보는 열광적인 것들 모두가 버스터를 위한 예배를 드림에 있어서 없어서는 안 되는 중요한 요소들입니다. 우리가 매순간마다 "정말 여러분을 위하여 우리가 여기에 있습니다" 라고 버스터들에게 말하는 것처럼 되어야 합니다. 그러나 버스터를 위한 프로그램을 구성해 나갈 때에 교활하지 않아야 하며 목적이 분명해야 합니다.

버스터들은 "이 교회도 단지 붐머를 위한 교회일까?" 하는 점에 매우 민감합니다. 그들 스스로 교회를 자신의 것으로 유지하려고 함에 있어서 열성적이기 때문에 그렇습니다. 자신들부터 이것을 빼앗을까 봐 두려워합니다. 몇몇은 New Song 예배를 자신들의 부모들과 함께 드리고 있으며, 교회는 부수적으로 붐머 타입의 예배를 성장 발전시키게 되었습니다. 그리고 붐머들은 기꺼이 대가를 치르면서 우리를 돕는 게 아니겠습니까! 좋은 관계를 갖게 된 셈입니다. 그런데 버스터들은 "잠깐, 이 교회가 점차 너무나 붐머를 위한 교회로 되어 가고 있군요"라고는 말하지 않고, 단지 더 이상 나오지 않게 됩니다.

테드:　우리는 무엇인가를 프로그램화 하지만 정말 미묘한 것이 -프로그램으로 만들지만 프로그램화되지 않도록- 됩니다. 즉, "나도 여러분 가운데 한 명입니다"의 방식으로 정말 부담 없는 것입니다. 저희들 역시 다듬는 작업을 해 보았습니다만, (버스터들이) 좋아하지 않더군요. 예를 들면, 강당에 커튼을 쳤는데, 그들은 커튼 뒤로 사람들이 사라지는 것을 좋아하지 않더군요. 심지어는 모든 것이 끝난 후 저희 밴드위로 커튼이 드리워 지는 것을 좋아하지 않았습니다. 단지 계단을 내려와 회중 속으로 되돌아가는 것을 좋아했습니다. Eastview교회의 버스터들은 배경 음악을(테이프로 나오는 음악) 좋아하지 않습니다. 그들은 미리 되어진 음악보다는 다소 실수가 있어도 밴드가 직접 연주하는 것을 듣고 싶어합니다.

필자: 붐머들은 그들이 자리를 뜨기 전에 자신들의 가면은 도로 쓰는 것 같습니다. 그들은 경쾌하지 않은 곡들로 예배를 마치기 좋아합니다. 버스터에게 있어서도 이것이 사실입니까?

쪼런: 아닙니다. 저희들이 발견한 바로는 버스터들은 단지 "있는 그대로 유지" 하고 싶어한다는 것입니다. 우스운 것은 저희들이 여기서 시작할 때에 결코 이런 것을 생각해 보지도 않았기 때문입니다. 제가가 한두 개의 교회를 개척하는 일을 돕기도 했고, LA에 다소 큰 규모의 Vineyard교회 지부를 세울 때에도 관여했지만, 예배를 어떻게 끝낼 것인가에 대하여는 생각해 본 적이 없습니다. 그리고 저는 붐머들에게 "이런 것을 청산하십시오"라는 말로 격하게 만듭니다. 저희들은 언제나 사역의 시간으로 끝을 맺게 되는데, "끝난 겁니까?"라고 물으면서 끝났음을 확인하고 화를 내는 그들을 봅니다. 저는 그들에게 이렇게 말합니다. "사람들이 떠나가고 있으니, 끝난 것 같습니다." 그래서 붐머를 관찰하는 일은 흥미로운데, 이러한 사실들이 그 이유입니다. Vineyard Community 교회에서 드리는 모든 예배는 거의 버스터가 참석하는 Spiritual Life 예배를 제외한 나머지 예배는 끝이 분명합니다.

진실성과 탁월성

필자: 버스터에게 있어서 진실성은 얼마나 중요하며, 탁월성과의 관계에 있어서는 얼마나 중요합니까?

쪼런: 전적으로 중요하다고 봅니다. 진실함이 더 좋은 것 같습니다 그렇지 않으면, 그들에게서 존경을 받지 못합니다. 무엇보다 더 탁월해야 함은 분명합니다. 그들은 장난처럼 혹은 통제 받는 것을 용납하지 않습니다. 상식적이지 못한 접근법은 원하지 않습니다. 1마일 떨어진 곳에서도 허튼 수작의 냄새를 맡을 수 있고, 심지어는 붐머들이 할 수 있는 것 그 이상의 것도 합니다.

헤론: 저희들은 이 문제에 대하여 많이 고심해왔지만, 제 생각으로는 진실성

이 탁월성보다 선행되어야 한다고 봅니다. 음악가로서 최근에 인기가 있는 시애틀에서 만들어진 단조로운 음악을 봅니다. 버스터로서 저는 그 음악을 좋아합니다. 제 스스로도 "이것은 좋아하는 곡일까?"라 생각하면서 면밀히 살펴봅니다. 왜냐하면, 80년대 초기에 모든 것이 컴퓨터의 순서에 따라 완벽했던 것과는 다른 음악이기 때문입니다. 단지 진실한 음악일 뿐입니다. 곡을 사용하는 이들도 이 음악을 깨끗하고 정교하게 연주하려고 하지 않습니다. 단지 있는 모습 그대로 드러낼 뿐입니다. 예배를 드림에 있어서도 앞에 서서 전하는 자 누구든지 자신을 그대로 드러냅니다. 그러면 버스터들은, "와, 이 사람은 정말 우리에게 맞는 사람"이라고 말하게 됩니다.

테드: 우리도 한동안은 탁월성이 전부라고 생각했습니다. 여전히 연습을 할 때마다 그렇게 하려고 노력합니다. 이제는 이것을 목표로 삼지만 압박감은 가지지 않습니다. 인간적인 요소와 자발적인 행동에 대한 여지를 남겨둡니다.

잔더: 둘 다 필요하다고 봅니다. 단지 진실해지기만하고 연주가 좋지 않다면, 이것은 마음을 불편하게 만들어, 버스터들이 "음, 만약 이것이 당신에게 있어서 그렇게 중요하다면, 좀 더 준비하지 않았겠어요?"라고 말할지도 모르겠습니다. 제가 말씀 드리고 싶은 것은 우리가 시도하려는 것을 좀 부드럽게 하자는 것입니다. 즉, 간략하면서도 훌륭하게 해내는 것입니다. 많은 것을 하려고 하지 마십시오. 드라마와 비디오를 함께 하지 마시고, 훌륭하게 해 낼 수 있을 만한 특별한 것이 드라마이면, 단지 드라마만 하십시오. 할 수 잇는 것만큼 하려고 노력하되, 훌륭하게 해 내도록 하십시오..

헤론: 계획을 세운 것만큼 잘 수행하도록 최선의 노력을 할 필요가 있다고 생각합니다. "네 마음과 뜻과 정성을 다해 하나님을 사랑하고, 이웃을 내 몸과 같이 사랑하는" 말씀을 준비하는 일에 있어서 그대로 적용합니다. 하나님을 사랑하고 우리에게로 오는 사람들을 사랑하기 때문에 최선을 다해야 합니다. (겨우) 6개월간 출석한 사람이 다른 방문객들을 함께 데리고

옵니다. 자 오늘은 모시고 나온 사람들을 위한 날로써 우리가 최선을 다하지 못하는 것으로 인해 그들을 실망시키지 않으려면, 특별히 예배의 부분들을 잘 수행해 나갈 수 있는 적절한 사람들을 선택합니다.

필자: 버스터들이 붐머들보다 "실수"에 대하여 더 용납하는 편입니까?

헤론: 물론입니다. 버스터는 잘 용서합니다. 만약 앞에 서서 우리 자신 그대로를 보여주고 진실하기만 하면 -음악이 대단하지 못하고 드라마를 실패할 지라도- 그대로 용납하는 것은 최선을 다하고 있다는 것을 알고 있기 때문입니다. 이 점이 붐머와는 다소 다른 관점입니다. 붐머들은 때때로 완벽한 것을 원합니다. 그러나 우리가 아는 바로는 완벽이란 실제로 없습니다. 버스터들이 원하는 것은 모든 일에 진실한 것입니다.

잔더: 만약 실수를 하게 되면, 웃음거리가 될 것입니다. 사실상, 저희 교회에서 최고의 순간의 일부는 제가 엉망으로 되었을 때였습니다. 제가 실수한 것을 그들이 좋아하는 것은 제 자신 그대로를 보여주기 때문입니다. 이렇게 함으로써 그들이 진정으로 되고 싶은 자신과 그다지 거리감을 못 느끼게 만듭니다.

테드: 만약 어떤 일들 때문에 잘 풀려가지 않게 되면 워십 센터로 가게 하여 서로의 실수를 드러내고 허물어 버리도록 하여 서로 사랑하게 합니다. 만약 우리가 실수를 숨기려고 하지 않고 그대로 드러내면, 저희 교회 교인들은 용서해줍니다. 일주일 전에 워십 밴드가 다음 곡으로 들어가야 할 싸인을 놓쳐서 완전히 엉망으로 되어버린 적이 있습니다. 저는 이 순간에서 벗어나기 위하여 우스운 농담을 하였고, 결국 다음으로 진행해 갈 수 있었습니다. 후에 모두들 말하기를, "보세요, '깨끗하게' 해 내는 것보다 더 효과가 있었습니다." 갑자기 우리 자신들이 인간적으로 되는 것 같았습니다. 그것은 참신한 것이었지요!

쪼런: 제 자신이 예배드릴 때, 적어도 서너 번은 스티븐(목사님)을 "인간

적"으로 만들곤 하는데 성서적이라고 생각합니다. "완벽한 목사"에 대한 관념을 가진 세대에게 있어서, 특별히 성육화되는 방법이라고 봅니다. 희망하기로는 (미국에서는) 이런 것에서 벗어나기를 원합니다. 그래서 스스로에게도 이렇게 말하십시오. 버스터는 하나님의 위대한 사람들을 찾아 헤매지 않는다는 것입니다. 오히려, 사람들이 위대한 하나님을 찾고 있습니다. 이렇게 전환함으로써, 그들과 자신과 하나님사이에 다리를 놓게 되는 것입니다.

구경하는 워십(Spectator Worship)

필자: 최근에, 복음주의 몇몇 노선에서는 예배에 참석하는 수가 감소하고 있습니다. 이것에 대하여 생각해보셨습니까?

쪼런: 복음주의 교회가 상당수가 아직 예배의 의미를 정말 모르고 있다고 생각합니다. 예를 들면, 저희 동네에도 복음주의 교회가 많이 있습니다. 이 가운데 한 교회는 저희들에게 전화를 하여 말하기를, "당신 교회의 예배 사역자 가운데 몇몇을 고용하고 싶습니다"라고 말합니다. 저는 이렇게 답하지요. "지금 말씀하시는 바를 제대로 이해하고 계신지 저로서는 모르겠군요. 무엇 보다 더 첫째, 단지 쭉 앉아있지만 있는 사람치고 좋은 예배 사역자가 되기란 힘들다는 것입니다. 둘째는 저희들이 드리는 예배 스타일을 그 쪽 교회에서도 좋아하겠습니까?"

Vineyard운동에 문제점이 있지만, 그들이 잘해온 한 가지는 정말로 예배의 문제를 철저하게 생각했다는 것입니다. Vineyard Community교회는 사람들이 언제나 말씀 안에 서 있기를 원하고 있습니다. 우리는 때때로 사람들이 이렇게 말하는 것을 듣습니다. "오늘 여기에 와서 저는 울었습니다. 저는 잘 울지 않는 사람인데 말입니다." 그렇습니다. 이것이 바로 주께서 오직 하실 수 있는 일이라고 생각합니다. 이런 것이 프로그램으로 되어진다고는 생각하지 않습니다. 만약 이런 태도를 가지고 있다면, 우리의 목표를 사람들이 주님의 임재에 감동되는 것에 두어 그분이 하시도록 내버려 두면

되는데 그것은 그분이 그렇게 하시기를 원하시기 때문입니다. 하나님께서는, "우리의 목표를 그들을 호되게 혼내주도록 내버려 두는 것"이라고 말하지 않습니다.

필자: 심지어 최신형의 교회 가운데서도 비정기적으로 예배를 드리는 일이 있으며, 심지어는 예배를 구경하는 자들이(Worship Spectators) 늘어가고 있다고 합니다. 이런 경험이 있으신 지요?

헤론: 아주 잘 감지 하셨다고 보면서 전적으로 동의합니다. 우리는 앞서 말씀하신 바를 정확히 목격했습니다. 그것은 지난 2년간 저희들이 해 온 바로써, 단지 이러한 교회성장 요령과 많은 조언을 따랐던 것입니다.* 그러나 눈에 보이는 증거는 지난 4년과 같이 실제로 중요한 성장을 경험하지 못한 것이다. 많은 사람들이 떠나 버렸다고는 말할 수 없습니다. 단지 일정한 수준을 유지한다는 것입니다. 저희들은 그 이유가 무엇인지를 알아내려고 하고 있습니다.

필자: 어떤 분들은 버스터란 완전히 구경꾼들이라고 말합니다. 결국, 이들은 리모콘을 자신들의 손에 쥐고 성장한 셈입니다.

테드: 저희가 발견한 바로는 정반대입니다. 버스터들은 구경꾼이 되는 것을 좋아하지 않습니다. 그들은 관여하기를 좋아하고, 프로덕션이나 콘서트를 좋아한다고 대개 알고있습니다. 그들은 그것을 좋아하지 않습니다. 자신들 스스로 환대하는 것을 좋아합니다. 농구 경기장에 가는 것 대신에 오히려 직접 농구 경기를 합니다. 이 도시에서 그들이 할 수 있는 일이 아무것도 없음에 대하여 가장 먼저 불평을 하지만, 만약 우리가 "이리와! 오늘 밤 음악회를 가질 예정이야"라고 말해도 그들은 공연장에 나타나지 않습니다. 만약 우리가 운동 선수와 같은 사역자가 있어 그들이 참여할 수 있는 경기를 갖는 저녁이 있다고 하면, 그들의 반응은 더 낫습니다.

다음의 내용은 테드 목사의 Worship Leader지에 실린 글에서 발췌한 것이다.18)

예배는 원래 반응하도록 되어진 것이다. 먼저 우리는 "환영받는 세대"라는 분위기 속에서 자라났기 때문에, 베이비 버스터는 예배에 동참하는 것이 다소 소극적인 경향을 띨 것이라고 추측한다. 그러나 상호 관계적인 소프트웨어(프로그램)나 TV(프로)가 이 세대에 매력 있는 것임을 알게 되었고 ... 어떤 방법으로 예배를 드리든 그들은 웃고, 울고, 박수치고, 관계를 맺고, 동참하고 싶어했다. 그래서 예배를 구상할 때에, 각 순간마다 예배하는 자들이 정신적인 것뿐만이 아니라 신체적으로 반응하도록 세심한 주의를 기울여야 했다.

헤론: 예배가 단지 짧은 시간 동안만 그들을 주목시킬 수 있기 때문에 환대되어질 수 있는 것은 아닙니다. 버스터들은 진정한 것을 찾고 있으며, 프로그램에 대한 관심은 아주 빨리 잊어버립니다. 단지 우리는 그들에게 진리를 보여주고 그들로 하여금 듣는 것 대신에 그 진리를 체험하게 할 필요가 있습니다. 이것이 바로 New Song교회가 예배와 찬양(집회)을 시작하게 된 이유입니다. 이제 이것을 우선 순위에 두게 되었습니다. 앞서 우리가 전제적으로 몰려다니는 교인들을 위한 것을 할 때에는 예배에서 벗어나는 것 같다고 생각했으나 버스터들이 진정한 것을 원했기 때문에 저희들은 많은 부분을 그대로 내버려두기로 결정했습니다.

쯔런: 예배는 "그들에게 말하는(Talking-at-them)" 시간보다는 체험의 시간이 되어야하는데, 그것은 전에도 이 모든 것을 들었고, 적어도 자신들은 알고 있다고 생각하기 때문입니다. "언 플러그 호산나" 세례식을 거행할 때에는 거의 찬송을 멈추지 않습니다.

세례욕조가 있는 옛날 침례 교회를 구입하여 저희가 찬양을 하는 동안 사람들이 물에 잠기게 됩니다. 비록 세례 후에 일어나서 5분간 말을 하지만, 설교 메시지도 없고, 헌금도 하지 않고, 그냥 집으로 되돌아가도록 합니다. 이런 예배는 거의 1시간 30분 소요되며, 우리가 그렇게 마련한 것도 아닌데도, 아주 버스터 중심으로 이루어집니다.

필자: 이 정도의 시간을 보내는 것에 문제를 삼아서 어렵게 만드는 버스터를 보신 적이 있으신가요?

쪼런: 그들은 이것이 하나의 공연이 아니기 때문에 끝까지 지키고 있습니다.

워십 예반젤리즘

버스터에게 매력이 있는 교회 유형

필자: 어떤 부류의 버스터들이 여러분의 교회 예배에 참석하고 있습니까?

테드: 정말로 혼합되어 있습니다. 제가 추측하기로는 버스터의 50%가 어느 정도는 교회에 대하여 긍정적인 경험을 -교회에 대하여 긍정적인 기억을 가짐- 했다고 봅니다. 교회는 자신들에게 필요한 곳이라고 알고 있습니다. 아마 30%가 교회에 나왔고 좋지 못한 경험을 했다고 봅니다. 20%는 거의 교회와는 무관하게 성장했습니다.

헤론: 저희 교회 예배는 Asuza Pacific 대학에서 온 많은 기독 청년들과 일부는 다른 교회에서 온 자들입니다. 그러나 자신 있게 말씀드릴 수 있는 것

---

* New Song교회는 개척 5년째 되던 해에 예배 형태에 있어서 일부는 큰 변화가 왔다. 이 장의 맨 끝 부분에 디에터 잔더 목사와 인터뷰한 부분을 참조하라.

* New Song교회는 개척 5년째 되던 해에 예배 형태에 있어서 일부는 큰 변화가 왔다. 이 장의 맨 끝 부분에 디에터 잔더 목사와 인터뷰한 부분을 참조하라.

은 어떤 주말이든 간에 버스터의 30-40%가 몰려다니는 자들이라는 것입니다.

잔더: 우리 교회에 나오는 버스터 가운데 많은 이들이 그리스도께 돌아오고 있습니다. 그들은 어린 시절에 처음 경험했거나 혹은 청소년 그룹에서 경험하였고, 이러한 분위기 속에서 그리스도께로 나온 것입니다. 그러나 고등학교를 끝마친 뒤에는 교회를 멀리한 것입니다. 그들에게 적합하지 않다고 보았기 때문입니다. 거의 소수만이 교회에 나가 본 적이 없다는 것을 알게 되었습니다. 그러나 고등하교 시절이외에 경험한 것 대부분은 아주 부정적인 것이었습니다. 마치 교회가 어느 정도는 그렇게 조장했고, 결국은 그들은 중단했습니다. 그들은 "이제 어떻게 된 것입니까?"라고 질문했습니다. 교회는, "당신이 결혼하고, 정착하고, 자녀를 갖기 전까지는 가치가 없습니다. 결혼한 뒤에 다시 가치가 있게 될 것입니다"라고 대답했구요. 모든 붐머 교회는 할 수 있는 한 활발하게 고등학교 사역을 하고 있습니다. 이 일은 붐머들의 자녀들을 위한 것으로 교회가 하고 있는 많은 시간들은 붐머 부모들이 그렇게 해달라고 부탁했기 때문입니다. 이런 자녀들이 학교를 졸업하였고, 갑자기 이런 지옥에 있게 된 것입니다.

쪼런: 버스터 가운데 많은 이들이 그리스도를 모른 채로 나오고 있다고 압니다. 새 등록자 카드에 의하면, 50%에서 70%까지는 교회에 다니지 않는 자라고 말하는데, 상당히 높은 수치에 이릅니다.

복음에 반응할 기회를 주는 것

필자: 예배 시간에 몰려다니는 버스터들에게 그리스도께 반응하는 기회를 주어야 한다고 생각하십니까?

쪼런: 저희들은 예배 시간에 (제단에로의) 초청시간을 가지는데, 예배 가운데 주님의 임재를 많이 느낄 수 있다고 보기 때문에 설교 메시지 끝에 이런 초청을 가져서 혼란스러울 수도 있다고 가질지도 모른다고 느끼고 있습

니다. 이런 식으로 하게되면, 마치 스티브 목사가 훌륭한 설교자이기 때문에 단지 말씀이 좋아서 사람들이 기꺼이 마음을 여는 것같이 보입니다. 저희들은 덜 중요하게 보이면서 다소 강제성을 띠지 않도록 보이면서 2주마다 이런 초청을 -대개는 예배 시작할 때와 찬양의 시간에- 하는 것으로 결정했습니다. 강조점을 "자, 스티븐 목사가 얼마나 위대한 설교가인가"에 두지 않고 "당신 마음속에 하나님께서 무슨 일을 하고 계시는가"에 둡니다.

첫 번째 예배 찬양의 3/4이 흘렀을 때에, 우리는 (음악을)멈추고 이렇게 말합니다. "만약 오늘 여러분 가운데 주께서 당신과 관계를 맺고 싶어한다고 부르시고 계신 것을 느끼면, 혹은 어떤 식으로든 그분께서 당신의 시선을 끌면서, '내가 너를 사랑한다. 내가 너를 돌보고 있단다. 너와 더불어 살고 싶다'고 말씀하고 계신다고 느끼면, 위를 바라보십시오." 그리고 나서 그들이 위를 쳐다보는 것을 감지하게 됩니다. 그리고는 옆 사람과 손을 잡을 것을 권하면서, 옆 사람의 손을 꼭 쥐고는 죄인을 위한 기도를 하라고 합니다. 옆 사람의 손을 꼭 쥐면서 (대개는 자신들을 데리고 온 자들이며) "오늘 나는 그리스도를 영접했다"고 말하면, 그 때부터 친구는 그(들)를 보살피기 시작합니다.

이런 식으로 초청을 하게 되면 그 결과는 엄청납니다. 두어 번의 예배를 통하여 50% 사람들이 그리스도를 영접하는 것을 보게되는 일은 흔한 일이 아닙니다. 저희들은 언제나 이들 새 신자들을 양육하고 진정으로 동화되도록 (교회)활동들을 권합니다. 신약 성경을 전략적으로 건물 여기 저기, 입구마다, 휴게실마다, 무대 앞 위에다 놓아둡니다. 그리고 신약 성경과 함께 6주 성경 공부 초청/소개 편지를 함께 끼워 놓습니다. 저희는 언제나 "떠나가지 전에 성경을 가져가십시오"라고 말합니다.

헤론: 제가 New Song교회에 있은 4년 동안 아마 단 한번 "제단에로의 초청"을 한 것으로 기억됩니다. 사람들이 기록한 등록 카드가 있습니다. 그리고 대개는 설교 후 순서 끝머리에 가서, 디에터 목사님은, "오늘 제가 말씀

드린 것에 대한 반응으로써, 응답하시기 원한다면....”라고 말합니다. 아마도 그들이 그리스도께 헌신하였거나 혹은 특별히 보살펴 주는 그룹과 연관되고 싶어서 등록카드를 작성할지도 모릅니다. 어떤 경우이든 간에, 그들이 등록 카드를 기록할 시간을 갖도록 하여 그런 식으로 그들과 접촉을 계속하게 됩니다. 전화 사역을 통하여 곧바로 확실한 양육을 하게 됩니다. 저희들은 모든 카드를 정리하여 각각 다른 사역자들에게 전달해 드립니다.

잔더: 버스터에 관한 한 회심의 과정이 단 한번의 행사로 반드시 이루어지는 것이라고는 생각하지 않습니다. 다소 시간이 걸리는 것이라 생각됩니다.

필자: 이점은 저희 복음주의자들에게 있어서 하나의 변화가 같은데, 그것은 “열성적인 것”에 있어서 우리는 수요일 밤 예배로 이어지려는 경향을 보여주기 때문입니다.

잔더: 그렇습니다. 버스터에게 있어서 아주 장황한 일이군요. 오랫동안 CCC 집회의 상황을 지켜보아 왔던 레이톤 포드씨와 대화를 했습니다. 우리는 “죄인을 위한 기도를 하는 것”이 정말 성경적인 패러다임을 아니라고 토론했습니다. 그것은 우리가 복음 전도 촉구를 위하여 개발한 것입니다. 포드씨는, “회심을 위한 시간 (Phase)을 갖는다고 해서 그 만큼 회심하는 기회(Point)라고 말할 수 있는 것은 아닙니다”라고 말했습니다. 버스터 가운데 많은 이들이 그리스도인이 된 때를 정확히 말할 것을 강요하지만, 그들 모두가 말하는 바는, “내 모습 이대로”입니다. 만약 교회가 용납의 분위기, 요구하고 구하는 바가 편안한 분위기에서 이루어지고, 사람들이 자신의 삶을 하나님의 일을 위해 드리고 싶어지는 분위기를 만들 수 있다면, 이런 분위기 속에서 머지 않아 버스터는 그리스도인이 되고 그리스도를 따르는 자가 될 것입니다. 극적으로 회심하는 것은 아닐지라도 시간이 반복되면서 이루어지는 것입니다.

디에터 잔더 목사의 마무리 조언

필자:　최근에 제임스 돕슨의 방송 프로그램인 Focus on the Family에 초청을 받은 것으로 알고 있습니다. 그때 "이 세대는 진실로 처음 10년간(도덕의 절대성에 관한 한) 바닥도 천장도 가지고 있지 않은 것같이 느껴지고 … 정말로 올바른 수준에 미치지 못하고 있습니다. 왜냐하면, 우리들은 보고, 만지고 느껴서 모든 것을 증명하는 선험적 방법에 익숙해져 있기 때문이며, 버스터들은 이제 좀 더 영적인 방법에 더욱 마음이 열려져 있고, 진정으로 복음에 마음을 열고 있습니다…. 버스터는 (지적으로) 인식되는 진리에 반응하는 것이 아니라 십자가 사랑에 반응하여 그리스도께로 나오고 있습니다"라고 말씀하셨습니다. 이렇게 말씀하신 것과 예배와 연관지어 특별히 New Song교회에서 하시는 사역과는 어떻게 관련되는지요?

잔더:　8년 전에 New Song교회를 시작할 때에, 정말로 시편 40:3 "새 노래 곧 우리 하나님께 올릴 찬송을 내 입에 두셨으니 많은 사람이 보고 두려워하여 여호와를 의지하리로다"에서 나온 것입니다. 우리는 지금 베이비 버스터 그룹 "사람들 사이(in-between)에 매력을 줄 수 있는 곳이 되도록 합시다"고 말하는 것으로 시작했습니다. 그래서 우리들이 시도한 것은 문화적으로도 예배를 위해서 적절한 패러다임을 창조하는 것이었습니다. 단지 매력적인 방법을 가진 교회가 되어 어떤 일이 일어나는 지를 지켜보게 된 것입니다.

　지켜본 결과는 20대들이 우리들이 드리는 예배에 감동되지 않는 것이었습니다! 사람들이 어떤 장소에 오게 되면 인식하게 되는 사람과 하나님사이에 친밀해지는 경로를 만들었습니다. 우리는 그 곳에서 사람들을 만나고 그들을 하늘 아버지께 올려 드립니다. 기본적으로 우리는 그들로 하여금 하나님을 체험하도록 내어줍니다.

　저는 체험이라는 말이 거의 부정적으로 여겨지는 보수적이고 성경적 배경을 강조하는 교회에서 자랐습니다. 그러나 버스터 세대는 매우 체험 중심적입니다. 사실상, 기독교가 다른 종교적인 것들만큼이나 제대로 못해서 접전을 하고 있는 것을 보는데, 다른 모든 종교들도 바로 체험적인 것을 기본으로 하기 때문입니다. 이제 우리는 거의 엘리야와 바알 선지자와 유사한 시기에 처한 것 같습니다. "자 어느 신이 진짜 하나님인지 알아보자"는 것과 같습니다. 그들과 접전을 해야할 필요가 있습니다. 그래서 "자 하나님을 진실로 체험할 수 있는 환경을 만들자"고 하면서 사람들을 그분위기로 이끌어 가는 것입니다. 워십 음악은 이런 비전에 활력을 주는 것이며, 드라마도 실제적이면서, 적절한 가르침이 되고 있습니다.

그리고 우리는 특별히 몰려다니는 교인 모델에 따라서 "그들이 한 것을 우리도 할 것이라"고 말했던 것입니다. 5년째 되던 해 이런 일이 일어났습니다. 이제 5년 내에 무(無)에서 약 1,200명으로 성장 -붐이 일어나- 했습니다. 평균 연령이 20대였고, 70% 넘는 자들이 미혼이었습니다. 제대로 잘 맞아진 것이었습니다! 사람들이 그리스도께로 돌아오고 있었습니다. 그리고는 예배의 양을 줄이고 드라마와 특별 음악 등등을 좀 더 첨가하여 "자 다른 모델을 해보자"고 말했습니다. 그리고는 이미 접근해 하였던 "잃어버린 영혼에게로 가자"고 말했던 것입니다.

그러나 큰 흐름은 이 모델로 쏠려 갔습니다. 버스터들이, "도대체 무엇을 하고 계시는 겁니까?"라고 물었기 때문에 흥미로웠습니다. "잃어버린 영혼에게 가려고 합니다"라고 대답했습니다. 과거 2년 동안 대 변환이 -우리가 진정 하나님께서 요구하신 것을 하고 있지 않는 것 같다는 느낌과 산산이 흩어져 버린 감정에서- 생긴 것입니다. 제 생각으로는 성경에서 말하는 교회답게 되지 못했던 교회를 무너뜨리는 것이라고 봅니다. 문제의 일부 원인으로는 우리가 기구를 대여하고 있어, 단지 주말 예배를 위해서만 사용할 수밖에 없었기 때문입니다. 우리는 주중에 예배를 드릴 수 없었습니다.

5개월쯤 전에 단지 우리는, "자 잘 알지요? 버스터에게 매력을 주는 것 말입니다. 왜 우리가 진정으로 그리고 문화적으로 적적한 방식으로 주님께 예배드렸을 때 말입니다"라고 말했습니다. 이때 우리는 최신의 음악도 사용했습니다. 그러나 대개는 우리가 "하나님은 지금도 계십니다. 그분은 당신을 만나시길 원하며, 당신을 알고 싶어하며, 당신을 그분을 알기를 원하고 계십니다"라는 느낌으로 사람들을 초대하고 있었습니다. 이것이 바로 교회가 할 수 있는 모든 것이었습니다. "이것은 우리가 지금 처해 있는 것이며 이것에 대하여 어떤 변명도 하지 않겠습니다"라고 말했습니다. 그리고 나서 또한 "우리는 진실로 성경대로 돌아가서 가르치며, 버스터들이 성경에서 말하는 바를 이해하여 자신들의 삶에 적용하도록 도와주겠습니다"라고 말했던 것입니다.

필자: 복음 전도는 반드시 공적으로 교회에서 환심을 갖는 것으로 이루어져야 한다고 생각하십니까?

잔더: 몰려다니는 교인들을 위한 예배를 드리고 있는 교회는 붐머들의 주의를 끌 수 있는 것이라는 확신을 갖기 전 까지는 환심사는 일을 자제하고 있다고 믿습니다. 몰려다니는 교인들을 위한 예배는 붐머들로 하여금 "우와 이것은 다른 것이구나!"라고 말하도록 만드는 것에 그 의도가 있습니다. 그들의 방어를 제지할 수 있게 됩니다. 버스터로부터 신뢰를 얻는 것이 "탁월한 것인가? 새롭고 고상한 것인가?"에 있지 않습니다. 버스터를 위해서는 좀 더 "이것이 진실하고, 매력적이고, 적절한가?"에 있습니다. 버스터들은 환심을 받는 것도 원하지 않지만, 지루한 것도 바라지 않습니다. 그 어는 중간쯤에 그들을 끌어당기는 뭔가 있는 것 같습니다. 환심이라니요? 그 어느 것도 MTV와 그들이 가는 콘서트에 견줄 수 없습니다. 단지 그렇게 할 수도 없겠지만, 어떤 의미에 있어서는 교회가 그렇게 해서도 안됩니다.

필자: 그러면 우리가 당면한 도전은 아직도 버스터 그들에게 여전히 남아 있는 문제에 대한 해결은 우리 자신에 대한 것과 교회다워지는 것에 있겠군요. 이것이 하고 싶은 말씀인가요?

잔더: 그렇습니다. 버스터는 정말 영적인 것을 원합니다. 더글라스 커플랜드의 소설 Life Without God의 끝에, 버스터의 개성을 이렇게 나타냅니다.

"제 비밀은 이겁니다.... 하나님이 필요해요.... 저 혼자 더 이상 있을 수 없어요. 저는 하나님이 필요한데 그것은 내가 더 이상 줄 수 있을 것 같지 않아서 주실 수 있도록, 내가 더 이상 친절할 수 없어서 친절할 수 있도록, 더 이상 사랑할 수 없을 것 같아서 사랑할 수 있도록 도와주실 수 있다고 믿기 때문이죠."19) 책을 읽어 보시면 알겠지만, 버스터들이 목적과 온전함을 갈망하고 있다는 생각을 정말로 갖게됩니다.

그러나 지루한 것은 그들이 참아내지 못합니다. 즉, 50분 동안 형편없는 강의나 음악을 듣고는 앉아있지를 못한다는 것입니다. 단지 그렇게 하지도 않을 것입니다. 만약 그들에게 (이렇다할) 실마리를 주고 있음을 그들이 깨닫지 못하면, "글쎄, 더 나은 실마리를 주실 때에 다시 되돌아오겠습니다"라고 말할 것입니다. 우리는 중간쯤 어디에 있는 그 무엇이 필요한데, 예배는 탁월하게 끝났어도, 또한 영적인 것이 있어야합니다. 변증의 여지도 없이 저는 언제나 교회는 초대하고 용납하는 그런 장소가 되어야한 다는 사실로 결론 내립니다.

큰 문제에 대한 동의

이제 독자는 4명의 매우 다른 그러나 모두가 열정적이고 헌신된 사역자들의 간증을 들었다고 본다. 예배의 실제를 다룸에 있어서 특별한 영역에 대하여 토론을 할 때에, 각각은 상당히 다양한 것을 말하였고, 심지어는 다소 동의하지 않았지만, 다 같이 한 목소리로 -동참, 진실성, 적절성, 탁월성, 개혁적인 것이 버스터에게 필요하다는 문제를 지적했다. 세 교회가 서로 나눈 것이 지형적으로 혹은 교파가 같아서 똑같이 나온 것이 아니라는 사실이 더욱 놀랍다.

나머지 모든 것을 대표하는 한 가지 문제는 디에터 잔더 목사가 정확하게 지적한 그리고 4명의 사역자들이 변명할 여지도 없이 굳게 말한 것: 버스터들이 자신들의 세계를 충분하게 스톱모션으로 교회에게 기회를 줄 때는, 교회가 교회다워지기를 원하고 있는 것이다. "진보되어(With-it)", 원기왕성하고 흥미로운 교회는 좋다고 본다. 그러나 분명한 것은 교회다워야 한다. 그리고 공적으로는 연합 예배가 단지 프로그램이 되어서는 안 된다는 것을 의미한다. 대체로 체험하는 것은 직접적으로, 적극적으로, 초자연적으로 하나님과 연관되어 질 수 있는 것을 의미한다.

결 론

이제 본인은 이 장을 이들 사역자들이 예배에 관한 중요한 통찰력을 일반적인 원리로 열거하여 두는 것으로 끝낼까 한다. 이 목록이 포괄적이며 혹은 "절대 신성한"것은 아니다. 독자가 처한 상황에 맞게 특별한 것을 인터뷰 가운데 발견하였으면, (이)원리에 추가하도록 하라. 아래 13가지를 최대로 사용하는 방법은 이 원리들이 독자 자신의 고유한 예배 전략에 맞도록 하는 것이다. 이 장에 보여진 인터뷰는 아주 사실적으로 묘사된 것으로, 그 위에 더 충격적인 버스터를 위한 예배를 드리는 방법은 없다고 본다.

버스터를 위한 예배의 기본사항: 13가지 원리

1. 버스터를 하나님 존전으로 이끌 감에 있어서 제일 되는 목표를 만들라.
   ◆ 그들로 하여금 하나님의 사랑과 치유의 능력을 체험하도록 만들라.

2. 진실하고 속임을 쓰지 말라.
   ◆ 예배를 드리며, 조정하지 말라.
   ◆ 가시적인 이미지를 만들지 말라. 단지 당신 자신을 내 보여라.

3. 하는 모든 일이 탁월한 것이 되도록 노력하라. 그러나 다음의 3가지를 명심하라.
   ◆ 완벽한 것은 절대 불가침한 것이다.
   ◆ 실수를 범하는 것이 인간적이다.
   ◆ 탁월성(Excellence)의 'ㅌ'자는 에고-트립(Ego-trip)의 'ㅌ'가 아니다. 무엇을 하든지 자신을 위해 하지 말고 "주께 하듯하라." 버스터는 그

차이를 알게 될 것이다.

4. 직접 동참하는 자를 만들고 구경꾼을 만들지 말라.
- ◆ 버스터들이 하나님과 상호 관계를 맺고 하나님께 반응할 수 있는 기회를 가능한 많이 제공하라. 부루스 테드의 말대로 "이 세대는 상호 관계적인 세대이다."

5. 어떤 것을 하라 그러나 지루하지 않도록 하라.
- ◆ 매 주마다 다른 것 혹은 예측할 수 없는 것을 하라.
- ◆ "자동적"으로 만들어진 예배 틀을 사용하지 말라.

6. 개인적인 것이 되도록 하라. 관계적인 것이 되도록 하라. 공동체적인 것이 되도록 하라.
- ◆ 간증을 하게 하라. 그들과 같은 사람들로부터 들을 수 있게 하라.
- ◆ 메시지에서도 실제 사람과 실제 사건을 말하라.
- ◆ 예배를 드리는 동안 안전하고, 선택적인 상호 관계를 실제로 사람들과 맺을 수 있도록 구상하라. 예를 들면, 특별한 사역의 시간, 나눔의 시간, 기도 등등이다.

7. 적절한 것이 되도록 하라.
- ◆ 그들의 세계를 이해하도록 몇 마일 더 가도록 하라.
- ◆ 당신 자신이 가지고 있는 스테레오 타입은 무엇인지 질문해 보라.
- ◆ 그들 문화에 최대한 맞게 그리스도를 보여줄 수 있는 방법을 구상하라.
- ◆ 시각화 (비디오, 멀티 미디어, 드라마) 하지만, 이런 것들이 동참하는 것을 대체해서는 안 된다.

8. 버스터들이 앞에 나오도록 하라.
- ◆ 그들 자신의 세대에 맞게 워십 멘트를 줄 수 있도록 훈련하라.

9. 음악을 혼합하여 사용하라.
 ◆ 몇 가지 "과거의" 음악과 함께 90년대의 다양한 음악 스타일을 사용
  하라.
 ◆ 크고, 빠른 것이 좋으나 부드럽고 느린 것도 버리지 말라.

10. 자신의 뿌리로 돌아가라.
 ◆ 전통적으로 내려오는 찬송가 곡도 재구상하라.

11. 성경말씀의 깊은 곳까지 내려가라.
 ◆ 개인적으로 자신들의 삶에 직접 적용하도록 하라.
 ◆ 성경의 가르침과 교리를 강하게 들려주는 것을 두려워하지 말라.
 ◆ 메시지 시리즈에 균형을 잡으라. 강해 혹은 성경의 주제를 망라하는
  것과 함께 방법론적인 것도 함께 사용하라.

12. 그들의 시간을 존중하라.
 ◆ 할 수 있는 한 모든 것은 잘 축소하라. 과도한 것은 잘라 버리라.
 ◆ 짧게 주의집중을 풀어주는 시간이 필요함을 인식하라.
 ◆ 단지 기억할 것은: 너무 많은 것을 하는 것은 자칫 지루해지기 쉽다.
  만약 그들에게 충분히 동참하고 반응하는 기회를 주게 되면, 그들은
  독자가 기대하는 것보다 훨씬 더 오래 집중하게 될 것이다!
 ◆ "시간에 쫓기는" 것에 대한 유혹을 피하라. 만약 하나님께서 중요한
  것을 하시고 계신다면, 방해한다거나 혹은 "스케줄에 따라서"라고
  말함으로써 잘라버리지 않도록 하라.

그리고 한가지 더 추가하자면,

13. 즐기라!
 ◆ 버스터는 자신들이 하고 있는 일을 즐기고 싶어한다. 그들로 하여금
  즐기게 하라!

9

밥(Bob)의 노래
성도와 몰려다니는 교인들을 위한 예배 음악

제가 불(성령)을 받게 된 이유는 찬양 곡들 때문입니다. 처음에 다른 사람들과 같이 부르는 것을 원하지 않았지만, 제 속으로부터 나오는 것을 억제할 수 없었습니다. 한 주 동안 찬양을 하였습니다. 찬양을 하면서 그리스도가 진짜임을 느끼게 되었습니다. 찬양을 통하여 하나님이 누구인지를 알게 되었습니다.
 - 몰려다니던 교인 가운데서

밥(Bob)은 어떻습니까?

본서를 쓰기 위해 연구 조사를 하면서, 수십 명의 목사, 예배 사역자들과 함께 자신들의 교회, 꿈, 성공, 고충에 대하여 이야기를 나누었다. 우리는 그리스도의 몸을 굳게 하고, 삶을 변화시키고, 그리스도를 드러냄에 있어서 예배의 역할에 대하여 이야기를 나누었다. 본인은 많은 것을 알게 되었고 희망하기로는 그들도 그러했다고 본다. 대부분은 워십 에반젤리즘에 대하여 상당히 호기심을 가지게 되었고, 다양한 질문들을 하였다. 흥미로운 것은 가장 보편적인 질문이 음악에 관한 것이었다 -음악을 어떻게 사용하는 가에 대한 것이 아니라 음악을 어떻게 배치하느냐 하는 것이었다. 계속해서 본인은, "몰려다니는 교인들과 (기존)신자들 모두가 즐길 수 있는 예배 음악을 어디서 찾을 수 있을까?" 하는 질문을 받게 되었다.

이런 병참학적인 문젯거리는 보다 긴급한 목회 내용 즉, 다양한 영적 배경과 성숙한 사람들에게 설교하는 것 혹은 전통적인 교회에서 문화적으로 적절한 예배 스타일로 변경하는 것과 같은 문제에 비하여 그 다음으로 밀려나는 것처럼 하찮은 것같이 보일지도 모른다. 사실상, 어디에서 적절한 음악을 찾을 수 있는가에 대한 질문은 워십 자료 도매상에 단지 전화하여 우편 배달로도 받을 수 있기에 심지어 편집증(偏執症)적인 기미로 보여질 수도 있지 않은가!

그러나 이런 예배 사역자들은 이 문제를 하찮게 여기거나 편집증세를 가진 것도 아니다. 수백 번이고 예배를 구상하고 조정해 본 뒤에 적어도 두 가지를 바로 알고 있다. 첫째, 성령의 능력을 빼놓고 따지자면, 음악은 예배를 드림에 있어서 가장 효과 있는 요소이다. 음악은 그 어떤 예술로도 혹은 인간의 말(물론, 설교 메시지도 포함) 보다 더 빠르게, 깊게, 영원히 영혼들에게 접근하여 인간으로 하여금 하나님께 마음 문을 열게 만드는 엄청나고 비교할 수 없는 잠재력을 가졌다. 그래서, 목사와 예배 사역자들은 워십 에반젤리즘을 자신들의 교회에 적용할 것을 고려해 보지만, 그리스도인과 불신자들 문화에 호소력이 있는 예배 음악을 제대로 배치할 수 없다는 것으로, 이들은 게임이 시작하기도 전에 끝나버릴 수 있음을 잘 알고 있다.

둘째, 문화적으로 적절한 예배 음악에 관한 한 자료는 결핍되어 있다. 이들 사역자들은 50세 미만의 불신자들이 거리에서 듣는 음악과 최신형으로 나오는 예배(클럽의) 음악이 다름을 알기에 그렇지 않은가! 전면 광고를 하고 예배 앨범의 표지가 무엇을 약속하든 간에, 그들의 경험으로 보면, "역동적인 예배 음악"이 대개 몰려다니는 교인 밥과 같은 이에게는 "잠자는 도시"를 의미하는 게 아닌가!1)

결국, 이런 사역자들은 실제로 예배 테이프와 CD에 관한 한 그 깊이는 허리정도이지만, 그들이 알고 싶어하는 것은, "밥이 부를 수 있는 노래(찬양)는 어디에 있는가?"하는 것이다. 이 문제에 대한 해답은 중요한데, 그 이유는 도리 엘윈 콜린스에 따르면, 교회가 밥(Bob)에게 나아가려면, 밥의 노래를 알기 시작할 필요가 있기 때문이다.[2]

규칙을 거슬려서 나감

우리들이 사용하고 있는 예배음악의 자료가 어디에서부터 온 것인지에 관하여 다소 실체를 점검해 볼 때라고 생각된다. 만약 우리 자신들이 스스로 곡을 작곡하지 않으면, 예배 음악 회사에서 결정하여 제작한 것에 상당히 의존하게 되는 것이다. 좋든 나쁘든 간에, 예배음악 회사들은 한편으로는 이익을 "반영하는" 산업이라는 점이다. 종교 시장에 이미 존재하는 예배 취향을 반영하고 충족시키는 것이 그들이 살아가는 수단이기 때문이다.

비록 예배음악 회사의 일부는 첨단의 음악을 모험을 걸고 기꺼이 하려고 하지만, 여전히 변화의 역할을 담당하는 것을 피하려고 한다. 이런 시장성의 실체의 종국은 엄청난데, 예배음악 산업에 있어서 아주 잘 규정된 예배음악 규칙들이 있어서 만약 독자의 교회가 이런 규칙에서부터 벗어나고 싶어한다면, 사역자로서 독자는 본인 취향에 맞는 음악을 발견함에 있어서 어려움을 겪을 것이다.

오늘날 예배시장에 있어서 규칙은 무엇인가? 분명한 것은 워십 에반젤리즘은 아니라는 사실이다. 5년 이내에 어떻게 될는지 모르나 지금은 그렇지 않다. 규칙은 여전히 "신자들을 위한 예배"로 굳어 있기에 예배음악의 대다수가 지역의 기독교 서점의 선반에서 보여지듯이 오랫동안 믿어온 신자들을 위한 것으로 운영되고 있다. 찬송곡, 영창, 합창곡의 내용은 기독교 문화의 용어들 모음으로 되어있고, 음악 스타일도 성도들에게 적절한 것이 대들보가 되고 있는 셈이다. 음악이 인쇄이든 메모렉스(Memorex)로 되어 있든 간에, 기독교 하부 문화가 -즉, 오랫동안 교회 다니는 자들을 위한 것- 예배 산업 시장의 목표가 된다.

구함: 초문화적(Cross-Cultural) 예배 음악

본인이 제일 처음 불신자들에게도 다소 고전적인 기독교 용어를 맛보게 하면, 좀 더 "종교적인" 스타일의 음악이 예배음악 판(Palette)의 일부로 되어야 함을 주장하는 자가 될 것이다. 그러나 만약 우리가 환대하고 포괄적인 예배의 체험을 주고 싶어한다면, 하부 문화 예배음악은 우리가 부르는 찬양의 전부가 될 수 없고, 찬양은 불신자나 교회 출석하지 않는 자들이 이해하고 즐길 수 있어야 하는 것이다. 만약 우리가 예배로 복음증거 하기를 원한다면, 예배음악이 전체적으로 새로운 장르에서 온 자료들이 많아야 할 필요가 있으며, 음악은 기독교 문화와 비기독교 문화에 똑같이 의미 있고 관심을 가질 수 있는 것이어야 한다. 우리는 초문화적 예배음악, 즉 다양한 스타일로 몰려다니는 밥(Bob)과 오랫동안 교회 출석한 빌(Bill) 모두에게 매력적인 음악이 필요하다.

어떻게 이런 혼합예배가 가능한가? 본인이 대화를 해 본 소수의 예배 사역자들은 가능하지 않다고 확신하고는 워십 에반젤리즘의 개념도 함께 무마시켜 버렸다. 그들이 내리는 결론의 기초되는 가설은 밥(Bob)과 오랫동안 교회 출석한 빌(Bill)은 거의 같은 종류의 음악을 듣지 않는다는 것이다. 그러므로 이런 경우 공통된 음악은 불가능한 것으로 결론 내린다. 그러나 다음의 통계 수치를 생각해 보라:

- 지난 7일 동안 거듭난 신자의 겨우 36%만이 기독교 음악만을 들려주는 라디오 방송을 들었다.[3]
- 그리스도인들이 불신자들처럼 단지 MTV를 지켜보고 즐긴다.[4]
- 성인 그리스도인들이 불신자들보다 더 많이 세속적인 뮤직 비디오를 대여하거나 구입하는 것 같다.[5]

위의 사실들을 직면하면서, 꽤나 많은 회의론 자들이 거의 조금도 패러다임을 전환시키지 않았다고 하겠다. 본인이 다시 자료 문제로 되돌아가, "만약 제가 초문화적인 예배음악이 존재한다는 것을 증명할 수 있다면, 위십 에반젤리즘에 관하여 고려해 보시겠습니까?"라고 질문했을 때에, 4/5가 그렇게 하겠다고 대답하였다.

초문화적 예배음악은 가능하며, 또한 존재하며, 다행히도 사람들이 생각하는 것보다는 많이 존재한다는 것이다. 단지 어디서부터 찾아 봐야 하는지를 알아야 할 필요가 있다. 몇몇 큰 기업들이 매년 조금씩 이 시장을 향해 모험을 하고 있다. 또한 소규모의 기업과 심지어는 교파별로 회중들이 자신들이 직접 출판하는 노력을 감행하기 시작했다. 본서 끝 부분에 이런 기업에 관한 상세한 점과 그들의 상품들을 검토와 추천의 말과 함께 수록하였다.

101곡의 워십 송 선택

우리가 초문화적 예배음악에 관하여 알아 둘 한 가지 사실은 이런 음악들이 있다는 것과 특별한 곡 제목의 목록을 추적해서 찾을 수 있다는 것이다. 어떻게 찾는가에 대한 방법적인 것은 별개의 문제이다. 본 장을 씀에 있어서 본인의 목표는 워십 에반젤리즘을 기획하는 자로서 독자의 독립심과 창조성을 발굴함에 있어 이렇게 미리 만들어진 리스트에 의존하도록 부추기는 것이 아니다. 완성된 목록은 없으며, 마치 커타지 치즈(Cottage cheese)가 빨리 유효기간을 지나는 것과 같다. "어느 곡"을 택하느냐를 넘어서서 "왜"택하는지에 대한 이유를 아는 것이 훨씬 더 낫다.

"PASS" 공식

초문화적 예배음악은 다양한데, 컨트리, 소프트 록, 힙팝, 랩, '언 플러그', 리듬 앤 블루스, 레게, 재즈, 기타 등등이다. 그러나 특별한 음악적 스타일과는 상관없이, 잘 만들어진 초문화적 워십 송은 4가지 뚜렷한 특성을 가지고 있다. 열거할 수 있는 곡들은 약자로 PASS로 하여 질을 선택할 수 있다:

- **개인적인**(Personal) -사람들의 일상적인 삶과 어떤 방식으로든 연관되어져 있으며, 그들의 감정적인 것을 포함하여 전인격과 연관되어 지는 것.
- **매력적인**(Attractive) -사람들의 주목을 끄는 것.
- **직선적인**(Straightforward) -몰려다니는 밥(Bob)과 오랫동안 교회에 다닌 빌(Bill) 모두가 이해할 수 있고 재빨리 파악할 수 있는 것.
- **본질적인**(Substantive) -성경에 전적으로 입각하여 완전히 성경적 메시지를 담고 있다.

이하는 "PASS"의 원리를 상세하게 묘사하고 있다. 또한 전문 작곡가이면서, 예배 사역자인 마크 말트로지(오하이오 주, 인디아나, Lord of Life Church)와 라파엘 그린(싸우스 새인트 루이스 주, Metro Christian Worship Center)의 통찰력도 함께 수록하였다. 두 분다 가장 좋은 초문화적인 곡들을 작곡했다(알트로지: "영원히 감사할 뿐 I'm Forever Grateful". "떨림으로 서서 I Stand in Awe"; 그린: "거룩하신 이름을 찬양합니다 We Praise Your Holy Name", "용서하라 Forgive"가 있다.) 두 분 모두 목사님으로서, 신학적인 깊이와 복음의 내용이 담긴 예배음악에 대하여 커다란 필요를 인식하고 있다.

P (Personal): 개인적인

몰려다니는 밥 (Bob)과 오래 교회 다닌 빌 (Bill)모두가 이 곡은 자신들에게서부터 나오고 있다는 것을 느끼는가? 곡 가운데서 자기 자신들을 -하나님께 가까워지려는 자신들의 필요; 즉, 의기양양함, 상처, 두려움 혹은 의심까지도- 보는가? 개인적인 워십 송은 하나님께 대한 전인격적인 -지적인 것과 더불어 감정, 영, 몸으로- 반응을 표현하는 것이다. 성경적인 내용을 빼버리지 않고서도, 좋은 개인적인 예배음악은 기독교가 99% 지성에 호소한다는 선입견을 타파하며, 사람들로 하여금 하나님을 **이해하며** 동시에 하나님을 **체험하도록** 만든다. 다윗의 음악과 같이 완전히 인간적이며, 긍정적이고도 부정적인 분위기 모두를 표현한다. 개인적인 예배음악은 간증하게 되는 진실한 음악이다. 하나님의 말씀의 진리를 적나라하게 드러내며, 매일의 인간 삶에 있어서 생생하게 나타난다.

A (Attractive): 매력적인

곡이 사람들을 "꽉" **사로잡는가? 잊어버리기 어려운가?** 그렇다면, 그것은 우연이 된 것이 아니다. 매력적인 곡들은 곡을 쓰는 자들의 운율적으로, 음악적으로 의도적인 노력과 창조적인 탁월성의 결과라고 할 수 있는 것이다. 곡을 쓰는 자들은 자신의 기교의 모든 영역을 펼쳐야 할 필요가 있으며, 곡을 선택하는 자들은 예술적인 것 보다 한 수준 위의 것을 찾고 있다. 단지 인쇄되어 있는 곡이기 때문에 부를 가치가 있다는 의미는 아니다.

그러나 단지 독자가 좋아하는 곡 스타일로 기록되지 않아서 혹은 독자의 공동체에게 인기가 없기 때문에 폐기해 버리는 것을 의미하지 않는다. 기교가 뛰어난 워십 송은 다양한 스타일로 연주될 수 있다. 에릭 헤론이 7장에서 지적한 바와 같이 좋은 전문 예배 사역자와 예배 팀에게 창조적인 표현을 할 수 있는 굳건한 틀을 제공할 것이다.

알트로지의 말을 들어 보자:

> 음악적으로는 나는 이제 세계적인 음악 스타일을 -자메이카 리듬과 아프리카 리듬- 강조하고 있다. 목사와 예배 사역자, 곡을 쓰는 자들은 이런 것을 함께 사용해야함을 인식해야만 한다. 우리 목사들은 특별히 세상이 지금 하고 있는 일에 뒤지지 않아야 한다. 지금 어떻게 돌아가고 있으며, 최신형이 무엇인지에 관해 귀기울여야 할 것이다. 예를 들자면, 내가 쓴 많은 빠른 곡이 4/4 박자의 드라이빙 록 속도임을 깨닫게 되었다. 나는 내가 성장할 때와 전혀 다른 힙팝과 랩의 새로운 곡을 들어 보았다. 그리고는 말하기를, "이 힙팝 리듬으로 몇 곡을 써 봐야겠군." 그리고는 "자유로운 마음 Heart Free"(베이비 버스터에게 특히 인기 있는 워십 송)를 썼다.[6]

그린은 이렇게 말한다:

세상은 문자적으로는 우리에게 문화적으로 다가오고 있다. 이 결과, 나는 예배 음악 기업가들이 좀더 복잡하고 문화적으로 풍성한 음악을 공급하는 방향으로 움직여 가기 시작하고 있음을 보고 있다. 이것에 관한 생각을 할 때에, 실제로 민족들에게 나아가려면, 우리들이 드리는 예배가 보다 문화적으로 표현하는 쪽으로 움직여가야 한다. 그리고 유럽 미국인들은 이런 것을 정말 좋아하지 않는다는 사고는 사실이 아니다. 흑인 팝 그룹이 가장 먼저 사로잡는 자들은 백인 십대들이다. 그러므로 다문화적인 표현을 위한 필요가 절실하다. 예를 들면, 우리 앨범[Integrity Music] Urban Hope는 단지 흑인-미국인을 위하여 만들어진 것이 아니다. 우리는 진정으로 도시 음악을 좋아하는 다민족 청중들을 -남미, 아시아, 백인- 목표로 삼고 있다. 도시 음악은 적어도 음악 사업계의 중심인, 랩을 상징한다. 그러나 그 이상을 뜻한다고 봐야한다. 물론 랩이지만, 또한 R & B 스타일이며, 합창곡으로 전통적인 가스펠을 따르므로, 모든 것이 있다고 봐야 한다.[7]

S (Singable) - 부를 수 있는

진부함이 없고 재미있게 부를 수 있는 것인가? 곡이 4부로 되어 부를 수 있을 정도로 "두뇌 회전"을 요하는 것일 필요는 없다. 만약 방문객들과 정규 참석자 모두가 똑 같이 Dictionary of Christianess를 참고로 한다던가 여러 번 연습을 하지 않고서도 부를 수 있고, 즐길 수 있고, 이해할 수 있는 것이면 된다.

쉽게 할 수 있다는 말은 중요하지만, 쉽게 할 수 있는 것이 모인 사람들에 따라 달라지는 매우 상대적인 용어이다. 또한 우리는 이 곡이 얼마나 필요한 것인지 재평가할 필요도 있으며, 특히 현대음악상황에서 볼 때 더욱 그러하다. 비록 많은 사람들이 악보를 읽을 수 있는 능력이 없다고 하더라도, 듣고 복잡한 곡을 따라할 수 있는 능력은 우리가 생각하는 것 보다 더 훨씬 더 나을 것이다. 알트로지와 그린 모두는 우리가 평균적으로 사람들의 음악성에 대한 기대를 높일 필요가 있다고 믿는 것이다. 알트로지는 이렇게 말한다:

워십 송은 모두에게 특히 불신자들에게 적합하고, 정확하고, 이해할 만 것이어야 할 필요가 있다. 이것이 바로 왜 내가 "히브리어"에서 나온 용어 -예를 들면, "시온에서 나오고"- 혹은 구약용어들 ... 찬양할 때마다 설명을 해야 할 필요가 있는 것들을 피하려고 하는지에 대한 이유이다.

기술적이 면에 있어서, 나는 곡들이 쉬워야 할 필요가 있다는 것에 동의하지만, 또한 대다수의 예배 사역자들이나 곡을 쓰는 자들이 생각하는 것 이상으로 할 수 있다고 생각한다. 때때로 세상 음악은 교회 음악들 보다 운율이나 음악적으로 더 세련되기도 하고 ... 복잡하면서도 창조적이다. 그러나 사람들은 이런 음악을 듣고, 배우고, 길거리에서 얼마든지 부른다. 그러나 몇 가지 이유 때문에, 교회 안에서 곡을 쓰는 자들은, "4절 가사의 4부로만 할 수 있어"라고 생각한다.

나는 작곡을 함에 있어서 제한을 받는 것을 뒤로 밀쳐 버리는 것을 더 선호하며, 단지 교인들도 음악적으로, 교리적으로, 운율이 복잡한 곡들로 부를 수 있다고 믿는다.... 당신은 스스로 너무 어렵거나 너무 깊은 것은 할 수 없다고 본다. 그러나 이것이 바로 도전이다 -복잡한 교리를 흥미 있게 하여 거의가 자발적으로 불려질 수 있고 이해되어 질 수 있도록 만드는 것이다.[8]

그린은 이렇게 말한다:

도시 공동체 속에 있는 우리에게 예배와 찬양 음악에 관하여 많은 이들이 생각하는 것들이 단지 합창곡만은 아니다. 특별히 남미의 공동체, 아프리칸-미국인들에게 있어서 발견할 수 있는 점은 다소 복잡하게 편곡된 것들을 회중 전체가 배워서 부를 수 있다는 것이다. 단지 언제나 합창곡으로 되어야 할 필요는 없다.[9]

S (Substantive) -본질적인

곡의 운율에 있어서 신령과 진리가 균형을 이루고 있는가? 곡들이 하나님에 관한 교리와 헌신과 진실이 하나님에 대하여 전심으로 응답하고 있는 것으로 표현되어 있는가? 워십 송들이 이 두 가지 모두를 포함하고 있는 것은 아니나, 몇몇 곡들은 초문화적 예배자료로서 가치가 있다(특별히, 라우리 클레비의 곡, "주 사랑해요 I Love You Lord"와 Vineyard의 곡들이 그렇다).

그러나 교리와 헌신의 내용 둘 다를 포함한 곡들을 가지고 예배를 드리는 것이 훨씬 더 낫다. 마크 드로지와 밥 카우플린이 지적하듯, "진리로 정결케 할 때 하나님을 위한 열정이 생기고…. 예배는 진정으로 하나님이 누구인지를 이해할 때에 나오는 적절한 반응이다."[10]

그리하여 몰려다니는 밥(Bob)과 같은 이들은 우리가 하나님에 대한 사랑을 솔직하게 표현하고 예배하는 그런 모습을 관찰할 필요가 있으며, 또한 우리가 예배드리는 대상이 누구인지를 알 필요도 있다. (하나님에 대한 진리) 교리가 음악적인 형태로 되어있음으로 인하여 하나님이 누구이며, 예수 그리스도로 말미암아 우리를 위하여 하신 일이 무엇인지를 전함에 있어서 신선하고도 효과적인 방법이다. 알트로지는 관찰한 바를 이렇게 말한다:

> 비그리스도인들이 설교 중에 복음이 선포되는 것을 들을 때에, 그들이 듣게되는 것은 그들 마음속에 견고한 진을 파하는 하나님의 진리를 듣고 있는 것이다 (고후 10:4). 이 구절 속에서 바울은, 복음을 "모든 이론을 파하며, 하나님 아는 것을 대적하여 높아진 것을 파하는 강력이라"고 말하고 있다.
>
> 우리가 드리는 찬양도 또한 때때로 그렇게 하면, 더욱 효과가 있다. 우리가 "하나님은 신실하시니"라는 진리의 찬양을 할 때에, 불신자들의 마음 속에 있는 "하나님께서는 나를 돌아보시지 않는다"는 생각을 부수어 버리게 된다. 우리가 예수님께서 우리의 죄를 위하여 인간의 모습으로 오셔서 죽으셨음을 노래할 때에, 하나님의 사랑의 진리가 복음을 선포하는 것과 같이 불신자들에게 작용하는 것이다. 때때로 사람들이 예배를 드리러 오게 되며, 그 이유는 모르나 단지 찬양을 하는 동안 울기 시작한다. 나는 그것이 성령 하나님과 음악의 힘과 교리의 내용이 조합된 것이라고 본다.

곡이 교리적인 냄새가 풍기고, 난해하고, 고풍적인 운율을 띄고 있을 필요는 없다. 하나님께서는 문화에 적절한 진리의 내용을 강조하는 예배음악이 드높아 지기를 원하신다.... 곡을 쓰는 자들은 곡에서 사용할 수 없었던 성화, 칭의와 같은 신학적인 용어와 교회의 큰 교리들을 드러내야만 한다고 생각한다. 그러나 그들(작곡가)은 단지 마음 속에 떠오르는 생각 혹은 성경의 시편을 먼저 펼치는 것 같다. "승리"에 관한 곡들이 많이 있고 -그 외 많은 곡들은 단지 일반적으로 "나 주님 찬양합니다"에 관한 곡들이다. 그러나 내가 늘 생각하는 것은 **무엇 때문에** 그를 찬양하고 싶어하는 가이다. 이것이 바로 믿음의 큰 교리가 담당하는 부분이다. 예를 들면, 하나님의 거룩하심 ....우리는 이것에 대한 더 많은 곡들이 필요하다.[11]

좋은 것, 나쁜 것과 그 중간

아무런 장애물도 없이 PASS를 통과한 워십 송들은 워십 에반젤리즘을 위해서 아주 좋은 곡들이다. 그러나 워십 송 가운데 4가지 PASS의 조건을 다 만족시키지 못했다고 해서 반드시 "나쁜" 곡은 아니다. 단지 우리가 드리는 예배 타입의 핵심이 될 수 없다는 것뿐이다. 이런 곡들 가운데는 영적 혹은 진리의 한쪽 방향으로 치우쳐서 한 두어 가지의 용어 설명이 필요한 경우도 있고 좀 교회 음악적인 스타일 (대다수의 찬송곡과 합창곡)의 곡들도 있다. 이런 류의 워십 송들이 "중간치"에 속한다고 하겠다. 초문화적 워십 에반젤리즘 상황에서의 성공은 이 곡들을 어떻게 표현하는가에 따라 좌우된다.

다음에 열거하는 곡들은 회중들이 몰려다니는 밥(Bob)과 같은 사람들에게 충격을 줄 수 있는 찬양을 전적으로 피하는 방법이다. 피해야할 곡들은:

◆ 부르기 어렵고 실망스러운 것
◆ 밋밋하고 지루한 것
◆ 형편없이 쓰여진 것(이 점은 운율, 멜로디, 리듬, 하모니, 곡의 구조가 포함된다. 대개 이런 부류에 속하는 곡들은 형편없이 쓰여져 부르기

난해하고 지루하다.)
- ◆ 비성서적이거나 신학적으로 혼란한 것을 포함한다.
- ◆ 종교적으로 허튼 말이나, 기독교 용어, 희미한 성경의 은유들로 가득 차서 현장에서 실제적으로 해석되어질 수 없는 것(이 가운데는 비유적인 군대 용어가 있어 불신자들에게 걸림돌이 되는 것도 있다).

쓸 것인가 아니면 쓰지 말 것인가: "Thees"와 "Thous"와 같은 고어(古語)들

초문화적 음악을 연구함에 있어서, Majesty King James와 같은 것이 수없이 나타남은 의심할 것도 없으며, 단지 먼지에 쌓여서 오래된 찬송가 곡에 묻혀져 있는 것만은 아니다. 현대 작곡가 중에서 많은 이들이 이런 고어체 스타일을 쓸 것을 주장한다. 그들의 논쟁의 대부분은 곡이 '적절한 가에 대한 요소'로 점점 증가하고 있다.

오레곤 주의 포트랜드에 있는 웨스턴 신학교의 히브리 성경 담당 론 알렌교수는 이 문제에 관하여 논쟁의 여지가 있는 몇몇 단어를 선별하였다:

세익스피어 작품과 성경 King James Version에는 대명사 "Thou", "Thee", "Thy"가 자주 나오는 편이다. KJV의 영향으로, 19세기 후반 20세기초에 쓰여진 많은 기도와 찬송가 가운데 여전히 이어지고 있다. 그러나 우리 가운데 그 어느 누구도 그렇게 말하는 자들이 없다. 어떤 이가 말하기를, "오 이런 대명사를 쓰는 것이 부적합하지 않는가?" 사실상, 그렇지 않다. 많은 사람들이 기도할 때 이런 용어를 쓰는 것이 적절한 것으로 되어있는 것으로 알고 있다. 그러나 이런 용어 "Thou", "Thee", "Thy"가 "You", "Your"보다 더 적절하다고 믿어지는 성서적인 이유는 없다. 이런 단어들은 엘리자베스 여왕 시대에 사용되어지던 대명사 "You"의 단수형에 지나지 않는다. 마찬가지로 어떤 이들은 하나님을 찬송하고 하나님께 기도할 때에 "Thou"와 "Thee"를 사용한다.

그래서 현재 곡을 쓰는 이들 가운데 특별히 합창곡을 쓰는 이들에게 부탁하려고 한다. "Thee", "Thy"를 사용하는 것을 중지하라....고어체의 단어를 쓰는 것이 더 적절한 것은 아니다. 단지 오래된 것일 뿐이다. 그리고 하나님은 **구식이 아니며** - 하나님은 영원하신 분이다. 여기에 차이가 있다! 우리의 믿음은 진정한 언어로 진정한 사람들에게 그 시대에 맞는 삶의 문제들에 대하여 말해야 하는 것이다.[12]

예배 음악에 있어서 문화적으로 적절한 언어를 사용하는 것에 대한 알렌의 주장은 납득이 된다. 그러나 모든 것에 있어서 고전적인 맛을 내버려야 한다는 것인가? 본인의 생각과는 다소 먼 것처럼 느껴진다. 비록 알렌도 약간의 선별이 있어야 한다고 인정하는 것은 사실이다. "어떤 점"에 있어서 "'얼마나 위대하신가'는 같은 의미가 아니며 ... '나의 조국, 당신의 것'도 또한 문제성이 있다"고 힘주어 말한다.[13]

이 문제를 다룸에 있어서 권할 만한 두 가지는 다음과 같다. 첫째, 신자 또는 몰려다니는 교인을 혼합하여 예배를 드리려고 한다면 찬양이나 찬송의 운율이 전적으로 현대에 맞는 예배의 스타일로 조성해야 할 것이다. 이렇게 고어체 스타일을 사용하여 이따금씩 엘리자베스 시대로 진출해 가는 것은 여전히 문제의 여지가 있고, 어떤 이들은 즉 오랫동안 교회에 다니는 빌(Bill)에게는 긍정적으로 교회의 추억을 생각나게 하고 뿌리를 찾는 느낌을 갖게 하지만, 더러는 "아니오, 늘 이렇게 노래 부르는 것을 좋아하지 않습니다"라고 말을 하는 이들도 있다.

둘째, 만약 독자가 약간의 "Thee" "Thou"들어가는 것들을 선택하여 초문화적 예배를 구상한다면, 그것을 사용함에 있어서 다소 생각하도록 하라. 그러나 전체적인 곡에 있어서 대명사의 형태가 항상 일관되어 지도록 하라. 곡에 있어서 KJV와 유사한 형태를 사용하는 것을 피하라. 불행하게도 이런 용어를 사용하는 합창곡이 수없이 많다. 만약 KJV의 대명사를 "You", "Your"로 바꿈에 있어서 리듬을 파괴하지 않는다면 바꾸려고 노력하라.

상호 주고받는 예배

"찬송할 수 있는 비율(%)"에 관한 것은 워십 송을 평가함에 있어서 가장 중요한 질문 가운데 하나이다. 즉, 만약 몰려다니는 교인 밥이 혼자 노래하려고 곡을 선택했을 때에, 그가 곡 전체, 일부분을, 전혀 할 수 없는 것인가? 만약 이 질문에 대한 답이 일부만이라고 한다면, 당신의 목록 리스트에서 이것을 소거하지 말라. 몰려다니는 교인 밥이 (심지어는 빌까지도) 부를 수 있는 음악적으로도 운율적으로도 도전이 되는 탁월한 초문화적인 워십 송들이 많이 있다. 이런 곡들의 경우 대개 가사들이 다소 "(설교)말씀"조 혹은 알트로지 그린의 표준에서 봐서도 음악적으로 복잡한 경우가 있다. 때때로 부를 수 있는 범위가 정상적인 것보다 더 넓고 곡조나 리듬에 있어서 상당히 간격이 넓다.

이런 문제로 고민하고 있는가? 한 가지 해결책으로는 회중들로 하여금 합창에 동참하도록 하는 것이다. 일반적으로는, 합창곡과 후렴구는 대개 쉽고 일반적으로 곡의 운율과 음악적인 제한 때문에 이런 반복적인 구나 곡조는 모든 사람의 두뇌에 잘 들어가는 것 같다. 다른 해결책으로는 워십 팀을 구성하여 (작은 규모의 보컬이나 악기 연주자들로 구성) 그들이 어려운 부분을 먼저 불러 가르치면 된다. 후에 점차적으로 회중들이 워십 팀의 도움 없이 할 수 있게 하거나 (워십 팀이) 도입부만 하도록 내버려 둘 수도 있다. 매주 몰려다니는 교인 밥이나 새로운 교회에 늘 마음을 두는 교인 브루스 모두에게 매력이 있으려면, 후자의 것을 고려해 봐야 할 것이다. (워십 팀이 따로 부를 때에 전체적인 앙상블을 생각할 필요는 없다. 소그룹과 개개인은 특별히 멜로우나 에너지가 적은 부분을 담당하는 것이 더욱 좋다고 본다.)

무엇을 선택하든, 때때로 워십 팀과 예배자들 간에 상호 주고받는 예배를 함으로써 다음의 6가지 장점을 얻을 수 있다.

1. 상호 주고받음으로써 내용이 도전적인 워십 송이더라도 사람들을 실망시키지 않고서도 할 수 있게 된다.

2. 흥미와 변화를 줌으로써 "모두가 자신의 곡"만을 하게 되는 틀을 깨뜨리게 된다.

3. 만약 워십 팀이 곡을 소개하고 정하게 되면, 곡의 내용에 강조를 두고 밥으로 하여금 체험하게 하는 분위기에 상당히 초점을 맞출 수 있게 된다.

4. 몰려다니는 교인 밥(Bob), 새로운 교회에 늘 마음을 두는 교인 브루스와 같은 방문객들에게 오랫동안 출석한 빌(Bill)과 같은 교인에 맞게 올바른 것을 들을 수 있도록 짧은 시간을 주게 된다.

5. 워십 팀이 먼저 인도한 부분을 나중에 회중이 따라하게 함으로써 몰려다니는 교인 밥, 새로운 교회에 늘 마음을 두는 교인 브루스가 듣고 곡을 배울 수 있는 기회를 주게 되고, 그들에게 자신감과 곡을 완성했다는 느낌을 주게 된다.

6. 듣고-동참하는 상호 주고받는 방식은 몰려다니는 교인 밥, 새로운 교회에 늘 마음을 두는 교인 브루스, 오랫동안 교회에 다닌 빌에게도 편안하게 느껴지는 문화적으로 익숙한 것이다.

동참하는 것은 워십 에반젤리즘에 있어서 중요한 가치를 두는 것 중에 하나이기 때문에, 예배를 드리는 동안 단지 조금 사용하고 이것을 결코 목표로 하여 실행하지 말라. 만약 어떤 특별한 예배에 있어서 상호 주고받는 것이 크게 동참시키지 못하고, 하나님과 개인적으로 관계를 맺음에 있어서 별로 도움이 되지 못한다면, 회중들이 다시 찬양을 하여도 그것을 지속하지 말라.

기술적인 습득: 목록을 만들고 두 번 점검하라

곡을 선택함에 있어서 보다 상세하게 생각해 볼 단계에 이른 것 같다. 그러나 이렇게 하려면, 몇 가지 낯선 영역으로 가벼운 여행을 해야 할 필요가 있다. 대다수의 목사님 경우 PASS공식의 "본질적인(Substantive)"부분에 있어서는 눈가리개를 하고 걷고 있다는 것은 의심할 여지가 없다고 본다.

신학교와 성경 학교에서는 해야 할 과제를 다 했다고 생각한다. 게다가 오랫동안 말씀연구, 암기, 주해를 배워왔으므로, 성경적인 내용인지 아닌지에 대한 목록을 머리에 즉각적으로 만들 수 있다고 본다. 심지어 곡에 대한 "개인적인" 속성을 감지해 내는 것도 쉬운 일일 것이다. 당신은 매주마다 수십 시간을 들여서 올바른 구절과 예화와 기도와 메시지에 맞도록 노력을 기울여 사람들이 처한 형편에 연관시키려고 열정적으로 헌신하고 있다.

그러나 "매력적(Attractive)인", "노래부를 만한(Singable)"의 부분에 있어서는, 물 밖의 오리가 된 기분이 들지도 모르겠다. 이상할 것이 없다고 본다. PASS공식의 속성은 곡을 씀에 있어서 좀 더 기술적인 부분을 다루고 있으며, 신학 M. Div.과정에서 우선 순위를 차지하는 것은 아니다. 단지 좋은 신학, 효과적인 설교, 좋은 워십 송이 우연히 생겨나지 않는 것이기 때문에, 독자는 예배음악을 평가하기 위해서 잘 구성된 점검목록이 필요하다. 모두가 이런 식으로 이루어지는 것이다.

(299-230)쪽에 있는 점검목록은 좋은 한 예라고 본다. 기본적으로, 곡의 주제 내용을 제외한 모든 것에 대한 일반적, 초문화적 워십 송의 기준들로 이루어진다. 많은 부분들은 음악적인 개념과 연관되어 있지만 가능한 쉽게 하려고 노력하였다. 목록 가운데 이해가 잘 되지 않는 개념이 있으면, 독자의 교회에 있는 예배 찬양 감독이나 음악가들에게 도움을 구하라.

이 목록은 지침으로 된 것이며, 교회법으로 정해진 것은 아니다. 곡을 선택함에 있어서 핵심 되는 것에 대한 도움을 주기 위한 것이며, 짐 지워 주는 규율은 아니다. 목록의 모든 내용을 일일이 만족시키는 곡을 찾는다는 것을 거의 불가능하다. 게다가 창조의 영역에 있어서 때때로 규칙이 깨뜨려져서 커다란 성공을 낳게 되지 않았던가!

목록을 가지고 가능성 있는 곡들을 점검하고, 독자 자신의 판단에 따라 최종적으로 결정하라. 일반적으로, 곡이 정말로 "딱" 맞다는 생각이 안 들면, -심지어 몇몇의 기준에 맞지 않으므로- 두세 번 다시 살펴볼 가치가 있고, 워십 팀에게 넘겨 주어서 예배 중에 한 번 시도해 보도록 하라. 그것이 "10가지"기준에 맞지 않다고 해서 하나님의 날을 망치는 것은 아니지 않는가! 이들 기준은 다양한 음악 스타일, 좀 전통적인 찬송가나 오래된 합창곡에도 꽤 잘 맞다. 약간의 예외적인 것도 있지만, 본인은 이것을 열거해 보았다. 다시 한 번 더 말하자면, 마지막 결정은 독자에게 있다.

다음의 곡 제목과 번호는 본서 뒤편 부록에 있는 초문화적 음악 자료 은행에 번호 붙여진 특별한 음악 출판사들을 의미한다.

초문화적 워십 송 대한 기준 점검표:

운율	구조	곡조	코드	리듬
90년대 대화체 언어: 종교적인 상투어는 없음; 1인칭 단수 혹은 복수를 선호함; 성경 구절을 직접적으로 인용하기보다는 리듬에 거의 맞춘 변형체를 쓴 몇몇 곡의 리듬은 완전하지 않으나 거의 가깝다. 예: "주님의 이름 높이여 Lord, I Lift your Name on High"	**가사/합창/교량적 구조 혹은 변주곡:** 찬송가나 아주 짧은 합창곡을 제외한 워십 송은 뚜렷한 음악적, 구조적인 부분이 필요함 (꼭 4부일 필요는 없다); 구조가 갖추어지지 않은 의식의 흐름의 틀을 피하라 예: "그 누구도 본 자가 없네 No Eye Has Seen" (바로크/ 케르)	**거의 순차적인 진행/ 혹은 적은 간격을 둠** (2-5번째) 흥미를 주기 위하여 이따금씩 좀 더 큰 간격 혹은 옥타브의 간격을 둔다 예: "슬픔이 변하여 기쁨이 되게 하시고 Mourning Into Dancing"	**참신한-음색:** 현대 코드 (예: 단지 C코드만 하기 보다는 C-2 혹은 C-6을 쓰고; 재즈나 그밖의 것도 스타일에 따라서 정한다) 예: "당신과 같은 이 없네 No one Like You"	**첫 번째에 따라 부를 수 있는 것:** 신코페이션의 리듬이면 아주 좋으나 단지 시종일관 일정할 때에 한해서만 하라; 리듬은 사람들이 단어 하나 하나 혹은 매일의 언어를 말하는 것과 대체로 일치하도록 하라. 예: "힘으로 가 아니라 Not By Power"

운율	구조	곡조	코드	리듬
중심 되는 아이디어를 표현하라: 이상적인 것은 전 내용이 운율을 가지고서 - 후렴부에서 반복하여 나타나거나 가사에서 명료하게 나타남. 예: "경배하리 I Will Cerebrate"	**음악적 아이디어 한 가지에 초점을 맞춤:** 대개 합창곡 형식으로 곡의 일부를 문 밖에 나가면서 사람들이 부를 수 있는 것 예: "벽이 무너지게 하소서 Let the Walls Fall Down"	**음역은 대개 1과 1/3 옥타브 내에 있는 것:** (예, B-3 에서 D-5, 그러나 B-3에서 C-5를 더 선호함 -단지 1옥타브에 한할 수도 있음) 곡을 낮은 음으로 변조하여 부를 필요가 있다면 그렇게 하되 음역의 범위 안에서 그렇게 해야 함을 명심하라. 예:"성소Sanctuary"	**과거의 진부한 진행 방식에서 벗어남:** (예, I IV V I; I V) 심지어 하나의 코드라도 정상적이지 않고 예측하던 것이 아닌지를 살펴보라; 진행이 정상적인 음계 안에 있기보다는 반음계 혹은 선법(旋法)에 따라 진행함 예: "자유로운 마음 Heart Free"	**보컬에 있어서 숨을 잘 끊어 나감:** 90년대 음악에 있어서 숨쉬는 것은 음표만큼이나 중요함; 사람들은 거의가 비록 부드럽고 느린 음악이라 할지라도 한 줄의 절반 가사도 제대로 숨을 유지하지 못함; 조금씩 쉬는 숨은 곡을 좀더 대화체로 만든다. 예: "생명의 빛 The Light of Life"
감성적인 충격을 주는 내용: 음악/분위기와 함께 내용/분위기의 좋은 결합을 가지는 것이 필수적 예: "더욱 사랑할수록, 더욱 힘이 되시니 More Love, More Power"	**지속되는 구:** 주로 리듬과 멜로디는 반복되어서 곡을 쉽게 부를 수 있고 기억할 수 있게 함 예: "내가 아는 것 This I Know"	**신선함:** 다소 멜로디가 놀라운 것이 있는지 보라; 예측하지 못한 간격, 우연히 혹은 코드 음조가 아닌지를 살펴보라. 예: "우리가 믿는 것 We Believe"	**진행이 부드러운 코드의 작품:** 약간의 전환이나 페달 음조가 함께 동반됨 예: "놀랍네 I'm Amazed"	**4박자를 지키고 3박자가 아닐 것:** 4/4 혹은 그에 준하는 것 -일반적으로 3/4 혹은 6/8은 피하라(이 규칙에 약간의 예외는 있다) 예: "할렐루야"

곡 선택 실험

이제 우리가 알고 있는 것의 일부를 가지고 작업을 해 보자. 아래의 찬송가와 워십 송은 독자가 검토해 볼 만한 것들이다. 먼저 PASS지침과 워십 송에 대한 기준 점검표를 가지고 독자 스스로 해 볼 수 있는지 시도해 보라. 이와 관련된 몇 가지 중요한 장점과 단점들을 지적하겠다. 여기에서 보여지는 평가는 특별히 초문화적 워십 에반젤리즘 상황에서 사용되어지는 곡들임을 명심하라. 본인이 초문화적 사용을 위해서 부정적인 평가를 할지라도 단지 신자를 위한 것일 때에는 꽤 긍정적으로 평해질 수 있다는 점도 아울러 밝혀 둔다.

Slection #1 (Hymn):
"We Sing the Greatness of Our God"

Cross - cultural rating : in - between

ELLACOMBE

Isaac Watts
Jeff Redd, alt.

"Gessangbuch der Herzogl," Wirtem berg

선택 ＃ 1 (찬송가):
"하나님의 위대하심을 찬양하세"
〈초문화적 평가: 중간 정도〉

장점

◆ 순차적으로 진행되는 곡조
◆ 쉬운 형태 (3가지 음악적 Phase가 거의 비슷함)
◆ 편안하게 부를 수 있는 음역
◆ 메시지가 이해하기 쉬움
◆ 개인적인 적용 가능 (2절)
◆ 2인칭 복수 "우리"를 씀으로써 개별화시킴
◆ 창조, 무소불능, 무소부재의 성경적 교리의 직설적인 표현

단점

◆ 약간의 고어적인 가사들 ("위대하심을 찬양합니다 We sing the greatness"와 "그러나 당신의 영광을 알리소서 But makes thy glories known")
◆ 문어적인 어휘들("고결한 Lofty", "임명한 Ordained" "폭풍우 Tempests" "어디에 Where're")
◆ King James식의 어(語)체("그대의Thy", "그대에게Thee", "그대Thou", "예술Art")

만약 열정을 가지고 연주하고, 인도하고, 부른다면, 이 찬송곡은 능력으로 영원하신 조물주 하나님께 대한 멋지고 활력 있는 간증이 된다. 용어는 현대적이지 못하고 너무 모호하다. 신자와 불신자가 혼합된 상황에서 성공하려면, 다음 두 가지에 따라 좌우된다. 워십 팀과 예배 사역자의 태도와 감정적 이입 그리고 얼마나 잘 재구성하느냐에 달려있다(스타일을 최신형을 끌어올릴 것).

Slection #2 (Hymn)
"And Can It Be That I Sould Gain?"

Cross - cultural rating : ineffective

Charles Wesley

Thomas Campbell

선택 # 2 (찬송가):
"내가 얻을 수 있는 것은 무엇인가?"
〈초문화적 평가: 비효과적임〉

장점

◆ 구원에 대한 성경적 메시지(2절은 엄청남)
◆ 감사 찬양에 대한 감동이 넘치고 개인적인 표현

단점

◆ 고어적인 가사체 ("나를 위해 죽으심 Died he for me", "나를 위해 죽음을 자처하셨네 For me, who Him to death pursued", "그분 안에서 살았고, 나의 삶의 중심 Alive in Him my living Head", "죄 가운데에서 꽁꽁묶여 Fast bound in sin", "그분의 눈이 빠른 광선을 발하시고 Thine eye diffused a quickening ray" 등등
◆ 진부한 King James표현 ("Shouldn't", "Went forth")
◆ 곡조가 기억하기 힘들다; 반복이 없는 편
◆ 곡조에 있어서 간격의 차가 넓고 간격 변화가 빨리 이어진다 (1행과 4행을 보라)
◆ 음역이 너무 넓다 (1-1/2 옥타브를 사용)

초문화적인 단점에도 불구하고, 이 곡은 일평생 이 곡을 불러왔던 오랜 신자들에게 있어서는 아주 잘 들어맞는 대단한 찬송이다. 불행하게도, 이 곡을 덜 부르는 편이며, 이런 음악 스타일에 전문이 되지 못한 젊은 신자들(붐머, 버스터)에게는 그만큼 성공을 거두지 못하는 것으로 평가된다. 불신자와 교회에 다시니 않던 자들이 방문하여 이 곡을 시도하게 되면 실망했다는 말들을 적어도 듣게 될 것이다.

Slection #3 (Contempoorary Hymn)
"We Bow Down"

Cross - cultural rating : great!

선택 # 3 (현대 찬송가):
"우리 머리 숙여"
〈초문화적 평가: 아주 좋음〉

장점

- 성경의 진리를 선포함: 주이며 왕이신 하나님
- 1인칭 사용 개인적임 ("당신이 내 생애의 주인이시며 You are Lord of my life")
- 열정적인 찬양
- 구조가 분명하게 구별되어 짐(절/후렴)
- 가사와 후렴이 점차적이면서 반복적인 멜로디
- 편안하게 부를 수 있는 옥타브 범위
- 신코페이트 형이 지속적으로 나타남

단점

- 없음

"우리 머리 숙여"는 교회 배경에 관계없이 넓은 영역의 사람들에게 접근할 수 있다. 이 곡은 신령과 진리가 포함되어 있고 단순성(멜로디와 운율에 있어서)과 복잡성(리듬)도 함께 어울려져 있다. 이 곡이 탁월성을 가지고 적절한 스타일로 다시 구상되면, 초문화적 작품이 됨이 확실하다.

본인은 이 곡이 현대 찬송곡 및 예배와 찬양 음악에 속하는 것으로 알고 있다. 이에 대한 기준이 언제나 분명한 것은 아니다. 그러나 분명한 것은 위십 송의 장르 "Cross-over(다른 음악과 혼합됨)"로 분류되고 이 곡도 여기에 속한다는 것이다.

Slection #4 (Praise / Worship Song):
"For God Who Commanded"

Cross - cultural rating : ineffective

Anonymous

Anonymous

Moderately, with a rhythmic pluse

But we have this treas-ure in earth - en
ves - sels that the ex - cel - len - cy of the
power may be of God and not of us.
For God who com - mand-ed the light __ to
Final ending
shine __ out of dark - ness has
shined in our hearts. __

선택 # 4 (예배/찬양 곡):
"하나님께서 명령하셨기 때문에"
〈초문화적 평가: 비효과적임〉

장점

- ◆ 성경적 내용
- ◆ 편안하게 부를 수 있는 음역

단점

- ◆ 곡 구조가 뚜렷이 구별 안됨(가사/가사 혹은 가사/후렴)
- ◆ "보고형" 내용으로 삭제 혹은 비인칭형이 될 수 있다.
- ◆ 운율이 편집되지 않은 채 성경 구절 그대로 되어 부자연스럽고 매끄럽지 못한 진행
- ◆ 표현이 완전하지 못하고 모호함("예수 그리스도의 얼굴에 있는 하나님의 영광의 지식의 빛을 주기 위하여 To give the light of the knowledge of the glory of God in the face of Jesus Christ")
- ◆ 멜로디의 쉬는 곳이 운율상으로 볼 때 난잡함 ("For God who command the light to shine__out of darkness has shined", "To give the light of the knowledge of the glory__of God in the face of__")
- ◆ 난잡하게 여러 단어에 리듬과 멜로디 강세가 주어짐 ("Darkness", "God(1쪽5행)" "Not(2쪽 3행)"
- ◆ 아주 예측하기 쉽고 단순한 코드로 진행

비록 이 곡은 과감하게 성경 구절의 단어를 일일이 인용하였지만, 시적(운율) 표현에 충실하였더라면 귀에 거슬림이 적고, 부르기도 쉬웠을 것이다. 이런 형식의 곡은 신자들의 예배에는 잘 맞을지 모르나, 특별한 종교에 속하지 않는 주변인들에게는 호소력이 매우 제한된다.

Slection #5 (Praise / Worship Song) :
"Great in Me a Clean Heart"

Cross - cultural rating : in - between

Anonymous

Anonymous

선택 # 5 (예배/찬양 곡):
"정결하게 하소서"
〈초문화적 평가: 중간 정도〉

장점

◆ 분명한 구조 (가사/후렴 -후렴은 앞의 두 행과 같음)
◆ 산문이 아닌 시편의 시적 구조가 사용됨
◆ 분위기와 단어 강세에 있어서 운율과 음악이 적절하게 결합됨
◆ 지속적인 리듬과 멜로디 유형
◆ 직선적이고도 점진적으로 진행하는 멜로디
◆ 현대적인 코드와 소수이지만 예측 불가한 코드로 진행

단점

◆ King James의 대명사 사용 ("Thy")
◆ 약간의 문학적 용어 사용 ("정직한 영을 새롭게 하소서 Renew a right spirit", "나를 주 앞에서 쫓아내지 마시며 Cast me not away" "내게 회복시키시고 Restore unto me")

이 곡은 비록 King James표현을 꽤 담고 있지만, 잘 만들어진 곡으로써, 새롭게 함과 용서에 대한 메시지는 불신자들이 들어야 할 가장 중요한 내용이다. 상황화하고 설명을 곁들이는 것이 초문화적인 상황에서는 도움이 된다. 예를 들면, 성찬식 때에 이 곡을 사용한다면(몰려다니는 교인들이 찬양은 하고 싶으나 성찬의 떡과 잔을 받고 싶지 않은 경우), 예배 사역자와 목사는 먼저 기도 중에 가사를 언급하고 그리고 나서 기도의 나머지 부분은 사람들로 하여금 고백과 회개를 하도록 이끈다. 이런 방법은 단지 "곡을 맞추고" 예배를 계속 지속하는 것뿐만 아니라 종교적 혹은 의식적인 용어를 가르치거나 일부러 설명하지 않고도 전달하게 된다.

Slection #6 (Praise / Worship Song) :
"Lord, I Lift Your Name on High"

Cross - cultural rating : great!

Rick Founds

Copyright © 1989 Scripture in Song (administered by Maranatha! Music c/o The Copyright Company, Nashville, TN)
All right resrverd. International copyright secured. Used by permission.

선택 # 6 (예배/찬양 곡):
"주의 이름 높이며"
〈초문화적 평가: 아주 좋음〉

장점

◆ 복음의 내용이 상당히 잘 요약되었음 (거의 하나의 신조 같음)
◆ 1인칭 사용
◆ 표현이 잘되었고 열정적인 운율
◆ 분위기와 단어 강조에 있어서 운율적으로 음악적으로 아주 훌륭하게 결합됨
◆ 현대식, 대화체 언어
◆ 분명한 구조(가사/후렴 -후렴은 4행부터 시작)
◆ 가사와 후렴 모두가 쉽게 반복되는 멜로디

단점

◆ 없음

만약 "완벽한" 초문화적인 곡이 있다고 한다면, 바로 이 곡일 것이다! 감동적인 복음의 메시지를 전달하고 싶다면, 이 곡이 가장 적당한 수단 가운데 하나라고 본다. 마라나타! Praise Band는 이 곡을 플랭크린 그라함 모임과 Summer Harvest Crusade, Promise Keeper 집회에서 광범위하게 사용하였다.

지금까지 힘겹게 따라온 것에 축하드린다! 이제 독자는 사용 가능한 초문화적 곡의 목록을 개발시켜야 하는 길에 들어선 것이다. 본서 뒤에 수록되어 있는 초문화적 음악 자료 은행을 살펴보도록 하라. 부록에는 단지 찬양집, 음반, 다른 음악 자료에 관한 상세한 정보뿐만이 아니라 미국 전역에서 열리는 연중 혹은 세미나식의 훌륭한 예배 수련회에 관한 목록도 실어 두었다. 이런 실제적인 훈련을 위한 행사는 문화적으로 적절한 예배에 -예

배 팀의 질, 리듬부분, 예배를 인도하는 기술, 음향 시스템을 선택하고 작동하는 법, MIDI와 신디사이저를 사용함에 있어서 미세한 기술 등등- 있어서 중요한 요소를 배우기 위한 최고의 방법이다. 이런 수련회는 당신이 일년 동안 보충할 수 있는 것 그 이상의 실제적인 정보를 줄 것이다.

몰려다니는 교인 밥(Bob), 성가대, 워십 팀

이 장을 마치기 전에, 마지막으로 예배 사역자와 목사님들이 제기한 매우 중요한 문제를 말하고 싶다. 초문화적 워십 에반젤리즘의 상황에서 성가대와 성가 음악의 위치는 어떻게 되는가?

본인은 성가 음악을 매우 좋아한다. 세계적으로 명성이 높은 대학의 합창단을 방문하고 여러 개의 합창단을 지휘해 보면서 훌륭한 합창곡의 음색은 예배들 드리는 자의 한 명으로서 본인에게 끊임없는 감동을 주며, 추억을 되살아나게 해준다. 또한 현대 워십 팀을 지도하는 사람들 가운데 합창 훈련의 덕을 보는 자들이 많을 것으로 확신한다.

그러나 몰려다니는 교인들/신자들이 혼합된 상황에서 성가대와 합창곡을 일정하게 사용할 경우에 간과해서는 안 될 3가지 실체가 있다는 것이다.

첫째, 6장에서 살펴보았듯이, **교회 출석하지 않는 사람의 2/3가 형식이 없는 교회로 되돌아오는 것을 선호한다는 것이다.** 몰려다니는 교인 밥(Bob)의 용어로 해석하자면, 이것은 "개인적이어서 기관 단체에 속하지 않는" 것을 의미한다. (몰려다니는 교인 밥(Bob)의 대다수는 충실하지 못한 붐머, 버스터들이므로 반-제도적(Anti-institutional) 세대임을 명심하라.)

문제는 성가대는 전형적으로 개인적인 것이 아닌 것의 표본이다. 크기 (25에서 70명 이상), 일정하게 입는 성가대 가운과 연주 때문에, 성가대는 몰려다니는 교인 밥(bob)이 바로 피하고 싶어하는 것을 -제도- 내포하고 있는 경향이 있다. 이것은 성가대가 초문화적 예배 상황에서는 사용되어질 수 없다는 것을 의미하지 않는다. 이것은 성가대 지휘자와 대원들이 몰려다니는 교인들과 신자들이 혼합된 분위기에서 효과적으로 하려면, 합창 연습에 관한 한 몇 가지 중요한 결정을 해야 할 필요가 있음을 의미한다. 성가대 가운을 입는 것이 필수적인가? 빈자리를 두어야 하는 것은 반드시 지켜야 하는 규칙인가? 리듬과 열정적인 표현에 대하여 몸을 꼿꼿하게, 딱딱하게 세우고는 무감각하게 해야만 하는가?

본인은 최근에 Easter 교회의 축하 예배에 참석하게 되었는데, 70여 명의 성가대가 가운을 입지 않고 손을 높이 들고 활기차게 찬양을 하는 것을 보았다. 대다수가 "이 얼마나 놀라운 사랑인가 What Wondrous Love Is This" 첫 곡에서는 슬픔을 지었고, 헨델의 메시아를 하는 동안에는 가슴에서 우러나오는 기쁨을 표현하였다. 성가대의 기술적인 솜씨가 훌륭한 것은 분명했다. 그러나 성가 대원과 지휘자의 공로는 바로 믿음직하고 개인적인 전달방식에 의해 그들의 탁월함이 증강되었다.

둘째로는, **몰려다니는 교인 밥(Bob)이 한 번도 들어보지 못한 워십 송을 따라 부를 때 편안함을 느끼기 위해서는 인도와 보컬의 도움이 꽤 필요하다.** 일반적으로, 성가대는 이런 강도 높은 역할을 담당하기 위하여 훈련을 받지도 않았으며, 쓰여지지도 않고 있다. 그들이 매주일 예배를 드림에 있어서 기여하는 바는 대개 한 두 곡의 영창과 회중들의 찬양을 온전히 메워주는 것에 있다. 그러나 특별한 음악적 도움은 초문화적 예배 상황에서 몰려다니는 교인 밥(새로운 교회를 찾아다니는 브루스)에게 있어서 대다수의 곡들을 처음 듣게 되는 경우에는 반드시 필요하다. 이것이 대개 워십 팀이 민감한 예배 사역자와 유연성도 있으며, 잘 연습된 연주가들로 구성되는 것이 초문화적 상황에서 예배를 드림에 있어서 왜 더 나은가에 대한 이유이다.

이렇게 말할 때, 본인은 성가대도 이런 혼합된 신자들의 예배 가운데 가르치고 이끌 수 있도록 적절한 훈련을 시키고 조정하면 유효하게 쓰여질 수 있다고 믿는다. 한 가지 방안으로는 성가대 지휘자가 예배 사역 자로서 이중의 역할을 할 수 있다. 만약 이것이 가능하지 않다면, 자질 있는 다른 한 사람을 더 세우는 것이다. 비록 성가대가 조정을 잘하더라도, 가르치고 이끌 수 있는 능력이 잘 훈련된 워십 팀과 일치가 될 수 있을지는 의문이 가지만, 현재로서는 나타나지 않지만 어떤 잠재력이 있다고 본다.

많은 성가곡들이 여전히 유럽 전통에 굳게 뿌리를 두고 있어서 몰려다니는 교인 밥(bob)이 듣는 음악 순위에 끼지 않는다. 사실상 Mormon Tabernacle Choir의 "오 거룩한 밤" 연주의 일부가 백화점에서 울려 퍼지고, 휘트니 휴스톤이 부르는 "Winter Wonderland"에 조금 나오는 것 외에는 거의 성가곡을 들어 본 적이 없다.

사역자로서 우리가 직면하는 세 번째 것은 초문화적인 예배에 있어서 몇몇 성가 곡의 본성 때문에 성가대의 효과가 제한되는 것이다. 많은 성가곡들이 여전히 유럽 전통에 굳게 뿌리를 두고 있어서 몰려다니는 교인 밥이 듣는 음악 순위에 끼지 않는다. 사실상 Mormon Tabernacle Choir의l"오 거룩한 밤" 연주의 일부가 백화점에서 울려 퍼지고, 휘트니 휴스톤이 부르는 "Winter Wonderland"에 조금 나오는 것 외에는 거의 성가곡을 들어 본 적이 없다.

비록 몰려다니는 교인 밥이 교회에 되돌아와서 (예를 들면, 절기때) 약간의 "옛날 애창곡"을 들을 것으로 기대하지만, 단지 전통적인 SATB(소프라노, 알토, 테너, 베이스) 성가대가 잘 연습한 최소의 분량만을 들을 정도이다. 밥은 자신이 좋아하는 라디오 방송을 매일 듣는다. 인기 있는 연주자의 현악협연과 대개는 아주 매력적인 현대판 하모니, 거의 있을까 말까 한 비브라토처럼, 자신이 생각하기에 "정상적인"것만 듣는다. 그리하여 70여명의 성가대가 구식의 하모니로 미묘한 비브라토와 자신이 이해하지 못하는 낯설은 소리로 "거룩, 거룩, 거룩"을 노래하는 것을 들으면서 최종적으로는 자신의 판단대로 예배를 결론짓게 된다.

그러나 밥이 같은 곡을 편곡한 것을 GLAD 혹은 Second Chapter of Acts와 같은 그룹들이 대화체로 부르는 것을 듣게 되면 (마라나타의 Music's Worship Team Volume I은 이런 보컬 편곡의 간단한 예를 볼 수 있음), 갑자기 전통이 살아나는 것 같다. 기본적으로 이런 곡들은 실생활과 거리가 먼 케케묵은 음악이 아니라는 점이다. 예배 사역자와 지휘자인 우리에게 선택권이 있다. 많은 곡들이 연습을 거쳐 최신형으로 성가곡의 기본 음색을 이용해 만들어진다. 다행히도, 몰려다니는 교인 밥이 좋아할 만한 취향으로 편곡된 성가곡을 만드는 작곡가와 출판 제작자들이 증가하고 있다.

위십 팀의 선택

밥의 음악 세계와 전통적인 혹은 구식을 고수하는 교회의 음악 세계간에 문화적 틈이 생기는 주된 이유는 복음 전도 지향적인 교회들이 먼저 선택하는 음악 경향은 성가대가 아니라 위십 팀이기 때문이다. 또한 예배의 경험이 거의 없는 군중들을 예배에 동참시키기 위해서는 잘 훈련된 위십 팀이 훨씬 더 나음을 알게 되었다.

전형적인 위십 팀은 예배 사역자 1명, 4-6명의 보컬, 1명의 키보드 연주자, 1명의 드럼 연주자, 1명의 베이스 기타 연주자로 구성된다. 악기와 보컬을 더 가미하는 것의 차이는 있으나 현재까지 위십 밴드의 기본 개념은 이렇다.

모든 위십 팀이 똑같은 것은 아니다. 문화적으로 적절한 예배를 드리고 싶어하는 과도기적 교회가 당면하게 되는 실체의 한 가지는 대다수의 위십 팀들이 음악수준과 영적 성숙도가 이상적으로 이루어져 예배를 이끌어 가기까지는 시간이 요구된다는 것이다. 훈련받는 기간은 피할 수 없는 사실이다. 일정 기간 동안 위십 팀을 개발하던가 혹은 회중들을 초보 상태로 내버려들 것인지에 대한 교회의 결정은 토론하기에 좋은 문제라고 본다.

그러나 이제 본인은 목사나 예배 사역자들이 모든 노력을 기울여 일정 기간의 훈련을 받는 것이 가치가 있다고 확신한다. 아래의 몇 가지는 잘 훈련되고 자료가 풍성한 위십 팀이 초문화적인 상황 속에서 할 수 있는 일이다:

◆ 문화적으로 적절한 밴드의 현악기 음색은 몰려다니는 교인 밥(Bob)이 즉시 친숙해질 수 있다.
◆ 스타일에 있어서 최고의 초문화적인 예배음악은 몰려다니는 교인 밥(Bob)이 즐길 수 있다.
◆ 찬송가나 어떤 애창 성가곡을 포함하여) 전통적인 곡을 재 구상함
◆ 단지 목소리뿐만이 아니라 얼굴, 눈, 적절한 몸 동작으로 직접적이고도, 표현적이고도, 신실한 의사 전달
◆ 하모니가 첨가되어도 분명하고도 혼란스럽지 않는 멜로디 선율 (전자

확성기로 하모니 부분보다 더욱 멜로디를 전기로 증강시킬 수 있는 것은 놀라운 장점이다. 30-40명보다는 4-6명의 목소리로 구성된 워십 팀이 목소리의 조화를 이룰 수 있는 여지가 더 크게 증가된다는 사실이 멜로디의 선율을 더욱 분명하게 할 수 있다.)

◆ 의미 있는 예배를 통하여 "예배를 위한 도움"과 다양성이 자유롭게 교환되어진다.

◆ 유연성 (잘 훈련된 워십 팀은 "즉각적으로 중지" 할 수 있다. 연주자나 보컬들은 성령께서 원하시는 대로 언제든지 "프로그램"을 바꾸어 예배 사역자를 자연스럽게 따라갈 수 있다. 대다수의 워십 팀은 이런 목적 때문에 어떤 순간에도 연주할 수 있는 곡의 장르와 수(手)신호를 가지고 있다.)

◆ 연주가 아니라 예배를 관망하고 채워줄 수 있다.

워십 팀과 훈련

여러분 가운데서 앞에 나서서 하는 것이 자기중심주의를 부추기는 것 같아 워십 팀을 꺼리는 자들도 있다고 본다. 공적으로 사람들의 눈에 (성가대와 목사를 포함하여) 띄는 것으로 교만해지는 것은 위험하지만, 단지 회중들 앞 단상에 섰다는 이유만으로 자만에 빠지게 된다고 보지 않는다. 우리 모두는 우리에게 주어진 사역의 책임을 가지고 어떻게 다루어야 할 것인지에 대한 선택을 해야 한다. 우리 가운데 예배 사역자들은 자신들의 권위 아래에 있는 사람들은 훈련시킬 의무가 있고 결국 그들로 하여금 올바른 선택을 하도록 준비시킨다. 그리고 우리가 스스로 직무를 심각하게 수행하면, 그들도 그렇게 할 것이다.

훈련되어 영적으로 성숙한 워십 팀 대원들은 가장 첫째가 되는 예배자들이다. 그들의 겉모양이나 힘으로 주의를 끄는 것을 피한다. 대신에, 그들 개개인이 하나님에 대한 경건함을 전해주며, "우리 모두가 함께 여기에 있다"는 소속감을 진정으로 느끼도록 촉구한다. 그들은 눈으로, 얼굴의 표정으로, 몸짓으로 "나는 하나님의 사랑과 용서와 힘을 즐기면서 그분의 존전으로 나아간다고 말한다. 이 놀라운 여행에 동참하십시오"라고 몰려다니는 교인 밥에게 말하고 있는 것이다. 훈련되고 헌신된 팀은 (자신들이)예배를 드리는 것이며, 연주(회)를 갖는 것이 아니다.

최고의 찬사

워십 팀이나 성가 앙상블을 사용함으로써 현대 음악 스타일로써 훨씬 더 문화적으로 가까움을 느끼게 된다. 밥(Bob)이 구식 스타일을 언제나 거부하는 것이 아니라, 일반적으로 이런 스타일에 열정적이지 않다는 것이다. 분명히 큰 차이가 있지 않은가! 밥(Bob)은 교회가 진정으로 시대에 뒤쳐진다고 믿지 않는다. 적어도 목사가 뭔가의 말을 해 줌으로써 자신의 삶을 분명히 알게 해 줄 것을 기대하면서 조금은 맞지 않더라도 45분은 견딜 수는 있다고 본다.

결국, 교회가 현대 음악 스타일에 맞추려고 시간과 노력을 기울일 때, 아주 놀랍고 힘있는 메시지를 몰려다니는 교인 밥에게 전할 수 있게된다. "우리는 여러분에게 대단한 관심을 가지고 있고 여러분 스타일의 언어로 말하기로 결심했습니다." 어떤 한 사람의 정체성과 연관될 때에, 그 사람의 언어는 그 사람의 얼굴 혹은 이름 이상의 것을 의미한다. 결론적으로 독자 자신의 방식대로 말하지 않을 때, 큰 존경심을 나타내 보이는 것이다.

얼마 전에 필자의 남편 에릭은 미국 선교사들 팀과 함께 모스크바와 세인트 피터스버그에 갔다. 우리들의 2주일간의 과제는 막 시작한 러시아 교회 교인들에게 기초적인 것들을 가르치는 것이었다. 한 기관단체에서 온 어떤 참석자는 미국인들의 동기에 대하여 회의론적인 태도를 보였다. 그녀는 초지일관 경계의 눈초리로 보고 있는 것 같았다.

그러나 에릭이 세운 목표 가운데 하나가 시간과 에너지가 허락하는 한 참석자들의 삶과 문화에 푹 잠기는 것이었다. 그는 시간과 에너지를 최대한으로 늘여서 때로는 밤에 몇 시간을 참석자들이 묵고 있는 숙소에서(통역관과 함께), 찻집에서, 매일 공원을 장시간 산책하는 가운데 대화를 나누었다. 게다가 러시아어로 "Via Dolorosa"를 배워 불렀다. 세인트 피터스버그에 있는 그룹은 단어 약간은 알고 있었으나 노래로 불러본 적이 없었다.

세인트 피터스버거 연구소에서 마지막날 에릭은 모인 참석자들 앞에서 "Via Dolorosa"를 부르는 것으로 끝마쳤다. 그룹의 반응은 압도적이었다! 그들이 종이 쪽지로 암기했던 단어들이 실제로 멜로디가 붙여져서 자신들의 언어로 한 미국인에 의하여 불려지는 것을 듣고는 환호하였다! 그들은 마음에 감동되었던 것이다! 아주 회의적이었던 그 여인의 반응이 가장 기억에 남는다. 울면서 에릭에게 나아와 말하기를, "많은 시간을 가르치고 학생들과 수업 후에도 이야기를 나누었음에도 불구하고 이 곡을 배워서 우리말로 우리들 앞에서 부르기 위하여 시간을 들였군요. 당신이 얼마나 우리를 위하는지에 대한 놀라운 표현이었습니다. 결코 잊지 못할 것입니다."

그들의 언어로 곡을 배움으로써, 에릭은 그들의 문화를 진정으로 인정한 셈이었다. 그는 러시아인들에게 경외심, 존경, 사랑을 보여준 것이다. 우리 문화 속에 있는 불신자들에게 이보다 못해야만 하겠는가? 몰려다니는 교인 밥에게 이보다 덜한 관심을 가져야 하겠는가? 때때로 구식 스타일이 매력을 주지 못하고 King James단어들이 그에게 호소력을 주지 못함도 사실이다. 그러나 그것을 적절하게 소화하는 것은 또 다른 하나의 과제이다. 실제로 우리 대부분이 (그들과)같은 언어로 최대한 대화하고, 배우고, 축하한다는 것이다. 몰려다니는 교인 밥도 예외는 아니다.

밥(Bob)이 부르는 노래를 부르는 것은 우리에게 익숙하지 않은 것일지도 모르나, 그러면 바(Bar)에서 불려지는 멜로디에 맞추어 워십 송을 부르는 것이 마치 독일 개혁자들이 한 일과 거의 같지는 않을까! 만약 마틴 루터가 오늘날 예배음악 회사의 사장이었다면, 그가 취한 우선 순위 가운데 하나가 교회로 하여금 다시 한 번 더 "밥(bob)의 노래를 부르게 하는 것"이라고 생각된다. 독자 가운데 예배를 통하여 밥에게로 나아가려는 자가 있다면, 그의 언어로 복음을 전하려는 열정이 매주일 점점 강해지기 바라며, 어떤 초문화적인 상황 가운데서도 성공하여 하나님께 영광 돌리는 일이 계속되기를 기원한다!

10

워십 에반젤리즘 교회의 예

몰려다니는 교인들을 위한 예배는 신입 교인을 의식하여 너무 발표 중심적이다. 우리는 많은 에너지를 몰려다니는 교인들이 친숙하게 되는 것에 쏟아 넣어서 그들이 진정으로 보고 싶어하는 것에서 많이 벗어나고 있다.
　- 예배 사역자, 에드 드영

불신자들이 볼 수 있는 가장 강력한 것은 사람들이 예배 드리는 장면이다. 예배 가운데 하나님이 누구인지 사람들에게 보여 주는 것이다…. 불신자들이 하나님께서 마음의 문을 두드리시는 것처럼 " 뭔가 내면에서 일어나고 있는데 무엇인지 모르겠어요"라고 얼마나 많이 말하는지를 말할 수 없을 정도이다. 그가 벽을 부수고 계시는 것이다. 이것이 바로 기름 부으심이며, 우리들이 드리는 예배에서 이것을 제하여 버릴까 봐 두렵다. - 예배 사역자, 탐미 워커

몰려다니는 교인들이 갈망하는 것이라고 내가 생각했던 것들이 전혀 그들이 바라는 것이 아니었다. 나는 그들이 하나님에 관하여 거의 언급을 하지 않고 모든 것이 희미한 예배를 바라고 있다고 생각했었다. 그러나 그들은 정반대로 -안전하고 솔직한 분위기 속에서 바로 개인적인 하나님을 원하고 있다는 것을 알게 되었다. - 목사, 마크 피커릴

사람들이 영적인 것에 대하여 굶주려있다는 것이 출발선이다. 궁극적으로, 심지어 세상은 교회가 교회다워져서 자신들이 누구인지를 알게 해 줄 것을 원한다.... 그 외의 것들은 어떤 곳에서든지 그들이 얻을 수 있다. 그들은 30불을 내고서도 Letterman뿐만 아니라 그 어떤 것도 보기 위해 대가를 지불할 수 있다. 그러나 오늘날 사람들이 원하는 것은 하나님이다. 그들은 하나님을 알고 싶어 하며, 느끼고 싶어한다... 하나님의 임재, 기름 부으심을 대체할 만한 것은 아무 것도 없다. 그 어느 것도! 절대로 없다. 하나님께서 자신의 존재를 드러내실 때에, 아주 완고한 사람들이 부서지고 그 앞에서 목놓아 우는 것을 보았다. 그들은 "여기에 뭔가 있음을 나는 알게 되었습니다"라고 말한다. - 목사, 라파엘 그린

예배를 통해서 전도자가 되려는 노력을 하지 않고서도 복음 전도가 된다.
 - Life Teen 프로그램 책임감독, 탐 부쓰

있음직 하지 않은 장소

어떤 류의 교회가 워십 에반젤리즘을 선택하는가? 인기가 있는 몰려다니는 교인 지향 모델을 따르고 있는 도시 근교 교회인가? 갑자기 하나님의 부르심에 반응하는 조그마한 규모의 시시한 교회인가? 시내 한 복판에서 제한된 자료를 가지고서도 갈등하고 있는 공동체를 크게 품고 있는 교회인가? 아니면 수백 명의 십대들을 대상으로 사역하는 점진적인 교회들인가? 해답은 이 모든 교회가 할 수 있다는 것이다. 여기에 열거된 모든 교회가 "하나님을 예배 틀에서 벗어나게 하자"고 결정하게 되었다. 이 장에서는 각각의 예화들을 말하려고 한다.

본인은 어떤 모양으로든 워십 에반젤리즘을 실시하고 있는 몇몇 대형 교회(2,00명 이상이 예배 드리는)들을 알고 있다. 그러나 다음 두 가지 이유 때문에 큰 규모의 교회에 초점을 맞추지 않으려고 한다. 첫째, 우리들 대부분이 이런 상황에서 사역하고 있지 않다는 것이다. 즉, 적은 예산과 빈약한 스텝과 외부의 도움도 받지 못하는 실정이다. 둘째, 하나님께서는 미국 기독교의 "뒷방"에서는 거의 불려지지 않는 것 같지만 비범한 일을 하고 계시며, 이제 그것에 관하여 우리가 귀를 기울려 들어야할 때라고 본다.

독자가 만나게 될 4교회는 다양한 교단을 배경으로 하며, 전국에 걸쳐서 흩어져 있다: 메리랜드 주(미트로 발티모어 지역), 티모니움에 있는 Grace Fellowship Church와 미조리 주, 세인트 루이스에 있는 Metro Christian Worship Center와 아리조나 주, 메사에 있는 St. Timothy Catholic Community 와 캘리포니아 주, LA에 있는 Christian Assembly Foursquare Church이다. 이들 각 교회는 복음 전도에 상당한 비중을 둔다. 이들 교회로 인하여, 연합 예배는 많은 복음 전도의 수단 가운데 하나가 되고 있다. 그러나 중요한 것은 예배에 상당한 가치를 두는 것은 예배로 복음 전도 할 수 있는 잠재력이 있기 때문이다. 아마도 이들이 가치를 두는 것은 자신들의 힘의 근원이 되기 때문이며, 예배는 반드시 온전한 예배가 되어야 하는 것이 그리스도인의 삶의 가장 최고의 우선 순위라는 점에 있어서 타협함이 없는 태도 때문이라고 본다. 이것 때문에 이들 교회가 의도적으로 결단하여 하나님께 연합된 영화를 돌리고, 또한 하나님께서는 그들의 선택을 영화롭게 하시고 계신 것이다.

아래의 내용들은 단지 워십 에반젤리즘을 다양하게 할 수 있는 방법 가운데 4가지 본보기 일뿐이며, 다양성은 교회 숫자에 의해서 제한되었음을 밝혀둔다. 다양성을 염두에 두면서, 이 장에 나타난 교회들의 특별한 리더십과 사역의 스타일을 거두절미하여 하나의 방식(Manner)으로 나타낸 것이다. 그리하여 어떤 것은 운영상의 강조점을, 어떤 것은 비전에 초점을 두고 있다. 두 가지 모두일 경우에는(Metro Christian과 Christian Assembly), 그들의 사역의 본질이라고 여겨지는 것을 그대로 보존하기 위하여 인터뷰형식 그대로 표현하였다. 어떻게 꾸며지든 간에, 본인이 바라기는 각각의 교회들이 워십 에반젤리즘을 흥미롭게 만들뿐만 아니라 이 마지막 10년 동안 비록 작은 교회일지라도 보다 더 하나님을 예배하는 것을 추구하는 겸손하고 헌신된 교인들에게 무한한 가능성을 열어줄 통찰력을 갖게되기를 원한다.

Grace Fellowship Church

배경

Grace Fellowship Church는 발티모어 도시 근교에 위치하고 있으며, 14년

된 교회이다. 단지 2년만에 현재 시설(완전히 오디토리움 스타일의 경배 센터)에서 모임을 갖게 되었다. 62%의 붐머, 23%가 버스터로 혼합되어서 평균 성인의 나이는 33세로 "신세대" 교회에 속한다.

1988년 그레이스 교회는 중요한 결단을 하여, 윌로우 크릭교회처럼 몰려다니는 교인을 목표로 하는 모델로 바꾸게 되었다. 불가피한 조정과 전환이 필요했다. 그런데 4년간의 침체기에 있으면서도 2가지 실체는 버리지 않았다.

첫번째는 전통적인 윌로우 크릭의 몰려다니는 교인을 위한 행사를 벌이면서 주체가 제한되었다는 것이다. (신자들은 불신자 친구들은 몰려다니는 교인을 위한 행사에 데리고 오고 자신들은 별도로 예배를 드렸음.) 참석자들은 분명히 자신들의 불신자/몰려다니는 친구들을 교회에 데리고 오는 일에 열중하였다. (1992년 바아나의 연구 조사에 의하면, 그레이스 교회 교인들의 89%가 1년 남짓 불신자들을 초청한 것으로 나타남.) 그러나 그들은 몰려다니는 교인을 위한 행사보다는 예배시간에 데리고 오는 것을 더 선호하였다. 놀랄 것도 없이, 바아나의 연구에 의하면 방문객들의 66%가 "신자들의 예배"를 통하여 나오게 된 것에 반하여 단지 15%가 몰려다니는 교인을 위한 행사를 통하여 나오게 되었던 것이다.

그레이스 교회가 고려해야 했던 두번째 사실은 불신자들이 방문했을 때에, 그들이 몰려다니는 교인을 위한 행사보다는 예배를 더 경험하고 싶어하는 것처럼 보였다. 예배 사역자 에드 드영은 이렇게 말한다:

> 몰려다니는 교인들을 위한 예배는 신입교인을 의식하여 너무 발표 중심적이다. 우리는 몰려다니는 교인들이 친숙하게 되는 것에 많은 에너지를 쏟아서 그들이 진정으로 보고 싶어하는 것에서 많이 벗어난 것 같다. 꽤 많은 신입교인들이 단지 기독교만이 아니라 기독교인에 -예배를 드림에 있어서 우리의 신실한, 진실성, 하나님과의 상호 관계성- 대하여 살펴보고 싶어했다.[1]

이런 시나리오 결과로, 그레이스 교회의 리더들은 자신들의 견해들을 나누기 시작하게 되었다. 그들은 몰려다니는 교인을 위한 행사를 불신자/몰려다니는 교인들의 숫자를 증진하기 위한 유일한 출구로 강조하던가 아니면 "이중 출구(Dual-point-of-entry)" 모델을 추구해야만 했다. 과감하게 그들은 후자를 선택했다. 결국 그레이스 교회는 이제 일주일에 3번(주일날), 아침 일찍 두 번(오전 8:30과 10:00시에) 그리고 마지막은 몰려다니는 교인을 위한 행사로 (오전 11:30) 드린다. 드영은 다음과 같이 말한다:

우리는 몰려다니는 교인들 행사와는 별개로 워십 에반젤리즘 선택하지 않았다. 우리는 이 둘 모두를 하고자 한다. 그레이스 교회는 영적으로 성숙 정도가 다른 모든 사람들뿐만 아니라 다양한 배경을 가진 사람들에게 매력이 있음을 알게 되었다. 우리들이 드리는 몰려다니는 교인들을 위한 틀은 매우 성공적이 반면에, 그레이스 교회에서 자라나 출석하는 많은 이들이 (몰려다니는 교인들과 신자들은) 우리들이 드리는 예배가 편안하고 친숙한 것으로 알고 있다. 몰려다니는 교인들 인구는 광범위하며, 색다른 것을 좋아한다. 이것을 우리는 제공하고 있다.[2]

드영은 그레이스 교회의 워십 에반젤리즘은 "의도적으로 계획된 전략"으로 시작되지 않았음을 강조한다:

워십 에반젤리즘은 정말 자연스럽게 생겨나게 되었다.... 우리는 우리에게 동화되고 있는 사람들의 간증에서 ... 이미 일이 벌어지고 있음을 깨닫게 되었다. 그리고 나서 나는 샐리 모겐 쌀러가 워십 에반젤리즘에 관해 쓴 글을 읽게되었다.[3] 제일 처음 떠올린 생각은 **이것 멋지구나** 였다. 두번째 생각 역시 우리도 이것을 해야지 하는 것이었다. 우리는 몰려다니는 교인들에게나 불신자들에게 매력을 주는 예배 모델을 만들려고 하지 않았다. 우리는 조심스럽게 진솔하고도 역동적이며, 예배하고 성령에 의해 인도 받는 예배를 이끌어 갔다. 나는 예배란 우리가 할 수 있는 것 뭔가를 창조해 가는 것이라고 믿는다. 하나님은 찬양 가운데 거하시고, 사람들은 그 속에서 느끼고 반응한다.

최근의 성장

잃어버린 영혼에 대한 그레이스 교회의 마음은 하나의 도전적인 패러다임으로 기꺼이 받아들여져서, 그들의 개척정신이 전체 사역을 통하여 왕성

한 에너지로 나타나게 되었다. 3년 내에 출석하는 사람이 35%로 증가하게
된 그레이스 교회는 드영이 믿고 있는 성장의 분출은 전적으로 회심과 불
신자의 성장에 있다는 것을 적용해 나가려고 애쓰고 있다:

> 비록 이 시점에서 어려움을 겪고 있지는 않지만, 바로미터(위기 상담, 개인적
> 인 인터뷰, 초점 그룹을 포함) 의 눈금은 우리의 전환 성장률은 급속도로 저하
> 되나 개심 성장률은 증가되고 있음을 보여 준다. 우리는 또한 오랫동안 거의
> 10년 이상을 교회출석하지 않았던 사람들 가운데 많은 이들이 교회로 되돌아
> 오고 있음을 목격하고 있다. 나는 많은 사람들이 "이런 이런" 교회에서 왔다
> 고 말하는 것을 더 이상 들어보지 못했다. 4)

경이롭게도, 그레이스 교회의 몰려다니는 교인을 위한 행사는 점점 확장
되고 있다. 11개월 내에, 몰려다니는 교인을 위한 행사에 평균 참석률은
20%까지 증가하였지만, 참석자들이 매우 독특하다. 드영은 이렇게 말한다.
"우리 몰려다니는 교인을 위한 행사에 참석하는 청중들은 매우 특별한 것
같다....대개가 몰려다니는 교인들에 의해 초청을 받고 온 몰려다니는 교인
들이다."5) 이런 그룹에 관한 자료를 더 수집하는 것은 미래를 위한 그레이
스 교회의 전략을 위해 필수 불가결하다고 본다. 그러나 이제 보여지는 것
처럼 몰려다니는 교인을 위한 행사는 그레이스 교회의 복음 전도를 위해서
중요하고도 효과적인 도구임에 틀림없다.

중요한 것은 몰려다니는 교인을 위한 행사가 그레이스 교회 성장의 유
일한 원인은 아니다. 드영은, "예배는 활기를 띠며, 관심 속에서 계속 성장
하고 있으며, 교제로 더욱 가까워지게 함에 있어서 주된 역할을 하고 있
다."6) 오전 8:30과 10:00예배는 이제 단지 대기실에서 이루어지며 -거의
2,000명이 모임- 이 숫자는 몰려다니는 교인들과 신자들이 적당하게 혼합
되어진 것이다. (드영에 의하면, 보수적인 통계 측정은 35/65 퍼센트로 보고
있다.) 이렇게 증가되고 있는 예배에 대한 반응으로, 그레이스 교회는 확실
한 워십 에반젤리즘 요점과 새로운 과녁을 가지고 토요일 저녁 7:00시에
예배를 드리게 되었다. 드영은, "나는 새롭게 시작된 예배에 몇 가지 중요
한 워십 에반젤리즘 활동을 더하고 있다.... 우리는 새로운 청중들을 -더 젊

고 교회에 나와 보지 않는 자들- 기대하고 있다. 나는 이 예배가 이곳에 있는 극도의 "불신자" 군중들에게 큰 호소력을 줄 것이라고 기대한다."

그레이스 교회의 예배 비전

그레이스 교회의 예배에 참석하는 자들 가운데 예배의 높은 순위를 차지하고 있는 대상은 1992년 바아나의 연구 조사에서 분명하게 나타났다. 참석자들에게 (신자와 몰려다니는 교인들과 교회출석하는 자와 하지 않는 자들을 포함) 주일날 아침 그들이 경험하기를 원하는 것이 무엇인지에 관한 일련의 질문을 하였다. 그들의 응답은 다음과 같다:

- ◆ 52%는 묵상과 개인적인 반성에 더 많은 시간을 할애하기를 원했다.
- ◆ 52%는 성경에 좀 더 초점을 두어 가르치고 설교할 것을 원했다.
- ◆ 47%는 회중들이 기도를 더 많이 할 수 있는 시간을 할애하길 원했다.
- ◆ 33%는 회중들이 더 많은 찬양을 할 수 있기를 원했다.
- ◆ 32%는 좀 더 자주 성찬 예식을 갖기를 원했다.
- ◆ 30%는 일반적으로 예배(찬양)에 더 많은 시간을 할애하기를 원했다.

사람들이 표현한 욕구와 성경적 요소에 충실하여 그레이스 교회는 "하나님의 임재하심"의 성경적 예배 비전을 개발하기 위해 지난 2-3년간 애를 썼으며, 드영은 몇 마디 말로 이렇게 요약하였다 -"하나님 자신을 우리들에게 나타내 보일 수 있는 단상(무대) 만들기."[7] 그런데, 이 몇 마디의 말에는 확신과 전략 전체를 다 포함하고 있으며, 매번 드리는 예배에 관하여 다음과 같이 부각시키고 있다:

- ◆ 우리는 예배가 삶의 한 방식이 되어야 하며, 신령과 진정으로 드리며, 그리스도로 말미암는 자유함과 성령에 순종하고, 민감하여 그리스도의 주권을 우리의 일상 생활 가운데서 함께 모였을 때에 선포할 것을 믿는다.

◆ 우리는 "찬양"이 환경을 초월하여 하나님을 찬양하고자 하는 우리의 의지와 욕구의 행위임을 인식한다.

◆ 우리는 진정한 "예배"는 성령의 도우심과 그렇게 드리고자 하는 우리의 욕구에서 나오는 것임을 인식한다.

◆ 우리는 예배에 대한 명령에 관하여 성경에 진실하고자 하는 욕구와 교리의 중요성을 다음과 같이 인식한다:

> 우리는 다 함께 성찬 예식을 가질 것이다.
> 우리는 다 함께 기도 할 것이다.
> 우리는 시와 찬미와 신령한 노래로 주께 찬송할 것이다.
> 우리는 말씀을 가르칠 것이다.
> 우리는 악기를 연주할 것이다.
> 우리는 그리스도의 지체들을 격려하고, 높이고, 위로할 것이다.
> 우리는 복음의 메시지를 선포할 것이다.[8]

예배

그레이스 교회의 타협 없는 예배 비전은 공동체에 속한 사람들에게 영원한 효력을 가져다 준다. 아직 비전을 선언한 것은 아니나 그들이 체험한 비전은 그들에게 그대로 남아 있다고 본다. 아래 내용은 드영이 그레이스 교회에서 예배를 경험하면서 특별한 양상에 대하여 논의한 것과 어떤 계획들이 관련되어있는지를 보여 주고 있다.[9]

일반적인 설명

음악 스타일은 현대적이며, 합창곡과 찬송곡의 모음을 중심으로 하고, 성경 말씀은 선택된 주제에 따라 선택된다. 우리는 하나님이 누구이시며, 그가 하신 일에 반응하기 위하여, 하나님에 대한 우리의 이해를 증가시키기 위하여 가르침과 더불어 다양한 예배 요소들을 포함시킨다. (그레이스 교회의 예배는 60-70분간 진행된다.)

매주일 예배 목표

예배의 목표는 개인의 자유로움을 허용하면서 예배와 찬양의 연합된 표현을 하도록 이끌어 주고, 도와줌에 있다. 우리는 가슴으로 느끼는 예배를 드림에 있어서 도움이 되는 분위기를 조성하며, 개인적인 표현을 위한 시간을 허용하고, 성령의 역사를 기다리며 예민하게 받아들이는 자세를 가질 수 있는지에 대하여 확실하게 하고자 한다.

하나님의 임재를 추구

하나님과 연결되거나 교통함으로써 하나님의 임재를 아는 것은 예배를 드리는 우리의 목적 가운데 하나이며, 워십 에반젤리즘에 있어서 이것은 필수적이다. 사람들이 -몰려다니는 교인들이나 신자- 여기에 있는 이유는 영적인 것을 갈망하고 있기 때문이다. 그래서 영적 체험 혹은 하나님과 만남, 성령, 그의 백성, 이 모두를 증거하고 있다. 이것이 우리가 기대하는 바이다. "Praise Waits"라는 곡은 우리가 전주로 사용하는 모임 전곡(前曲)이다:

> 큰 기대감을 가지고
> 당신의 백성들이 여기에 모였나이다.
> 뭔가 전율이 흐르는
> 분위기가 맴돌고 있네.
>
> 우리는 당신의 임재를 기다리며
> 군중들은 노래하기 시작하였네
> 축하의 노래
> 우리가 당신께 드릴 찬양!
> 당신을 위한
> Praise waits, praise waits, praise waits !

> 기대감의 바람을
> 이 곳에 채우소서
> 뭔가 일어날 일이멀지 않았네.
> 환호가 그 어디선가 올라가고
> 박수갈채가 터지기 시작하고
> 군중들은 이제 일어섰네;
> 당신이 여기에 있으니 모든 것이 넘쳐 흐르도다.[10]

진실성

진실성에 관한 한 우리는 그 어떤 것도 허용하지 않는다. 회중과 나 자신과 (불신자) 참석자들은 매우 분별력이 있다고 믿는다…. 예배 팀은 여기에 있는 공동체를 위해 헌신하여 모든 것을 바칠 수 있는 사람들로 구성되어 있다. 그들은 우리 공동체를 대표하는 자들이다. 우리는 조화를 기대한다.

동참

회중들로 하여금 예배 체험을 "자신의 것"이 되도록 한다. 만약 우리가 너무 발표중심이 되면, 그들이 그것을 알게 된다. 워십 팀은 단지 "합창" (즉, 회중을) 위하여 도와 주어 하나님으로 하여금 들으시도록 만든다.

진행을 계획

예배 디자인 팀은 8주째 마다 평가, 연구, 기도, 그 다음 예배를 위한 기획, 가르침을 위한 계획을 짜기 위한 모임을 가진다. 매주마다 프로그램 책임자, 프로그램 스텝, 음악 감독, 예배 사역자로 구성된 예배 구상 팀은 각각의 예배를 위한 계획과 프로그램과 상세한 내용을 짠다. 다양한 틀을 이용한다. 예배 주제들은 대개 가르침으로 (어떤 방식으로든) 보충되지만, 각각 독립되어 있다.

<u>예배 음악</u>

우리는 약 30%를 원래 우리 작품으로, 60%는 Integrity Hosanna!곡을 쓰며, 10%는 전통적인 찬송곡들을 사용한다.

<u>발표 요소</u>

우리는 매주마다 다음의 것들을 연합시키려고 노력한다:

- 보컬의 전주(워십 팀)
- 합창곡, 찬송곡(특별 음악으로)
- 특별 음악(전체 워십 팀)
- 악기 편곡
- 독주
- 즉흥적인 영적 찬양
- 드라마
- 무용
- 해석을 곁들인 (성경) 봉독
- 시, 짧은 예화, 켄 기어의 작품 Intimate Moments with the Savior, 성경 말씀의 재현, 드라마식 기도 등등
- 비디오
- 멀티 미디어
- 창조적인 기술과 전시
- 실제로 확증적인 활동

여기서 우리는 개개인에게 세례를 받고, 헌물을 앞으로 가져오게 하고, 기도 제목을 앞으로 가져오게 하고, 앞에 나와서 떡과 잔을 받게 하고, 주변의 사람들과 상호 관계를 맺는 등의 신체적인 반응을 할 수 있는 기회를 준다. 주일 한 번은 하나님께 편지 혹은 짤막한 메모를 하게 하여 앞으로

가저오게 하여, 커다란 유리병에 두게 하였다. 예배 중에 이런 것을 하는 의도는 활동이 실제로 눈에 보여지게 하는 것에 있다.

- ◆ 간증
- ◆ 상징들을 이용

정기적으로 우리는 상징물, 즉 십자가를 단지 조명 아래 세워두기도 한다.

유형의 예들

유형 #1

보컬의 전주   워십팀
"와서 찬양해 Come and Sing Praises"
"모두 다 위엄을 맞아들이세 All Hail the Power"
"와서 찬양해 Come and Sing Praises" -다시 찬양
예배/메들리로의 부름   예배 사역자
"예수님께 예배해 Celebrate Jesus"
"예수 그 이름 Jesus Is His Name"
"오, 수천의 방언으로 O For a Thousand Tongues"(현대풍으로 편곡)
"오, 수천의 방언으로 O For a Thousand Tongues"(찬송곡)
(회중 앉아서)
특별 음악   워십 팀
"찬미 받으실 Be Magnified"
"영광 돌리리 We Will Glorify"
반성과 고백의 시간
"그리스도 한 분만이 In Christ Alone"
헌금/광고
드라마   드라마 팀
메시지/흩어짐   목사

<u>유형 #2</u>

보컬의 전주   위십 팀

"가족 송 Family Song"

"나는 예수를 믿네 I Believe in Jesus"

"우리는 그리스도의 지체 We Are the Body of Christ"

예배/메들리에로의 부름   예배 사역자

"든든한 기초 Sure Foundation"

"강하고 담대하라 Be Bold, Be Strong"

헌금/광고

회중 간에 인사   회중

예배메들리

"그리스도 당신 안에 Christ in You"

"십자가 감사해요 Thank You for the Cross"

성찬을 위한 묵상   목사

성찬을 위한 준비   회중

성찬과 반응   회중

"우리는 하나님의 백성 We're the People of God"

"그를 높이고 He Is Exalted"

특별 음악   위십 팀

흩어짐   예배 사역자

<u>유형 #3</u>

보컬의 전주   위십 팀

"단 한 가지 내가 원하는 것 One Thing That I Have Desired"

예배에로의 부름   예배 사역자

"말씀에 귀를 기울이라 Give Ear to My Words"

가르침/묵상 (시편 5:1-3)

“말씀에 귀를 기울이라 Give Ear to My Words” 다시 부름
“주의 이름 부르며 I Will Call Upon the Lord”
가르침/묵상 (시편 5:4-7)
비디오 상연   멀티미디어
예배 메들리 (영창으로)
“다 와서 예배하세 O Come Let Us Adore Him”
“주여, 당신은 아름답습니다 Lord, You’re Beautiful”
고백
“겸손하여라 Humble Thyself”
특별 음악   워십 팀
가르침/묵상 (시편 5:8-12)   목사
“우리를 신실하게 이끄소서 Faithful to Lead Us On”
헌금/흩어짐

도전

그레이스 교회의 몰려다니는 교인을 위한 행사/예배 참석자 내에서 통일된
공동체를 개발해 나갈 필요는 매우 실제적이나 아직은 단지 최근에 많은
교회들이 하고있는 몰려다니는 교인 중심의 대 집회(즉, 윌로우 크릭 모델
을 따르는 교회들이 많음) 가운데 하나에 지나지 않는다. 결국은 초문화적
공동체가 실제로 하는 것보다 탁상공론이 되어 버렸다. 몰려다니는 교인을
위한 행사는 한결같이 “자기 보존”에만 급급하여 교회의 지체들이 예배하
는 것에서 멀어져 이 행사에 참석한 불신자들이 결국 자신들의 소견대로
행동하는 것으로 끝나버리는 위험성 있다. 예배와 몰려다니는 교인을 위한
행사의 융합이 다가오는 몇 년을 위한 그레이스 교회에게 주어진 과제 가
운데 하나일 것이라 여겨진다.
　다행히도, 신자와 불신자, 교회 출석하는 자와 출석하지 않는 자 사이에
상호 관계성은 그레이스 교회 안에서 뿐만이 아니라 교회 밖에서도 이루어
지고 있다. 최근 포커스 그룹의 통계 수치에 의하면, 예배와 몰려다니는 교
인을 위한 행사에 참석하는 자가 20%임을 - 즉, 그레이스 교회의 참석자

20%는 예배와 몰려다니는 교인을 위한 행사 둘 다 참석하는 자를 나타낸다- 보여주고 있다. 드영은, "두 가지 양상으로 나타나고 있는데, 어떤 신자들은 몰려다니는 교인을 위한 행사에 참석하고 어떤 불신자들은 예배에 참석하고 있다"고 말한다.[11]

통계 수치가 보여 주듯이, 그레이스 교회의 예배에 참석하는 자들 가운데 적어도 35%가 불신자들이며 (이것은 많은 수의 몰려다니는 교인들이 행사보다는 예배에 참석하는 것을 택하는 것처럼 보인다.), 심지어 단지 신자 가운데 소수만이 몰려다니는 교인을 위한 행사에 참석하고 있으므로, 이것은 분명하게 그레이스 교회의 초문화적 공동체가 최근에 주로 예배 경험을 하고있음을 나타내고 있는 것이다. 드영은, "우리들은 예배를 드리는 동안 공동체와 상호 관계성을 크게 강조한다"고 말한다.

비록 그럴지라도, 예배를 드리는 동안 이런 유형의 공동체를 만들어 낼 수 있는 가장 중요한 요소는 그레이스 교회의 특별한 프로그램과는 아무 관련이 없다. 단합된 모습은 언제나 진정한 예배의 부산물이다. 그리하여 그레이스 교회의 초문화적 결합의 많은 부분들이 신령하게 이루어진다. "초신자"는 인간적인 활동에 있어서 최고로 환영을 받고 있으며, 하나님과 성령님의 연합으로 두 문화가 하나가 되고 있는데, 그렇지 않으면, 공통된 것이라고는 전혀 없다.

"우리가 의도하지 않는 것들"

비록 어떤 이들은 그레이스가 진취적으로 워십 에반젤리즘/몰려다니는 교인을 위한 행사를 혼합시킨 모델을 "변질된" 혹은 "판에 벗어난" 것으로 생각하려고 하지만, 그레이스 교회의 복음 전도에 대한 헌신과 성공은 부정할 수 없다. 그레이스 교회는 예수 그리스도를 위하여 공동체에게 나아가고 있으며, 대중들의 창조성과 하나님의 인도하심에 대하여 특별히 열려진 마음을 바탕으로 그렇게 하고 있다. 하나로 모든 것이 통하는 모델이 성행하는 시대에서, 그레이스 교회는 하나님 나라의 성공은 하나님의 임재에 대한 초문화적 경험(워십 에반젤리즘)과 발표하는 행사(몰려다니는 교인을 위한 예배)가 강력하고도 특별한 방법으로 서로 보완해 줄 수 있음을 증명하고 있는 것이다. 그레이스 교회 스스로 "비전통적" 이중적 접근법(의 성공)으로 놀랄 정도이지만, 아직은 한 가지 방법을 독단적으로 고집하기보다는 하나님의 인도를 따르는 방법을 선택하고 있다. 드영은 다음과 같이 말한다:

> 몰려다니는 교인들을 위한 예배, 사역자들의 협조, 나이, 공동체의 태도, 시설, 이 모두가 다양한 사람들과 우리 가운데 교회출석하지 않는 많은 이들을 불러 모음에 있어서 한 몫을 하고 있다. 교회출석하지 않는 사람들이 환영을 받고 심지어 우리가 드리는 예배에서도 편안함을 느끼게 되어, **우리로 하여금 하나님께서 우리가 마땅히 의도하지 않던 일들을 이루어 가심을 보게 하신다.**

> 만약 내가 몰려다니는 교인들 중심의 사역에 대하여 말한다면, 이 말을 할 수 있을 것이다: 복음 전도는 '이것 아니면 저것'의 그 무엇이 아니다. 모든 것을 하나로 만들지 말라. 사역에 있어서 해결책은 다양한 선택이 요구되며, 특별한 비법은 교회마다 다르게 될 것이다. 어려움을 겪고 있는 사역자들을 보면 자신들이 처한 상황에 민감하지 못하고 몇 가지 정해진 과제에 눈이 감기어져 있다. 우리는 진행 과정 하나하나가 **하나님께서 의도하시는 것이 되도록 해야** 한다.[12]

그러면 그레이스 교회의 미래는 어떠한가? 만약 현재의 리더십이 계속 이어진다면, 다른 의견들을 생각하고, 진행 과정 하나하나에 하나님의 의도하심이 존중되고, 성령에 민감히 반응하는 것이 다가 오는 미래를 위한 그레이스 교회의 특징이 되어야 할 것이다. 예배는 거의 우선 순위를 차지한다. 만약 드영이 말한 것이 그 뭔가를 암시한다고 한다면, 그것은 흥미로운 것이 아니겠는가!

> 그리스도의 지체는 하나의 살아 있는 유기체이며, 살아 있는 유기체는 변화가 일정하게 일어나고 있다고 우리는 알고 있다. 우리는 계속해서 다양성과 변화를 추구할 것이며 … 참신한 예배의 요소를 도입하여, 반응할 수 있는 기회를 더욱 부여해주며, 옛것을 존중하면서 새로운 전통을 만들어 갈 것이다…. 우리는 과거의 성공에 의존하지 않고 계속적으로 성령께서 새롭게 지시하는 방향

으로 나아갈 것이다. 우리는 교회의 역사와 전통을 소중하게 여길 것이지만, 예배하는 공동체에게 주어진 여정 가운데 새로운 전통을 세워가려고 노력할 것이다.[13]

Metro Christian Worship Center

배경

Metro Christian Worship Center는 세인트 루이스의 남부 도시에 위치해 있으며, 극도로 도전적이며 때때로 절망과 위험스러운 환경 속에서 하나님에 대한 소망과 사랑의 오아시스가 되고 있다. 8년 전에 예수 그리스도를 위한 세인트 루이스의 다민족, 도시 공동체에게 나아가기 위한 비전을 품은 -단순했지만 비틀거리며 겨우 나아가던- 음악가이면서 목사인 라파엘 그린 (40세)에 의해 가정 교회에서 시작되었다.

공식적으로 등록된 메트로 교회의 교인은 단지 약 250명에 불과하다. 그러나 세인트 루이스 도시 공원에서 갖는 야외 예배(집회), 특별히 남쪽 메트로 지역을 집중적으로 공약하고 있는 독특한 사역 때문에, 참가하는 인원이 매년 몇백 명씩 늘어가고 있다. 그리하여 그린 목사님의 비전은 자신이 상상했던 것 그 이상의 방법으로 크게 실현되어가고 있다. 그러나 단지 놀라운 것은 이런 일이 대중 집회, 가호 방문, 가두 연설, 혹은 빙고 게임을 통해서가 아닌 주로 예배를 통해서 이루어지고 있다는 사실이다.

워십 에반젤리즘을 메트로에 적용하게 된 모험에 관한 그린 목사님의 개인적인 간증은 감동적이다. 그래서 본인은 그분과의 인터뷰에서 중요한 부분을 선택하여 아래에 따로 분리하여 독자로 하여금 특별한 영역에 주의를 집중할 수 있도록 하였다. 그분이 주신 조언 전체를 읽게 되면, 예배를 통하여 하나님께서 이 도시에서 하고 계신 일 뿐만이 아니라 도시 근교 주민의 마음 한 가운데 하나님께서 하시는 일에 대하여 많은 통찰력을 얻게 될 것이다.[14]

사역 초기: 음악과 예배의 중추적 역할

필자: 목사님의 배경과 하나님께서 어떻게 이런 사역으로 이끄셨는지 말

쓸해 주십시오.

라파엘 그린(이하 그린):　저는 6살 때에 그리스도인이 되었습니다. 지금은 세인트 루이스에서 살인자의 숫자가 최고에 달하는 도시에서 태어나(그 당시에는 단지 조그만 '시'라고 불리었다) 도시적인 분위기 속에서 성장했습니다. 제가 성인이 되었을 때에 하나님께서는 젊은 나이에 저와 비슷한 환경에서 성장한 사람들을 위한 사역으로 부르셨습니다.

필자:　사역은 언제나 음악과 예배를 중심으로 이루어집니까?

그린:　음악은 제 삶에 있어서 커다란 부분을 차지합니다. 저는 제가 이성적인 생각을 할 수 있을 때부터 노래를 불러왔습니다. 제가 오랄 로버트 대학을 다니던 시절에도 (1973-78), Souls of Fire 그룹의 창설자인 칼톤 피어선과 함께 일했습니다. 이 그룹은 처음에 흑인 군인들의 태도에 반항하기 위한 것으로 시작되었습니다. 이 그룹의 메시지는 우리들(미국-흑인)의 마음 속에 예수님의 사랑이 타오르게 하였고, 미국의 어려움과 곤란에 상관없이, 정부의 정책이 어떠하든 간에, 진정한 해결책은 예수 그리스도와 개인적인 관계성을 갖는 것에서 시작된다는 것이었습니다. 저희 그룹들은 우리 대학에 와서 교회가 도시근교 특히 백인 지역을 중심으로 하고 있는 사역을 도시 한복판이 있는 공동체를 위해서도 똑같이 해야 할 필요가 있다고 말하시던 탐 스키너 전도사에게 많은 감명을 받았습니다.

오랄 대학의 후원 하에 결국, Souls of Fire그룹은 전국을 순회하며 탐 스키너의 제안대로 하나님의 나라의 모델을 가지고 있지 않는 지역(도시)에 이 모델을 심어 주는 기회를 가지에 되었습니다. 2-3년간 여름마다 여행을 하며 도시 공동체를 위한 사역을 주로 하게 되었습니다. 졸업 후에도 Souls of Fire의 사역이 계속 이어져 교회 모임과 거리 집회뿐만이 아니라 구치소, 교도소, 환자 요양소를 찾아다니게 되었습니다.

　놀라운 것은 하나님께서 예배와 음악을 통하여 강하게 역사 하시는 것을 보게 된 것입니다. 제가 계속 예배, 영적 전쟁에 관한 하나님의 말씀을 나누었을 때에, 사람들의 마음은 열려졌고, 우리는 예배에 대하여 더욱 강조하기 시작했습니다.

필자:　메트로 교회는 어떻게 시작되었습니까?

그린:　교회는 저의 부모님 댁에서 7명의 성인으로 시작되었습니다. 그 당시 저는 그룹들과 함께 여전히 순회 여행을 하고 있었습니다. 교회가 탄생했을 때에, Souls of Fire 그룹은 되돌아와서 교회의 일부가 되기로 결정했습니다. 그리하여 저희들은 단지 똑같은 사역을 이제는 세인트 루이스 지역에서만 하게 된 셈이지요. 이로써 저희들은 그룹을 Urban Song이란 이름으로 바꾸게 되었던 것입니다.

메트로 교회 사역의 환경

필자:　메트로 교회가 사역하고 있는 지역의 특성들은 무엇입니까?

그린:　메트로 교회는 세인트 루이스 도시 공동체 속의 다민족으로 이루어진 교회입니다. 묘한 것은 제가 성장할 때에 이곳, 백인들이 주로 살던 시로 저희들을 부르셨습니다. 그 당시에만 해도 미국-흑인들이 많이 살지 않던 곳입니다. 후에 저희들이 알게 된 것은 이곳에 동유럽과 이탈리아에서 이민 온 사람들이 많이 살고 있다는 것입니다. 그러나 이제는 거의 많은 민족이 혼합되어있습니다. 아마 거주민 30-40%가 미국-흑인, 10-20%가 미국-아시아인들일 것입니다. 우리 지역은 다른 지역처럼 거친 곳은 아닙니다. 극도로 위험하지도 않습니다. 그러나 Crips & Blood가 있고, 그 외 다른 갱들도 있고, 온갖 종류의 매춘과 사탄의 서적을 파는 가게 등등이 있는 것은 사실입니다.

　이런 공동체 안에서 우리들의 초점은 우리가 접촉할 수 있는 사람들 모두를 향한 사역을 하는 것입니다. 또한 이 도시 안에 가장 심각한 문제가 되어 극도로 분열하게 된 이일에도 관여하기를 원합니다.

세인트 루이스 공원에서의 워십 에반젤리즘

필자: 메트로 교회가 세인트 루이스 도시 공원에서 예배 사역을 시작하게 된 경위를 말씀해 주시겠습니까?

그린: 전(前) 시장님께서는 자원자들을 세워서 소위 "기동성 있는 팀웍"이라는 일을 추진하셨습니다. 이 일의 목표는 환락에 빠진 청소년이 할 수 있는 활동들을 제공하는 것이었습니다. 그리하여 그런 분위기 가운데 공원에서 사역할 수 있는 승인을 받게 되어 단지 공원으로 나갔던 것입니다. 처음부터 저희들은 어떤 복음적인 것으로 짐 지우지 않으려고 조심했습니다. 저희들은 단지 "여름 도시 음악 축제"라고 불렀습니다.

필자: "축제"에 대하여 설명해 주십시오.

그린: 저희들은 영적, 전투적 차원에서, 우리가 성경 말씀처럼 사람들의 마음과 생각을 사로잡고 있는 사탄의 요새를 부서뜨리기 위하여 예배와 찬양을 했습니다. 그러나 예배(사실은 따라 노래 부르는 것)와 함께 저희들은 또한 놀라운 간증도 곁들여 무용과 랩도 하였습니다.

메트로 사람들은 공원에서 하루를 보내는 것 같은 옷차림으로 나오지만 밴드(Urban Song)와 함께 예배를 드립니다. 대개는 (도시) 공동체에서 온 사람들이 예배음악을 듣게 되면 모여듭니다. 그러면 저희들은 "이때다"고 느껴지면 -진실로 사람들의 마음이 열려 사탄의 눌림에서 분명히 자유로워지는 것을 느낄 때- "메시지가 담긴 음악"으로 들어갑니다.

필자: "메시지가 담긴 음악"이 무엇입니까?

그린: 복음의 내용이 담겨져 있으며, 도시 거주민들에게 익숙한 상황이 담겨 있는 음악을 말합니다. 오늘날 상황은 폭력, 갱들, 마약, 상처 입은 관계들 -단지 결혼 생활뿐만이 아니라 결손 가정 전체 포함- 뜻합니다. 또한 혼란스러운 종교적 -불교, 회교, 유교 기타- 문제들도 포함됩니다.

필자: 축제를 가지면, 어디서든지 초청의 시간(부름)을 가집니까?

그린: 예 가집니다. 언제나 복음에 반응할 수 있는 기회를 사람들에게 줍니다. 비록 규칙적으로 초청의 시간을 갖는 것은 아닙니다. "앞으로 나오십시오, 구원을 받기 위한 기도를 해 드리겠습니다"라고 말하지도 않습니다. 어디에 있든지 메트로 사람들에게 개별적으로 사역을 할 수 있기 때문입니다. 저희는 이런 방법으로도 많은 불신자들이 확고하고도 진심에서 우러나는 헌신을 주님께 하는 것을 보았습니다. 특별히 젊은이들과 십대들에게 효과적입니다. 사실상 몇 년을 지나면서 직접적으로 십대들을 위한 전임 스텝들의 협력이 필요하다는 것을 깨닫게 되었습니다.

필자: 사용하고 계시는 예배와 찬양에 관해 말씀해 주십시오.

그린: 헤비 "R & B"(리듬과 부르스)풍의 찬양음악과 현대풍 발라드의 중간인 크로스-섹션(Cross-section)을 씁니다. 저희들이 사역하고 있는 지역에 따라 때때로 저희들이 사용하는 스타일은 Integrity Hosanna와 유사한 곡도 쓰고 있습니다. 저희들의 예배와 찬양은 사실상 저희들이 알고 있는 "자연스럽게 흘러 나오는 음악" -마음에서부터 흘러 나와 부르게 되는-이라면 무엇이든 다 합니다. 저희들은 때때로 하나님을 공적으로 드러내어 우리 가운데 사역하시도록 만듭니다. 영적 전투에서 우리를 위하여 싸우시도록 간구합니다: 우리가 사역하고 있는 공동체와 대항하고 있는 일들 즉, 살인, 다양한 범죄 등을 이기도록 예수 그리스도의 주되심을 선포합니다. 또한 때때로 사람들을 사로잡는 두려움에 대항합니다. 그러나 이 모든 것이 예배를 통하여 이루어집니다.

필자: 전통적인 가스펠 송은 얼마나 사용하십니까?

그린: 처음에는 정말로 많은 곡을 사용할 수 없을 것이라 생각했지만, 전통적인 가스펠 송으로 많은 불신자들을 이끌 수 있다는 것을 알게 되었습니다. 그들이 곡을 들으면서 교회에 대한 추억을 떠올렸고, 단지 이 곡들을 듣기 위해서 나왔습니다. 어떤 이들은 "나 같은 죄인 살리신" 혹은 "갈보리산 위에"등을 연주해 달라고 요청합니다. 한 번은 미네아폴리스에 있는 한 공원에서 현대풍 찬양을 가지고 연주하였을 때에 아무도 오지 않았습니다. 그러나 빌 게이더와 글로리아 게이더의 곡 "살아 계신 주"를 포함한 옛날 오순절 스타일의 "오 예수님의 피보혈"의 "살아 계신 주" 메들리를 시작했을 때에, 사람들이 거리 집회로 달려오기 시작했습니다. 참으로 놀라운 일이었습니다.

필자: 사용하시는 음악에 있어서 세대마다 선호하는 곡들이 있습니까?

그린: 대개 옛날 곡들을 요청하는 사람들은 교회에 나가 본 적이 있는 자들로서 약 22세 이상의 사람들입니다. 지금 신세대 -13세에서 21세-의 많은 사람들이 교회에 나와 본 적도 없고 교회 생활에 대해서도 모릅니다. 랩을 하지 않고서는 도시의 십대들에게 나아갈 수도 없습니다. 이들 특별한 십대들에게 예배를 대신할 수 있는 것으로 -즉, 곡들이 정말로 그들로 하여금 하나님을 점차 잘 알 수 있도록 도와 주는 곡들- 끌어들이기 위해서는 최신형의 스타일을 사용할 필요가 있습니다. 그리하여 저희들이 사용하는 곡 중간쯤에 랩도 삽입합니다.

Urban Song 그룹은 주로 30대의 음악 팀이기 때문에 이제 저희들은 랩을 할 수 있는 젊은 팀을 개발하고 있습니다. 이들 젊은이들은 이런 세대에 접근할 수 있는 방법을 정말로 잘 알고 있습니다. 그리하여 그들을 이제 도시 축제에 투입하게 되었고, 이미 많은 십대들이 그들의 사역을 통하여 교회에 나오는 것을 보게 되었습니다. 하나님께서 정말 그들의 삶을 감동시켰습니다.

필자: 공원에서 예배와 찬양을 경험하는 불신자들의 전형적인 반응은 무엇입니까?

그린: 처음에는 그들이 당황해 하였습니다. 그들이 찾고 있는 것이 무엇인지를 확신하지 못하고 있습니다. 그러나 처음에는 음악에 귀를 기울이게 되고, 기독교 그룹임을 알게 됩니다. 그러나 뭔가 틀리다고 느끼게 됩니다. 비록 우리가 전통적인 가스펠 송을 사용하지만, 전통적인 교회 그룹이 하는 음악과는 결코 같지 않습니다. 그들 가운데 많은 사람들이 말하기를, 들으면서 뭔가 그들 속에서 일어나는 것 같았다고 합니다. 이들 영혼을 위해 사역하는 예배 사역자들은 그들의 감정적인 부분을 잘 다루어서 메시지가 딱 맞아떨어질 때, 정말로 그들의 마음속에 말하는 것이 됩니다. 무엇보다 더 성령님께서 진정으로 변화 -기름 부으심- 시키십니다. 하나님께서는 사람들의 찬양 속에 거하십니다. 그 가운데 좌정하십니다. 정신과 감정에 묶여버린 멍에가 풀어집니다. 상황은 변하고 사람들은 희망을 가지게 됩니다. 예배와 찬양이 매우 강하게 역사함은 의심할 것도 없습니다.

워십 에반젤리즘을 위한 메트로 교회의 시설

필자: 예배에 있어서 메트로 교회의 시설에 관하여 말씀해 주십시오.

그린: 공원에서 저희들이 사용하는 것들은 최신형의 것들입니다. 사실상 거리에서 하는 것과 거의 같은 것을 사용합니다. 단지 좀 더 신자들 중심으로 동참하도록 하고 있습니다. 메트로 교회의 예배에서 보면, 많은 것들이 동시에 일어나고 있습니다.

첫째, 예배는 우리가 주께 드리는 것이라고 믿고 있습니다. 둘째, 예배는 영적 전투와 관련되어 있습니다. 하나님께서는 우리를 여기에 두셔서 사탄의 영향으로부터 우리의 도시 공동체를 자유롭게 하시리라 믿습니다. 그리하여 저희들은 교회에 모일 때 진정한 치유와 자유함을 위한 시간을 가집니다. 메트로의 많은 사람들이 결손 가정 상태입니다. 심지어 두 부모가 있어도 각각 집마다 많은 갈등을 안고 있습니다.... 도시 공동체 안에서 놓임을 받기 위해서는 [예배와 기도의]영적 무기가 필요합니다. 많은 범죄, 이혼, 결손 가정 등등이 기능 마비뿐만이 아니라 사탄의 공격의 결과에서 온 것이라 믿습니다. 그리고 이 기능 마비는 사탄의 활동을 위해서 열려진 문이라고 봅니다. 셋째, 예배는 공동체를 세워 주며, 또한 사용하고 있는 예배 자료들이 하나님과 친밀하게 할 뿐만이 아니라 공동체 내에서 서로서로를 위한 관계성을 개발하는데 도움이 된다고 믿습니다. 예배와 찬양이 끝난 후에 사람들이 서로를 위해 사역을 하는 것은 특별한 것이 아닙니다.

필자: 공원에서 사용하는 것 말고도, 메트로(교회)에서 따로 사용하는 예배음악이 있습니까?

그린: 저희들은 예수님의 보혈에 관한 것을 많이 부릅니다. 음악 가운데 더러는 -약 17%정도- 제 자신 혹은 저희 교회 사람들에 의해서 써졌습니다. 음악 감독과 다른 친구가 저희들이 사용하는 여러 음악들을 썼습니다. 저는 Prophetic Music and Arts Conference의 수련회의 일부를 담당하고 있습니다. 매년마다 이 수련회를 가지며, 이 수련회에서 나온 음악들을 많이 사용합니다. [그린 목사의 다른 음악 그룹과 Urban Hope는 Prophetic Music and Arts Conference의 결과로 탄생하였다. Urban Hope가 최근에 Integrity Hosanna 와 같이 만든 앨범, Urban Hope가 최고 정상으로 판매되고 있다.]

필자: 불신자들이 목사님 교회의 예배에 매력을 느끼고 있습니까?

그린: 그 질문을 받으니 참 기쁩니다. 그렇습니다. 거의 예외 없이, 메트로 교회의 예배와 찬양을 드리는 가운데, 불신자들의 반응은 그들에게 임하시는 하나님의 임재를 느낀다고 합니다....그들은, "나는 이것이 사랑이라고 느낍니다. 뭔가 네게서 떨어져 나간 것 같아요. 눈이 떠졌어요. 저는 더 알고 싶습니다"라고 말합니다. 그리하여 영적 전쟁이 그때 이루어지고 있음을 알게 됩니다. 여름에는 에어컨이 없기 때문에 창문을 열어 둡니다. 우

리는 밖에서 들려 오는 이런 소리를 듣게 됩니다. "당신네 음악을 듣고 싶군요. 저 안으로 들어가 봐야겠다는 생각이 드는데요. 도대체 무엇을 하는 것인지 보고싶군요. 뭔가 다른 음악이군요" 혹은 "누군가 '저 안으로 들어가자'라고 말하더군요"라고 말한다.

필자: 메트로 교회의 예배를 통하여 하나님께서 그들의 삶이 변한 것을 본 적이 있습니까?

그린: 그럼요. 특별히 어린 십대들에게 서지요. 메트로 교회에서는 -생각할 수 있는 모든 스타일의 춤을 추며, 이들 젊은 십대와 대학생들은 하고 싶은 대로- 정말로 춤을 춥니다. 그러나 그들이 하는 것은 하나님을 위해서입니다. 단 한 가지 제가 깨달은 것은 선동적이고 감각적인 동작을 하지 않도록 하는 것입니다. 약 2-3년 전에 사역하면서 겪은 일 때문에, 저는 그들을 앞으로 나오도록 부릅니다. 어느 주일날 그렇게 뛰다가 이들 젊은 십대들이 하나님의 임재에 다 넘어지는 것이었습니다. 뒤에 그들 가운데 한 명에게 무슨 일이 일어났는지를 물었고, 그는 "모르겠어요"라고 대답하였습니다. "다쳤니?"라고 물었죠. 그는 "아니요. 정말 대단한 것이었습니다"라고 대답하더군요. 이들 십대들의 마음을 사로잡을 수 있다는 것은 정말 중요한 것이었습니다. 저희들은 그들이 언제나 자신들이 하고 일을 알지 못하나 하나님을 맛보고 있다고 믿습니다. 그들이 이런 파티에 가서 심야의 절반 이상의 시간을 보낼 정도이기 때문에 중요합니다. 한때는 갱의 일당이었던 젊은이가 한 번은 이렇게 말하더군요. "내 생에 있어서 이렇게 흥미로운 일은 없었거든요. 내가 가는 파티에서는 누군가 나에게 총 쏠 것 같아 두려워했거든요. 그러나 여기서는 완전히 평화를 가지게 됩니다."

예배의 능력: 하나님이 원하시는 것을 하시도록 내버려 두라

필자: 때때로 교회는 하나님을 체험하려는 사람들의 호기심에 맞춘 프로그램을 가지고 너무나 지나치게 사람들의 환심을 사려고 한다고 생각하지 않습니까?

그린: 맞습니다. 우리는 분석이 잘 되어 세세하게 어떤 방법을 얻으려고 하는 것 같습니다. 그리하여 하나님이 안 계시는 프로그램을 짤 수도 있습니다. 그들이 정말로 받아들이고 싶지 않은 메시지는 받지 않을 것이라고 생각합니다 -미네아폴리스에서 우리가 노래할 때 비슷한 생각을 했었죠. "자, 만약 우리가 고도의 기술을 가지고 하면, 그들을 사로잡을 수 있을 거야." 그러나 수많은 시간을 완전히 놓쳤던 것입니다. 우리가 단지 피아노로 혹은 아카펠라로 불렀을 때에, 그때야 하나님이 거기에 계셨습니다. 우리의 능력이 아니라 성령님께서 친히 사람들을 하나님께로 몰아갔습니다. 그것을 몸소 체험했습니다. 그리고 목격했습니다. 하나님께서 그렇게 하시는 것을 지켜보았습니다.

우리는 CCC 전도 집회가 하는 방식에 따라 프로그램을 짜는 경향이 있습니다. 오해는 마십시오. 저는 진실로 빌리 그래함과 그들이 하는 사역을 많은 점에 있어서 존중합니다. 그러나 그것만이 유일한 방법은 아니라는 것입니다. 즉 언제나 "이제 초청에 나오십시오"라는 식이어야 할 필요는 없습니다. 정말로 어찌해야 할지 모르지만 단지 하나님께서 인도하시도록 내맡겨야 하는 즉각적이고도 자연스러운 순간을 갖게 될 수도 있습니다. 병자들을 위해서는 초청의 시간(Altar call)을 가질 수도 있습니다. 메트로 교회에는 다른 많은 것을 하고 있습니다. 저는 때때로 서로서로 돌아보고서는 옆에 있는 사람이 예수님을 알고 있는지를 물어 보라고 합니다. 주로 처음 시작 때에 이렇게 많이 합니다. 그리고는, "여러분과 함께 온 사람이나 옆에 있는 사람들과 함께 기도하십시오"라고 말합니다. 지난 3-4년 동안 이렇게 하여 구원받게 되었다고 말하는 사람들이 얼마나 많은지 모릅니다.

필자: 아마도 백인계 공동체들이 메트로교회가 하듯이 하나님께서 원하시는 일을 하시도록 맡기는 사역을 배울 필요가 있다고 봅니다.

그린: 예 그렇다고 생각합니다. 때때로 우리들은(미국-흑인계) 백인계들은 "우리가 하는 방식이 예배를 드리는 유일한 방법이다"라고 말하는 것처럼

느낍니다. 그러나 그들이 우리가 하는 방식으로 춤을 추지 않고, 같은 곡조로 부르지 않고 혹은 베이스를 거의 낮추거나 없애버리거나 혹은 드럼을 빼 버리더라도, 그들은 진실로 성령 안에 있고, 진정으로 하나님을 예배하고 있다고 봅니다. 그런데, 제가 발견한 것은 하나님께서는 드럼, 베이스 기타, 리듬 기타에 집중하시지 않는다는 것입니다. 그분은 이것들을 강하게 사용하십니다. 하나님께서는 랩에 집중하지 않으십니다. 그분을 영화롭게 하지 않고 사람들을 그분께로 이끌어 오지 않은 랩에 관심을 두지 않는 것이지, 스타일 때문만은 아닙니다. 제 생각으로는 백인계 공동체들이 다소 스타일 문제에 있어서 여유를 가졌으면 합니다.

필자: 다가오는 10년 동안 특별히 도시 다민족 공동체에 있어서 예배의 역할은 무엇이라고 보십니까?

그린: 더욱 다양해 질 것이라고 봅니다. 하나님께서는 특별히 이 도시의 영적 자유함을 위하여 야외에서 드리는 예배를 더 많이 사용하실 것이라 봅니다. 하나님께서 저의 삶을 Urban Liberation Summits에 참여시켜 여러 도시에서 우리들의 예배 사역을 담당하는 소명을 주셨음을 느낍니다.

요컨대, 미국의 도시들이 예배를 통하여 하나님께서 원하시는 것을 하시도록 하지 못하고 있습니다. 저는 공공 정책을 조금씩 연구해 나가면서 점점 더 많은 구상을 하게 되었습니다. 그러나 해답은 단지 예배의 발전 혹은 정치적, 사회적 혹은 교육과 같은 문제 있는 것은 아닙니다. 하나님께서만이 성령과 그의 백성을 통해 해결하실 수 있는 특별한 유형이라고 봅니다. 그리고 저는 하나님께서 이런 공동체에서 사역하고 있는 교회의 생각뿐만 아니라 공적인 정책에 영향을 끼치고 있는 사탄의 권세를 무너뜨리기 위하여 예배를 들어 사용하실 것이라 믿습니다.

급진적이지 않느냐고 하실지도 모르겠군요. 그러나 하나님께서 급진적이시며, 그분께서 메트로에서 하신 일을 보았고, 공원에서 일어나는 일을 보았습니다.... 저는 적어도 이것에 관한 한 아주 흥분된다고 말씀드리고 싶습니다.

필자: 통계적 숫자에 관한 한, 미국에 있는 복음주의 교회가 곤란에 처해 있는 것 같습니다. 빠져나가는 숫자가 증가하고 있습니다. 대형 교회로 되돌아 온 사람들이 이제 떠나가고 있습니다. 어떤 일들이 일어나고 있으며, 어떻게 이 일에 대처할 수 있을까요?

그린: 제가 보기에는 80년대 복음주의 예배는 너무 분석적이며 너무나 통제를 하지 않았나 하는 생각입니다. 게다가 물질주의 정신도 한몫을 했구요. 미국에서 성장해서 [주로 백인이 다수를 차지하는] 학교와 미국흑인계 교육을 다 받은 미국-흑인의 한 사람으로서, 백인 공동체를 누가 정말 통제하고 있는지를 알게 되었습니다. 문화와 관련된 것입니다. 백인계 미국인 공동체는 주로 지성에 중점을 두고 지겹도록 분석하는 경향이 있습니다. 그러나 그것을 구성하고 있는 본질은 느끼지 못하고 있습니다. 출발선은 사람들이 영적인 것에 굶주려 있다는 점입니다. 우리가 서서 복음을 선포하며, 창조적으로든 혁신적으로든 어떤 방식으로든 이끌어갈 때에, 결국은 세상은 교회가 교회다워지기를 원하며, 진정으로 본질을 소유할 것을 원합니다. 교회는 단지 하나님께서 일하실 것을 기대하며, 원수가 사람들의 지, 정, 의를 사로잡고 있는 것을 무너뜨려서, 주께 돌아와 예수 안에 있는 기쁨과 사랑을 보게 해야 할 것입니다. 그 외의 모든 것은 어디서나 얻을 수 있는 것입니다. 그들은 30불을 내고서라도 Letterman과 같은 것을 보러 갈 정도입니다. 그러나 오늘날 사람들이 원하는 것은 하나님입니다. 그들은 하나님을 느끼고, 하나님을 알고 싶어합니다.... 아무것도 하나님의 임재와 기름 부으심을 대신하지 못합니다. 결코 없습니다. 하나님께서 자신을 드러내실 때에, 아주 완고한 사람들이 무너지고 그분 앞에서 목놓아 우는 것을 보았습니다. 그들은 "여기에 뭔가 있음을 알게되었습니다"라고 말합니다.

저는 최고의 기술에 반대하지 않습니다. 저희 메트로 교회의 [Urban

Song]밴드는 점점 더 잘 갖추어져 가고 있습니다. 더 나은 것으로 향상하려고 노력합니다. Urban Hope는 이제 새로운 레코드 프로젝트를 이미 준비하고 있습니다. 그러나 앨범이 나올 때에 저는 최고의 기술을 가지고 사람들을 변화시킬 것을 기대하지 않습니다. 사람들이 그것을 CD나 혹은 차에서 들을 때에 하나님의 임재를 체험할 것을 기대합니다. 이것이 바로 저희들이 원하는 것이며 다른 것과 구별되는 이유인 것입니다.

필자: 예배와 복음 전도에 관하여 교회에게 당부하고 싶은 말씀을 한 마디 해주시겠습니까?

그린: 우리는 살아 계신 그리스도, 예수가 진정 누구신지 보여 주어야 할 필요가 있습니다. 그리고 예배를 통하여 사람들을 천국으로 초청해야할 필요가 있습니다. 저는 아시아에서 일어나고 있는 현상을 비디오로 지켜보았는데, 흥미로운 것은 복음 전도의 "규칙"이 무너져 버렸다는 사실입니다. 하나님의 백성은 단지 거리로 나와서 예배하였고, 사람들은 구원함을 받고 그리스도께로 나아오는 것이었습니다. 우리는 적절하게, 창의적으로, 혁신적으로 예수님을 부끄러움 없이 나타낼 필요가 -무엇보다 더 부끄러워하지 않고- 있습니다. 어느 정도까지는 숨기고 나가는 방식을 취할 수 있습니다. 그러나 예수님을 나타낼 수 있는 시점에 이르렀을 때에, 그분을 드러내며 사람들을 천국으로 초청하는 것입니다.

도전

라파엘 그린 목사와 그의 동료들은 메트로에서 과감히 용감하게 희생적으로 그리스도를 위하여 공동체에게 접근하고 있다. 그러나 더욱 중요한 것은 최우선의 것으로 하나님께 예배하는 것을 중요하게 여기므로 하나님께서는 그들의 선택에 대하여 축복하고 계신다는 사실이다. 도시 근교 교회에 있어서 강한 예배를 드림에 있어서 장애물들이 -인간 중심의 예배, 예배에 대한 우선 순위의 결여, 예배에 대한 '사소한 충돌', 배타적인 예배- 메트로 교회에게 있어서는 도전이 되지 못한다. 이유는 무엇인가? 이 교회는 그야말로 최전선에 있다. 폭력, 인종의 갈등, 마약, 갱, 실업자, 붕괴된 가족관계, 절망적인 범죄는 매주마다 메트로 공동체에 있어서 거의 처참하지 않는가.

메트로는 일찍이 폭탄이 폭발하는 순간, 파편이 날아가는 것처럼, 기본적인 것에 대하여 논의할 시간이 없는데- 무기고 창고에 있는 가장 강력한 영적 무기인 예배를 제대로 유지할 시간이 분명히 없음을 분명히 깨달았던 것이다. 도시에 대한 도전의 방대한 양으로 인하여 메트로 교회는 초자연적인 해답을 찾게 되었고 그리고 자신들의 삶에 있어서 의존할 수 있는 예배를 만들게 되었던 것이다. 진정한 의미로, 그들은 그렇게 하고 있다. 도시 근교 교회만이 그 실체를 각성시킬 수 있을 것이다.

St. Timothy's Catholic Community

배경

St. Timothy는 아리조나 주 메사(피닉스의 남동부 도시 근교)에서 급속도로 성장하고 있는 (카톨릭) 성당이다. 진정으로 "새롭게 된" 성당으로서, "보수적인 신학과 자유주의 예배"로 특징 지워지나, 특징 중 더러는 부정적이다. 그러나 St. Timothy는 비판에 대해서도 굴하지 않고 있으며 꽤나 자신들의 별칭을 자랑스럽게 지키고 있다.

1985년 Life Teen 프로그램 (이제 전국적으로 이미 300개 이상의 교회가 네트웍으로 참여하고 있음) 이 시작된 이후로, St. Timothy는 공동체의 젊은 이들에게 나아가 육성하는 일에 헌신하였다. 그 결과 온갖 종교적 배경과 생활 환경의 차이에도 불구하고 십대들에게 매력을 갖게 되었다. 분명히 "평범한 젊은이 프로그램"은 아닌, St. Timothy에서 시작된 Life Teen의 노력은 연합 예배의 근본적인 체험을 함에 있어서 중심이 되었다. Life Teen의 감독이며 협력 음악 사역자인 탐 부쓰는 이렇게 말한다:

> Life Teen 프로그램의 중심은 미사를 드리는 것입니다. 미사의 중심은 성찬 예식에 있으며, 성찬 예식은 예수님의 살과 피입니다. 그러므로 예수님이 진정으

로 프로그램의 중심입니다. 이것은 소프트 볼 리그전이 아닙니다. 그것은 여름철에 선선하고 좋은 체육관에서 이루어지는 것도 아닙니다. Life Teen 프로그램은 정말로 예식(예배)으로 시작해서 예식으로 끝납니다.[15]

Life Teen의 취지 선언을 읽으면, Life Teen사역은 "…젊은이들로 하여금 예수그리스도와 그의 교회를 통하여 하나님과의 관계를 가질 수 있는 분위기를 만들어 내는 것이다. 이 젊은이 프로그램 사역은 매주 미사로 사직되며, 모인 십대들에게 도전을 주고 그들을 믿음으로 이끌어 가기 위해 존재한다."

그리하여 십대들은 매주 주일 밤에 원형경기장 모양을 한 St. Timothy의 예배 공간에 모여서 1시간 45분 동안 많은 어른(심지어 복음주의자들 조차)들의 상상을 초월하는 일 -즐겁고도, 강한 성령의 역사가 이루어지는 예배-을 하고 있다. 게다가, 이들 십대들은 수백 년이나 된 구식의 형태로 예배드리고 있지 않은가! 당연히 St. Timothy의 Life Teen미사가 능숙하고도 유쾌하게 재 구상 된 것임은 말할 것도 없다. 그러나 원래 역사적인 요소의 대부분이 여전히 남아있고, 십대들은 조화를 이루면서 잘 자라고 있다.

Life Teen예배에 있어서 놀라운 것은 십대들 보다 더 나이 많은 사람들에게도 매력을 준다는 점이다. 평균 주일 밤 참석하는 사람은 1,400명 정도이고 그 가운데 단지 30%만이 실제로 십대 (13-19세)들이다. 그 나머지 참석자들은 30%가 20대 버스터들이고, 20%가 붐머들이고, 10%가 그 외 연장자들이다. 분명한 것은 여기에 아주 특이한 현상이 이루어지고 있는데, 4대가 함께 모이며, 3대가 거의 같은 비율로 참석하는 것이 아닌가! 비록 이렇게 다양한 세대가 모여도 Life Teen예배 사역자들은 변명할 여지도 없이 십대에 초점을 맞춘다. 그 외의 그룹을 환영하지만, St. Timothy의 주일 날 밤은 특별히 13-18세의 군중들을 위한 사역으로 되어있으므로 그들의 필요가 제일 먼저 채워져야 하는 것이다.

예배 비전

매주마다 데일 푸섹 신부는(St. Timothy의 신부이며 Life Teen 프로그램 창시자) 이 한 마디의 말로 Life Teen에 참석한 예배자들에게 당부하며 미사를 마친다. "미사는 결코 끝나지 않을 것이며, 언제나 늘 살아있습니다." St. Timothy의 예배는 하루 24시간을 하나님께 반응하는 한 가지 방법이다. 이들 교인들은 Life House(낙담한 십대들을 위한 센터)와 파즈 데 크리스토(메사 시내에 집이 없는 이들을 위한 센터 -주된 사역은 도시의 가난한 자와 곤란을 당한 자를 위한 것임)에서 삶을 나누지만, 이 두 가지 사역의 예는 St. Timothy의 Life Teen 프로그램이 산 예배라 하겠다.

그러나 이렇게 살아있는 예배는 대다수의 교회가 단지 이것을 꿈꾸는 한 가지 방법으로 연합 예배를 위해 만들어졌다. St. Timothy의 예배가 -그리고 특별히 Life Teen예배- 그렇게 역동적인 이유는 무엇인가? 부쓰는 이렇게 말한다:

> 성찬식을 통하여 회중들이 온전히 의식적으로 활발한 참여를 하게 된다. 이것은 전통적이면서 하나님의 백성으로 하여금 창조자를 만나고 예배할 수 있는 크나큰 모델을 -찬양과 기도를 통하여 하나님의 백성으로서 함께 모이고, 거룩한 말씀을 통하여 하나님의 말씀을 선포하며, 떡을 [성찬 예식 가운데 부활하신 그리스도를 만나는 것]떼며, 좋은 소식을 전파하기 위하여 하나님의 백성을 보내는- 담고 있다.[16]

St. Timothy 교인들은 복음 전도는 교회가 성전에서 하는 일의 결과로써 자연스럽게 주어지는 것이어야만 하며, 환영하는 분위기는 주어져야만 한다고 믿고 있다. 부쓰는 이렇게 말한다:

> 성찬식은 "다른 사람들을 섬기기 위하여 행해지는 공적인 일"로써 정의된다. 그러므로 정의에 따르면, 성찬식은 말씀과 예식으로 "좋은 소식"을 선포하여 모든 사람에게 전하는 것이다....우리는 모든 방문객과 손님들을 늘 환영한다. 카톨릭이든 그렇지 않든 그리스도인이든 그렇지 않든 간에 모두를 환영한다. 우리는 미사를 드리기 전에 언제나 연습하여, 모임 공동체가 예배를 드릴 동안에 들려질 음악을 위해 기도도 할 수 있게 한다. 그 어느 누구도 "거만한 태도로"말하거나 "설교하지" 않는다. 예수 그리스도의 복음의 진리가 선포되어지

고, 미사를 드릴 때마다 부활의 신비(그리스도의 죽음과 부활)를 축하한다. 모두를 만찬석에 초대한다. 카톨릭 신자가 아니더라도 성찬 예식에서 축복을 받을지도 모른다. 환대의 태도와 분위기는 예식 예배에 있어서 필수적이다.[17]

Life Teen을 포함한 St. Timothy 교회의 예배는 몰려다니는 교인에게도 영향을 미치는가? 만약 몰려다니는 교인들을 "하나님과 활발한 관계를 맺지 않는 자"로 정의한다면, 푸섹신부는 Life Teen에 참석하는 자의 50%가 여기에 꼭 들어맞는다고 말한다. 일부는 완전히 불신자들이며, 그 외의 사람들은 거듭나지 못한 교인들이다. 부쓰는 이렇게 말한다:

> 일부 십대들은 전혀 신앙의 경험을 해 보지 못했지만, 그리스도와 관계를 맺게 되었고, 다른 아이들은 카톨릭 가정에서 자랐지만 진정으로 믿음으로 살지 못하던 자들이다. 아마도 매번 우리가 볼 수 있는 가장 아름다운 일 가운데 하나가 전혀 신앙의 경험을 해보지 못한 가정에서 온 십대들이 십대를 위한 미사에 참석하기 시작하여 결국에는 전 가족을 데리고 나오게 되는 것이다. 이것이 바로 전도사가 되려고 애쓸 것도 없이 복음 전도가 되는 예이다. 신앙이 확산되는 최선의 방법은 질적인 예배로 이루어지며 … 그리스도와 교회에 공적으로 헌신을 하게 된 몰려다니는 교인들은 때때로 저녁 6:00미사(Life Teen예배)때에, 신앙 간증을 하여 사람들을 변화시키는 일에 공헌을 하고 있다. 때때로 음악 사역은 또한 그들이 회심을 함에 있어서 큰 역할을 하고 있다. 그들이 사랑과 도전의 태도로 설교 말씀을 듣게 되는데 그것은 그들이 한두 번 방문하면서 생겨난 그리스도에 대한 굶주림이 그 원인인 것 같다.[18]

재 구상된 예배 전략

아주 간단히 말하자면, Life Teen예배는 극단적으로 재 구상된 미사이다. 음악, 설교 스타일, 말을 서로 교환하는 것, (성찬 예식처럼) 눈에 보이는 요소들이 3,000년 전통에 비하면 참으로 신선한 것이지만, 기본적인 예식 구조는 사실상 남아 있다. 부쓰는, "우리는 언제나 예식 모델을 가급적이면 바꾸지 않으면서 방법들을 '향상'시키려고 노력한다. 예식 모델은 전통적인 카톨릭 미사로서 4부분 -모임, 선포, 성찬, 보냄-으로 나뉜다. 부쓰는 우

리에게 변하지 않는 예배의 핵심을 간략하게 다음과 같이 묘사한다:

◆ 모임: 우리는 모든 사람들을 환영하고, 음악을 연습하며 예배를 드릴 때 불려질 곡들, 모든 방문객과 새 교구민을 특별히 환영하며, 중요한 광고를 하는 것으로 모임을 갖는다. 그리고 나서 모임 송과 개회 기도로 미사를 시작한다.

◆ 선포: 우리는 하나님의 말씀을 선포한다 (3부분으로 -구약, 신약, 복음서를 택함). 시편은 처음 봉독하게 되는 성경구절 사이에 불려진다. 그리고 나서는 신부는 예식의 하이라이트인 성경말씀을 가지고 설교에 뿌리가 되는 그날의 성구를 전한다. 미사의 이 부분을 "말씀의 예식"이라고 칭한다.

◆ 성찬: 이 순간에는 떡과 잔의 선물을 앞으로 가져온다. 성찬 상이 마련되어져 있고 "성찬의 예식"이 시작된다.

◆ 보냄: 우리가 한 몸으로 모여서, 하나님의 말씀이 선포되는 것을 듣고, "떡을 함께" 나누고 난 뒤에, 다른 사람들을 위하여 기쁜 소식을 들고 세상으로 나아가는 것이다. 사회자가 신자들에게 하나님의 축복을 기원하고 찬양을 하면서 보냄을 받게 된다. St. Timothy 예배에 참석한 이들은 한 목소리로 이렇게 외친다. "미사는 끝난 것이 아니며, 반드시 살아 있으므로 주님을 사랑하고 섬기기 위하여 나갑시다! 하나님 감사합니다! 할렐루야!"

Life Teen프로그램의 음악 감독이며, 협력 음악 사역자인 부쓰는 예배는 신약시대 교회 유형으로 되어져야 할 것을 굳게 믿고 그 유형을 다음과 같이 요약한다. "부활의 신비를 -그리스도의 죽으심과 다시 사심을- 축하하는 것이다." 의문점은 십대들이 이런 "구식"에 흥미가 있는가? 하는 것이다. 부쓰는 이렇게 대답한다:

십대들이 "언제 (신부님의) 교회가 시작되었습니까?"라고 물을 때에, "마지막 성찬"때부터라고 말하게 되면, 그들은 감동을 받는다. 내 생각으로는 오늘날 십대들이 역사, 소속감, 뿌리를 갈망하고 있다고 본다. 그리고 카톨릭 성당은 그것을 가지고 있다. 단지 우리가 그것을 잘 공급하지 못했을 뿐이다. 그러나 이제 변하고 있다. Life Teen은 1993년 덴버에 방문하는 교황을 후원하는 행사

가운데 하나였다. 6,000명의 젊은이들이 모였다. 처음에 캐씨 트로콜리가(Life Teen을 위한 국가 대변인) 시작하였다. 그리고 예배는 실제로 밴드에 맞추어 활기를 띠는 것으로 시작했지만 진지한 기도로 끝냈다. 6,000명의 젊은이들이 무릎 꿇게 되었다. 바늘 떨어지는 소리도 들을 수 있을 정도였다.

이것이 바로 확신에 찬 것이 아니겠는가! 그러나 어떻게 해서 St. Timothy 가 매주마다 십대를 위해 수세기 동안 내려온 구식을 생동감 있게 할 수 있는가? 부쓰는 Life Teen의 전략을 이렇게 설명한다:

계획을 세울 때에, 우리는 설교, 음악, 중보기도, 창조적인 생각을(비디오, 짧은 희극, 기도서 낭독, 마임 등등) 통해서 전달하고 싶은 부활의 신비의 핵심과 어떤 면을 강조할 것인지 결정한다. 또한 2주 앞서 미사의 예식에 대하여 상세하게 구상하는 모임을 매주 갖는다. 이 모임을 통해서 협력 사역을 위한 준비의 기회도 갖게 된다.

핵심은 모든 것이 젊은이들을 중심으로 하는 것으로 되어야 하며 ... 설교는 매우 활기가 넘치며 적절한 것이어야 한다. 언제나 십대문제 중심이며, 20분을 결코 넘지 않는다. 음악은 본질적으로 예식을 위한 것이지만, 따라 부를 수 있으며, 간단하며, 현대풍으로 편곡되었다. (우리는 드럼과 키보드와 타악기와 기타를 언제나 사용한다.) 기도가 요구되고, 기도로 도전 받고, 기도로 예배의 체험 "속"으로 들어가는 경향이 있다. 소요되는 시간은 일정하여 1-1/2 에서 최대한 2시간이다. 결코 지루하지 않다! 지루하다는 의미는 뭔가 적합하지 않다는 것이다. 지루함은 시간이 오래 걸리는 것과는 상관이 없다.

우리는 언제나 분위기를 도와 주는 예술을 갖추고 있는데, 예를 들면, 깃발, 꽃장식 등등이다. 때때로 비디오와 슬라이드 발표를 위하여 커다란 스크린을 사용한다. 우리는 극적인 효과를 위하여 (조명을 포함) 다양한 라이트를 사용한다. 무선 마이크를 전문가 수준으로 사용하고 있다. 성스러운 댄싱과 금관악기의 앙상블 ... 초대연주가 등등. 무엇이든 간에 첨가할 수 있는 것을 더하지만 복음의 메시지의 중심을 잃지 않도록 한다.

우리는 종종 믿음의 체험을 간증하거나 신앙생활의 어려움을 나누는 십대들을 보게 된다. 이점 때문에 우리는 십대들을 위한 양질의 예식 예배를 드리도록 하여 해결점을 모색하려고 한다.

회중들의 견해

이 전략은 분명히 잘 들어맞고 있다. 전형적인 Life Teen예배를 보면, 한 사람이 교회에 들어가는 그 시간부터 힘써 동참하고자하는 열의가 분명하게 타나난다. 십대들은 예배 드리는 전체 공간을 소그룹으로 만들어 중요한 한 가지 일-시끌벅적하게 만드는 일-을 위해 분주하다. 데일 신부의 주장은, "조용하다고 해서 좋은 예배를 만드는 것은 아니다. 만일 우리가 인간적인 모임을 가지게 되면, 사람들은 인간적인 관계성을 가지게 될 것이다."19)

Life Teen 예배를 보면, 전체적으로 많은 것들이 관여하는 것 같은데, 왜냐하면 말하고, 웃고, 포옹하는 것이 너무나 풍성하기 때문이다. 그러나 찬양 팀이 예배를 위하여 한두어 곡을 연습하기 시작하면, 거룩한 소음들이 잔잔해지고, 십대와 손위의 사람들은 각각 다른 소음을 만든다. 이때 밴드는 그들에게 All Hallows Eve와 낮은 음으로 편곡된 예배 끝에 부를 "오, 성도가 Oh, When the Saints"를 가르친다.

그리고 나서는 데일 신부와 함께 청중들이 동참하는 시간이 된다. "누가 뉴 오리언즈 게임의 득점을 딸 것인가?" 라고 데일 신부가 외친 후, 밴드 대원들과 함께 약간의 분위기를 띄운 뒤, 요란한 소리로 인사를 나누기 시작한다. (예배 전에 군중들이 약간의 휴식을 갖는 것인가? 도대체 무슨 뜻일까!) 인사 끝에 몇 가지 광고를 하고 모두가 예배를 드리기 시작한다.

데일 신부가 회중들에게 하나님의 존전으로 나아가는 부름을 선언함으로써 침묵을 갖는다. 밴드는 거의 들릴까 말까한 정도로 연주를 하고, 모두가 미친 듯이 설치고 날뛰던 것을 뒤로 하고 무엇보다 더 가장 중요한 활동에 -하나님을 예배하는 일- 초점을 맞춘다. 워십 전문가들의 경쾌한 소리가 침묵을 깨고는 팝록 스타일의 "그로리아 Gloria"가 뒤이어 연주된다. 개회 기도 후에, 예배 밴드가 두어 곡을 연주하면, 축제의 분위기는 고조된다. (개회) 모임 송은 이 시점에서 반복되고, 그리스도 안에서 하나님의 사랑에 간단하고도 흥미로운 간증도 이어진다.

마지막 곡의 끄트머리쯤에, 십대 가운데 한 명이 마이크 앞으로 나아가 구약의 말라기를 봉독한다. 그가 전달한 메시지는 확신에 차고 가슴에 느껴지게 된다. 봉독이 끝난 후에 회중들은 간단하지만 신디사이저, 어코스틱 기타, 플룻에 맞추어 "하나님, 주안에서 평화를 찾았습니다. 나의 하나님, 주안에서 평화를 찾았습니다"를 부른다. 또 다른 십대 자매가 서신서를 읽는다. 그녀의 목소리는 표현이 강하고 본문을 거의 보지 않는다. 이번에는 존엄과 감동의 "할렐루야"로 또다시 예배하는 자들이 반응을 한다. 마지막으로 마태복음의 성구를 봉독하고 "할렐루야"로 다시 반응한다.

예배는 밴드에 의해 다음 순서로 넘어간다. 데일 신부는 예배 중의 실수를 에로 들어서 악기 연주자 중 한 명을 놀리는 것으로 메시지를 시작한다. 신부님은 대개 원고를 보지 않고 탁 트여진 제단 앞에서 앞뒤로 걸어다니지만, 천진하고도 쉽게 따스함을 전하면서 잘 구성된 생각들로 가득차 있다. 그는 리더는 마땅히 어떠한 자가 되어야 하는지에 관해 말한다. 그는 세상의 리더에 대한 그림과 제자의 발을 씻기신 예수 그리스도의 본을 예로 하여, 하나님의 생각과 대조해 가면서 말한다. 수건과 대야가 이미 근처에 놓여져 있다. 그는 가운을 벗고는 십대 가운데 한 명을 불러서 그의 발을 씻긴다. "리더가 된다는 것은 종이 되는 것"이라고 말한다. 이것이 바로 그가 그들을 편안하게 만드는 한 가지 예이다. 데일 신부가 청년의 발을 씻기는 동안 예배자들은 예배 시작 전에 연습했던 곡을 부른다:

우리는 섬기기 위해 부르심을 받았고, 은혜로 부르심을 받았네
모든 사람들의 얼굴에서 그리스도가 빛나도록 하기 위해.
우리는 섬기기 위해 부르심을 받았고, 지목하여 불려졌네
우리 모두는 하나님의 사랑을 선포하네.

인간의 이해를 넘어서 부르심을 받았고,
세상이 생기기 전부터 부르심을 받았네.
모태 적부터 너의 이름을 알았고,

네가 나를 택한 것이 아니고 내가 너를 택하였도다.

우리는 섬기기 위하여 부르심을 받았으며,

어두움 가운데 빛이 되라고 부르셨으며,
의심의 세계에 믿음을 주기 위하여 부르셨도다.
내 영의 능력을 입으라, 나의 사랑을 부어 주노라.
너는 받은 것을 나누어 주기 위해 부르심을 입었노라.

우리는 섬기기 위하여 부르심을 입었네...[20]

데일 신부가 세족식을 끝내고 난 뒤에, 성찬을 위해 제단 주위로 둥그렇게 둘러서도록 초청한다. 잔잔한 음악이 연주되는 동안, 그들은 제단 주변으로 마치 커다란 갈대 바구니가 서로 얽히듯이 어깨를 마주 대고 음악에 따라 함께 모여든다. 감사의 기도와 함께 그들 가운데 성령님께서 거하시도록 초청한다.

데일 신부는 마지막 만찬에서 예수님께서 하신 말씀을 반복하며, 예배자들은 "얼마나 우리를 사랑하시는지를 기억합니다 We Remember How You Loved Us"라는 곡을 부른다. 감사와 그리스도께 영광을 돌리는 기도를 한 후에, 주기도문송을 부른다. 마지막 말 ("당신의 나라가...")과 함께 모두가 하늘을 향해 두 손을 들고 박수를 보낸다. 이 후에 예배자들은 "평화의 표시"로써 따뜻하게 서로서로 인사를 나눈다. 떡과 잔이 "우리 기억할 때 As We Remember"라는 곡을 부르는 동안 나누어져 개인마다 축복을 받게 된다.

십대들은 제단 주변을 떠나고 어떤 이들은 또다시 소그룹으로 제단 주변에 모인다. 이 순간에는 분위기가 다르다. 그들은 기쁨과 자유함의 눈물을 흘리고, 예배자들 가운데 서로를 위한 사역을 하면서 위로의 포옹을 한다. 대다수는 무릎을 꿇고 침묵으로 기도한다. "18세 이상"된 자들끼리 모이면서 예배자들이 앞서 불렀던 "겸손하라 Humble Thyself"는 곡을 다시 부른다.

모두가 마칠 즈음에, 데일 신부는 제단 앞에서 사모하는 마음으로 무릎을 꿇고 난 다음에, 일어나서 모두를 위한 마지막 기도를 드린다. "서로의 사랑을 자유롭게 주고받으며 겸손하게 되시기를 기원합니다." 그리고 나서는 요란한 목소리로 다같이 "형제 자매 여러분 미사는 결코 끝이 없습니다. 반드시 살아있습니다. 그러므로 나가서 주님을 사랑하고 섬기도록 합시다. 할렐루야!"하면서 축도한다. 마지막으로 하나님께 헌금을 드리면서 밴드는 느슨하여지고, 예배는 "오 성도들이"라는 록 형식의 춤곡에 맞추어 끝난다.

도전

St. Timothy는 도전을 받아들이는 교회이다. 큰일을 위해 크신 하나님을 믿으며, 하나님께서 부르신 일을 함에 있어서 두려워하지 않는다. 계급 의식에 저항하고, 교단의 열기에 맞서거나 비판을 받아들이는 일에 있어서도 두려워하지 않는다. 용기 있게 한결같은 마음을 보여 주듯이 St. Timothy의 미래에 대한 한 가지 도전은 카톨릭 갱신 운동을 성장시킴에 있어서 더 큰 역할을 담당하는 것이다. 이미 미국 전역에 거쳐 Life Teen 젊은이 사역 모델이 수백 명의 교구민 사이에 흥왕해져 가고 있다. 자신들의 사역을 확장하는 것과 더불어 이런 과제를 어떻게 균형을 이루고 나가야 할 것인가는 이미 St. Timothy리더들 사이에 이미 거론되고 있는 문제이다.

그러나 또 다른 하나의 요구는 중요한 Life Teen사역을 위한 충분한 건물을 찾는 일이다. 만약 St. Timothy의 예배 장소가 지금의 두 배 정도 커진다면 (최근에는 최대 1,400석), 일년도 못 가서 꽉 채우게 될 것이다. 이유는 무엇인가? 첫째, St. Timothy는 단지 한 세대만이 아니라 다른 세대에 대해서도 영적 맥박을 정확히 알고 있다. 둘째, 그리스도를 선포하고, 드러내고, 영화롭게 함에 있어서 구식이지만, 간단하면서 지속적인 비전은 역사 속에 이어져 내려가고 있으며 하나님께서는 축복을 약속하신다. 복음주의 교회에서도 St. Timothy로부터 많은 것을 배울 수 있다. 이 교회가 증명한 사실 하나는 프로그램은 프로그램 그 이상의 사람들만큼이나 주요한 것이어야만 한다는 것이다. 부쓰는 이렇게 말한다:

주변에 약간의 (종교)이론들이 있다. 우리는 아리조나 주 메사에 있으며, 훌륭한 건물과 소프트 볼 리그전을 -가히 믿을 수 없을 정도이다- 자랑하는 LDS교회(몰몬교)가 있다. 우리는 그들과 경쟁도 할 수 없을 정도이다. YMCA와 MTV와도 경쟁할 수 없다. 분명히 우리는 문화적으로 적합해야 할 필요가 있다. 그러나 궁극적으로 그리스도가 필요하다. 솔직히 말하자면, 우리가 그들에게 줄 수 있는 모든 것은 예수님이다. 단지 우리 자신에 대하여 솔직해질 필요가 있으며, 이런 점에 있어서 우리는 급진적이다. 우리는 "은과 금은 없지만 우리에게 있는 것을 주니 예수라"라고 말할 필요가 있다.[21]

Christian Assembly Foursqaure Church

배경

복음 전도 지향적인 교회 중 많은 교회가 가정교회에서 출발할 때부터 또는 예배를 드림에 있어서 잃어버린 영혼을 향해 나가는 비전을 가지고 시작했다. 그러나 다른 교회들이 지상 대 위임령의 "여정"을 떠나고 있으며, LA에 있는 Christian Assembly Foursqaure 교회도 그런 교회 가운데 하나였다. 선교 개척으로 시작된 Christian Assembly는 오순절 교회였고 예배에 상당한 가치를 부여하나 거의 신자 중심의 예배를 드리는 교회였다.

1989년 하나님께서는 Christian Assembly로 하여금 안주함에서 벗어나 예배(흐름)에 참가하는 운동을 하도록 만드셨다. 하나님의 역사 하심으로써, Christian Assembly의 순종의 결과는 이제 참석자 1,200명 가운데 상당한 수가 몰려다니는 교인들인 교회로 성장하였다. 예배 사역자 탐미 워커는 Christian Assembly가 모든 인종의 사람들이 나오는 다중 문화 교회가 되어 살아 움직이고 있다고 말한다. 그러나 그는 참석하는 이들이 어려서 평균 연령이 33세라고 말한다.[22] Christian Assembly의 세대별 구성이 30%가 버스터, 65%가 붐머, 5%가 빌더라는 사실은 놀랄 일이 못 된다.

이런 놀라운 성장의 핵심은 워십 에반젤리즘에 대한 흔들리지 않은 헌신이다. 워커가 말하듯이, 워십 에반젤리즘은 Christian Assembly가 오랜 기간 동안 관여해 온 일이다. 이것은 이제 교회의 공적인 비전이 -리더들과 참가하는 자가 똑같이 생각하는- 되었다. 이 장에서 보여 준 다른 교회와 같이 Christian Assembly는 비전을 성취해 나가기 위해서 세워 놓은 워십 에반젤리즘 전략을 따르고 있다. 전략의 몇 가지 중요한 요소는 다음과 같다:

◆ 주제를 정하지 않는 예배 유형
◆ 드라마, 비디오, 댄싱 등등과 같은 발표적인 요소를 일정하게 사용
◆ 진솔한 예배를 강조 (즉, 예배를 드리면서 몰려다니는 교인들과 신자들의 개인적인 상처를 표현할 수 있도록 허용함)
◆ 인위적으로 만든 분위기보다는 초자연적인 분위기에 강조를 둠 (즉, 돌보심과 안전함과 친숙한 분위기 속에서 하나님의 임재에 민감하게 반응하는 것)
◆ 성경말씀을 변증하지 않으면서 복음을 드러냄
◆ 예배는 사람들에 의해 주도적으로 이루어짐

예배 비전과 전략은 본인과 예배 사역자 탐미 워커, 마크 피커릴 목사와의 인터뷰의 중심 주제였다.[23] 그러나 이 주제와 더불어 Christian Assembly의 최근의 예배 변화와 목사와 예배 사역자 간의 관계성, 예배 유형, 음악 스타일, 설교, 초청의 시간, 3개월마다 하는 베이비 버스터를 위한 사역에 관한 것들도 많이 나누었다.

두 분의 조언은 워십 에반젤리즘 패러다임을 생각하는 사람들에게 상당히 고무적이다. 다음 몇 페이지에 걸쳐서 나타나는 진실성의 고리를 결코 놓치지 못할 것이다. 두 분은 예배를 그들 자신과 교회에 있어서 최대한 가능성을 품고 있다. 게다가 두 분에게서는 리더들 가운데 거의 드물게 보여지는 기독교의 종(Servant)의 모델이 흘러 나오고 있다. 이 두 인물은 그들이 말하는 예배를 만드는 일에 있어서 영향력을 끼쳤고, 이 영향력은 Christian Assembly의 방대한 음악 자료나 전문가들(리더)보다 몇 배나 되는 것이었다. **그리스도 안에 있는 사람은 자신들이 생각하는 것보다 훨씬 중요한 사람이라**는 말을 함으로써 이 시대에 가장 감명 깊은 메시지를 듣는 사람들에게 있어서 대단한 인물이 되었다. 사실상 그들은 "진실해짐"에 대한 소

명에 응답하고 있는 것이다. 이것이 바로 워십 에반젤리즘의 출발점이다.

Christian Assembly의 예배 변천사

필자: Christian Assembly는 지난 5년간 몇몇 주요한 변화를 하게 되었다고 알고 있습니다. 중요한 사건들을 말씀해 주시겠습니까?

마크: 저희 교회는 언제나 전통을 상당히 고수해 왔습니다. 저희는 오순절(파)에 뿌리를 두고 있으며, Foursqaure교회와 매우 친밀합니다. 언제나 진실로 하나님을 예배해 왔습니다. 그러나 우리는 예배가 단지 우리를 위한 것이라고 믿었습니다. 우리가 하나님께 드리는 예배가 잃어버린 영혼과 연관될 수 있다는 생각은 못했습니다.

저는 60대 후반에 록앤롤을 부르면서 성장했습니다. 그러나 교회에서(받은) 저의 경험은 마루 바닥 위의 코드는 -기타 줄을 의미함- 눈에 보이는 모욕이었습니다. 그리고 나서 1989년 저는 Christian Assembly 교회의 당회장으로 청빙을 받았습니다. 저는 이 모든 것을 철저하게 생각하기 시작했습니다. 친구이면서 음악의 대가인 저스토 알마리오가(섹스폰 연주자) 연주하고 있었던 나이트 클럽에 저를 초대했습니다. 그와 같은 일을 한다는 것은 제가 자라온 배경으로는 약간은 떨리는 일이었습니다. 그러나 저는 거기로 갔으며 믿을 수 없을 정도로 한 사람의 타협하지 않는 진실함을 보게 되었습니다. 그는 설교하듯이 예수님에 대하여 말하지 않았습니다. 그는 예수에 대하여 -자신이 곰곰이 생각하여 결론 내린 것도 아닌- 있는 그대로를 말했습니다. 자신도 억제할 수 없는 하나님의 매력을 "발산하고" 있었습니다. 단지 저스토가 영적으로 탁월한 것 뿐만은 아니었습니다. 음악적으로도 탁월했습니다. 그것은 호의적이고도 믿을 수 없는 것이었습니다. 제 생각으로는 "받아들여지지 않는" 분위기에서 하나님께서 역사하고 계심을 처음으로 목격하게 된 것입니다. 그러나 어느 누구도 반대하고 나서는 자가 없었습니다. 저는 계속해서 들어 보았습니다. 이 클럽에 담배 피우고 술 마시는 사람들과 함께 하나님도 거기에 계셨습니다.

그때 저는 음악 학교를 다니고 있던 탐미 워커를 만났습니다. 제가 그의 연주를 듣고, 그가 부르는 노래를 들으면서 그는 좋은 음악을 할 수 있는 다른 한 사람으로만 알았습니다. 그의 음악은 깊은 곳에서 메시지를 전달하는 듯이 저를 사로잡았습니다. "우와! 이 사람은 교회 안에서 만나는 300명의 사람들과는 같지 않구나!"라고 생각했습니다.

그리하여 우리는 과감하게 탐미와 저스토와 같은 사람들과 함께 예배를 바꾸어 가기 시작했습니다. 또한 매주일 재즈를 좀 더 가미해 갔고, 3개월마다 "Heart Shot"이라 부르는 예배 콘서트를 시작하게 되었습니다.

그러나 무엇보다 더 중요한 것은 제가 디자인한 것과는 전혀 무관하다는 것입니다. 제 말뜻은 생각을 하지 않고서 가서 시도해 본다는 의미입니다.

목사와 예배 사역자의 관계성

필자: 탐미와 함께 일하는 것에 관하여 말씀해 주십시오. 목사와 예배 사역자들은 때때로 눈을 마주치지 않아서 결국에는 단합의 결여로 예배 사역의 장애물이 되어왔습니다. 두 분을 함께 보니 매우 다르다는 것을 알게 됩니다.

마크: 탐미는 경이로운 사람이며 이 모든 것에 있어서 매우 중요한 역할을 하고 있습니다. 저와 늘 호흡이 잘 맞지요. 저희들의 선입견을 버리고 단지 예배에 관하여 몇 시간이고 이야기합니다. 그는 저의 승인을 얻고자 하여, 매순간을 그냥 넘기지 않습니다. 저는 그에게 몇 가지 제안을 하고, 그는 당장 실천에 옮깁니다. 그렇게 하는 가운데 신뢰가 많이 생기게 됩니다.

이 점에 있어서 조그마한 일화가 도움이 될 것 같습니다. 그가 처음 저희들에게 왔을 때에, 저는 그가 누구인지를 단지 알고 싶었는데, 그것은 그가 교회 안에서 두번째로 눈에 띄는 큰 역할을 하고 있었기 때문입니다. 그의 실체를 알게 되었습니다. 그는 그리스도께 매우 헌신된 사람이었습니다. 그분과의 관계성을 최고의 가치로 여기는 자였습니다. 물론 그의 음악도 중요했지만 그리스도가 먼저였습니다. 저를 감동시킨 것 가운데 하나는 그가 심지어 모든 음악을 연주하였다는 것을 알기 전부터 거의 1년간 교회에 나왔다는 것입니다. 우리가 음악 프로그램을 개발하지 않았었지만, 그는 뒤에 앉아서 예배 드렸던 것입니다.

그리하여 저는 탐미가 단지 연주를 위한 장소가 아닌 교회 그 자체를 찾고 있었다는 것을 알게 되었습니다. 그는 자신이 속하고 싶은 공동체를 찾고 싶어했습니다. 이것이 저의 마음 깊이 새겨졌습니다. 그때 저는 소그룹 가운데서 그가 연주하는 것을 우연히 듣게 되었습니다. 그 시점에서 그는 제게 "만약 제가 예배에 동참할 수 있다면, 제가 가지고 있는 것을 드리고 싶습니다"라고 말했습니다. 그리고는 아주 평범한 연주가들 그룹 뒤에서 연주하기 시작했고 그의 마음이 올바른 곳에 있다는 것을 제게 또다시 보여주었습니다. 저의 과거 경험으로는 사람들이 이렇게 말하면서 제게 나왔습니다. "이런 아마추어를 없애지 않고 이런 사역을 제게 맡기시면, 저는 여기를 떠날 것입니다." 탐미는 그런 말을 하면서 오지 않았습니다.

서서히 우리는 탐미의 강점과 능력을 깨닫게 되었고, 탐미는 점차 팀을 이끌고 나가기 시작했습니다. 그 다음에 우리 교회가 생각해야 할 것이 재정에 관한 것이었습니다. 저는 위원회에 가서 "저는 탐미를 고용하고 싶습니다"라고 말씀드렸지요. "무엇을 시키시려고 합니까?"라고 제게 묻더군요. "그가 작곡도하고, 워십 에반젤리즘도 구상하고, 그가 예배를 인도했으면 합니다"라고 말씀드렸지요. 글쎄 이것은 우리에게 있어서는 아주 새로운 것이었는데, 그때까지만 해도 예배 사역을 위해 어떤 사람도 고용해 본 적이 없기 때문입니다. 결국 파트 타임으로 고용되는 좋은 결과를 가져왔으며, 지금은 전임 사역자입니다.

워십 에반젤리즘 비전

필자: 제가 모은 자료에 의하면, Christian Assembly가 중심으로 삼고 있는 워십 에반젤리즘은 탐미 자신의 사역과 예배 비전이 많이 관여되어 있더군요. 이 비전에 관하여 말씀해 주실 수 있겠습니까?

탐미 워커(탐미): 기본적으로, 워십 에반젤리즘은 그리스도인들이 불신자들 앞에서 유일하신 참 하나님을 예배하는 것입니다. 우리는 그들에게 그들을 창조한 본래의 의도를 보여 주고, 그들에게 하나님의 영광을 보여 주면, 그들은 우리 찬양의 진실함을 보게 됩니다. 성령이 운행하며 군중들이 하나님에 대한 자신들의 마음을 쏟아 놓는 곳에서 영향을 받지 않고 떠날 사람은 아무도 없을 것입니다.

예배를 통하여 사람들은 하나님이 누구신지 알게 됩니다. 만약 누군가 신령과 진정으로 예배하는 것을 보게 되면, 하나님에 대하여 어렴풋이 알게 되는데, 그것은 하나님께서 우리 찬양 가운데 거하시기 때문입니다. 그래서 몰려다니는 교인이 진정으로 예배하는 회중들을 지켜보면서 천국을 어렴풋이 느낄 수 있게 되는 것입니다. 결국, 몰려다니는 교인 자신도 무엇인가 예배하고 싶어지는 것입니다. 사람들에게 있어서 예배보다 더 자연스러운 것은 없습니다. 이것이 바로 왜 우리가 진실로 살아 계신 하나님을 참되게 예배해야 하는지에 대한 이유입니다.

워십 에반젤리즘에 관한 가장 위대한 점은 그 공간에 있는 모두가 전도자로서의 역할을 잘 감당한다는 것입니다. 초점이 얼마나 밴드가 잘하느냐 못하느냐에 있지 않습니다. 예배는 시선을 단상(무대)위에 있는 사람들이 아닌 하나님께 집중하여, 몰려다니는 교인으로 하여금 모두를 위한 하나님과의 관계성을 보여 주는 것입니다.

워십 에반젤리즘 vs 몰려다니는 교인 중심의 방법

필자: Christian Assembly는 몰려다니는 교인을 위한 예배 모델이나

그들에게 민감한 예배 방법이 아닌 워십 에반젤리즘을 선택한 이유
는 무엇이었습니까?

탐미: 다양한 종류의 몰려다니는 교인을 위한 예배의 커다란 물결
이 흐르고 있는 것같이 보입니다. 그러나 많은 경우에 있어서, 몰려
다니는 교인을 지향하는 예배(행사)를 생각할 때, 잘 진행해 가는
것에 염두를 둡니다. 저는 이것과는 전적으로 다른 것을 추구합니
다. 그리스도인으로서 우리 자신들이 누구인지에 대한 기본적인 것
을 숨기기란 아주 쉽습니다. 물론, 우리가 문화적으로 몰려다니는
교인들이 사용하는 언어로 말할 수 있어야 하지만, 우리 자신을 결
코 숨기려 해서는 안됩니다. 우리에게 있어 가장 큰 증거는 진정으
로 전심을 다하여 하나님과의 관계성을 갖는 것입니다. 몰려다니는
교인들이 이것을 반박할 수 없습니다. 이것이 바로 그들 영혼이 소
리쳐 외치는 것이기 때문입니다. 그들이 이것을 충분히 환영하는
것을 보았으며, 진리와 생명에 대하여 갈망하고 있음을 알게 되었
습니다.

또한 그들이 인식하든 그렇지 못하든, 하나님의 임재를 갈망하고 있습니
다. 그러므로 하나님의 임재를 위한 이런 모임을 수용해야만 합니다. 하나
님의 임재가 없이 문화적으로 적절한 교회 예배에 무슨 유익이 있겠습니
까? 저는 얼마나 많은 불신자들이 Christian Assembly 예배에 참석하여 자신
들이 체험한 것을 말하였는지 이루 말씀드릴 수가 없습니다. 하나님께서
자신들의 마음을 두드리시는 것같이, "내면에 뭔가 움직이고 있는 것이 무
엇인지 모르겠습니다"라고 말합니다. 그분께서 벽들을 무너뜨리고 계신 것
입니다. 이것이 바로 기름 부으심이며, 저희들이 드리는 예배 가운데 이것
을 빼 버렸을까 하여 두렵습니다.

마크: 단지 불신자만을 위하여 예배를 디자인하는 것이 필요하다고 느껴
본 적이 없습니다. 외부에서 행해지고 있는 몰려다니는 교인들을 위한 모

델처럼 영향을 주지 못하더라도, 주일은 신자와 불신자들을 위한 것이라고 굳게 믿습니다. 게다가 그리스도께로 돌아오는 자들과 인터뷰를 했을 때에, 그들이 갈망하고 있는 것이 전혀 제 생각과는 달랐습니다. 저는 그들이 거의 하나님에 관하여 언급하지 않는 예배를 갈망하고 있다고 생각했었는데, 모두가 헛수고 한 셈입니다. 제가 발견한 것은 단지 그와는 정반대로 안전하고 솔직한 분위기 속에서 개인적으로 하나님을 바라고 있었습니다.

이와 비슷한 사역으로 저는 몇몇 알코올 중독자에게는 어떻게 역사 하는지 보려고 AA모임에 갔습니다. 저는 그들이 따스하게 저에게 인사하며 껴안아 주던 일을 결코 잊지 못합니다. 제가 그 모임을 다 마치고 차안에서 약 45분간 울었는데, 그것은 1만 번의 교회 예배보다 그 모임에 가는 것이 더 좋았음을 깨달았기 때문입니다. 그들 속에는 솔직한 가운데 용납과 편안한 느낌이 있었습니다. 그리하여 저희들은 그리스도 안에서 우리 자신들 그대로를 보여 주며 할 수 있는 모든 것들을 정립해 가는 일에 힘을 다했습니다. 결과는 몰려다니는 교인들을 위한 예배는 단지 몰려다니는 교인들을 위한 것일 필요는 없다는 것을 깨닫게 되었습니다.

제 경험상 대다수의 몰려다니는 교인 혹은 그들에게 민감한 예배를 살펴보면, 진짜 관심은 얼마나 잘 발표되었는가에 있다는 것입니다. 우리가 예배를 얼마나 잘 표현하나 하는 것은 매우 중요하다는 것도 압니다. 저도 과거에는 발표가 전부라고 생각했었습니다. 이제는 **어떻게** 보다는 **누구를** 위해 발표하느냐를 더욱 생각하게 되었습니다. 저는 과거에 만약 우리가 잘 발표하면, 하나님의 임재를 체험하는 것이라는 생각을 했습니다. 그러나 꼭 그런 것은 아닙니다. 몇 주 동안 저희는 (A+ 정도의) 훌륭하게 발표를 하였고 하나님께서도 가까이 계셨습니다.

탐미: Christian Assembly의 제일 되는 목표는 사람들로 하여금 하나님을 예배하게 하는 것이기 때문에, 다른 몰려다니는 교인들 지향적인 교회에서 많이 사용하는 드라마, 댄싱, 멀티미디어들을 거의 사용하지 않습니다.

몰려다니는 교인들과 안정성에 관한 문제

필자: 잠시 안정성에 대한 문제에 대하여 생각해 봅시다. 어떤 목사님들께서는 예배가 몰려다니는 교인들을 위해서는 안전한 공간이 되지 못한다고 우려하여 신자들을 위해서만 행하는 경향을 봅니다. 이런 경험이 있으십니까?

마크: 저희들은 경계를 둡니다. 즉, 한계선을 긋는 것이지요. 오순절(파)의 배경을 가지고 있는 저는 이상한 것을 인해 다툼이 일고 있는 일화들을 많이 알고 있습니다. 그래서 저희들이 드리는 예배는 편안하지만 자유롭고 하나님으로 충만합니다. 예를 들면, 예배를 드리면서 사람들이 자연스럽게 손을 듭니다. 모두가 그렇게 원하는 것은 아니기 때문에 저희들은 강요하지 않습니다. 아마 30 ~40%가 그렇게 할 것입니다.

저희들이 처음에 몰려다니는 교인들을 위해 사역을 시작할 때에, "더 이상 손을 들 수 없을 것 같군. 아마 사람들에게 거슬리는 일이 될지 모르겠어"라고 생각했습니다. 심지어 저는 곡들의 강도에 대한 그들의 반응을 생각했고, 만약 하나님께서 정말로 그들에게 나타나신다면 어떻게 반응할 것인지도 생각했습니다. "우리는 어느 누구도 불편하게 하고 싶지 않다"라고 생각했기 때문입니다. 그러나 저희들은 "겁먹지" 않고 단지 어떤 일이 일어나고 있는지를 이해할 수 있도록 도와주었고, 그 결과 몰려다니는 교인들은 저희들이 하는 것에 잘 호응하는 것을 알게 되었습니다. 요즘에 저는 찬양 시간 후에 일어서서 환영의 말로써, "여러분이 감지하는 것, 여기서 느끼는 것은 하나님이십니다. 우리가 그들 예배하고 공경할 때에 성령의 방법으로 그의 아들에게 민감해지게 하시는 분은 하나님이십니다"라고 합니다. 대다수의 몰려다니는 교인들의 반응은 "와! 그것이 바로 하나님을 느끼는 것이군요!"였습니다.

저는 그들이 체험한 것을 좀더 설명해 주는 설교를 합니다. 제게 있어서 가장 큰 신비는 우리가 사람들로 하여금 하나님께 더 가까워지도록 하기 위하여 로마서 전체를 한 번 더 다루었을 때 입니다. 저희들이 발견한 것은 사람들 특별히 몰려다니는 교인들이 하나님을 **체험하기**를 원했고, 예배 외에 그 어떤 방법으로는 불가능하다는 것을 알게 되었습니다.

저는 교회에서 교인들에게 이렇게 말하라고 합니다. "사람들을 초대 할 때에, 그들에게 다소 이상할 것이라 말하십시오. 그들 앞에서, '나는 이 교회에 갑니다. 우리는 크게 찬양합니다. 연주자들은 대단합니다. 어떤 사람이 설교도 합니다. 그가 하는 말 모두에 동의하지 않을 지도 모르나 적어도 하나님에 대하여 생각하게 될 것입니다.'" 그 결과 몰려다니는 교인들은 따스함과 환영받는 느낌을 가지고 자신들이 무엇을 기대해야 할는지 알게 됩니다.

탐미: 진실하고, 겸허하고, 진정한 예배를 모델로 삼아 모두가 편안함을 느끼도록 노력하고 있습니다.

자발적인 분위기

필자: 단 한 마디로 예배의 특징을 말씀해 주실 수 있겠습니까?

탐미: 저희들 예배는 아주 자발적이라고 말씀드리고 싶군요. 저희 교회에 나오는 많은 사람들이 상처를 입고 있기에, 그것을 표현할 장소가 필요합니다. 제 생각으로는 몰려다니는 교인들이 가장 크게 바라고 찾는 것은 소망이라고 봅니다. 만약 그들이 그것을 체험하고자 한다면, 저희들이 드리는 예배는 진실해져야 할 필요가 있습니다. 거짓되어서는 안 됩니다.

마크: 저는 이것을 몰려다니는 교인들에게 많이 말해 왔습니다. "우리는 하나님의 은혜를 받고자 하는 상처 입고, 고통받는 사람들의 공동체입니다." 저는 이것에 대하여 논박하는 사람들을 보지 못했습니다.

리더 vs. 예배자

필자: 회중들의 예배 생활의 발전적 차원에 있어서 리더들이 예배자가 된

다는 사실이 중요하다고 생각하십니까?

마크: 글쎄요, 제게 있어서 예배하고자 하는 마음을 주는 것이 중요합니다. 그리고 제 생각으로는 이것은 어떤 방식으로든 회중들로 하여금 적극적이 될 수 있도록 도와 주는 것이 좋다고 봅니다. 이제 몰려다니는 교인들과 교회에 나오지 않는 사람들에 대한 인식을 갖게 되었습니다. 실제로 저는 10가지 넘는 재능을 가지고 나서는 것이 아닙니다. 아마 절반 정도의 재능을 가졌을 것 같습니다. 저는 리듬감 있게 박수도 칠 줄 모릅니다. 그러나 저는 예배자의 한 명이며, 제 삶에 있어서 가장 좋아하는 일입니다. 만약 뭔가 내놓을 만한 재능이 있다면, 단지 "예배자로 남는 것"입니다. 때때로 제 자신이 다른 목사님들과는 다소 다르다고 느낍니다. 그러나 제 자신에게는 양보의 정신이 있습니다. 저는 지배하고자 하는 광기를 가진 자가 아닙니다.

탐미: 예배는 "내 것"의 일부입니다. 저는 제 삶에 있어서 하나님의 임재를 원합니다. 제가 최상의 것으로 여기는 것은 예배자가 되는 것입니다. 사실상, 저는 제 자신이 "몰려다니는 교인들에게 민감한" 사람이 될 것이라고는 생각지도 못했습니다. 제가 할 수 있는 것은 단지 창조적으로 정직하게 하나님을 예배하는 것인데, 몰려다니는 교인들은 거기에 따라오는 것 같습니다.

필자: 워십 밴드의 연주자들은 어떻습니까? 그들 각자가 예배자가 되는 것을 우선 순위에 둡니까?

마크: 저는 그렇게 겸손하면서 경건한 사람들을 본적이 없습니다. 이들은 저스토 알마리오와 밥 윌슨(드럼연주자)과 같이 진실한 자들입니다. 제 경험으로는 이 중 한 사람이라도 기타로 몇 가지 코드로 연주할 수 있는 실력을 가졌더라면, 제가 힘들었을 겁니다. 다행히도 자기만 위하는 것으로 인해 생기는 문제는 없습니다. 한 번이라도 이것으로 문제가 되리라고는

생각도 안 합니다. 다음 연주회를 기대하지 않고, 혼신을 들여서 늘 연주합니다. 예배에 대한 진정한 의미와 우리가 하는 모든 것이 접속되어 영향을 끼치고 있습니다.

우리는 Get Down Records라 부르는 조그마한 음반사를 열었습니다. 만약 조심스럽게 살펴볼 기회가 있다면, 로고에 가히 인상적인 사람이 있음을 알게 됩니다. 거기에는 기도하는 한 사람이 있고, 색스폰을 연주하는 또 다른 한 ,사람이 있습니다. 저의 교회 배경에 의하면, "꿇는다"는 것의 의미가 무릎을 꿇는 것으로 알고 있습니다. 그런데 저스토는 -로고에 색스폰을 연주하는 사람임- 영적으로도 무릎을 꿇을 만큼 색스폰을 연주하면서 "무릎꿇게" 할 수 있습니다. 이 점이 Christian Assembly의 예배에 남겨진 과제입니다. 사실상 악기를 통하여 예배를 드립니다. 이것이 바로 Get Down Records 사(社)라고 부르게 된 이유입니다. 우리는 "무릎 꿇고" 또한 "(영적)무릎 을 꿇습니다." 그리고 아무 변명도 없이 그렇게 합니다. 만약 저스토를 보셨다면, 상당히 호의적일 것입니다. 그러나 그의 연주를 통하여 하나님께 예배하는 방법을 보면 이런 질문을 하게 될 것입니다. "이 사람이 이렇게 하게 된 이유는 무엇일까?" 그는 자로 재어지거나 혹은 "부추겨 올려지는" 그런 특별한 인물이 아닙니다. 그에게는 설명할 수 없는 기쁨이 있습니다. 그것은 하나님을 예배하는 자기 자신입니다. 회중들이 연주의 차원을 인식하지 못해서가 아닙니다. 만약 뿌리가 진정으로 하나님을 공경하고 동시에 그로 인해 다른 사람들도 적극적으로 하나님을 예배하는 것에 있다면, 연주능력은 전체적으로 색다른 향기를 지니게 되는 것입니다.

필자: 때때로 앞에 있는 사람들이 어떤 순간에 자신들이 하고 있는 것을 고집할 때 예배를 이끌어 가는 것이 어렵습니다. 사실상, 지난 10년간 전체적으로 "단상(무대)"을 강조해 온 사실로 인해 많은 예배 사역자들과 워십 팀이 다음과 같은 질문으로 갈등을 겪고 있습니다. "내가 앞에 서 있으면서 예배자의 한 사람이 어떻게 될 수 있는가? 단지 기독교 관망주의를 고무하는 것 대신에 진정한 예배를 드릴 수 있도록 하기 위해서 나의 재능을

어떻게 쓸 수 있을까?"

마크: 이 말은 대단히 용감하게 들릴 것 같습니다만, 저는 우리가 균형을 잘 맞추고 있다고 생각합니다. 이것은 가장 순수하고 진실한 것이라고 봅니다. 솔직하게 말해서, 복음주의 예배 광경의 어떤 부분은 제게 있어서는 경고로 들립니다. 저는 많은 연주가들이 단지 교회 안에서 "연주회"를 하고 있는 것을 지켜봅니다. 저는 매주 세 교회를 다니면서 연주하는 사람을 알고 있습니다. 이들 교회는 많은 사례를 합니다. 그러나 대부분은 이 전문 워십 팀이 연주를 잘 해준 것에 대하여 사례를 합니다. Christian Assembly에서 사례를 받는 유일한 사람은 탐미뿐입니다. 예배의 실체 때문에 우리 교회의 음악가들은 연주하는 것을 주저하지 않습니다. 비록 그들 중에 많은 이들이 최고의 스튜디오 연주자이지만, 사례를 하는 것이 오히려 걸림돌이 될 수도 있습니다.

탐미: Christian Assembly에 세계적인 연주자와 성악가가 있다는 것은 분명히 축복입니다. 그러나 제 생각으로는 이분들의 재능을 신령과 진정으로 예배 드릴 때에 마음껏 누릴 수 있다고 봅니다. 현대식 워십 밴드를 가지는 것에서 오는 가장 큰 두려움은 단지 흥을 돋우기 위하여 단지 앞에 내세우는 것입니다. 예배 밴드는 반드시 섬기기로 결단해야 합니다.

예배 유형: 주제를 정하지 않는 방법

필자: 사용하고 계시는 예배 유형을 매주마다 바꾸십니까?

마크: 저희들은 30-40분간 지성적이고 좀 더 멜로우풍의 음악을 혼합하는 것으로 시작합니다. 대개 끝에 가서 저는 그때까지 불러온 곡들이 하나의 생각으로 묶어질 수 있도록 말을 합니다. 예를 들면, 지난주일 탐미는 하나님의 영광에 관한 몇 곡들을 선택하였고, 저는 영광과 하나님이 "중요하게 여기시는 것"에 관한 말씀을 나누었습니다. 우리가 찬양을 하는 동안 떠오른 생각은 사람들이 진정으로 중요한 것을 갈망하고 있다는 것입니다. 그

러나 그들이 삶의 중요한 대상을 발견하기까지는 중요한 것을 발견할 수 없다는 것입니다. 찬양 후에 저는 예배는 소위 "가치 있는" 것, 우리 삶에 있어서 "비중을 차지하는" 것을 선언하는 것이라는 말씀을 나누었습니다. 그리고는 "오늘 여러분 모두는 몰려다니는 교인이든 오랫동안 이곳에 나왔든 간에 중요한 것을 갈망하고 있습니다"라고 말했습니다. 그리고 나서 그리스도 안에 중요한 것이 있음을 확증했습니다.

필자:　예배를 드리기에 앞서 특별한 주제를 강조하는 것 대신에 예배를 드리는 동안 하나님께서 친히 그렇게 연결시켜 주시도록 하고 계시는군요.

마크:　그렇습니다. 저희들은 과거에 모든 음악을 설교와 일치시키려고 노력했습니다. 그러나 더 이상 그렇게 하지 않습니다. 오히려 탐미에게 이렇게 말합니다. "하나님으로 충만하여 하고자 하는 것을 다 하십시오." 제가 설교할 내용을 그와 함께 나누면, 그에 맞는 곡들이 있을 것입니다. 그러나 우리는 그다지 주제를 나타내려고 하지 않습니다. 우리는 사람들로 하여금 하나님의 임재를 체험하도록 하는데, 그것은 삶을 변화시킬 수 있는 요소는 사람들이 하나님을 몸소 느끼는 것 때문입니다.

탐미:　제가하는 일은 모든 사람들을 하나님의 존전으로 인도하는 것에 집중되어 있습니다. 저는 곡과 연주는 단지 우리가 그곳에 이를 수 있도록 만드는 수단으로 간주합니다. 우리는 해야 할 것을 기획하고 세트 곡 내의 흐름을 조심스럽게 다듬고 -즉, 빠른 곡 두 곡, 중간 속도, 2-3개의 느린 곡으로 구성하지만, 세트 가운데서도 언제든지 변경할 수 있습니다- 짧게, 길게, 느리게 혹은 빠르게 하여 속도를 생각합니다. 만약 앞에 한 곡이 정말로 (그들과) 잘 맞아지면 다시 반복하는 것을 주저하지 않습니다. 또한 하나님께로부터 오는 특별한 예언의 말씀을 들으려고 노력합니다.

필자:　예배의 그 나머지 부분에 대해서 말씀해 주십시오.

마크: 일반적으로 찬양 끝에 3-6세 아이들은 각반으로 흩어집니다. 그리고 나서는 언제나 5분간 다소 요란한 인사하는 시간을 갖습니다. 그후에 교회에 일어나고 있는 몇 가지 것들을 광고합니다. 그리고 교회가 젊기 때문에 대개는 이때에 아이들은 헌납하는 예식을 갖습니다. 그리고 나서는 헌금시간을 가지고 25분간 제가 설교를 합니다. 메시지를 전한 후에 사람들로 하여금 카드를 작성하도록 합니다. 이따금씩 마지막 곡을 부르기도 하지만, 시간에 제약을 받아 마지막 찬양을 하는 것이 거의 희박합니다.

음악 스타일

필자: 많은 젊은 붐머들에게 매력적으로 보입니다.

마크: 우리가 여기서 하는 음악의 종류는 다양하다고 생각됩니다. 외부에서 예배드릴 때에 하는 것 보다 더욱 스타일이 세련되었습니다. 거의 재즈 풍에 가깝습니다.

탐미: 사실상, 우리는 단지 어떤 세대를 좋아한다는 이유 때문에 뭔가를 해 본적은 없습니다. 우리는 단지 예배를 가장 자연스럽고 즐거운 것이 되도록 노력하고 있습니다. 이것은 좀 더 솔직하고 진실한 방법인 것 같습니다. 교회 리더로서 우리는 재즈 음악을 좋아하므로 우리는 재즈 음악을 많이 합니다. 그리고 제 자신과 교회가 하나님을 사랑하고 공경하도록 감동을 주는 "조용한 클래식 조의 재즈(Coolest)"풍의 열정적인 음악을 작곡하려고 노력합니다. 거의 우리들이 작곡한 곡을 사용합니다만, 이따금 마라나타, Integrity Hosanna와 Vineyard 곡들을 사용합니다.

설교

필자: 마크 목사님, 몰려다니는 교인들과 신자가 혼합되었을 때 어떻게 설교하십니까?

마크: 저는 설교할 때마다 잃어버린 영혼을 위한 마음을 불타게 하려고

노력합니다. 제가 엄격한 강해식 신자들을 위한 예배에서 스타일을 바꾸려고 할 때에, "왜 나는 불신자들을 교회로 데리고 오지 못하게 했는가?"하는 질문을 스스로 했습니다. 그 결과, 저는 교회 용어와 부적절한 예화 등등을 과도하게 사용하는 문제에 관하여 생각하기 시작했습니다. 그리고는 몰려다니는 교인을 위한 예배를 드리는 대형 교회 목사님들의 다양한 설교를 듣기 시작했습니다. 그러나 본능적으로 제가 듣고 있는 그것이 "내 것"이 아님을 깨닫게 되었습니다. 그리하여 제 자신의 스타일을 개발하게 되었습니다.

내용에 관한 한 기본적으로, 그것이 월요일 아침에 사용할 수 있는 것이 아니면, 말하지 않습니다. 제가 메시지를 바꾸기 전에는 교인들 중에는 율법과 은혜의 차이점에 대하여 잘 말할 수 있는 분들이 많았습니다. 그들은 이신득의(以信得義)에 관해서도 말할 수 있습니다. 그들은 바울이 죄와 씨름한 것에 관해서도 말할 수 있습니다. 그러나 제가 그들에게, "보십시오, 아내와 더불어 기도합니까? 아이들과 함께 어떤 것이든 하고 계십니까? 그리스도께 인도한 사람이 몇 명이나 있습니까?"라고 물으면, 그들은 할 말을 잃습니다. 기막힌 것은 이 사람들은 저녁 만찬상에서조차 마지못해 기도할 수 있는 장로님들이었습니다. "잠깐, 내가 하는 설교가 집안에서 영향을 못 끼치다니! 삶에서도 그렇다니!"라고 제 자신에게 말할 수밖에 없었던 것입니다.

저는 죄에 관하여 다소 불편한 설교를 하기 시작했습니다. 그때 저는 몇 개월 동안 쪼아 부치고 있는 제 자신을 발견하고는 풀러 신학교의 (심리학) 상담자를 만났습니다. 제가 "죄"에 대하여 말할 수 있었으나 절망적인 제 자신을 보게 된 것입니다. 그리하여 설교 저편에는, 상처만이 있었습니다. 저는 이런 설교자가 더 이상 되지 않겠다는 서약을 하였습니다. 저는 교회 속에서 살았습니다만, 하나님 안에서 살지 않았습니다. 결국, 저는 이런 인간에 대하여 선전포고를 했던 것입니다. 제 설교의 결과에서 그렇게 된 것이라 생각하게 되었습니다.

필자: 자신의 "부족함"을 보면서 어쩌면 자발적으로 자신이 적용할 수 있는 것을 하나씩 만들게 되었군요.

마크: 이런 성직자의 신발이 제게 꼭 맞다고 느껴 본 적이 없는데, 그것은 마땅히 이러해야 한다는 그림이 있었고 결코 거기에 이를 수 없다는 것을 알고 있었기 때문이었습니다. 그때 저를 상담하시던 분이 "왜 자신에게 맞는 교회를 세워 보시죠?"라고 하던 말이 처음으로 제게 납득되어 다가오는 것이었습니다. 저는 설교할 때면 결코 "더러운 말"을 입 밖에 내지 않았지만, 여태껏 해 보지 않았던 방법을 솔직하게 해 보기로 약속했습니다. 저는 특별히 한 가지 문제로 갈등을 겪고 있었고, 교회 앞에서 터놓고 그것을 말했습니다. 이것은 제가 했던 모든 유창한 설교보다 더 복음적이었습니다. 이후에 얼마나 많은 사람들이 "보세요, 저와 같이 갈등하는 사람을 위해서도 희망이 있겠습니까?"라고 제게 말했는지 모릅니다.

필자: 어떤 이들은 말하기를 몰려다니는 교인들은 말씀을 듣는 것에 인내하지 못한다고 합니다. 몰려다니는 교인들과 신자가 혼합된 경우 많은 성경 구절을 사용합니까 만약 그렇다면 몇 구절 정도 인용합니까?

마크: 저는 몰려다니는 교인들이 성경 말씀에 전혀 걸림이 되지 않는다고 봅니다. 저는 유진 피 터슨 성경, The Message (헬라어를 쉽게 번역한 신약전서)24)와 그분의 다른 작품, 시편 The Psalms25) 을 사용합니다. 이 두 권 모두가 불신자들을 위한 것입니다. 저는 또한 성경 이야기를 그냥 읽는 것보다는 자신의 말로 말할 때, 이것이 사람들로 하여금 집에 돌아가 그 주에 그 내용을 생각하도록 한다는 것을 알게 되었습니다.

초청의 시간

필자: 예배 시간 중에 몰려다니는 교인들에게 그리스도를 영접하는 기회를 줍니까?

마크: 저희들은 예배 끝에 초청의 시간을 가졌습니다만, 탐미와 저는 정말 이것 때문에 갈등하고 있는데, 그것은 사람들이 주님께 만감한 때는 찬양이 시작되는 시간에 최고로 고조되는 것을 보았기 때문입니다. 그리하여 탐미와 저는 단지 어떤 순간이라도 가장 응답하기에 적절하게 보일 때에 기회를 사려고 주의를 기울입니다. 저희들은 예배 끝에 카드를 작성하도록 요구합니다. 카드에는 기도 요청을 위한 여백도 있고, 예배에 대한 조언도 할 수 있으며, 그들이 교회방문을 처음 한 것인지, 하나님에 관하여 더 알기를 원하는지 혹은 누군가 그에게 전화해주기를 원하는지의 여부를 알 수 있도록 해 두었습니다. 또 다른 부분에는 "오늘 저는 그리스도께 제 자신을 헌신합니다" 라고 표시할 수 있게 해 두었습니다. 이것으로 저희들은 사람들이 손을 들거나 일어서는 것보다 사람들의 자존심을 지켜주면서 사람들이 나중에 자신에게 전화해 달라고 카드에 표시하는 것을 더 좋아함을 알게 되었습니다.

때때로 찬양하는 중간에 복음을 말하고 사람들이 죄고백의 기도를 하도록 합니다. 마찬가지로 여전히 사람들로 하여금 카드를 기입하도록 하고 있습니다. 때때로 메시지를 전하고 난 뒤에 응답의 시간을 갖습니다. 예를 들면, 이번 주에 저는 의로우신 하나님에 대하여 말씀을 전했고, 끝날 즈음에 몰려다니는 교인들과 신자 모두를 위한 회개의 기도를 하고 싶은 감동이 생겼습니다. 그것은 설교의 본질이었기 때문에 적절한 것이었습니다. 그러나 그때 처음으로, 자신의 깨어진 상처와 의롭지 못함과 의로우신 하나님을 보면서 회개를 위한 기도를 하게 된 분들이 있었습니다. 그래서 매 주마다 변할 수밖에 없는 것입니다.

탐미: 저희들은 진정으로 사람들을 복음 전도하기 위하여 어떤 것도 변경하지 않습니다. 저희들은 단지 적절한 시기인지 아닌지에 대하여 성령님께 민감하려고 노력하고 있습니다. 저희들이 배운 한 가지는 설교 끝까지 기다릴 필요가 없다는 것입니다. 비록 찬양 중에도 저희들은 몰려다니는 교인들에게 자신들이 느끼는 것이 하나님의 임재임을 말해 주면서, 계시록

3:20을 (보라 내가 문 밖에 서서 두드리노니...) 인용합니다. 또한 그들이 하나님을 예배하기 위하여 창조되었으며, 예수의 보혈로 모든 죄를 용서받을 수 있게 되어, 거룩하신 하나님 앞에서 흠 없이 서서 예배할 수 있음을 강조합니다.

저희는 언제나 예배 중에 어떤 시점에서 복음의 근본 진리를 전달하지만, 매우 짧고도 간단하게 하는 편입니다. 저는 사람들이 하나님의 임재를 느낄 때에는, 많은 감언이설이 필요 없다는 것을 알게 되었습니다.

저희들은 큰 무리가 앞으로 나오는 것에 역점을 두지 않고, 오히려 한 영혼을 주님께 인도함에 있어서 느리지만 효과적인 일대일 접근법을(정기적으로 참석하는 자들이 몰려다니는 교인들에게 조언과 도움을 주어 관계성을 맺는 것) 씁니다.

버스터들

필자: 교회를 보니 꽤 많은 버스터들이 나오는 것 같습니다. 이들을 위한 사역에 관한 제안을 해 주시겠습니까?

탐미: 붐머들을 위한 메시지처럼 길어서는 안 된다고 봅니다. 그러나 길이의 개념은 그것이 설교이든 전체 예배이든 사람들이 벌어지고 있는 일에 어떻게 느끼는지 그리고 하나님을 그 가운데서 느끼느냐 그렇지 않느냐와 연관됨을 명심해야 합니다. 진행속도는 언제나 기름부음에 따라 좌우됩니다.

음악에 관한 한 버스터를 음악적으로 분류할 수 없습니다. 아예 노력하지를 마십시오. 단지 예배를 드리고 진실하십시오. 이것이 바로 그 무엇보다 더 그들이 더 잘 반응할 수 있는 방법입니다.

실제적인 목표

필자:　Christian Assembly는 다가오는 몇 년 동안 예배와 특별히 워십 에반젤리즘을 계속적으로 우선 순위 목록의 첫 번째에 둘 것이라고 생각됩니다. 이것이 옳다면, 예배를 위한 특별한 목표들이 있습니까?

탐미:　제 자신과 교회의 목표는 계속해서 예배의 영역을 넓히고 음악적, 영적 관습에서 벗어나는 것입니다. 실제적으로 말하자면, 교회 안에서 좋은 음악가들을 지도하고 유지할 필요가 있습니다. 이 일을 위해서는 몇 가지 것을 -그들을 도전하고 감동 주는 음악을 보급하는 것, 매달 새로운 음악을 가르치는 것, 탁월성, 가능한 밴드의 질을 우수하게 할 것, 과도하게 요구하거나 오용하지 않음으로써 그들의 시간을 존중하는 것, 연습을 위한 준비와 그들을 즐겁게 하는 것, 무대 위에서나 혹은 아래서 악기와 목소리로 진정한 예배를 드리는 방법의 본을 보여주는 것-생각해야 합니다.

도전

Christian Assembly는 숫자 유지에 급급함에서 심각하게 복음 전도에 힘쓰는 것으로 전이한 몇 안되는 성공적인 교회 가운데 하나이다. 놀랍게도, 5년 안에 이렇게 해내었던 것이다. 그러나 시간적인 것 외에도 최대의 숫자로 확장할 때, 전이 과정에서 이것이 장애가 되는 경우가 허다하다. 이것이 Christian Assembly 교회에 있어서도 3년째 되던 해에 사실로 나타났다. 마크 피커릴 목사님의 말에 의하면, 적절한 하부구조의 결핍이 실제로 1992년에 나타나기 시작했고, 이 해에 Christian Assembly 교회는 성장이 가장 급등했다고 한다.

이 문제 외에 Christian Assembly의 최근 시설은 단지 약 300명을 수용할 수 있는데, 매주일 세 번 드리는 예배 모두 이제 거의 꼭 차고 있는 상태이다. 또한 지난 번 Heart Shot예배 콘서트는 거의 2,000명의 사람들을 매혹시켰고, 이제 예배 장소가 "중요한"문제로 등장하게 되었다.

건물을 이전하느냐 확장하느냐가 불가피하게 되었다. 우리 가운데 어떤 이들은 "작은 교회"가 땅 문제를 놓고 행복한 고민을 한다고 하지 않겠는가! 그러나 성장과 도전은 언제나 똑같이 나타난다. 사실상, 어떤 시설의 변화는 Christian Assembly의 최근 사역 스타일에 충격을 던지게 될 것이 확실하다. 큰 문제는 이 회중들이 "성장과 축복"을 자신들의 고유한 특성과 소명을 유지하여 병행할 수 있겠느냐 하는 것과 연결된다. 그리고 예배에 관한 한, 커다란 규모 속에서도 똑같이 자발적이고도, 영적으로 접목되어 "과장적인 것을 반대하는" 분위기를 유지할 수 있겠는가? 감사하게도, Christian Assembly는 진실성과 영적인 것에 우선 순위를 둔 견고한 기초 위에 사역을 다져 나가고 있다. 전심으로 하나님을 예배하는 것에 의존한다면, Christian Assembly는 이런 잠재적인 걸림돌을 전체적인 관점에서 볼 때에 성숙의 기회로 바꾸어 놓을 것이라 믿는다. 본인은 Christian Assembly가 하나님께 영광을 돌릴 것이라고 예감한다.

결론

4교회의 4가지 전략, 그러나 교회의 두 가지 중요한 열쇠에 -최고의 인간 활동인 예배와 예수님의 분명한 명령인 복음 전도- 대하여 똑같이 도전적인 헌신이 있었다. 이 두 가지는 교회의 기능을 함께 담당하고 있어, 두 가지가 똑같이 균형을 이루어야 함을 보여 준다. 때때로 대부분은 진자의 추같이 한쪽으로 치우쳐, 너무나 자주 종교적인 이중성 혹은 시대의 상투적인 문구로 정당화된다.

그러나 이들 4교회는 -할아버지의 시계추처럼- 자신들이 속하는 "진자"의 한쪽을 떠날 수 있을 만큼 진보적이다. 이들은 외부의 "이것 아니면 저것"의 방법론이 얼마나 매력적으로 포장되었든, 얼마나 받아들이도록 강요를 하든 간에 당당하게 지내왔던 것이다. 결국, 그들은 특별히 열려진 마음과 예민함으로 하나님의 이끄심에 자유롭게 반응하였고 많은 교회가 몰래 하고 싶어하는 것을 중단하고 하나님께서 하시도록 했던 것이다.

이들 4교회는 위십 에반젤리즘이 하나의 방법론이 아니며, 공식도 아니며, 이미 시장으로 가져갈 준비가 된 확실한 요리법도 아님을 생생하게 보여 주는 증거이다. 이것은 또한 최신형의 교회성장법도 아니다. 이것은 우리 모두에게 있어서 사고의 새로운 방식(Way)일 될지도 모르나 거의 2,000년 동안 이어져 온 것이다!

위십 에반젤리즘은 단지 하나님께서 우리와 함께 하시게 하며, 하나님이 의도하시는 바를 우리를 통해 이루어 가시도록 하는 것이다. 창조된 목적대로 하나님의 백성이 열정적으로 그분을 존중할 수 있도록 우리 자신을 내어주고, 몰려다니는 교인들로 하여금 진정한 예배의 경이로움을 체험하게 해 주며, 무엇보다 가장 중요한 것은 하나님을 하나님 되게 할 때에 워십 에반젤리즘은 일어난다.

결 론

비록 내가 사막 한가운데 홀로 서 있어도 … 당신을 무엇보다 높이기 위해 제 자신은 예정되어 있습니다. 제 명성보다 더 높임을 받으시옵소서 저게 당신을 기쁘게 하고자 하는 야망을 주시고 비록 그 결과 제 자신이 사라지고 제 이름이 꿈같이 잊어진다 할지라도 그렇게 하옵소서.[1] - A W. 토저

혁명에서 개혁으로

1970년대와 80년대에, 복음주의 많은 교회들이 **예배혁명** (Worship revolution) 다시 말해 전통적인 예배 형태의 대변혁이 늦었지만 중요한 "문화적 대각성"을 가져오게 됨을 경험하였다. 오늘날 우리는 예배개혁 (Worship reformation)-예배 형태의 문제(적합성)를 계속적으로 말하지만, 예배의 핵심 (성경적 대상)에 관한 한 형태를 초월한 방법으로 펼쳐 가는 운동- 가운데 있다고 믿는다. 결국, 이것은 지난 75년간 복음주의 교회에서 보여 준 어떤 것 보다 더 삶을 풍성하게 하고 삶의 변화를 가져오는 잠재력을 지닌 예배 운동이다.

지난 3년간 본인이 만난 교회 사역자들로부터 워십 에반젤리즘은 이런 개혁의 한 부분을 담당하고 있는 것으로 나타났다. 진정한 개혁은 언제나 여러 번 본질이 상실된 후 성경적 진리로 되돌아간다. 예배와 잃어버린 영

혼에 관한 한 이 원리의 적용을 보기란 쉽지 않다. 하나님의 존전으로 "나그네를 환대하는" 신약의 가치를 버림으로써, 우리 복음주의자들은 우리에게 주어지는 가장 중요한 복음 전도의 기회를 놓치게 되었던 것이다. 이제 전국 곳곳에서 리더와 평신도들이 매주 드리는 예배를 재점검하고, 재고려하고, 재구성하여 이들 공동체 가운데서 몰려다니는 교인들이 다시 하나님을 만날 수 있게 되었다.

신령한 초대

워십 에반젤리즘의 가장 독특한 특성은 감동으로 활기찬 수백 개의 개교회들로 구성된 완전히 대중적인 현상이라는 점이다. 본인이 여러 곳을 다니며 인터뷰할 때에, 단지 소수의 교회만이 예배로 복음증거하는 패러다임을 타교회와 직접적으로 접촉한 결과 가지게 되었음을 알게 되었다.

이렇게 "뜻밖에 얻어진" 개별적인 과정은 과거 10년간의 모델-주의 경향-과 뚜렷한 결별을 보여주는 것이며, 단지 운동의 시기가 온 것뿐만이 아니라, 성령으로 시작하게 된 것임을 보여주게 되었다. 결론이 무엇이든 간에, 워십 에반젤리즘은 더 이상 무시될 수 없으며 운 좋게 주어지는 사역으로 간주하여 더 이상 묘하게 사라지게 할 수는 없다. 이것은 이미 교파를 초월하여 큰 충격을 주고 있다. 게다가 이것의 영속을 위하여 밑바탕이 되는 개념과 신학적 작업도 함께 이루어지고 있다.

예배 개척자: 공통 분모

예배 개혁의 조류가 일어나고 변화의 물결이 우리 땅으로 밀려올 때에, 묻게 되는 질문은, "우리 앞에 펼쳐져 있는 항해를 할 것인가?"이다. 어떤 이는 모든 회중들이 적어도 다시 부르면 되돌아 갈 수 있는 안전지대까지 몇 마일은 모험할 수 있을 것이라 생각한다. 그러나 실제적으로, 단지 몇몇 교회와 리더들만이 보이지 않는 미지의 예배개혁을 향해 항해한다. 심지어 아주 소수만이 워십 에반젤리즘의 경로로 출발한다. 그러나 이렇게 하는 이들은 우리가 절실하게 필요로 하는 예배 개척자가 될 것이며, 다음 천년을 향해 교회를 이끌어 가게 될 것이다. 문제는 어떤 부류의 회중과 리더가 과감히 이런 항해를 하게 될 것인가에 달려 있다.

무엇보다 첫째, 이들은 **다윗이 가졌던 하나님에 대한 강렬한 갈망을 가진 자들이다.** 그들은 진정한 예배자들이며, 하나님을 기쁘시게 해 드리려고 목말라하고 있으며, 소멸하지 않는 "지극히 높으신 자의 성소"로 들어가는 자이다.

둘째, 이들은 **어떤 건조하고 학구적인 점에서가 아니라 마음 속 깊이 삶에 변화가 일어나는 가운데 그리스도를 통하여 하나님의 은혜를 알게 된 자들이다.** 결국, 대 위임령은 단지 성경의 명령 혹은 교회 성장을 위한 구심점이 아니라 구세주의 사랑에 감사하는 겸손하고도 자연스러운 반응이며, 분명히 이런 반응은 진정으로 환영하는 예배 분위기에 선결되는 요건이다.

셋째, **이들은 각각 독립적으로 생각하는 자들이다.** 과거 20년 동안 예배 스타일은 복음주의 사역의 가장 영향력 있는 교파 가운데 강조되어 온 "정책적으로 올바른" 예배였다. 한편 다른 쪽에서는 이것을 에워싸는 관점과 움직임에 대한 요구가 개별주의의 작은 분파로 나타나게 된 것이다. 기독교 용어로 말하자면, 자신의 평판과 하나님께 대한 회중의 상황을 복종시키는 것을 의미한다. 이것은 어떤 교회, 제도, 심지어 학자가 어떻게 생각하느냐에 관계 없이 신령한 예배 방향을 따르는 것을 의미한다.

워십 에반젤리즘: 5가지 지침

마무리하면서 본인은 5가지 원리 즉, 5가지 "지침"을 제시하며, 흥미롭게 예배를 이끌고 감에 있어서 때로는 변화의 어려운 조류를 헤쳐 나감에 있어서 도움을 주려고 한다. 이것은 어디서부터 시작해야 하는지에 관하여 가르쳐 주며, 궁극적인 성경의 목적 -하나님을 영화롭게 하고자 하는 열정, 진정한 개인의 변화, 종교성이 있는 자나 그렇지 못한 자들에게 복음을 효과적으로 드러내는 것- 을 향해 연합 예배를 이끌어감에 있어서 필수 불가결한 것이다.

원리 # 1: 예배 먼저, 복음화를 그 다음에

마티 니스트롬이 말하듯이, "하나님께 먼저 할 것을 하고, 그 다음에 하나님께서 사역할 사람들의 문을 열어주시도록 하라."[2] 사역자들이여, 하나님을 영화롭게 하는 것이 여러분의 첫 번째 목표가 되게 하라. 진정한 예배는 여러분 자신에게서부터 시작됨을 명심하라.

원리 # 2: 적절함을 위해 진실성을 결코 버리지 말라.

"어떻게 하면 불신자에게 매력 있는 교회가 될 것인가"라고 묻기보다는 "우리가 하는 모든 일에 있어서 어떻게 하면 진실해질 수 있을까?"라고 묻는 것에서 출발하라. 불신자들은 어리석은 바보가 아니다. 그들은 조작된 경건과 진실한 것의 차이를 말할 수 있다.

원리 # 3: 빼기 전에 더하라.

만약 여러분의 교회가 예배 스타일 스펙트럼의 "전통적"인 쪽에 더 가깝다면, 이미 기존의 예배에 워십 에반젤리즘 예배를 추가해 볼 것을 고려하라. (공동체의 의견을 묻고 주일날 밤 혹은 주일날 아침에 시간표가 꽉 짜여져 있다면 주중 한 날을 시도해 보라.) 대부분의 경우, "자연선택"의 과정에서 자연스럽게 빠지는 것이 강요로 빼는 것보다 훨씬 낫다. 단지 사람들로 하여금 선택하도록 존중하라.

원리 # 4: 공동체의 문화적 현재 상황과 과거의 의미 있는 신앙적인 것을 기초로 한 적절성에 충실하라.

과거와 현재를 복합하여 새로운 스타일의 예배 전통(예식, 상징물, 비유들)을 개발시켜라.

원리 # 5: 고유의 예배 방법을 만들어 보라.

쿠키를 자르는 칼은 쿠키를 위해서 쓰이는 것이며 교회를 위한 것이 아니다. 타 교회가 예배-복음 전도를 어떻게 하느냐에 대한 아이디어와 경험들을 빌려 보라. 그러나 워십 에반젤리즘은 궁극적으로 성령님께서 독자 자신의 교회를 인도하시고 불신자들을 하나님의 존전으로 초대하는 것임을 기억하라.

넓은 문으로 비행

워십 에반젤리즘을 시작하려고 선택을 한 자에게, 온유한 심령에 넘치는 지혜로 축복하시기를 원한다. 겸손히 계속적으로 자신의 삶에 예배를 위해 부르신 더 나은 부르심을 따르기를 기원한다. 경배 센터와 성소의 문을 넓게 여는 비행을 하여서 밖에 있는 나그네들이 결국 살아 계신 하나님을 맛보아 알게 되기를 기원한다.

부록
초문화적 음악자료 은행

다음에 열거하는 것은 다양한 예배 제품 -음반, 합창곡집, 옥타보 (모든 보컬 부분을 포함하고 있는 악보), OHP자료-을 하는 기업들이다. 대부분의 경우, 간단한 요약 내용도 곁들여 두었다. 회사 번호는 7장, 9장에 나타난 특별한 곡 제목에 맞추었다. 앨범과 모음 집에 있는 모든 곡들이 초문화적인 것은 아니다. 그러나 열거한 내용 가운데는 사용 가능한 곡을 선별해 두었다.

음악자료 약어

AT	Accompaniment trax
CH	Praise/chorus 모음, 멜로디, 키보드 기타 코드 수록
CH/P	소프라노, 알토, 테너 위의 높은 부분
LS	Lead sheet (기타 코드, 멜로디, 가사 포함된 인도자 용)
MF	사용 가능한 MIDI 파일
O	Octavo(모든 보컬 부분도 포함된 악보)
OR	리듬이 수록된 Octavo (코드 드럼, 리듬부분에 대한 악기 지시서 포함)

PO	Performance only (연주용만으로)
R	Recording가능 (CD 혹은 카세트)
RO	Recording only (녹음만)
RC	Rhythm charts (리듬 도표)
S/O	Studio 보컬용/ 오케스트라로도 가능
SL	가사 슬라이드로 가능
SS	연습을 위한 개별적인 Song sheets
T	완성된 Transparency 사용 가능
WO	Words only 가사만

◆**주의:** 특별히 "최신형" 전통적인 찬송곡을 기본으로 하거나, 예식 예배를 위한 것일 때에 >>**UPD**<<로 표시

1. Get Down Records

2424 Colorado Blvd.
Los Angeles, CA 90041
(213)255-1421
FAX (312)255-4133

C. A. Worship Band Worship Series
(Christian Assembly Foursquare Church, Los Angeles)

Pray for Each Other 서로를 위하여 기도하라 **LS, R, T**
Boomerang Worship Service # 1 (7장)
and Compositional Checklist song (9장):
"슬픔을 춤으로 변하게 하시고, (Mourning Into Dancing)"
Boomerang Worship Service # 1 (7장):
"위대한 자니라, (Great I Am)"

We Say Yes 우리 모두 예라고 대답합시다 LS, **R, T**
Compositional Checklist Song(9장):
"당신 같은 분 없네, (No One Like You)"

Tommy Walker and the C.A. Worship Band: Live Worship
탐미 워커와 C. A. Worship Band: 라이브 예배 LS, R, T
Boomerang Worship Service # 2 (7장):
"예수의 달콤한 임재, (Sweet Presence of Jesus)"

마라나타의 탐미 쿰스와 C. A. Worship Band의 음악은 "주변의 예배음악 중 가장 신선한" 음악이다. 이들 앨범에는 다양한 스타일이 -가벼운 재즈, 미디움 록, 리듬 앤 블루스, 카리브안과 아프리카 풍의 "세계적인 비트" 음향에서부터 멜로우 팝까지- 수록되어 있다. 모든 곡들이 Los Angeles에 있는 Christian Assembly Foursquare Church의 C. A. Worship Band의 단원들에 의해서 작곡되었다.

색스폰 연주가 저스토 알마리오 (코이노이아 밴드와 함께 일하여 유명해진), 밥 윌슨 (Sea Wind의 드럼 연주자), 탐미 워커 (보컬리스트, 기타 연주자, 곡 작곡가), 빌 칸토스 (보컬 리스트, 유명한 키보드 연주자, 작곡가)와 같은 음악 대가 (밴드)단원들이 연주하는 복잡한 연주를 기대할 수 있다. 그러나 그것 때문에 겁먹지는 말라. 이들의 곡은 상당히 창조적이므로 단순한 연주도 여전히 괜찮다고 본다.

대단히 창조적이고도 교리가 풍성히 들어간 유명한 두 곡을 들자면, 앨범 1의 "위대한 자니라"와 앨범 2의 "함께 서서"이다. C. A. Worship Band의 3번째 앨범은 전문 예배 사역자 탐미 워커와 함께 한 Your-are-there의 생생한 예배 장면을 담고 있다. 원래 예배곡 작곡가를 초청하여 함께 한 이 앨범은 C. A. Worship Band의 탁월한 재능과 워커의 능력이 하나님의 긴밀한 관계에 의한 감동되어 만들어진 것이다. 순수한 예배로서 각양각색의 각종 재질로 짜여진 편직물처럼 보컬과 함께 멋진 악기 연주가 잘 어울려져 있다. Get-down의 펑크 풍의 "감미롭고 감미로운 예수님의 임재 Sweet, Sweet

Presence of Jesus"는 초문화적인 음악으로 어떤 그룹에도 적합한 반면에, 교대로 부르는 곡인 "찬양 받으실 여호와의 이름 Name of the Lord Be Praised"은 경쾌한 카리브안 풍이다. "거룩하신 우리 하나님 여호와 Holy Is the Lord Our God"는 계시록 4:8-11을 감동적인 체험으로 변형시켜 현대풍 예배와 접목하였고, "그의 사랑은 영원하시도다 His Love Endures Forever"는 진솔한 록스타일로 구성되어 즐거움을 준다.

2. Integrity Music, Inc.

P. O. Box 5068
clifton, NJ 07105-5068
(201)470-8757

Praise and Worship series

아래의 예배와 찬양 모음 집은 AT, CH, R, SS에 속한다. 유형을 첨가할 수 있는 것들은 따로 표시하였다. 각각의 앨범은 CH와 적절한 찬양 집의 번호로 표시된 Praise/Worship Songbook에 맞추어져 있다.

He Is Faithful 그는 신실하시다 (예배 사역자, 폴 밸로크) **CH # 7**
       Boomerang Worship Service # 2 (7장)
       and Compositional Checklists song (9장):
       "누구도 본 이가 없네, (No Eye Has Seen)"
       Boomerang Worship Service # 1 (7장)
       "당신 앞에 있는 것을 좋아합니다,
       I Love to Be in Your Presence"

See His Glory 그의 영광을 보라 (필리 펑크) **CH # 5**
Shouts of Joy 즐겁게 외치라 (에드 건고) **CH # 5**
Chosen Treasure 택한 보배 (밥 카플린) **CH # 7**

Boomerang Worship Service # 2 (7장):

"십자가 감사해요, (Thank You For the Cross)"

Lift Him Up 그를 높이세 (론 케놀리) **CH # 7 S/O, RC**

God Is Able 하나님은 하실 수 있네 (론 케놀리) **AT, SS, R** 만 가능

Compositional Checklists song (9장):

"생명의 빛 The Light of Life"

Pure Heart 순순한 마음 (레니 러 블랑) **CH # 6**

Eternal God 영원하신 하나님 (돈 모엔) **CH # 5**

Boomerang Worship Service # 2 (7장):

"하나님께서 길을 예비하신다

God Will Make a Way"

In Christ Alone 하나님만이 (마티 니스트롬) **CH # 8**

Be Magnified 찬미하여라 (란디 로스웰) **CH # 8**

Boomerang Worship Service # 1 (7장)

and Compositional Checklists song (9장):

"성소 Sanctuary"

Boomerang Worship Service # 2 (7장):

"사도신경 Apostle's Creed"

"선하심이 어찌 큰지, (How Great Is Your Goodness)"

Integrity의 예배와 찬양은 전국적으로 전세계적으로 잘 알려져 있다. 과거 2-3년 동안 이 회사는 60회 넘는 라이브 예배 앨범을 만들었다. Integrity의 음악의 많은 부분이 특별히 예배에 참석하는 신자들 중심인 반면에, 위에 열거한 앨범 가운데 몰려다니는 교인들에게 쉽게 친숙할 수 있는 곡도 여러 곡이 있다.

God Is Able '하나님은 하실 수 있네'와 같은 앨범은 상당히 재능 있는 악기 연주자들이 하였기 때문에 우리들 대다수가 연주하기에는 좀더 복잡하다고 하겠다. 다소 음계가 처지게 되는 것을 두려워하지 말라. 이런 제목을

살펴볼 때에, 하부 문화적인 용어와 일반적인 기술에 대하여 까다롭게 생각하라.

Alleluia Series (1994)

"신선하고, 생생하고, 초청할 만한" 이름이 붙은 Alleluia Series는 Integrity의 최신 예배와 찬양 시리즈이며, 지금까지 나온 것 중 가장 초문화적 자료라고 확신할 수 있다. 원래 예배와 찬양 시리즈와는 아주 다르게 만들어졌고, 이들 앨범은 전적으로 스튜디오에서 제작되었다. 결국, 예배 사역자도 없고, 특별한 회중도 없다. 그러나 여분의 공간을 Integrity의 보컬과 악기 연주로 되어있어 다르다는 느낌을 준다. 현악기의 자유스러운 사용으로 다소 편곡되었으나 전체적으로 다양한 음악스타일로써 매저 플러스(Major plus)이다. 이 앨범에는 초문화적인 음악이 충분히 수록되어있다.

Celebrate Jesus **R, AT, SS**

이 곡의 제목 "Celebrate Jesus"가 예배음악으로 나오자 왕성해진 반면에, "하나님께서 길을 예비하신다 God Will Make a Way"의 날카로운 메시지는 특별히 몰려다니는 교인에게 호소력이 있다. "천국은 내 안에 있네 Heaven Is in My Heart"은 커다한 교리가 포함된 큰 작품이 아니겠는가! 끝으로 마지막 4곡, "내 맘 바꾸소서 오 하나님 Change My Heart, O God", "예배해요 전능하신 하나님 I Worship You, Almighty God", "당신 같은 이 없네 There is None Like you", "주 이름 높이리 I Exalt Thee"는 몰려다니는 교인이 진정으로 들을 필요가 있는 곡들이다.

He Is Exalted **R, AT, SS**

처음에 나왔을 때에, 이 앨범에는 주옥같은 옛날 곡들이 여러 곡 있었지만, 독자들이 전에 들어 보지 못한 것들도 있을 것이다. "제사를 드리며 We Bring the Sacrifice"와 "은 보다 더 귀한 More Precious Than Silver"는 새롭고도 강력한 매력을 갖게 되었다. 펑키 풍의 "옛 시절Ancient of Days" 혹은 카리브안 스타일을 고수하는 "마음이 정결하여 Pure in Heart"도 놓치지 말

라. 제릿 구스탭손의 "은혜만이 Only by Grace"는 예수 그리스도로 말미암는 하나님의 은혜에 관한 것으로 감동적이고도 대단히 편하게 부를 수 있는 전통적인 곡이다. 워십 에반젤리즘을 위해서는 반드시 필요한 곡이다.

Boomerang Worship Service # 1 (7장):

"은혜만이, (Only by Grace)"

Acapella

Acapella **O, R**

Acapella Praise **O, R**

> **Boomerang Worship Service # 2 (7장):**
> "하나님께서 길을 예비하신다
> God Will Make a Way"

이 두 앨범에서는 찬송가 곡과 예배 합창곡을 아주 최신형의 아카펠라 형식으로 부르고 있다. 연주를 위한 곡들로 혹은 어떤 경우에는 회중들을 위하여 쓰여질 수 도 있다. 악기를 함께 연주할 필요도 있다.

Christmas

Bethlehem's Treasure, 베들레헴의 보물(밥 피츠) **S/O, RC, R, >>UPD<<**

상당히 멋진 최신형의 캐롤 모음 집이다. 밥 피츠의 Bethlehem's Treasure 베들레헴의 보물은 성탄절기에 즈음하여 부르기에 아주 좋은 예배 곡들이다. 트윌라 패리스의 "하나님께 영광 Glory to God"이나 같은 제목의 그래함 캔드릭의 곡도 상당히 좋은 곡들이다.

Urban Comtemporary

Urban Hope: The Right Message, The Right Time 바로 그 시간에 적절한 메시지 (라파엘 그린) **BO**

미국 도시의 소리를 담고 있으며, 예배 앨범에 이런 메시지를 담을 수 있는 적절한 때라고 여겨진다. 이 앨범은 문화적으로 적절한 경매의 전 영역을 담고 있고, 가장 창조적이며, 왕성함을 하나님께 드리고 있다고 하겠다. 아찔할 정도로 다민족 스타일로 -록, 랩, R & B, 도시 팝과 춤, 현대풍의 가스펠, 재즈- 수록되어 있어 이들 워십 송은 이미 중심 도시에 널리 퍼져 나가는 힘이 있다는 것을 증명하였다.

3. Lillenas Publishing Company

Box 419527

Kansas City, MO 64141

(800)877-0700

Crystal Sea Products:

Devotional Moments in Word and Song

His Personal Presence 그의 임재 속에서 **CH, R**

Praying in His Presence 그의 임재 속에서 기도하면 **CH, R**

Personal Praise I : Songs form the Sermon on the Mount 산상 수훈의 말씀에 곡을 붙임

AT, CH 성경 구절과 경건의 메시지 수록 **LS, O, R, S/O**

이들 작품들은 워십 팀을 위한 것으로 흥미롭고 새로운 곡들이다. 비록 공적으로는 개인적인 예배와 경건을 중심으로 한 것으로 되어 있으나, 이들 3앨범 모두가 초문화적 찬송곡과 합창으로 부를 수 있는 찬양의 보고이다. "멜로우" 쪽에 가깝다고 할 수 있으며, 잘 알려진 작곡가와 앨범 제작자인 킴 힐, 스티븐 V. 테일러, 빌 뱁스톤, 마가렛 베이커, 찰리 피콕, 마이클 카드, 그레이 챔프맨, 트윌라 패리스, 딕 투니와 멜로디 투니, 마크 알트루지가 대거 참여하였다. Praying in His Presence앨범에 있는 컨트리 풍의 "하나님 용서하소서 Father Forgive"도 꼭 살펴보라. 또한 Personal Praise I : Songs form the Sermon on the Mount 에 있는 "우리 하나님 Our Father" "우리의 죄를 용서하소서 Forgive Our Sins", "사랑 속에 살리라 We Will Live in Love"도 놓치지 말라.

고유의 장점들로서는 간주마다 멋진 경건의 묵상, 기도, 심지어는 켄 성경의 저자가 직접 풀어 쓴 성경 구절이 들어있다는 것이다. 이렇게 훌륭하게 상황에 적절한 자료는 워십 송 사이사이에 전달할 말들을 계획하는 예배 사역 자들에게 있어서 큰 유익이 될 수 있다. 예배의 큰 주제는 하나님의 임재, 신실한 창조자이신 아버지, 예수 그리스도는 하나님이심, 하나님의 임재에 반응하는 것으로써, 찬양, 신뢰함, 기도, 간구, 회개, 의존함, 헌신, 존경이 포함되어있다. 몇몇 곡들을 예배 분위기에 따라서 상호 교환할 수 있다.

Song CollectionCH

Lift High the Lord 주님을 높이세 **CH,>>UPD<<**

4. Maranatha! Music

30230 Rancho Viejo Road
San Juan Capistrano, CA 92675
(800)245-7664

Worship Series:
America Worships

White as Snow 눈보다 희게 **O, R**

Cry of My Heart 마음의 부르짖음 **O, R**

Compositional Checklists song (9장):

"놀랍네 I'm Amazed"

(두 앨범을 위한 Octavo는 Songs from the Heart of the Church에 있음)

미국 전역에 걸쳐 교회마다 하나님께 대한 자신들의 내면에서 나오는 예배음악을 가지고 있다. 이 두 앨범과 함께 Maranatha! Music의 곡은 연주가뿐만이 아니라 교회 안의 영혼들을 사로잡고 있다. 이들은 어느 교회에 가든지 서로 만날 장도이다. 몇몇 곡을 제외하고는 거의 초문화적 작품들이 수록되어있다. "로마서 교리 Romans Doxology", "눈보다 희게 White as Snow" "거룩하시니 You Are Holy" 와 같은 곡들은 교리를 재구상하여 부르기 쉽게 한 것으로 하나님의 진리가 현대 교회 가운데서도 흘러 넘칠 수 있음을 증명해 주고 있다.

Maranatha! Praise

Standing on the Rock 반석 위에 서서 **RO**

초문화적 경향에도 동요함 없이, 이 앨범은 변명할 여지도 없이 록 스타일의 예배와 찬양으로써 전통적인 록을 즐기는 붐머와 버스터들에게 적합하다. 깊이 생각하게 하는 멜로우 풍의 "의로우신 분 Righteous One", 하드록인 "반석 위에 서서 Standing on the Rock", "그분께 영광 돌려 Give Him the Glory"에서부터, 널리 유행하는 부기(춤) 풍의 "예수님의 감미로운 임재 Sweet Presence of Jesus"에 이르기까지 다양하며 이 앨범과 시리즈는 적절한 시기에 나온 것 같다.

Pure Joy 순전한 기쁨 **RO**

두번째 시리즈, Pure Joy 순전한 기쁨은 Standing on the Rock 반석 위에 서서와 같이 레트로 록 풍으로 이어진다. 비록 예배 중심보다는 연주를 위한 몇몇 곡들도 있지만, 대부분의 곡들이 잘 어우러진다. "주안에서 기뻐해 Delight in the Lord"는 아주 친근한 곡이다. "내가 믿는 예수 Jesus I Believe"는 아주 참신하게 아코스틱 기타와 피아노 연주로 이루어져 있다. "모든 것 All Things"는 최고의 가스펠 곡이다.

Praise Band 1-5

모든 앨범이 AT, O (+ RC), R, T이다.

1- Jesus, Mighty God 예수, 전능하신 하나님

Compositional Checklists song (9장):

"주의 이름 높이며

Lord, I Lift your Name on High"

"우리는 믿네 We Believe"

2- You Are So Faithful 신실하신 주

Boomerang Worship Service # 1 (7장):

"신실하신 주 You Are So Faithful"

3- Everlasting 영원하리라

4- Let the Walls Fall Down 장벽을 허물라

Compositional Checklists song (9장):

"장벽을 허물라 Let the Walls Fall Down"

Boomerang Worship Service # 1 (7장):

"거룩한 마음 The Holy Heart"

5- Tell the World 세상에 말하라

위의 시리즈들은 궁극적으로 베이비 붐머를 위한 초문화적 워십 송들이다. 탁월한 작곡, 열정적인 표현, 성경구절에 충실함, 내용이 분명한 것은 가히 필적할 만하다. 조 바버와 앤 바버, 빌 배스톤, 릭 파운즈, 마샤 스키드모어, 테리 버틀러, 월트 해라, 레니 러 브랑은 이 분야의 곡을 작곡함에 있어서 탁월하다. 이 곡들의 Octavo도 이용 가능하며, 연주를 위한 악보와 연습을 위한 녹음을 선호하는 워십 팀을 위한 뛰어난 자료라 하겠다. 보컬 부분은 실제로 스튜디오에서 녹음되어 있고 상세한 리듬 도표는 각각의 찬

양집 뒷면에 수록되어 있다. 이들 모두는 완전히 멋들어진 작품들이며 놓쳐서는 안될 곡들이다.

Praise Series

Praise 12-15 **AT, R**

Compositional Checklists song (9장):

"나 예배하리라 I Will Celebrate" (Praise 14)

Boomerang Worship Service # 2 (7장):

"나를 기쁘게 하셨네 He Has Made Me Glad" (Praise 15)

이 3집 앨범은 매우 세심하면서, 감동이 넘치는 Praise Band와 같이 곡이 쓰여졌으며, 단지 약간은 보수적인 스타일을 보인다. 악기 동반이 너무 풍성하지만, 겁먹지 말라. 신디사이저와 함께 좋은 키보드 연주자는 다소 오케스트라의 음향을 낼 수 있기 때문이다. 대다수의 곡들이 워십 에반젤리즘을 위해서는 매우 효과적이다. 질에 관해서는 Praise 15, The Finale는 마라나타사(社)가 제작한 것 중 가장 정교하게 만들어진 것이라고 본다.

Easy Vocal Arrangements

Worship Team, Vol. 1 **AT, MF, O (+RC), S/O, R, >>UPD<<**

찬송가를 재 구상한 것에서부터 최신형의 현대풍 워십 송에 이르기까지, 이 모음곡은 워십 팀을 위하여 세 파트로 편곡되어 있다. Praise Band 혹은 Praise Series의 Octavo보다는 쉬우며, 기술적인 연주는 먼저 워십 팀이 역동적으로 시작하는 것으로 되어 있다. 또한 레코드와 악보가 있어, 팝 음악의 청음이 발달한 연주자보다 악보에 익숙한 연주자에게 도움이 된다고 본다. 이들 자료는 최첨단의 교회와 과도기에 있는 전통교회에 잘 맞다고 하겠다.

찬송곡과 합창곡

더 많은 찬송곡과 합창곡 (다음에 나오는 재구상된 찬송가 곡을 참조하라)

Repackaged Hymens (재구상된 찬송가 곡)

Hymns and Choruses, 1-3 **AT, O, R, >>UPD<<**
(이들 세 앨범을 위한 2개의 Octavo: Hymns and Choruses와 More Hymns and Choruses가 있음)

Hymns and Choruses 4 **RO, >>UPD<<**
모음집 Hymns and Choruses는 워십 에반젤리즘을 하고 있는 교회나 과도기에 있는 교회 모두를 위해 필수 불가결한 자료이다. 단순히 세 파트의 하모니로 편곡되어 심지어 초보자 워십 팀의 보컬도 소화할 수 있다. 비록 Hymns and Choruses가 멜로디 위주로 되어 있으나 곡마다 개별적으로 사용될 수 있거나 메들리고 엮어 부를 수 있다. 모든 곡들이 초문화적 예배를 위해 적절한 것이 아니므로 점검표를 가지고 잘 판단하도록 하라. 또한 음조 변형이 있어 멜로디가 E-5까지 급속하게 올라간다. 회중들이 잘 부를 수 있는 음역을 고려하여 약간의 음조 변형은 할 수있다.

100 Hymns/100 Choruses **CH, WO, >>UPD<<**
100곡의 가장 인기 있는 찬송가곡과 100곡의 합창곡은 (워십 에반젤리즘의) 과도기에 있는 교회를 위해서 상당히 좋은 자료이다. 초문화적 용도는 선택하는 부분에 따라서 결정된다.

Worship Team, Volumes 1 (Easy Vocal Arrangement를 참조하라)

Songbooks (찬양집)

Praise Chorus Book (3판 개정판) **CH, WO, >>UPD<<**
인기 있는 워십 송이 300여 곡 넘게 수록되어 있는(150여 곡은 최신작임) 모음집으로, 예배음악 25년간 최고의 결작선을 모은 것이다. 새 신작 가운데 여러 곡들은 마라나타의 다른 모음집(예를 들면 Praise Band시리즈와

Praisee 13, 14와 House of Worship)에도 있는 곡들이지만, 일부는 처음 선보이는 곡들이다. 여기에 나타난 약간 오래된 합창곡은 두 번째로 선보이는 곡들이다. 이 가운데 더러는 최신형의 스타일로 재 구상하면 초문화적 상황에서 잘 맞을 것이다. 몰려다니는 교인 밥(Bob)은 우리가 좋아하는 이런 옛날 합창곡을 들어 본 적이 없다는 것을 명심하라.

이 모음집의 두 가지 목적 가운데 하나인 키보드 편곡은 정말 유익하다. 피아노 부분은 능숙하지 못한 키보드 연주자를 위해 단순하게 되어 있고, 현대 보컬 하모니를 위해 음악적인 개요가 수록되어 있다. 리듬을 조정하고, 손쉬운 코드로 선택하여 소프라노, 테너, 알토로 나누어 부를 수 있다. 부분별로 즉흥적으로 불러야 하는 고민도 없이 팝 보컬 앙상블의 결과를 가져올 수 있다.

이 모음 집의 곡들은 매우 편안한 키(음높이)로 되어 있고, 알파벳순으로 되어 있을 뿐만이 아니라 관련된 성경구절, 주제와 함께 수록되어있다.

Songs for the Congregation 회중들을 위한 곡들 CH, WO, S/O, >>UPD<<
이 모음 집은 100곡의 최신형의 예배와 찬양 합창곡과 함께 부르기 쉬운 곡들이 수록되어 있다. Praise Chorus Book, Songs for the Congregation의 큰 악보집은 두 가지 목적으로 만들어져서 경제적인 면에서 크기에 비해 가장 좋은 합창곡이라 하겠다. 만약 교회 재정상 찬송가와 병행한 찬양집을 찾고 있다면, 이것이 타당하다고 본다. Praise Chorus Book, Songs for the Congregatio처럼 다용도의 색인도 있다.

Miscellaneous Albums(그 외 앨범집)

Acapella Praise RO
순수하고, 매력적인 팝 보컬 사운드에 가까운 예배와 찬양곡들 프로 보컬 팀을 위한 편곡을 하였음.

(주의: 그래함 켄드릭의 "주님 부드러운 손길 Lord Your Tenderness"(Boomerang Worship Service # 2, 7장)는 밥 피츠와 마라나타 싱어들과 함께 한 마라나타

의 라이브 예배에서 들을 수 있다. 이 앨범은 또한 우리 주변에서 가장 민감하고 적절한 예배도 담고 있다. 불행하게도, 이 앨범은 더 이상 제작되고 있지 않다. 만약 구입할 수 있다면, -만약 독자가 예배 사역자라면- 여러 번 반복해서 들을 것을 권한다.)

5. People of Destiny, International

7881 Beechcraft Ave., Site B

Gaithersburg, MD 10879

(800)736-2202

(7. Word Music을 참조하라)

Worship Series

Arise and Worship I, II **CH, R**

People of Destiny의 표준에 충실하며, 이들 앨범은 상당히 조그마한 공간에도, 상당히 풍성하게 교리를 담고 있다. 다소 성숙한 기독교 용어에도 불구하고, 이 두 앨범에 있는 여러 곡들은 "주는 위대하시다 Great Is the Lord", "하늘 보다 높으신 Higher Than the Heavens", "그 앞에서 In the Presence"를 포함하여 아주 친숙한 곡들이다.

Worship Club

People of Destiny Song Service **AT, LS, R, T**

거의 2~3개월마다 People of Destiny Song Service에 주문하여 8개의 새로운 곡과 1개 테이프를 받아 볼 수 있다. 하나님에 대한 교리와 열정이 언제나 각각의 모음집에 분명히 나타난다. 그러나 어떤 곡들은 초문화적으로 사용되어지는 것이 더 적절하다. 앨범집(#9, #10, #11)을 살펴보면, "오 하나님, 나의 하나님 O God, My God", "주를 바라보며 I Will Fix My Eyes", "내가 아는 것은 This I Know", "이전에 이 마음에 Once This Heart", "권세와 능력 The Power and the Glory", "자유로운 마음 Heart Free", "이것이 사랑 This Is Love", "당신과 함께 Be With You" (5-E 작업 용지 -7장을 참조하라)는 분명

히 초문화적인 곡들이다. 밥 카프린, 마크 알트루지, 스티브 쿡과 비키 쿡
의 재능들이 이들 곡 속에서 빛난다.

6. Vineyard Ministries International

P. O. Box69205
Anaheim, CA 92817-0825
(800)825-**VINE**

현대 예배 사역에 있어서 Vineyard 곡의 독특하면서 "언 플러그"의 진수
를 가지지 않고는 성공할 수 없을 정도이다. 이 음악 가운데는 예배음악의
기업가들이 모방할 수 없는 친화성, 자발성, 즉시성이 있다. Vineyard 스타
일을 별도로 분류하기는 어렵다. 게다가 Vineyard 곡들은 조각조각 작곡하
는 것으로 악명 높고, 때때로 그 결과는 압도적으로 매력적이다. 많은 곡들
이 후렴과 가사 형태를 띠지 않아서 일반적으로 초신자들이 파악하기에 어
려울지도 모른다. 그럼에도 불구하고, 이따금씩 어떤 곡들은 운율 혹은 음
악 스타일에 있어서 신선하다.

아래의 도표는 Vineyard가 보여 주는 최신의 곡들을 실어보았다. 또다시
강조하기는 독자 자신이 처한 상황에 따라 결정할 수 있기를 바란다. 단지
안전하게 할 수 있는 영역에 머무르지 말고 -비록 적은 발걸음이라도- 개인
적으로 예배하게 되는 이런 세계로 모험을 할 것을 권한다. 오랫동안 교회
에 다닌 그리스도인 가운데 많은 이들이 이런 곡들이 보여주는 하나님의
열정적이고도, 수직적인 "사랑"을 체험하지 못했다. 몰려다니는 교인 밥에
관한 한 이런 사랑을 무시할 수 없을 것이라 본다.

Songs of the Vineyard Series

AT, CH, R

곡 제목	앨범
"It's Your Blood"	Hosanna # 1

"Alleluia"   "   "
"Just Like You Promised"   Come Holy Spirit # 3
"I Just Want To Praise"   "   "
"Holy Is the Lord"   "   "
"I Believe in Jesus"   Glory #4
"More Love, More Power"   "   "
"I Will Trust in You"   "   "
"My Delight"   "   "
"Great Are Your Works"   Draw Me Closer # 5
"I Just Want to Praise"   "   "
"Draw Me Closer"   "   "
"Oh, Lord, Have Mercy"   "   "
"Change My Heart"   "   "
"Only You"   We Welcome You # 6
"Lord Your Name Is Holy"   "   "
"My Redeemer Lives"   "   "
"No One But You"   No One But You # 7
"Unto the King"   "   "
"Give Him Praise"   Give Him Praise # 8

(Boomerang Worship Service # 1, 7장)

"Unending Love"   "   "
"Father, I Want You to Hold Me"   "   "
"Father"   "   "
"I Want to Know You"   I Want to Know You # 9
"One Thing I Ask"   "   "
"Faithful One"   "   "
"Refiner's Fire"   Refiner's Fire # 10

"Fire of God"   " "
"Alleluia, He Is Coming"   Bring Your Kingdom # 11
"I Love you, Alone"   " "
"I Love You, Oh Lord"   " "
"My Redeemer Lives"   Lord Over All # 12
"Lord Over All"   " "

Touching the Father's Heart Series
(Worship club) AT, CH, R, T

"We Cry Holy"   Unto the King # 1
"Rejoice"   Holy and Anointed # 2
"To Be With You"   " "
"Holy Is the Lord on High"   " "
"Come Fill Us Again"   " "
"Blessed Be the Name"   " "
"Lord of All"   We Exalt Your Name # 3
"Let Forgiveness Flow"   " "
"Redeemed"   " "
"Lord, your Name Is Holy"   " "
"Deliver Me"   " "
"Glory in th Highest"   Holiness/Lord # 4
"You Are Mighty"   King of Saints # 5
"Sacrifice of Love"   Fire of God # 6
"Amazing Love"   " "
"I Stand in Awe"   " "
"Worthy Is the Lamb"   " "
"Fire of God"   " "
"Only the Blood"   Hear Our Cry # 7

"Good to Me"	" "
"The Lord's Prayer"	" "
"Oh, Lord, You're Beautiful"	" "
"Who Would Not Love"	" "
"Revive Us Again"	" "
"The Blood of Jesus"	" "
"Let Us Draw Near"	" "
"Come and See"	We Behold You # 8
"He Is Lovely"	" "
"Who Is Like You"	" "
"All Heaven Declares"	Take Our Lives # 9
"One Holy Passion"	Save Us, Oh God # 10
"Exalt the Lord"(Rethmeier)	" "
"Undivided Heart"	" "
"Arms of Love"	I Bow Down # 11
"Exalt the Lord"(Daniels)	" "
"I Want to Be Faithful"	" "
"Make Us a Prayer"	Throne of Grace # 12
"Cry of My Heart"	" "
"I Give Thanks"	" "
"Great and Loving God"	" "
"Alleluia to the Lamb"	" "
"Glory, Honor and Power"	" "
"By Your Side"	Devoted to You # 13
"Psalm of Thanks"	" "
"Come Let Us Bow Down"	" "
"Release My Soul"	" "
"Over and Over Again"	Seek Righteousness # 15
"Make a Joyful Noise"	Glory and Honor

"Eternity"	Light the Fire Again
"Supernatural Love"	" "
"Will You Worship?"	" "
"Shine Upon Us"	Everlasting Grace
"How Blessed"	" "
"Jehovah"	" "
"Bow Before the King"	Glory and Honor
"You Are Worthy"	" "
"Forever"	" "

Buster Albums

New Breed (9개 앨범)
Light the Fire: Vineyard Christian Fellowship, Boise, Idaho
Strength: Violet Burning
Individual Worship Albums

Vineyard Celebration

"우리 찬양 드리세 We Bring Praise"
"기뻐하라 Let Us Rejoice"
"사랑 주셨네 You Give Me Love"

Resurrection Celebration

"십자가에 At the Cross"
"예수님의 보혈 The Blood of Jesus"
A Vineyard Christmas
(모두 그러나 특별히, "주여 이번 성탄절에 오소서 Lord, Come This Christmas")
Praise in the Streets: The Bluestone Band (경건하고 복음적인 내용)
Never Too Late (컨트리 찬양)
Let the Winds Blow: Metro Vineyard/Kansas City

Repackaged Hymns

현대풍의 Hymns and Classic Choruses I
"즐겁고 즐겁게 당신을 예배합니다 Joyful, joyful, We Adore Thee"
"공평하신 주 예수님 Fairest Lord Jesus"/ "그분이 아닌가 Isn't He"
"거룩, 거룩, 거룩 Holy, Holy, Holy"/ "거룩하심을 외치며 We Cry Holy"/
"주님을 높이며 Exalt the Lord"
"주 달려 죽은 십자가 When I Survey The Wondrous Cross"/ "십자가에서
  At the Cross"

7. Word Music

P. O. Box 2518
Waco, TX76702-9977
(800)933-9673

Worship Series

Heartcry: Overflowing Grace (People of Destiny와 함께) **AT, CH/P, R, RC**

**Boomerang Worship Service # 1 (7장)
and Compositional Checklists song (9장):**
"내가 아는 것은 This I Know"
Compositional Checklists song (9장):
"자유로운 마음 Heart Free"

People of Destiny와 Music이 함께 만든 작품은 대단하다. 이 앨범은 붐머
와 다소 성숙한 버스터를 위해 워십 에반젤리즘을 함에 있어서 놀라운 도
구가 될 것이다. 무한한 에너지, 과감한 성경 내용, 제한하지 않는 기쁨, 자
발적인 열성을 담고 있는 Overflowing Grace는 최근 예배 작품 중 최고이다.
"하나님의 은혜 가운데 즐거워하자 We Rejoice in the Grace of God", 레트로

디스코 풍의 "내가 아는 것은 This I Know"와 가슴에 와 닿는 "오 하나님, 나의 하나님 O God, My God"과 도시형 댄스 풍의 "자유로운 마음 Heart Free"을 놓치지 말라. Word는 이것을 악보로 만들려고 힘쓰고 있다. 소프라노, 알토, 테너 파트와 리듬 도표는 각각의 찬양 집에 포함되어 있고, 악기를 위한 안내와 쉬는 곳까지 완전하게 수록되어 있다.

The Wonder of the Cross AT, CH/P, R, RC

Word/People of Destiny 합작의 최신 판으로써, 우리를 위한 그리스도의 십자가 희생을 중심으로 한 친밀하고도 풍성하게 엮어진 탁월한 앨범이다. 진정한 복음의 내용이 담겨진 모음 집으로, PDI의 강한 멜로디와 창조적인 편곡이 하나님의 사랑과 은혜를 다양하게 그리고 있다. 또한 보컬 파트와 리듬 도표가 있는 찬양집도 있다.

Songbooks

Songs for Praise and Worship CH, T, RC, >>UPD<<

보기 힘든 찬양집으로 이 작품은 불멸의 곡들로 모여서 완성된 것이다. Songs for Praise and Worship이 출판된 이후로 예배 사역에 있어서 "음악의 성경"으로 간주되어 올 정도이다. 지난 75년간 주옥같은 예배와 찬양 253곡이 수록되어 있고, 탁월하면서도 예배 역사가 풍성히 배여 있다. 그러나 어떤 다른 예배 제작물 -가장 최근의 찬송 곡 포함- 도 견줄 수 없을 만큼 구상과 연주의 풍성함이 곡의 풍성함과 어울려져 있다. 위에 기재된 코드(번호)는 단지 모든 제작 회사의 것들로 목사, 예배 사역자, 예배 책임감독, 연주가들을 위하여 편성한 것이다. 좀 더 포괄적인 목록은 다음과 같다:

- 회중용(양장본도 있음)
- 싱어용(파트별 혹은 워십 팀과 성가대를 위한 Octavo도 있음)
- 예배 기획가용
  - 실제적인 도움의 모음집도 포함:
  - 워십 송 사용과 보충적으로 사용할 수 있는 제작물을 위한 제안

(메들리 계획, 음조 조정, 번역, 분위기 창출, 수신호에 관해 토론한
   것도 포함)
- 예배 사역을 위한 준비와 개발을 위한 제안
- 예배 신학
- 곡과 관련된 본문, 특별한 주제, 예배 반응과 연관된 다중 성경 색인
- 방대한 예배 참고문헌 (서적, 잡지, 교육용 테이프)
- 상세한 레코드 목록 카탈로그(곡이 녹음되어 있는 앨범과 앨범 제작
   자 이름포함)
- 메들리 색인 (테이프를 수십까지로 조합하여 131가지 메들리가 가
   능: 전통적, 현대적, 성찬용, 초청용 등등)
- 음조 변화 도표

◆ 노래 모임용(소그룹 혹은 가정용)
◆ 지휘자용과 15개로 분리된 악기 연주자용(우드윈드, 신디사이저, 드
   럼, 기타, 키보드와 같은 예배 악기도 포함)

이것은 과도기에 있는 교회에게 있어서 책을 구입하든 전체 팩케이지를
구입하는 것이 현명한 투자라고 하겠다. 최신형을 필요로 하는 회중들에게
함축적이고, 기술적이며, 또한 실제적인 도움을 얻고자 하는 예배 책임 감
독과 사역 자에게 있어서는 적합한 것임.

완성된 초문화적 예배에 관한 한 Songs for Praise and Worship는 몰려다니
는 교인들이 쉽게 부를 수 있는 곡들이 꽤 많다. 게다가 제안한 메들리 조
합(형)은 특별히 바쁜 혹은 지루한 감이 있는 주간에 기획할 때 큰 도움이
될 것이며, 심지어 예배 기획자의 자신의 아이디어 창출에 촉매제 역할을
할 것이다. 싱어용에 있는 보컬 파트는 전통적인 합창 스타일로 편곡되어
있다. 많은 경우에 있어서 필요한 작업은 베이스 파트 제거 혹은 소프라노
를 이중으로 하는 것으로 조금만 조정을 하면 된다. 만약 파트가 여전히 너무
동떨어진 것 같으면, 알토를 테너까지 올리고 테너 파트를 한 옥타브 올려서 알
토가 부를 수 있도록 이동시킨다.

아래의 Songs for Praise and Worship은 초문화적 사역을 위해서 권하고 싶다.
- 기획가용(필수)
- 키보드 연주자용
- 싱어용
- 워십 팀의 악기 연주자용
- OHP용/슬라이드

Miscellaneous Albums

Rivers of Praise **RO**

World-beat 워십 송. 부러운 멜로우 풍의 "거룩하신 하나님 Holy Is the Lord", 복음의 내용이 담긴 "그는 선하시니 He is Good", 축하 곡인 "그리스 도안에서 살았네 Alive in Christ"를 놓치지 말라.

The Second Chapter of Acts I, II **RO**

앙상블 GLAD처럼, 이 그룹의 아카펠라와 편곡은 유니송 혹은 단순한 보컬 합창에서 벗어나고자 하는 워십 팀에게 적합한 모델이 된다. 불행히도, 이렇게 강한 찬송가 편곡이 더 이상 악보형태로 나오지 않고 있다. 그러나 뛰어난 기술을 가진 보컬 팀은 테이프나 CD로 파트를 익힐 수 있다고 본다. GLAD의 Acappella Hymns, Integrity의 Acappella and Acappella Praise와 마라나타의 Acappella Praise 앨범들은 보컬을 위해 구상되었다.

기타 자료

Benson Music Group
365 Great Circle Rd.
Nashville, TN 37228
The Hymn Collection: 16 Songs of Faith **RO**

찬송가를 재 구상한 모음 집은 GLAD, 라넬 해리스, 트윌라 패리스, 디노, 달라스 홈과 같은 제작자들에 의해 만들어졌으며, 이 앨범은 재 구상함에 있어서 엄청난 가능성을 보여준 일례이다. 예배 책임감독과 워십 팀을 위한 것이다.

Great Songs From Scripture: The Passages Series (여러 장의 앨범) **RO**
주기도문 The Lord's Prayer
시편 23편 The 23rd Psalm
성령의 열매 Fruit of the Spirit

이 세 앨범에는 성경적 예배의 진수가 잘 알려진 제작자들에 의해 만들어졌다. 연주 및 워십 송을 위한 조합을 위해서, 이들 자료는 아주 쉽게 살펴 볼 수 있도록 만들어졌다. 그러나 초문화적 예배를 위한 재료, 다양성, 진실성이 있어서 다소 흥미가 떨어지는 자료가 될지도 모른다.

Urgent Praise: The Urgency of Praise, Vols. 1 and 2 RO
또 다른 하나의 큰 작품으로 The Urgency of Praise는 현대풍 예배 시리즈로써 여러 기독교 제작자들이 문화적으로 적절한 스타일로 만들었다. 다양한 변화를 줄 수 있다면, 정말 보석과 같은 작품이 다소 있다. 비록 회중들이 쉽게 부를 수 없는 곡들, "믿음의 의미 The Meaning of Belief", "시편 42편 Psalms 42", "갈보리의 전능자 The Mighty One of Calvary", "주 사랑해요 I Love You Lord"는 예배의 모드에 따라 상호 교환하여 사용하기에 적합하다.

Christo Music
Suite 361
P. O. Box 22333
Tempe, AZ 85282

I Will Choose Christ: A Collection of Songs for Liturgy and Life **CH, R**
(다른 제목의 것들도 있음)
Catholic Renewal 청년 운동에서 나온 최신형의 곡들, 이 앨범은 예식을 존중하는 교회(성당)에 음악적으로 참신한 바람을 일으킨 한 예가 된다. 탐 부쓰의 가사는 매일의 삶 대부분의 경우에는 성경적인 내용으로 가득하다. 음악 스타일은 가스펠, 50년대의 록앤롤, 포크, 70년대의 발라드, World-beat 에서부터 클래식의 어코스틱까지 다양하다.

GLAD, Inc.
P. O. Box 418
Purcellville, **VA** 22132
(703)228-02017
Acappella Hymns **S/O, R, PO, >>UPD<<**

GLAD Acappella Hymns의 녹음(Benson)은 스튜디오 편성으로 되어 있고, 이들 작품들은 분명히 앙상블 연주와 고도의 기술과 보컬의 재능이 있는 워십 팀을 위한 것이다. 다중 음조 변화, 특별한 가사체, 고음의 멜로디 때 문에, 대다수의 경우에는 연합적으로 찬양을 이끌어감에 있어서 적합하지 않다. 그러나 특별한 음악을 위한 용도로는 적당하다. 게다가 보컬 팀에 의 해서 발표되거나 워십 송의 순서대로 자연스럽게 진행되면, 연합 예배 시 간에 상당히 역동적으로 쓰여질 수 있다. 상당히 매력적인 팝 사운드는 초 문화적인 상황에서는 매력적이나 전통적인 상황에서는 재 구상한다는 개 념을 소개함에 있어 크게 사용되어질 수 있는 것들이다 (기타나 드럼이 없 이도 가능함). 주의: GLAD는 모든 단원들이 남자들이나 편곡한 것 중 고음 의 테너 파트는 대다수의 여성들이 부를 수 있음. 베이스 파트는 다소 재능 이 필요함.

Acappella Project **S/O, R, O, PO, >>UPD<<**
Acappella Project는 GLAD의 가장 인기 있는 앨범으로서 찬송가 곡이 여러 곡 포함되어 있고("내 주는 강한 성이요 A Mighty Fortress", "만 입이 내게 있으면 O For a Thousand Tongues", "내 마음의 주여 소망되소서 Thou My Vision"), 애창곡 "기뻐하라 Be Ye Glad", "처음 빛 가운데 In the First Light"도 수록되어 있음. 스튜디오 편곡 혹은 다소 간략한 것도 사용가능하며, 초문화적 혹은 전통적인 예배 분위기를 위한 것이 많음. 이 곡들은 대다수 연주를 위한 것임.

Heart of Worship Song source
A Division of Star Song Communications
P. O. Box 150009
Nashville, TN 37215

이 위십 클럽은 우편 운송으로 가능하나 초문화적 곡들은 소수에 불과함. 최고의 걸작선으로는 트윌라 패리스와 커크 디어맨과 더비 디어맨이 제작한 것이 있음 **AT, CH, R, T.**

Joyful Heart Music
P. O. Box 28450
Santa Ana, CA 92799

Breakaway Praise, Vols. 1, 2 **RO**
이 두 앨범은 잘 알려진 그리스도인 제작자들에 의해 만들어진 보컬 위십 송이다. 몇 가지 예로는 "전능하신 하나님이 오시네 Our Mighty God Will Come", "긍휼의 마음 A Heart of Compassion", "당신의 이름으로 In Your Name", "비교할 수 없네 No More Compromise", "예배하리라 I Will Celebrate", "주 사랑해요 I Love You", "주여 주의 이름이 영화롭게 Lord Glorify Thy Name"이다.

Urban Song
Metro Christian Worship Center
3452 Potomac Street
St. Louis, MO 63118
(314)772-8444

True to You **RO**

Urban Song의 첫 번째 작품, 이 앨범은 도시 선교를 -예수 그리스도의 사랑을 가지고 미국의 도시에 복음 전도- 목적으로 하는 예배음악이다. 이 앨범은 Urban Song의 모토를 -하나님의 심정을 사랑을 가지고 도시에게로 전하자- 요약한 것이라고 하겠다.

Warehouse Christian Ministries

9933 Business Park DR.

Sacramento, CA 95827

(916)361-0861

Shelter **RO**

이것은 최근에 나온 앨범으로써 지금까지 들은 것 가운데 가장 "버스터"를 위한 것으로 연주와 워십 송을 위한 모음 집이다. 심도 있고, 진솔하며, 개척자적인 Shelter는 지금까지 우리 가운데 대다수가 단지 상상만 해온 버스터의 세계까지 이어주는 영적, 음악적인 교량이 되어 주고있다. 몇몇 예배 자료들이 있으나 "상호 변환"이 가능하여 다양하다. 단조 풍과 내적인 분위기를 띤다. 그러나 실제는 "좋은 것"으로 여겨지고 선호하고 있다. 새로운 세대를 위해 진정으로 마음속에서 외치고 있다면, Shelter는 독자의 개인적인 음악적 취향이 무엇이든 간에 기초가 되는 자료이다.

Worship Ministry Training Events

Christian Artists' Music Seminar in the Rockies

425 West 115th Avenue

Denver, CO 80234

(800)755-7464

Christian Artist들의 세미나는 미국에서 가장 우선되는 예배 사역 훈련행사 가운데 하나이다. 록키 산 국립 공원의 전망을 끼고 있는 YMCA에서 열리며, 이 세미나는 20년간 넘게 우리의 마음과 뜻과 영을 감동시켜왔다. 예배, 기독교 음악, 드라마, 프로덕션, 무용에 관계하는 누구에게나 엄청난 강습회와 강의를 제공한다. (150개 이상의 강습회 제공) 예배 찬양 수련회에서만도 30개 이상의 선택식 강의가 주어지며, 경험이 많은 예배 사역자, 코디네이터, 예배 사업가들이 강의를 맡아 진행한다. 게다가 유익한 점들은 다음과 같다: 50명이 넘는 최고 연주 제작자들과 함께 밤에 열리는 콘서트와 연합 예배의 경험하게 되며, 제작자들, 재능 있는 작곡가들과 함께 하는 질의응답시간(워십 송 작곡자도 포함), 역동적인 어린이 캠프, 믿음을 다져주는 십대 수련회, 가족 활동 등이 있다.

Community Church of Joy Annual Conference
16635 N. 51st Avenue
Glendale, AZ 85306
(602)938-1460

Community Church of Joy는 15년 내에 100여명에서 4,000명의 예배 참석자로 성장한 교회이다. 예수 그리스도로 말미암아 하나님의 은혜로 "변화가 일어나는" 것을 강조하며, 혁신의 최전선에 있는 교회이다. 매주말마다 6번의 색다른 예배를 드리며, 이 교회에 참석하는 대다수는 교회 배경을 갖지 않는 불신자들이다. 이들의 목적은 복음을 타협하지 않고 "불신자들의 필요를 고려한 사역을 만들어 나가는 것"에 있다. 매년 열리는 수련회에서는 20여 가지가 넘는 감동적이고 실제적인 강습회와 함께 참가하는 이들이 3종류의 예배를 경험하게 된다. 동부지역에서 열리는 수련회는 매년 열린다.

International Worship Leader's Institute
P. O. Box 130
Bedford, TX 76095
(800)672-0923

목사, 예배 사역자, 음악 사역자, 연주자들을 위한 5일간의 강도 높은 훈련이다. 지난 9년간 매년 여름마다 열렸으며, 이 연구소의 광고 내용은 "당신의 비전을 새롭게 하고, 하나님의 임재를 체험하는 예배에 대한 열정을 회복시키며...상호 관계적인 예배를 통하여 효과적인 예배를 이끌어 가는 능력을 고양하게 되는 경험을 하게 된다"이다. 과거 강습회를 이끌었던 사람들로서는 밥 피츠, 라마 보쉬맨, 탐미 쿰스, 조셉 갈링톤, 타이론 윌리암스, 탐 크라누터를 들 수 있다.

Kids N Church Workshop
Maranatha! Music
P. O. box 31050
Laguna Hills, CA 92654-1050
(800)245-7664

세미나는 십대 사역을 위한 새로운 접근을 시도하고 있는 것으로써, 이 교육의 기회는 십대 사역을 하고 있는 리더들을 훈련하여 그들의 엄청난 "필요"를 맞추고 있다. 이 세미나는 십대 사역의 전반적인 경험을 높여 주고 활력을 불어넣어 주는 것에 초점을 맞춘 포괄적인 훈련 행사이다. 강습회는 십대들에게 진정한 예배의 의미를 소개해주고, 그들로 하여금 예배의 의미를 이해함에 있어서 도움을 주고, 어떤 유형의 예배에도 참신한 예배 아이디어를 제공해 주며, "나이에 맞는" 십대들이 좋아하는 예배음악을 선택하는 것과 이야기 기술의 12가지 원리를 발견하고, 손으로 예배하는 것과 예배음악 중 "해야 할 곡과 하지 말아야 할 곡"에 대한 이해와 십대들에게 친숙한 교회를 만드는 것에 관하여 다룬다. 강의를 맡은 이들은 Maranatha! Music과 Kids Praise!의 소장이신 카린 채프맨, Maranatha! Music's Kids, Attitude 연주 그룹의 감독이며 합창곡 작곡 프리랜서인 낸시 채프맨, 캘리포니아 주, Aliso Viejo에 있는 Coast Hills Community Church에서 십대 사역을 담당하시는 제이 호스테트러 목사, Promiseland의 책임자이며 일리노이드 주, South Barrington에 있는 Willow Creek Community Church에서 십대를 위해 사역하는 슈 밀러와 같은 이들이다.

Changing Church, Inc. Conference
200E. Nicollet Boulevard
Burnsville, MN 55337
(800)874-2044

이 수련회는 어떤 교회에게 크게 유익하지만, 특별히 예식을 중시하는 교회에 적합하다. 강사들은 비전을 가지고 동참하는 작가 레이 안덜손, 작가이며 전문 상담가인 척 로프티, 신학 교수인 펠 키에퍼트, 예배 감독이면 작고가인 한트 한손과 도리 에르윈 콜린스이다. 다양한 사역들을 포함한 예배는 언제나 이 수련회에 가장 중요한 충주가 되고 있다. Prince of Peace 수련회에 참석하는 이들은 급속히 변하고 있는 포스트-크리스천 사회에서 예배의 의미와 이유와 방법들을 찾고자한다. 강의와 전체 모임의 녹음 테이프는 판매하고 있다. 지역별 수련회는 일년에 여러 번 계획되어 있다.

Vineyard Anaheim Annual Worship Conference
P. O. Box 69205
Anaheim, CA 92817-0825
(800)825-VINE

Vineyard의 몇몇 세미나에서는 대다수 매년 시절마다 리더들과 연주자들이 아나하임에 만나서 예배 강의를 인도하고 자신들의 통찰력과 경험을 나눈다. (과거 수련회는 칼 튜틀, 앤디 박, 노엘 리차드, 에디 에스피노사, 데이비드 루이스, 크레이그 뮤슈와 같은 전문 예배 사역자와 작곡가들이 포함되어 있었다.) 강습회는 예배의 "의미와 이유"에서부터 -즉, 삶의 스타일로서 예배, 예언자적 예배, 예배와 화합, 예배와 도고- 지역 교회에서의 예배 사역을 감독하는 것, 음향 기술을 사용하는 것, 작곡법을 배우고, 보컬 기술을 사용하는 것, 워십 팀을 위한 음악을 편곡하는 것, 예배를 인도하는 기본적인 원리와 리듬에 관한 것, 예배에 무용을 사용하는 방법과 십대를 위한 예배를 이끄는 것 등등을 다룬다. 이 수련회의 큰 유익은 Vineyard가 실제로 체험한 예배에 강조를 둔다. 일년에 50주 이상의 예배를 이끄는 목사, 예배 사역자, 워십 팀을 위해서는 다른 사람에 의해 이끌어 지는 하나님의 임재 가운데 빠질 수 있는 기회를 갖게 되는 개인적인 방법은 무한하다.

Worship Leader's Workshop
Maranatha! Music
30230 Rancho Viejo Road
San Juan Capistrano, CA 92675
Information: (800)245-7664

손쉽고도 실제적인 강습회다. 미국 전역에 걸쳐서 일년에 여러 번 가지며, Maranatha's Worship Leader's Workshop은 현대 예배에 있어서 가장 잘 훈련된 사람들로부터 방법들을 전수 받는다. 주제는 예배를 인도하는 법, 예배를 기획하는 법, 팀 보컬의 질을 높이는 법, 효과적인 리듬 (부분)을 개발하고 훈련하는 것 (즉, 워십 밴드를 위한 고도의 편곡, 신디사이저, 컴퓨터, MIDI 소개, 현대풍의 키보드 연주법, 어코스틱 및 전자 기타 주법, 예배를 위한 드럼 및 타악기 사용법, 음향 기구 사용 및 구입) 등등이다.

Worship International, Inc.
P. O. Box 9309
Mobile, AL 36691
(205)639-0639

Integrity Music, Worship International은 비영리적인 목적을 위해 세계적으로 확장되어 "라이브 콘서트, 세미나, 교육 자료, 구입 불가능한 사람들에게 작품을 선사하여 사람들에게 예배를 생활 스타일로 만들도록 하는 것"

을 목표로 하고 있다. 예배 사역자, 연주자, "일반 대중 예배자"들을 겨냥하여, Worship International 세미나는 매년 미국의 주요 도시(동부, 중 서부, 남부 지역)에서 열리고 있다. 강의는 최고의 예배 사역자와 연주자들이 담당하며, 다양한 분야에서 -보컬 기술, 즉흥 연주, 예배의 흐름, 워십 밴드 편곡법, "성령에 민감한" 예배를 이끎에 있어서 필요한 키보드 주법, 소규모 교회에서의 예배 인도, 창조성과 자율성, 음향시스템 운영법, 마이크 사용법- 실제적인 도움을 주고 있다. 대다수의 강의 녹음은 구입 가능하다.

Worship Ministry Training Products

People of Destiny

7881 Beechcraft Ave., Suite B

Gaithersburg, MD 20879

(301)926-2200

People of Destiny는 매년 열리는 수련회이다. 비록 수련회 자체는 PDI 교회에서만 열리며, 수련회의 교육 테이프는 요청만 하면 구입 가능하다. PDI의 강점은 교리적으로 성숙함에 있다. 만약 독자가 성경적인 예배에 대한 이해가 더 깊어지기를 원한다면, 이런 자료는 놓치지 말기를 바란다.

Worship Celebration

The Chapel of the Air Ministries

Box 30

Wheaton, IL 60189-0030

(800) 224-2735

The Chapel of the Air Ministries를 통하여 목사들을 위해서 개발하였으며, Worship Celebration은 원래 성경적인 예배의 의미와 삶의 방식, 표현법에 대하여 4주간 전교회의 모험으로 기획된 것이었다. Worship Celebration은 포괄적인 예배 훈련 코스로써 이제 목사, 예배 사역자, 회중들이 애용하고 있다.

코스 자료는 특별히 지교회의 개인에게 있어서 예배 체험을 강화해 주고, 새롭게 해 주려고 디자인되었다. 특별한 목적은 다음 3가지이다:

1. 신구약의 관점에서 본 회중들의 예배에 대한 이해를 확장하기 위함이다. (신학자이며 역사가인 로버트 웨버는 이 코스의 이 부분을 위한 연구 자료를 제공)

2. "매일"의 행사로써 예배를 표현한다. 다음과 같은 것을 통하여 가능하다.

- 입으로 찬양의 표현을 매일 함
- 신자들의 삶에 있어서 그리스도를 중심으로 삼음
- 연합 예배에 있어서 하나님의 임재를 즐거워하는 방법을 배움
- 다른 사람을 섬김

3. 연합 예배를 드리는 동안 참석하는 회중들의 수준을 고양하기 위함이다.

코스의 중심이 되는 내용은 다음과 같다.

- 데이비드 메이슨과 라우리 메이슨의 저서 Putting God in His Place 를 통하여 예배하는 사람들의 흔적(표시)을 배움
- 녹음 전문분야를 트윌라 패리스와 함께 New Testament-Like Acape Celebration을 나눔(비디오 사용)
- 선택한 매일 성경 구절과 관련된 개인 경건집을 완성하며, 후속 질문, 역사적 통찰력, 7일을 단위로 하여 예배를 실제로 실천할 수 있는 30여 가지가 넘는 "행동지침"과 가족 활동

(Church Starter's Kit에 있는 코스 자료 포함)

- ◆ 예화 설교와 함께 100페이지에 달하는 Church Leader's Manual, Acape Celebration지침서, 예배 사역자와 교역자들을 위한 예배 자료들, 교독문, 음악적 제안, 창조적인 드라마, 주보 광고, 복사 가능한 기술 자료 등등
- ◆ 오리엔테이션 비디오는 Worship Celebration에 관한 흥미로운 모든 것을 회중들에게 보여준다.
- ◆ 데이비드 메이손과 라우리 메이손의 저서 Putting God in His Place
- ◆ 2개의 개인적인 예배 저널
- ◆ 1개의 Acape Celebration비디오 (New Testament-Like Acape Celebration 의 음식을 모델로 하여 트윌라 패리스와 함께 축하 예배를 가짐)
- ◆ 트윌라 패리스와 함께 한 예배 찬양의 카세트 테이프 1개 ("영화롭게 하리라 We Will Glorify")와 OHP자료, Octavo와 테이프에 나오는 4개의 예배 곡의 악보(가사).

(Air Worship Celebration 라디오 방송의 원래 채플을 녹음한 것은 따로 판매 구입가능)

이 연구의 신학적, 역사적 탁월함은 복음주의 공동체 안에서 커다란 만족을 주고 있다. 최근의 예배에 대한 이해 결핍은 교회에 있어서 실제로 대단히 위험스럽다. 그리하여 이것은 단지 "방법"적인 것뿐만이 아니라 "의의" 그리고 "이유" 중심의 제작을 하게 된 것을 보면 고무적이다.

비록 본인은 모든 교회에게 Worship Celebration의 예배 훈련 자료를(Acape Celebration의 특이한 체험까지 포함하여) 추천하지만, 초문화적 예배를 드리고 싶어하는 교회는 Worship Celebration의 연합 예배의 많은 부분의 적용하여 결정적으로 좀 더 전통적인 신자 중심의 교회를 겨냥하고 있다 (특별히, 예배에로의 부름, 봉독, 영창, 예배음악의 합창 편곡 등이 그렇다.)

그러나 다소 뛰어난 드라마를 포함하여 초문화적 교회가 선택할 만한 것도 있다. 또한 Church Leader's Manual에 있는 "Creating Dynamic Readings for Worship"부분은 익숙한 목사-교인 형태 보다 말씀을 더 많이 사용하는 창조

적인 방법이다. 이 가운데 2~3가지는 초문화적 상황에서 적용할 만한 가치가 있다. "Tips for Improving Your Church's Worship"을 꼭 읽어 보라. 여기서 나타난 원리의 대다수가 뛰어나며, "예배를 운영하기 위한 지침"세트는 예배 사역자, 목사들에게 많은 도움이 된다.

Changing Church, Inc.
200E. Nicollet Boulevard
Burnsville, MN 55337
(800) 874-2044

Changing Church, Inc.(Prince of Peace Lutheran Church와 긴밀함)는 단지 목사 예배 사역자들을 위한 최고의 수련회뿐만이 아니라 예식 중심의 교회의 현대식 예배 기획안을 제공한다. "예배와 소그룹을 연결시키는" 도구로서, Thematic Worship Planning시스템은 예식 중심의 교회에 있는 불신자들과 오랫동안 교회 출석한 자들을 위해 디자인된 것이다. 매주 예배를 위하여 패키지를 주문하여 받아볼 수 있다. 각각의 페키지에는 다음과 같은 것들이 포함되어 있다:

- 이미 정해진 주제에 맞는 실제적인 적용을 위한 주일 설교
- 현대적인 예배, 예식을 위한 순서와 매주 주제에 맞는 곡의 선택
- 주중 소그룹 토론을 위한 질문
- 주제별 소그룹 공부와 중고생과 어른들 소그룹을 위한 토론
- 30분간 본분과 주제 탐구를 위한 깊이 있는 교훈
- 예배의 순서와 주중 예배에 사용되어 질 곡 선택
- 별도로 된 어른 소그룹 공부와 영적 성장을 위한 토론 문제

Creative Christian Resources (CCR)
P. O. Box 1376

P. O. Box 2000
Laguna Hills, CA 92654
(800) 245-SONG

Maranatha! Praise Chorus Book 3집에 있는 합창곡을 컴퓨터 곡으로 (MIDI) 편곡하여, 예배 사역자들을 훈련하기 위해 설립된 회사이다. Maranatha!는 Roland USA와 함께 예배 사역자들과 예배 팀을 위하여 양질의 소프트웨어들 제작하고 있다. 아래는 Worship Solutions의 장점 몇 가지를 열거하였다:

◆ 예배 밴드 편곡을 쉽게 할 수 있음
◆ CD와 견줄 만한 사운드를 제공
◆ 단순한 (콤보 역주: 소그룹으로 편성된 재즈 음악)에서부터 오케스트라에 이르기까지 악기반주가 가능
◆ 결원된 연주가의 자리를 채울 수 있음
◆ (카세트와는 달리) 원하는 대로 어떤 장조나 템포의 조합을 선택할 수 있음
◆ 필요한 악기 조합을 정확하게 할 수 있음
◆ Digital accompaniments와 조각을 이어나감에 있어서 소요되는 수백 시간을 절약할 수 있음
◆ 이동이 쉬움

일군의 예배음악 회사들이 제공하는 사용이 간편한 **MIDI** 서평과 **MIDI** 파일 목록을 살펴보기 위해서는 Worship Leader지 1994년 2~3월호를 보라. Worship Leader는 또한 **MIDI**파일과 제품, 서비스를 제공하는 회사에 관하여 정기적으로 간행하고 있다. (주의: Integrity Hosanna!는 1995년 말까지 제품을 선택할 수 있는 **MIDI**파일을 만들려고 한다.)

Worship Magazines

Psalmist Magazines

Tempe, AZ 85283
(800) 783-3079
(602) 491-8825 (Worship Alive!)

현대식 예배 자료와 기획에 도움이 되는 것으로 예식 중심의 교회를 섬기려고, Fellowship Ministries는 예배 대상과 워십 에반젤리즘이라는 두 기둥을 세우는 일에 헌신해 왔다. 1970년 중반에 데이브 안델슨과 발 안델슨에 의해 창설된 FM은 Lutheran 및 다른 예식 중심의 교회에게 좀더 문화적으로 지역 공동체에 맞는 감동적이고도 실제적인 도움을 계속적으로 주고 있다. FM은 3개월마다 북미 전역에 걸쳐 22,000부를 무료로 배부하는 Resources Magazine이라는 잡지를 출판하고 있다.

FM은 또한 독특한 기획지침을 배포하고 있다, 이것은 예배 책임감독이며, 설교가이며, 컨설턴트인 신디 워니어가 만들고 있는 Worship Alive!는 루터란 시리즈 혹은 주제별 접근법을 사용하는 최신형 예배 모음 집이다. 유전으로 내려오는 예식을 풍성하고도 창조적인 방법으로 완성하여 믿음, 고백, 축도, 교독문 및 그 외 남아 있는 모든 그리스도 중심의 성명서(Statements)를 재 구상하였다. 합창곡에서부터 가스펠과 유전으로 내려오는 찬송가에 이르기까지 다양한 음악이 사용되고 있다. 어른과 십대를 위한 드라마와 십대들을 위한 음악이 때때로 포함되거나 제시하고 있다. Worship Alive!는 3개월마다 성구 시리즈로 나오거나 주제별 시리즈로 3개월마다 혹은 일년에 한 번 나오고 있다. 모든 예배는 인쇄와 디스크 형태로 판매 구입 가능하다.

Worship MIDI Files

(Musical Instrument Digital Interface [MIDI]는 프로피 디스켓에 수록된 컴퓨터 음악이다.)

Worship Solutions
The Corinthian Group

P. O. Box 2000
Laguna Hills, CA 92654
(800) 245-SONG

Maranatha! Praise Chorus Book 3집에 있는 합창곡을 컴퓨터 곡으로 (MIDI) 편곡하여, 예배 사역자들을 훈련하기 위해 설립된 회사이다. Maranatha!는 Roland USA와 함께 예배 사역자들과 예배 팀을 위하여 양질의 소프트웨어 들 제작하고 있다. 아래는 Worship Solutions의 장점 몇 가지를 열거하였다:

◆ 예배 밴드편곡을 쉽게 할 수 있음
◆ CD와 견줄 만한 사운드를 제공
◆ 단순한 콤보[역주: 소그룹으로 편성된 재즈 음악]에서부터 오케스트 라에 이르기까지 악기반주가 가능
◆ 결원된 연주가의 자리를 채울 수 있음
◆ (카세트와는 달리) 원하는 대로 어떤 장조나 템포의 조합을 선택할 수 있음
◆ 필요한 악기 조합을 정확하게 할 수 있음
◆ Digital accompaniments와 조각을 이어나감에 있어서 소요되는 수백 시 간을 절약할 수 있음
◆ 이동이 쉬움

일군의 예배음악 회사들이 제공하는 사용이 간편한 **MIDI** 서평과 **MIDI** 파일 목록을 살펴보기 위해서는 Worship Leader지 1994년 2~3월호를 보라. Worship Leader는 또한 **MIDI**파일과 제품, 서비스를 제공하는 회사에 관하여 정기적으로 간행하고 있다. (주의: Integrity Hosanna!는 1995년 말까지 제품 을 선택할 수 있는 **MIDI**파일을 만들려고 한다.)

Worship Magazines

Psalmist Magazines

9820 E. Watson Rd.

St. Louis, MO 63126

(314) 532-7711

Worship Leader Magazine

107 Kenner Avenue

Nashville, TN 37205

(615) 386-3011

Copyright Licensing

CCLI (Christian Copyright Licensing, Inc.)

7031 Halsey St., N.E.

Portland, OR 97213

(800) 234-2446

주

1장: 실체를 얻는 시간

1. William Hendricks, Exit Interviews: Revealing Stories of Why People Are Leaving the Church (Chicago: Moody Press, 1993), 114. Used by permission.

2. C. Kirk Hadaway and David A. Roozen, "Spiritual Revival on the Mainline," The Christian Ministry, Jan.-Feb. 1995,27.

3. Martin Marty, quoted in "The Church Search", Time, 5 Apr. 1993, 48.

4. George Barna, The Barna Report 1994-95: Virtual America (Ventura, Calif.: Regal Books, 1994), 147.

5. George Barna, notes taken by the author, Understanding Ministry in a Changing Culture seminar, 7 June 1993, Cenver, Colo.

6. Elmer Towns, An Inside Look at Ten of Today's Most Innovative Churches (Ventura, Calif.: Regal Books, 1990), 196.

7. George Barna, Never on a Sunday: The Challenge of the Unchurched (Glendale, Calif.: Barna Research Group, 1990), 28.

8. George Gallup and Jim Castelli, American Faith in the 90's (New York: Macmillan, 1989), 253.

9. Barna, Never on a Sunday, 29.

10. George Barna, The Frog in the Kettle (Ventura, Calif.: Regal Books, 1990), 132.

11. George Barna, Ministry Currents, Jan.-Mar. 1994, 1.

12. George Barna, The Barna Report 1991-92: What Americans Believe (Ventura, Calif.: Regal Books, 1991), 237.

13. Richard Ostling, "The Church Search," Time, 5 Apr. 1993, 44-49.

14. Barna, Barna Report 1994-95, 49

15. Barna, Barna Report 1991-92, 237; Barna Report 1994-95, 308.

16. Barna, Barna Report 1994-95, 259.

17. George Barna, The Barna Report 1992-93: America Renews Its Search for God (Ventrua Calif.: Regal Books, 1993), 277.

19. Wade Clark Roof, "The Baby Boom's Search for God," American Demographics, Dec. 1992.

20. Wade Clark Roof, A Generation of Seekers: The Spiritual Journeys of the Baby Boom Generation (San Francisco: HarperSanFrancisco, 1993), 236,78.

21. Hendricks, Exit Interviews, 114-115.

22. Barna, Barna Report 1991-92, 237; Barna Report 1994-95, 308.

23. George Gallup, Jr., Religion in America (Princeton Research Center, 1993), 44.

24. Hendricks, Exit Interviews, 260-70.

25. Barna, Frog in the Kettle, 132.

26. Hendricks, Exit Interviews, 260. Italics mine.

27. Ibid., 265, 266.

28. Chuck Lofy, taped presentation, "The Voices of Change," Changing Church for a Changing World Conference, Prince of Peace Lutheran Church, Burnsville, Minn., Apr. 1993.

29. Barna, Barna Report 1994-95, 59.

30. Ibid., 56.

31. Ibid.

32. Ibid., 102. Italics mine.

33. Ibid., 343.

34. Hendricks, Exit Interviews, 291-292.

35. George Barna, The Barna Report 1993-94: Absolute Confusion (Ventura, Calif.: Regal Books, 1993), 63. The average of attendance figures charted between 1986 and 1991.

36. George Barna, "How Can Today's Churches Minister More Effectively?" Growing Churches, Jan.-Mar. 1992, 9.

37. Bill Hull, in Power Religion: The Selling Out of the American Church, ed. Michael Scott Horton (Chicago: Moody Bible Press, 1992), 143.

38. George Barna, quoted in ibid., 153.

39. Barna, "How Can Today's Churches Minister More Effectively?" 8.

40. Barna, Barna Report 1994-95, 100.

41. Barna, Barna Report 1992-93, 77; Barna Report 1994-95, 107.

42. Ralph D. Winter, Mission Frontiers, a publication of the U.S. Center for World Mission, Pasadena, Calif., July 1993.

43. "Insider's Report," Ministries Today, Sept.-Oct. 1993, 79.

44. Barna, notes taken by author, Understanding Ministry in a Changing Culture seminar.

45. Barna, Barna Report 1992-93, 133.

46. Joe Maxwell, "Whatever Happened to Evangelism?" Charisma and Christian Life, Dec.1993, 14.

47. George Barna, "The Dream Church," Ministry Currents: Perspectives on Ministry in an Era of Change, Apr.-June 1992, 3.

48. Bob Gilliam, cited by Hull, in Power Religion, 143.

49. Barna, notes taken by author, Understanding Ministry in a Changing Culture seminar.

50. Barna, Barna Report 1992-93, 69.

51. Barna, Never on a Sunday, 14.

52. Ibid.

53. Jack Hayford, Worship His Majesty (Waco: Word, 1987), 56.

54. Barna, Barna Report 1993-94, 68.

55. Ibid.

56. Barna, notes taken by author, Understanding Ministry in a Changing Culture seminar.

57. Martin Marty, The Pro and Con Book of Religious America: A Bicentennial Argument (Waco: Word, 1975), 17.

58. Barna, "How Can Today's Churches Minister More Effectively?" 9.

59. Margery Williams Bianco, The Velvetten Rabbit (New York: Simon and Schuster, 1983).

2장: 하나님에 대한 갈망

1. A. W. Tozer, The Pursuit of God (Camp Hill, Pa.: Christian Publications, 1982),17-18.

2. Tommy Walker, worship director, Christian Assembly Foursquare Church, Los Angeles, Calif., author interview, 27 Jan. 1994.

3. Tom Kraeuter, "Worship Is a Verb," Psalmist, Feb.-Mar. 1992, 25.

4. D. Martin Lloyd-Jones, The Presentation of the Gospel (London: Inter-Varsity Fellowship, 1949), 6-7.

5. The Apostolic Tradition of Hippolytus, ed. Burton Scott Easton (Hamden, Conn.: Archon Books, 1962).

6. Gerrit Gustafson, "Worship Evangelism," Charisma and Christian Life, Oct. 1991, 49.

7. Miller Cunningham, "God Is Seeking You," Worshipping God(The Chapel, 135 Fir Hill, Akron, Ohio 44304-1596, 1993).

8. Joseph S. Carroll, How to Worship Jesus Christ (Chicago: Moody Press, 1984), 24, 25. Italics mine.

9. Gustafson, "Worship Evangelism." 49.

10. Ibid.

11. Tommy Walker, author interview, 7 Jan. 1994.

12. Chuck Kraft, "Church Growth Needs to Be for the Right Reason," Worship Leader, Sept.-Oct. 1994, 10.

13. Bruce Leafblad, "Recovering the Priority of God: A Call to the Churches of America," Worship Leader, Apr.-May 1992, 19.

14. Handt Hanson, "Alternative Worship Overview," Changing Church for a Changing World Conference, Prince of Peace Lutheran Church, Burnsville, Minn., Apr. 1992.

15. Robert Webber, Signs of Wonder: The Phenomenon of Convergence in Modern Liturgical and Charismatic Churches (Nashville: Abbott Martyn, 1992), 25.

16. Chuck Kraft, "Shouldn't We Be Teaching People How to Worship?" Worship Leader, Dec.-Jan. 1994.

17. Paul Anderson, "Balancing Form and Freedom," Leadership, Spring 1986, 28.

18. Dieter Zander, author interview, 23 Mar. 1994.

19. Ed De Young, programming director, Grace Fellowship Church, Timonium, Md., author interview, 2 Sept. 1993.

20. Nancy Beach, programing director, Willow Creek Community Church, author interview, 7 Apr. 1993. This figure was confirmed at the church in January 1995.

21. Willow Creek Church Leadership Conference, notes taken by author, Oct. 1990.

22. George Barna, The Barna Report 1994-95: Virtual America (Ventura, Calif.: Regal Books, 1994), 58.

23. James F. White, Introduction to Christian Worship (Nashville: Abingdon Press, 1980), 23-24.

24. Gerrit Gustafson, "Worship Evangelism," Psalmist, Feb.-Mar. 1991, 31.

25. Webber, Signs of Wonder, 33.

26. Robert Webber, Worship Is a Verb (Waco: Word, 1985).

27. Ibid., 12.

28. Nielsen Media Research, copyright 1994, cited in Information Please Almanac Atlas and Yearbook 1995, 48th ed. (New York: Houghton Mifflin, 1995), 744.

29. Tommy Coomes, notes taken by author, The Maranatha! Music Worship Leaders Workshop, Phoenix, Ariz., 23 Oct. 1993.

30. Anderson, "Balancing Form and Freedom," 27.

31. David Wells, No Place for Truth (Grand Rapids: Eerdmans, 1993), 300.

32. Jack Hayford, interviewed by Elmer Towns, An Inside Look at Ten of Today's Most Innovative Churches (Ventrua, Calif.: Regal Books, 1990), 62, 63.

33. Bob Fitts, "Worship: An Effective Tool to a Victorious Life," Worship Today, Fall 1992.

34. Charles Colson, "Challenging the Church to Be Light in a Dark World," Ministries Today, Mar.-Apr. 1993, 51.

35. Henri Nouwen, In the Name of Jesus: Reflections on Christian Leadership (New York: Crossroad, 1993), 29-30. Italics mine.

36. Jim Dethmer, "Discovering the Dimensions of Worship," taped message series, Willow Creek New Community Worship Service, Spring 1992.

3장: 옛것은 지나가고

1. Charles Nuckolls, cited by Barbara Kantrowitz, "In Search of the Sacred," Newsweek, 28 November 1994, 55.

2. Tommy Coomes, notes taken by author at Maranatha! Music Worship Leaders Workshop.

3. George Gallup, The Unchurched American: Ten Years Later (Princeton Religion Research Center, 1988), 3.

5. George Gallup, Jr., and Sarah Jones, 100 Questions and Answers: Religion in America (Princeton: Princeton Religion Research Center, 1989), 77.

6. Wade Clark Roof, A Generation of Seekers: The Spiritual Journeys of the baby Boom Generation (San Francisco: HarperSanFrancisco, 1993), 76, 77. Italics mine.

7. Doug Murren, The Baby Boomerang (Ventura, Calif.: Regal Books, 1990), 53.

8. santana, quoted by Steve Morse, "It's the Music, Stupid," Rocky Mountain New, 14 Aug. 1994.

9. Roof, Generation of Seekers, 65, 59.

10. George Gallup, "Public's Opinion of Clergy Continues to Decline," Emerging Trends 15, no. 9 (Nov. 1993).

11. Ibid.

12. Ibid.

13. George Gallup, Jr., Religion in America 1992-93 (Princeton: Princeton research Center, 1993), 21.

14. Lyle Schaller, "Whatever Happened to the Baby Boomer?" Journal of the Minister's

Personal Library 1, no.1, 10.

15. Roof, Generation of Seekers, 236.

16. William Hendricks, Exit Interviews (Chicago: Moody Press, 1993), 250.

17. George Barna, Understanding Ministry in a Changing Culture (Glendale, Calif.: Barna Research Group, 1993), 90.

18. Barna, Understanding Ministry in a Changing Culture, 85.

19. Barna, Understanding Ministry in a Changing Culture, 85.

20. Gallup, Religion in America, 45.

21. George Barna, notes taken by author, Understanding Ministry in a Changing Culture seminar, 7 June 1993, Denver, Colorado.

22. Gallup, Religion in America, 20.

23. Ibid.

24. George Gallup and Jim Castelli, The People's Religion: American Faith in the 90's (New York: Macmillan, 1989), 57.

25. George Barna, The Barna Report 1993-94: Absolute Confusion (Ventura, Calif.: Regal Books, 1993), 78.

26. Ibid., 172.

27. Gallup and Castelli, People's Religion, 145.

28. Gallup and Jones, 100 Questions and Answers, 164.

29. Gallup, Religion in America, 19.

30. Barbara Kantrowitz, "In Search of the Sacred," Newsweek, 28 Nov. 1994, 54.

31. John Naisbitt and Patricia Aburdene, Megatrends 2000 (New York: Avon Books, 1990), 319-21.

32. Robert Wuthnow, Rediscovering the Sacred (Grand Rapids: Eerdmans, 1992), 103.

33. Leith Anderson, A Church for the 21st Century (Minneapolis: Bethany House, 1992), 19.

34. Steve Turner, "Lean, Green and Meaningless," Christianity Today, 24 Sept. 1990, 26-27.

35. Barna, Barna Report 1992-93, 84.

36. Jim Peterson, Church Without Walls: Moving Beyond Traditional Boundaries (Colorado Springs: NavPress, 1992), 43.

37. Naisbitt and Aburdene, Megatrends 2000, 319.

38. John Ankerberg and John Weldon, Cult Watch: What You Need to Know About

Spiritual Deception (Eugene, Ore.: Harvest House, 1991), 134,141.

39. Russell Chandler, Racing Toward 2001: The Forces Shaping America's Religious Future (Grand Rapids: Zondervan, 1992), 205-206.

40. Ibid., 206.

41. Roof, Generation of Seekers, 71-72.

42. Ibid., 73.

43. Naisbitt and Aburdene, Megatrends 2000, 317.

44. Murren, Baby Boomerang, 155. Italics mine.

45. Roof, Generation of Seekers, 67.

46. Christine McVie, "Don't Stop." published by Gentoo Music(BMI).

47. Diogenes Allen, Christian Belief in a Postmodern World: The Full Wealth of Conviction (Louisville: Westminster/John Knox Press, 1989).

48. Roof, Generation of Seekers, 250.

49. Sharon Begley, "Science of the Sacred," Newsweek, 28 Nov. 1994, 56.

50. Robert Webber, Signs and Wonders (Nashville: Abbott Martyn, a div. of Star Song, 1992), 22-23, 26.

51. Michael Jackson, "Heal the World," copyright 1991, Mijac Music (adm. by Warner-Tamerlane Publishing Co.) (BMI).

52. Allen, Christian Belief in a Postmodern World, 5.

53. Henri Nouwen, In the Name of Jesus: Reflections on Christian Leadership (New York: Crossroad, 1993), 20-21.

54. Anderson, Church for the 21st Century, 21.

55. George Barna, The Frog in the Kettle (Ventura, Calif.: Regal Books, 1990), 26.

56. Chuck Smith, Jr., "Leading People to an Encounter With God," Worship Leader, Aug.-Sept. 1992, 26.

57. George Barna, The Barna Report 1992-93: America Renews Its Search for God (Ventura, Calif.:Regal Books, 1993), 41.

58. Webber, Signs and Wonders, 16.

59. Ibid., 17, 26.

60. Anderson, Church for the 21st Century, 22.

61. Chuck Smith, Jr., "What to Make of Mystic Moments," Leadership, Summer 1991, 36-37, 39.

62. Smith, "Leading People," 53.

63. Will Metzger, tell the Truth: The Whole Gospel to the Whole Person by Whole People (Downers Grove: InterVarsity Press, 1984), 36.

64. R. C. Sproul, in Power Religion: The Selling Out of the American Church, ed. Michael Scott Horton (Chicago: Moody Press, 1992), 321, 323-324.

65. A. W. Tozer, The Best of A.W. Tozer (Camp Hill, Pa.: Christian Publications, 1993), 210. Reprinted by special authorization of Baker Book House, Grand Rapids.

66. Paul Anderson, "Balancing Form and Freedom," Leadership, Spring 1986, 28.

67. David Wells, No Place for Truth (Grand Rapids: Eerdmans, 1993), 301.

68. A. W. Tozer, The Pursuit of God (Camp Hill, Pa..: Christian Publications, 1982), 10.

69. Ibid., 38.

70. Barna, notes taken by the author, Understanding Ministry in a Changing Culture seminar.

4장: 워십 에반젤리즘을 해야 하는 이유

1. Gerrit Gustafson, "Worship Evangelism," Psalmist, Feb.-Mar. 1991, 31.

2. Annemarie Bambino, "Rejoice Africa" report, Integrity Music, Inc., 1000 Cody Rd., Mobile, AL 36695.

3. Stephen Witt, "The Spirit Shakes a Seeker-Sensitive Church," Ministries Today, Nov. - Dec. 1994, 22-23.

4. Name withheld by request.

5. Jim Firth, as interviewed by Kathy Dahlen, "Speaking the Language of the Unchurched," Worship Leader, Oct.-Nov. 1992, 22.

6. LaMar Boschman, "Future Trends in Worship: Nine New Directions for Praise and Worship in the Church," Worship Today, Nov.-Dec. 1993, 13, 15.

7. Jack Hayford, Worship His Majesty (Waco: Word, 1987), 56.

8. George Barna, User Friendly Churches (Ventura, Calif.: Regal Books, 1991), 137.

9. Sally Morgenthaler, "Worship Evangelism: Bringing Down the Walls," Worship Leader, Dec.-Jan. 1993, 20-32.

10. Name withheld by request.

11. Patrick Kiefert, Welcoming the Stranger: A Public Theology of Worship and Evangelism (Minneapolis: Fortress Press, 1992), 60.

12. Ibid., 58, 71.

13. Ibid., 72.

14. Gerrit Gustafson, "Worship Evangelism," Charisma and Christian Life, Oct. 1991, 47.

Italics mine.

15. Handt Hanson, taped session, "Alternative Worship Overview," A Changing Church for a Changing World conference, Apr. 1993 (Prince of Peace Publishing, 800-874-2044).

16. George Barna, The Barna Report 1994-95: Virtual America (Ventura, Calif.: Regal Books, 1994), 83.

17. Ibid., 321.

18. George Barna, The Barna Report 1991-92: What Americans Believe (Ventura, Calif.: Regal Books, 1991), 154.

19. Barna, Barna Report: 1994-95, 92.

20. Ibid., 77.

21. Bob Sorge, Exploring Worship: A Practical Guide to Praise and Worship (Bob Sorge, 236 Gorham St., Canandaigua, NY 14424), 96.

22. Charles Colson with Ellen Santilli Vaughn, The Body: Being Light in Darkness (Dallas: Word, 1992), 343.

23. Robert Webber, Signs of Wonder: The Phenomenon of Convergence in Modern Liturgical and Charismatic Churches (Nashville: Abbott Martyn, 1992), 76.

24. Will Metzger, Tell the Truth: The Whole Gospel to the Whole Person by Whole People (Downers Grove, Ill.: InterVarsity Press, 1981), 25.

25. Cited in David J. Bosch, Witness to the World: The Christian Mission in Theological Perspective (Atlanta: John Knox Press, 1980), 199.

26. Robert Webber, " Three Principles That Make Worship 'Christian,'" Worship Leader, Apr.-May 1992, 6.

27. Mark Altrogge, author interview, 17 Mar. 1994.

28. A. W. Tozer, The Pursuit of God (Camp Hill, Pa.: Christian Publications, 1982), 11.

29. The apostolic Tradition of Hippolytus, ed. Burton Scott Easton (Hamden, Conn.: Archon Books, 1962).

30. Tommy Coomes, notes taken by author, The Maranatha! Music Worship Leaders Workshop, Phoenix, Ariz., 23 Oct. 1993.

31. Coomes, quoted by Steve Rabey, "The Sound of 50,000 Men Worshiping," Worship Leader, Sept.-Oct. 1994, 24.

32. Steve Chavis, director of media relations, Promise Keepers, interview, 28 Sept. 1994.

33. Lee Strobel, Inside the Mind of Unchurched Harry and Mary (Grand Rapid: Zondervan, 1993), 167.

34. Hanson, taped keynote address, A Changing Church for a Changing World conference, Oct. 1994 (Prince of Peace Publishing, 800-874-2044).

35. Coomes, author interview, 10 Dec. 1993.

36. Ibid.

37. Coomes, comments at Maranatha! Music's Worship Leaders Workshop, Phoenix, Ariz., Oct. 1993.

38. Coomes, quoted by Charles E. Fromm, "New Song: The Sound of Spiritual Awakening," a paper presented to Oxford Reading and Research Conference, Oxford, England, July 1983 (Santa Ana, Calif.: Institute of Worship Renewal, a division of Maranatha! Music, 1987), 19.

39. Gustafson, "Worship Evangelism," 50.

40. Jack Hayford, Worship His Majesty (Waco: Word, 1987), 56.

41. Rita and Paul Baloche, "Sing to the Lord With All of Your Heart," Maranatha! Music, 1992.

5장: 워십 에반젤리즘의 필수 요건

1. Jackie Coffey and Grace Marestaing, notes taken by author, the Created to Praise conference, 16-20 June 1993, St. John's Lutheran Church, Ellisville, Mo.

2. Tommy Coomes, notes taken by author, The Maranatha! Music worship Leaders Workshop, Phoenix, Ariz., 23 Oct. 1993.

3. R. C. Sproul, taped message, "Missing the Presence of God," summer 1993, Evangelical Free Conference, Evangelical Free Church of America, 901 E. 78th St., Minneapolis, MN 55420-1300.

4. La Mar Boschman, "Enter With Singing," Worship Today, May-June 1993, 10.

5. Terence Fretheim, The Suffering God (Philadelphia: Fortress, 1984), 60-65; and "Worship in Israel" (unpublished article, worship textbook. Luther Northwestern Theological Seminary, St. Paul, Minnesota), 26.

6. Marty Nystrom, taped workshop, "Heart of a Worshiper," tape #H33, Christian Artists' Music Seminar, 425 W. 115th Ave., Denver, CO 80234.

7. Bob Sorge, Exploring Worship: A Practical Guide to Praise and Worship (Bob Sorge, 236 Gorham St., Canandaigua, NY 14424), 111.

8. Terry Wardle, Exalt Him! (Camp Hill, Pa.: Christian Publications, 1988), 20.

9. Sproul, "Missing the Presence of God."

10. Ibid.

11. Gerrit Gustafson, "Worship Evangelism," Charisma and Christian Life, Oct. 1991, 46.

12. Nystrom, "Heart of a worshiper."

13. C. S. Lewis, Reflections on the Psalms (New York: Harcourt, Brace, Jovanovich, 1958), 93.

14. J. I. Packer, Rediscovering Holiness (Ann Arbor: Servant Publications, 1992), 44.

15. Nystrom, "The Heart of a Worshiper."

16. Brian Doerksen, "Leading Worship in Weakness, "Worship Update, a quarterly publication of "Touching the Father's Heart, "Vineyard Music Group, vol. 3, no. 3 (Spring 1989).

17. R. C. Sproul, in, Power Religion: The Selling Out of the American Church, ed. Michael Scott Horton (Chicago: Moody Press, 1992), 325.

18. Bob Sorge, "The Flavors of Worship," Psalmist, Apr.-May 1992, 7.

19. William Hendricks, Exit Interviews (Chicago: Moody Press, 1993), 267.

20. Ibid., 266-267.

21. Patrick Kiefert, "Welcoming the Stranger: Renewing Congregations," address given at the Created to Praise conference, 16-20 June 1993, St. John's Lutheran Church, Ellisville, Mo.

22. Hendricks, Exit Interviews, 147-48.

23. Ibid. Italics mine.

24. Robert Webber, "From Jerusalem to Willow Creek: A Brief History of Christian Worship," discipleship Journal 70 (July-Aug. 1992), 42.

25. Stephen Covey, The Seven Habits of Highly Effective People (New York: Fireside Books, Simon and Schuster, 1989).

26. Hendricks, Exit Interview, 261.

27. Eric Morgenthaler, author interview, 7 Oct. 1993.

28. Amy Grant, "Hope Set High," Heart in Motion (A & M Records, 1991).

29. George Barna, Never on a Sunday: The Challenge of the Unchurched (Glendale, Calif.: Barna Research Group, 1990), 33.

30. Wade Clark Roof, A Generation of Seekers: The Spiritual Journeys of the Baby Boom Generation (San Francisco: HarperSanFrancisco, 1993), 200.

31. Paula Rhinehart, "Reaching the 'So What' Generation," Discipleship Journal 55 (Jan.-Feb. 1990), 20.

32. Doug Murren, The Baby Boomerang (Ventura, Calif.: Regal Books, 1990), 38.

33. Hendricks, Exit Interviews, 260-61.

34. Lee Strobel, Inside the Mind of Unchurched Harry and Mary (Grand Rapids: Zondervan, 1993), 205.

35. George Barna, notes taken by the author, Understanding Ministry in a Changing Culture seminar, 7 June 1993, Denver, Colo.

36. Mark Hiiva, "The Lament: When the Heart Takes Over-Psalm 42," worship message presented at Community Church of Joy, 16635 N. 51st Ave., Glendale, AZ 85306.

37. Jack Hayford, "Need: A Broken Heart," Worship Today, Nov.-Dec. 1993, 34.

38. Gerrit Gustafson, "To Leap or to Weep," Worship Today, Sept.-Oct. 1993, 29.

39. Woody Paige, "Spirited Journey Truly a Religious Experiences," The Denver Post, 15 Aug. 1993, 2A.

40. George Barna, from "Americans and Prayer," Ministry Advantage 4, no. 6 (July-Aug. 1993), 2.

41. Nystrom, "The Heart of a Worshiper."

42. Hiiva, "The Lament."

43. ,Barna, "Americans and Prayer," 2.

44. George Barna, The Barna Report 1992-93: America Renews Its Search for God (Ventura, Calif.: Regal Books, 1992), 260.

45. Ibid., 48, 260.

46. Kenneth L. Woodward, "ON the Road Again," Newsweek, 28 Nov. 1994, 61.

47. George Barna, The Barna Report 1994-95: Virtual America (Ventura, Calif.: Regal Books, 1994), 84.

48. James Patterson and Peter Kim, The Day America Told the Truth (New York: Plume Books, published by Penguin Books, 1992), 203.

49. Strobel, Inside the Mind of Unchurched Harry and Mary, 47-49). Italics mine.

50. Gary L. Collins and Timothy E. Clinton, The Baby Boomer Blues (Dallas: Word, 1992), 39.

51. Strobel, Inside the Mind of Unchurched Harry and Mary, 47.

52. Author interview, church returnee; name withheld by request.

53. barna, never on a Sunday, 30.

54. Bruce Thede, "Hoe One Church Reached Out to Baby Busters," Worship Leader, July-Aug. 1994, 14.

55. Chuck Smith, Jr., "Leading People to an Encounter With God," Worship Leader, Aug.-Sept. 1992, 50.

56. See chapter 6, "Rethinking Cultural Relevance," for a discussion of the concept of repackaging.

57. gerrit Guatafson, "The Harp and the Bowl: The Strategic Linking of Worship and Prayer," Ministries of Today, Sept.-Oct. 1994, 79.

58. Robert Webber, Common Roots (Grand Rapids: Zondervan, 1978), 79-80.

59. Barna, Never on a Sunday, 25.

60. Barna, Barna Report 1994-95, 138.

61. Barna, Never on a Sunday, 34.

62. Strobel, Inside the Mind of Unchurched Harry and Mary, 175.

63. Barna, Never on a Sunday, 36-37.

64. Jack Hayford, John Killinger, and howard Stevenson, Mastering Worship (portland, Ore.: Multnomah, 1990)

65. Elmer Towns, An Inside Look at ten of Today's Most Innovative Churches Ventura, Calif.: Regal Books, 1990), 65-67 (order of some paragraphs has been rearranged). Used bypermission. Italics mine.

6장: 문화적인 요소와 재구상

1. John Smith, "Bringing the Gospel to a Secular World," taped lecture #E43, Christian Artists' Music Seminar, 425 W. 115th Ave., Denver, CO 80234.

2. Dori Erwin Collins, "Lutheran Worship and a 90s Sound," Perspectives: The Changing Church, vol. 5 (Prince of Peace Publishing, Inc., 200 E. Nicollet Blvd., Burnsville, MN 55337).

3. John Smith, "Bringing the Gospel to a Secular World."

4. Lee Strobel, Inside the Mind of Unchurched Harry and Mary (Grand Rapids: Zondervan, 1993), 217-18.

5. George Hunter, Hoe to Reach Secular People Nashville: Abingdon Press, 1992, 44.

6. Patrick Kiefert, "Welcoming the Stranger: Renewing Congregations," address given at the Created to Praise conference, 16-20 June 1993, St. John's Lutheran Church, Ellisville, Mo.

7. Jackie Coffey and Grace Marestaing, Production Planning (Creative Christian Resources, P.O. Box 1376, Brea, CA 92621), 1992, 2.

8. Richard Ostling, "The Church Search," Time, 5 April 1993, 45.

9. George Barna, Never on a Sunday: The Challenge of the Churched (Glendale, Calif.: Barna Research group, 1990), 30.

10. George Barna, "The Dream Church," Ministry Currents, Apr.-June 1992, 3.

11. Wade Clark Roof, A Generation of Seekers: The Spiritual Journeys of the Baby Boom Generation (San Francisco: HarperCollins, 1993), 183.

12. Raphael Green, senior pastor and worship leader, Metro Christian Center, St. Louis, author interview, 20 Jan. 1994.

13. Leith Anderson, A Church for the 21st Century (Minneapolis: Bethany House, 1992), 61.

14. George Barna, The Barna Report 1993-94: Absolute Confusion (Ventura, Calif.: Regal Books, 1993), 78.

15. Tom Booth, Life Teen Director and associate music minister, St.Timothy's Catholic Community, author interview, 6 Dec. 1993.

16. Adam Hanft, president and creative director, Slater Hanft Martin, Inc., as Quoted by Faith Popcorn, The Popcorn Report, (New York: Doubleday, 1990), 210.

17. "Monks Leap to Top of Pop Charts in Spain With Chants," Rocky Mountain News, 11 Jan. 1993.

18. Jenifer Perciballi, Angel Records (810 7th Ave., 4th floor, New York, NY 10019), author interview, 12 Jan. 1995.

19. Alan Gottlieb, "375,000 Join in Mass," The Denver Post, 16 Aug. 93, 9A.

20. Merriam-Webster's Collegiate Dictionary, 10th ed. (Springfield, Mass.:Merriam-Webster, 1993), ad loc.

21. David McQuay, "Life's Rituals," The Orange County Register.

22. Robert Webber, Signs of Wonder: The Phenomenon of Convergence in Modern Liturgical and Charismatic Churches (Nashville: Abbott Martyn, 1992), 88.

23. Coffey and Marestaing, Production Planning, 1.

24. Robert E. Webber, "The Importance of the Incarnation to Worship," Worship Leader, Oct.-Nov. 1992, 11.

25. Webber, Signs of Wonder, 87-88.

26. George Barna, Today's Pastors (Ventura, Calif.: Regal Books, 1993), 94-96.

27. For an intriguing discussion on symbolism and the use of the arts in worship, see obert Webber Common Roots: A Call to Evangelical maturity (Grand Rapids: Zondervan, 1978), 84-91; and Webber, Worship, Old and New (Grand Rapids: Zondervan, 1982),

109-15.

28. Popcorn, Popcorn Report, 1.

29. The Young Messiah, copyright 1992, Sparrow Corporation, 101 Winners Circle, P.O. 5010, Brentwood, TN 37024-5010.

30. Anne Barbour and Marsha Skidmore, "The Holy Heart," Praise Band 4: Let the Walls Fall Down; copyright 1993, maranatha! Music and Doulos Publishig (BMI) (a div. of Maranatha! Music).

31. Take 6: Join the Band, recorded by Warner Alliance, a div. of Warner Bros. Records, 3300 Warner Blvd., Burbank, CA 91505-4694.

32. Coffey and Marestaing, "All the Arts: Integrating the Arts in Worship."

33. Smith, "Bringing in the Gospel to a Secular World."

34. Coomes, quoted by Charles E. Fromm, "New Song: The Sound of Spiritual Awakening," a paper presented to Oxford Reading and Research Conference, Oxford, England, July 1983 (Santa Ana, Calif.: Institute of Worship Renewal, a div. of Maranatha! Music, 1987), 18, 19.

35. Dori Erwin Collins, author interview, 4 Apr. 1994.

7장: 부메랑이 되돌아오지 않을 때

1. Doug Murren, The Baby Boomerang (Ventura, Calif.: Regal Books, 1990), 158.

2. This chapter assumes at least a conceptual ownership of "worship targeting" on the part of the reader. "Worship targeting" means altering the form or packaging of worship to appeal to the worship needs and tastes of a particular age/cultural group. It does not, however, mean excluding those of other age/cultural groups.

3. Landon Jones, Great Expectations (New York: Ballantine Books, 1981).

4. Wade Clark Roof, A Generation of Seekers: The Spiritual Journeys of the Baby Boom Generation (San Francisco: HarperCollins, 1993), 171.

5. Ibid., 154-71.

6. Ibid., 181.

7. Ibid., 188.

8. Ibid., 190-91.

9. Gary McIntosh, "What's in a Name?" The McIntosh Church Growth Network 3, no. 5 (May 1991), 2 (The McIntosh Church Growth Network, 3630 Camellia Dr., San Bernardino, CA 92404). Used by permission.

10. Sally Morgenthaler, "Worship Evangelism: Bringing Down the Walls," Worship Leader,

Dec.-Jan. 1993, 31.

11. Tom Kraeuter, Keys to Becoming an Effective Worship Leader (St. Louis: Psalmist Resources, 1991), 105.

8장: 버스터(Buster)와 예배

1. Eric Herron, worship coordinator, new Song Church, Covina, Calif., author interview, 20 Mar. 1994.

2. Laura Zinn, "Move Over, Boomers," Business Week, 14 Dec. 1992, 74-75.

3. Shann Nix, "The Posties Find Yuppies Hard Act to Swallow," The Sunday Denver Post, 1Apr. 1990, 17.

4. George Barna, The Disillusioned Generation (Chicago: Moody Press, 1993). This book was formerly printed as The Invisible generation (Glendale, Calif.:   Barna Research Group, 1992)

5. William Mahedy and Janet Bernardi, A Generation Alone: Xers Making a Place in the World (Downers Grove, Ill.: InterVarsity Press, 1994).

6. Douglas Coupland, generation X: Tales for an Accelerated Culture (New York: St Martin's Press, 1991).

7. Neil Howe and William Strauss, 13th GEN: About, Retry, Ignore, Fail (New York: Random House, 1993).

8. Nix, "Posties Find Yuppies Hard Act to Swallow," 17.

9. Steve Sjogren, pastor, Vineyard Community Church, author interview, 11 Mar. 1994.

10. Barna, Invisible Generation, 157.

11. Ibid., 22, 23.

12. Joyce Millman, "Baby-Boomer TV Execs Create 'Gen X' Fare in Own Image," Rocky Mountain News, 28 Apr. 1994.

13. Herron, author interview.

14. Jeff Giles, "Generalization X: Seven Myths in the Unmaking," Newsweek, 6 June 1994, 62, 72.

15. Dieter Zander, author interview, 23 Mar. 1994.

16 Dieter Zander, taped radio interview, Mar. 1994, Focus on the. Family, Colorado Spring CO 80995, tape #FX066.

17. Bruce Thede, "How to Reach Out to Baby Busters," Worship Leader, July-Aug. 1994, 37. Copyright © 1994 CCM Communications, Nashville, Tenn. Reprinted with permission from the July-august 1994 issue of Worship Leader magazine.

18. Ibid., 14.

19. Douglas Coupland, Life After God (New York: Pocket Books, 1994), 359.

9장: 밥(Bob)의 노래

1. In this chapter, "Seeker Bob" refers to someone who is an unchurched unbeliever. Because most of the unchurched/unbelieving population in the united States is under fifty, Seeker Bob (or his counterpart, seeker Roberta) is assumed to be either a boomer or buster. For simplicity's sake, I use the term in this chapter: "Saintly Bill" is a churched person (most likely a believer) who is looking for a new church home. Male names are used, but, again, they represent both males and females.

2. Dori Erwin Collins, author interview, 4 Oct. 1994.

3. George Barna, The Barna Report 1994-95: Virtual America (Ventura, Calif.:Regal Books, 1994), 315

4. George Barna, The Barna Report 1993-94: Absolute Confusion (Ventura, Calif.: Regal Books, 1993), 127.

5. Ibid., 123.

6. Mark Altrogge, author interview, 3 Mar. 1994. "Heart Free," Heartcry Praise and Worship Series, Overflowing Grace, 69. Copyright, arr. 1993 Word Music (a div. of Word, Inc.) and People of Destiny International/BMI (admin. by Word Music).

7. Raphael Green, author interview, 20 Jan. 1994.

8. Mark Altrogge, author interview.

9. Raphael Green, author interview.

10. Mark Altrogge and Bob Kauflin, "The Importance of Doctrine in Worship," People of Destiny magazine, Mar.-Apr. 1994.

11. Mark Altrogge, author interview.

12. Ron Allen, "Those Archaic Word We Often Still 'Fain' to Sing," Worship Leader, May-June 1994, 6, and "More on the issue of Archaic Words in Our Songs," Worship Leader, Sept.-Oct. 1994, 6.

13. Allen, "More on the issue of Archaic Words in Our Songs," 6.

10장: 워십 에반젤리즘 교회의 예

1. Ed De Young, programing director, Grace Fellowship Church, author interview, 2 Sept. 1993.

2. De Young, questionnaire response, 16 Mar. 1994.

3. Sally Morgenthaler, "Worship Evangelism: Bringing Down the Walls," Worship Leader,

Dec.-Jan. 1993.

4. De Young, author interview 19, July 1994.

5. Ibid.

6. De Young, author interview, 30 Nov. 1993.

7. De Young, author interview, 2 Sept. 1993.

8. De Young, questionnaire response.

9. Ibid.

10. Song composed by Brent Hardesty. Copyright © 1993, Brent Hardety Music, 9505 Deereco Road, Timonium, MD 21093. Used by permission.

11. De Young, stats given to author, 5 July 1994.

12. De Young, questionnaire response and author interview, 19 July 1994. Italics mine.

12. Ibid.

14. Raphael Green, senior pastor and worship leader, Metro Christian Center, author interview, 20 Jan. 1994.

15. Tom Booth, Life Teen director, St. Timothy's Catholic Community, author interview, 13 Dec. 1993.

16. Booths, questionnaire response, 27 Apr. 1994.

17. Ibid.

18. Booth, author interview, 13 Dec. 1993.

19. Dale Fushek, Life Teen video series, Catholic Life Productions, 1730 W. Guadalupe Rd., Mesa, AZ 85202.

20. Tim and Julie Smith, "We Are Called to Serve," copyright 1989, Troubadour Productions.

21. Booth, author interview, 13 Dec. 1993.

22. Tommy Walker, author interview, 9 Dec. 1993.

23. Mark Pickerill, author interview, 18 May 1994.

24. Eugene Peterson, The Message (Colorado Springs: NavPress, 1993).

25. Eugene Peterson, The Psalms (Colorado Springs: NavPress, 1994)

결론

1. A.W. Tdzer,The Pursuit df God (Camp Hill, Pa.: Christian Publication,1982), 108

2. Mary Nystrom, taped workshop, "Heart of a Worshiper," taped #H33, Christian Artists' Music Seminar, 425 W. 115th AVE., Denver co 80234.